Uni-Taschenbücher 1362

D1721632

Eine Arbeitsgemeinschaft der Verlage

Birkhäuser Verlag Basel · Boston · Stuttgart
Wilhelm Fink Verlag München
Gustav Fischer Verlag Stuttgart
Francke Verlag Tübingen
Harper & Row New York
Paul Haupt Verlag Bern und Stuttgart
Dr. Alfred Hüthig Verlag Heidelberg
Leske Verlag + Budrich GmbH Opladen
J. C. B. Mohr (Paul Siebeck) Tübingen
R. v. Decker & C. F. Müller Verlagsgesellschaft m. b. H. Heidelberg
Quelle & Meyer, Heidelberg · Wiesbaden
Ernst Reinhardt Verlag München und Basel
K. G. Saur München · New York · London · Paris
F. K. Schattauer Verlag Stuttgart · New York
Ferdinand Schöningh Verlag Paderborn · München · Wien · Zürich
Eugen Ulmer Verlag Stuttgart
Vandenhoeck & Ruprecht in Göttingen und Zürich

Einführung in das Recht 1

Hervorgegangen aus dem Funkkolleg Recht

Herausgegeben von

Prof. Dr. Dieter Grimm, Bielefeld
Prof. Dr. Gerhard Otte, Bielefeld
Prof. Dr. Manfred Löwisch, Freiburg
Dr. Peter Schmoock, Tübingen

Gesamtredaktion: Dr. Peter Schmoock

Dieter Grimm (Hrsg.)

Einführung in das Recht

Aufgaben, Methoden, Wirkungen

Mit Beiträgen von

Ralf Dreier, Peter Gilles, Dieter Grimm,
Erhard Kausch, Martin Kriele, Regina Ogorek,
Gerhard Otte und Dieter Simon

CFM

C. F. Müller Juristischer Verlag
Heidelberg

Dieter Grimm, Studium der Rechtswissenschaft und der Politikwissenschaft in Frankfurt, Freiburg, Berlin, Paris und Harvard; Juristische Staatsexamina 1962 und 1967; LL.M. 1965 (Harvard), Dr. jur. 1970 (Frankfurt), Habilitation 1979 für die Fächer deutsches und ausländisches öffentliches Recht, Politikwissenschaft, Rechts- und Verfassungsgeschichte der Neuzeit, Rechtstheorie an der Universität Frankfurt; bis 1979 Referent für vergleichende Verfassungsgeschichte und Geschichte der politischen Theorien am Max-Planck-Institut für europäische Rechtsgeschichte in Frankfurt, daneben Lehrtätigkeit an den Universitäten Trier und Frankfurt, seit 1979 Professor für Öffentliches Recht an der Universität Bielefeld. Direktor des Zentrums für interdisziplinäre Forschung.

Veröffentlichungen zu Fragen des Verfassungsrechts, der Verfassungstheorie und Verfassungsgeschichte, des Parlamentarismus, des Verhältnisses von Rechtswissenschaft und Sozialwissenschaften sowie der Rechtstheorie.

CIP-Kurztitelaufnahme der Deutschen Bibliothek

Einführung in das Recht – Aufgaben, Methoden, Wirkungen /
Dieter Grimm (Hrsg.). Mit Beitr. von Ralf Dreier . . . –
Heidelberg: Müller, Juristischer Verl., 1985.
(Einführung in das Recht; 1) (UTB für Wissenschaft: Uni-Taschenbücher; 1362)
ISBN 3-8114-0285-4

NE: Grimm, Dieter [Hrsg.]; Dreier, Ralf [Mitverf.];
UTB für Wissenschaft / Uni-Taschenbücher

© 1985   C. F. Müller Juristischer Verlag GmbH, Heidelberg
Printed in Germany
Satz und Druck: Gulde-Druck GmbH, Tübingen
Einbandgestaltung: Alfred Krugmann, Stuttgart

Geleitwort

Die fünfbändige Reihe „Einführung in das Recht" ist aus dem Funkkolleg Recht hervorgegangen, das im Jahr 1982/83 unter der wissen-
schaftlichen Leitung von Manfred Löwisch, Dieter Grimm und Gerhard Otte von den Rundfunkanstalten Südwestfunk (federführend),
Radio Bremen, Hessischer Rundfunk, Saarländischer Rundfunk,
Süddeutscher Rundfunk und Westdeutscher Rundfunk, dem Deutschen Institut für Fernstudien an der Universität Tübingen, den
Volkshochschul-Landesverbänden in Baden-Württemberg, Bremen,
Hessen, Nordrhein-Westfalen, Rheinland-Pfalz und Saarland, den
Kultus- bzw. Wissenschaftsverwaltungen sowie den wissenschaftli-
chen Hochschulen dieser Länder veranstaltet wurde.

Das Funkkolleg ist als Studium im Medienverbund organisiert. Während die Rundfunksendungen jedermann zugänglich sind, steht das
Studienbegleitmaterial, das die Thematik der Sendungen systematisch
und vertiefend aufnimmt und die eigentliche Arbeitsgrundlage bildet,
nur den eingeschriebenen Kollegiaten zur Verfügung. Beim Funkkolleg Recht stellte sich jedoch heraus, daß die Studienbegleithefte über
die engeren Zwecke des Funkkollegs hinaus häufig als Einführung in
die Rechtswissenschaft oder zur Auffrischung und Aktualisierung des
juristischen Grundwissens benutzt wurden. Dazu mag der Umstand
beigetragen haben, daß sich die Studienmaterialien des Funkkollegs
auf die gesellschaftliche Funktion des Rechts und die Grundprinzipien
und Grundprobleme der gegenwärtigen Rechtsordnung konzentrie-
ren, die im Verlauf des Studiums unter der ständig wachsenden Stoff-
fülle zu verschwinden drohen. Aufgrund dieser Erfahrung schien es
den wissenschaftlichen Leitern des Funkkollegs Recht sinnvoll, die
Studienmaterialien in einer preiswerten Taschenbuchausgabe allgemein zugänglich zu machen. Die Texte sind zu diesem Zweck aktualisiert und teils erweitert worden.

Insgesamt werden fünf zusammenhängende Bände vorgelegt, die der
Einteilung des Funkkollegs folgen. Im ersten Band (Einführung in das
Recht, herausgegeben von Dieter Grimm) werden Grundfragen der
Funktion, Methode und Wirkungsweise des Rechts erörtert. Im zwei-
ten Band (ebenfalls herausgegeben von Dieter Grimm) geht es um
Verfassungs- und Verwaltungsrecht. Der dritte – bereits erschienene –

Geleitwort

Band (Herausgeber Klaus Tiedemann, Claus Roxin und Gunther Arzt) führt in das Strafrecht und Strafprozeßrecht ein. Der vierte Band (herausgegeben von Gerhard Otte) behandelt das Recht der privaten Lebensverhältnisse, der fünfte (Herausgeber Manfred Löwisch) schließlich das Recht von Wirtschaft und Arbeit.

Im vorliegenden Band geht es um die immer wiederkehrenden Grundfragen nach Notwendigkeit und Gerechtigkeit, Leistungskraft und Grenzen des Rechts sowie um seine Rolle bei der Ordnung und Steuerung fortgeschrittener Industriegesellschaften. Dahinter steht die Überzeugung, daß ein Verständnis konkreter Rechtsordnungen und Rechtsprobleme nicht ohne einen theoretischen Bezugsrahmen erreichbar ist, der das positive Recht übergreift, es auf seine elementaren Zusammenhänge zurückführt und in seinen historischen Bedingtheiten und sozialen Wirkungen sichtbar macht. Im einzelnen ergibt sich daraus für den Band eine Stufenfolge. Zunächst wird die gesellschaftliche Funktion des Rechts erarbeitet. Danach stellt sich die Frage, wie Recht eigentlich zustandekommt. Anschließend wird das Problem der Gerechtigkeit des Rechts aufgeworfen. Vor diesem Hintergrund kann dann die Frage nach dem Verhältnis von Recht und Macht, Recht und Politik diskutiert werden. Der Band wendet sich anschließend Problemen der Anwendung und Durchsetzung des Rechts zu. Er erörtert zunächst die Konkretisierungs- und Interpretationsbedürftigkeit von Rechtsnormen und darauf aufbauend die Methoden richterlicher Rechtsanwendung. Er zeigt dann, warum Rechtsnormen auf Durchsetzung angewiesen sind und welche Probleme dabei entstehen, und stellt schließlich den Prozeß als wichtigstes Mittel rechtlicher Konfliktlösung dar. Der Band bietet auf diese Weise auch eine Hilfe bei der Mitarbeit in den Grundlagenveranstaltungen, für die es oft an geeigneter Begleitlektüre fehlt.

Bielefeld, im Juni 1985   *Dieter Grimm*

Inhaltsverzeichnis

Erhard Kausch

1. Die gesellschaftlichen Funktionen des Rechts

Dieter Grimm

2. Rechtsentstehung

Inhaltsverzeichnis

Ralf Dreier

3. Recht und Gerechtigkeit

Martin Kriele

4. Recht und Macht

Gerhard Otte

5. Rechtsanwendung

Inhaltsverzeichnis

Regina Ogorek/Dieter Simon

6. Recht und Rechtsverwirklichung

Peter Gilles

7. Der Prozeß als Mittel zur rechtlichen Konfliktlösung
Staatliche Justiz – gerichtliches Verfahren – richterliche Entscheidung

Anhang

Literatur

Die folgende Zusammenfassung orientiert sich überwiegend am aktuellen Diskussionsstand und an der Zugänglichkeit der Titel im Handel bzw. in öffentlichen Büchereien und Bibliotheken. Spezielle Literaturangaben sind im Anhang der einzelnen Kapitel zu finden.

I. Allgemeine einführende Literatur

Klaus Adomeit: Rechtstheorie für Studenten. Normlogik, Methodenlehre, Rechtspolitologie. Heidelberg [2]1981.

Eine anregende, kritische, geistreich formulierte Einführung in die methodologischen und politischen Probleme der Rechtsanwendung und Rechtssetzung. Das Buch macht Einsichten großer Rechtsdenker der Antike und der Moderne für das heutige Verständnis des Rechts fruchtbar und ist für philosophisch und historisch interessierte Leser besonders empfehlenswert.

Fritz Baur: Einführung in das Recht der Bundesrepublik Deutschland. München [3]1982.

Kurze und leichtverständliche Einführung, die – ähnlich dem Funkkolleg – aufgegliedert nach verschiedenen Rechtsgebieten einen ersten Überblick und Einstieg ermöglicht.

Helmut Coing: Epochen der Rechtsgeschichte in Deutschland. München [4]1981.

Leicht lesbare Einführung in die Epochen der Rechtsgeschichte und ihren Zusammenhang mit der allgemeinen Ideen-, Sozial- und Wirtschaftsgeschichte.

Roland Dubischar: Vorstudium zur Rechtswissenschaft. Stuttgart [2]1974.

Diese Einführung versteht sich weniger als Einstieg in praktische Rechtsprobleme denn als rechtssoziologische und -methodologische Grundlegung der Rechtswissenschaft.

Karl Engisch: Einführung in das juristische Denken. Stuttgart [7]1977.

Weit verbreitetes, vergleichsweise ausführliches Einführungsbuch, das sich auf höherem Abstraktionsniveau besonders mit methodologischen Fragen auseinandersetzt und nicht geringe Anforderungen an den Leser stellt.

Dieter Grimm/Manfred Löwisch/Gerhard Otte (Hrsg.): Funkkolleg Recht. 3 Bde. Frankfurt 1985.

Die Beiträge dieser drei Bücher beruhen auf den 1982/83 gesendeten Texten des Funkkolleg Recht. Aufgrund der beibehaltenen Vortragsform geben sie eine besonders anschauliche Einführung. Die angesprochenen Grundlagen-fragen werden an konkreten Problemen behandelt, wobei stets versucht wird, diese in Bezug zur aufgezeigten Funktion von Recht zu setzen.

Dieter Grimm (Hrsg.): Rechtswissenschaft und Nachbarwissenschaften. 2 Bde. München 1976.

Das Werk behandelt das Verhältnis der Rechtswissenschaft zu ihren Nachbar-disziplinen Soziologie, Politologie, Friedensforschung, Wirtschaftswissen-schaften, Geschichte, Psychologie, Kriminologie, Logik und anderen. Es ist so angelegt, daß jeweils ein Jurist und ein Vertreter der Nachbarwissenschaf-ten Zusammenhänge und Unterschiede sowie die wechselseitigen Leistungen und Kooperationserwartungen ihrer Fächer formulieren.

Hans Hattenhauer: Die geistesgeschichtlichen Grundlagen des deut-schen Rechts. ³1983.

Flüssig geschriebene Darstellung der großen rechts- und kulturgeschichtli-chen Themen der letzten zwei Jahrhunderte, die an die bereits von der Schule vermittelten Geschichtskenntnisse anknüpft und unter anderem auf aktuelle Streitfragen unserer Verfassung eingeht.

Hans Albrecht Hesse: Das Recht der Bundesrepublik Deutschland. Orientierung – Grundlagen – Funktion. Heidelberg 1984.

Eine Einführung in das Recht für Anfänger und Nichtjuristen, die gerade auch die Entstehungsbedingungen des Rechts und dessen Anwendungsbedin-gungen in der juristischen Praxis aufzuzeigen sucht.

Theo Mayer-Maly: Rechtswissenschaft. München ²1981.

Eine allen wissenschaftlichen Ansprüchen gerecht werdende, aber fachwis-senschaftliche Kenntnisse nicht voraussetzende Einführung in die Grundbe-griffe, Methoden, Gebiete sowie politischen und historischen Zusammenhän-ge des Rechts.

Gustav Radbruch: Einführung in die Rechtswissenschaft. Hrsg. von *Konrad Zweigert.* Stuttgart ¹³1980.

Eines der Standardwerke, wenn nicht das Standardwerk juristischer Einfüh-rungsliteratur überhaupt. Wer sich auch über im Funkkolleg nicht behandelte Rechtsgebiete, wie etwa das Kirchenrecht und das Internationale Recht, infor-mieren will, ist hier gut beraten.

Uwe Wesel: Juristische Weltkunde. Eine Einführung in das Recht. Frankfurt 1984.

Das Buch will eine allgemeine Information über das Recht und seine Pro-

Literatur

bleme geben. Gleichzeitig soll es eine Einführung in die Rechtswissenschaft für Jurastudenten sein.

Gerhard W. Wittkämper/Josef G. Stanzel: Politik und Recht. Kronberg 1976.

Eine gut verständliche Darstellung der Beziehungen zwischen Politik und Recht, die sich unter anderem auch mit schul- und hochschuldidaktischen Problemen befaßt.

Reinhold Zippelius: Einführung in das Recht. Reihe Beck'sche Elementar-Bücher. München [2]1978.

Knappe, jedoch leicht verständliche Erörterung grundsätzlicher Fragen der Rechtsordnung, wie sie im Funkkolleg schwerpunktmäßig im Orientierungsteil abgehandelt werden.

II. Handbücher und Nachschlagewerke

Wer zusätzlich zu den im Glossar/Index aufgeführten Fachausdrücken wichtige Rechtsbegriffe erläutert finden will, bekommt in folgenden Werken weitere Hilfe:

Carl Creifelds (Hrsg.): Rechtswörterbuch. München [7]1983.

Axel Görlitz (Hrsg.): Handlexikon zur Rechtswissenschaft. 2 Bde. Reinbek 1974.

Gerhard Köbler: Juristisches Wörterbuch. Studienreihe Jura. [3]1983.

Otto Model/Carl Creifelds: Staatsbürger-Taschenbuch. München [21]1983.

III. Zeitschriften

Hier werden nur solche juristischen Zeitschriften aufgeführt, die ausdrücklich und vorrangig Ausbildungszwecken dienen. Die aufgeführten Zeitschriften erscheinen monatlich.

Juristische Arbeitsblätter (JA). Frankfurt.

Juristische Ausbildung (Jura). Berlin/New York.

Juristische Schulung (JuS). Zeitschrift für Studium und Ausbildung. München.

IV. Gesetzessammlungen

Eine vollständige Übersicht über Gesetzessammlungen und Reihen kann an dieser Stelle nicht gegeben werden. Gebräuchlich sind die Loseblattsammlungen aus dem Verlag C. H. Beck, München, die jeweils die wichtigsten Gesetze eines bestimmten Gebiets zusammenfassen und die fortlaufend durch Neulieferungen aktualisiert werden. Zu nennen sind hier:

Schönfelder: Deutsche Gesetze, Sammlung des Zivil-, Straf- und Verfahrensrechts.

Sartorius I: Verfassungs- und Verwaltungsgesetze der Bundesrepublik Deutschland.

Dürig: Gesetze des Landes Baden-Württemberg.

Fuhr/Pfeil: Hessische Verfassungs- und Verwaltungsgesetze.

v. Hippel/Rehborn: Gesetze des Landes Nordrhein-Westfalen.

März/Hübner/Beushausen: Niedersächsische Gesetze.

Ziegler/Tremel: Verwaltungsgesetze des Freistaates Bayern.

Weiterhin sind viele Gesetze auch in Einzeltextausgaben erhältlich. Zu nennen sind u. a.:

Beck-Texte in der dtv-Taschenbuchausgabe; derzeit etwa 40 Textausgaben (Paperback).

Das Deutsche Bundesrecht. Textausgaben. Baden-Baden.

Luchterhand-Textausgaben. Neuwied/Darmstadt.

Kleine Gesetzesreihe Bundesrecht. Heidelberg.

Goldmann-Gesetze. München.

Neu verabschiedete oder geänderte Gesetze bzw. Verordnungen erscheinen im Bundesgesetzblatt (BGBl) bzw. in den jeweiligen Gesetzes- und Verordnungsblättern der Länder (GVBl).

V. Entscheidungen der Gerichte

Die Entscheidungen der Obersten Bundesgerichte (im übrigen auch der Obersten Gerichte der Länder) werden in großer Zahl in den amtlichen Entscheidungssammlungen veröffentlicht: z. B. die Entscheidungen des Bundesverfassungsgerichts (BVerfGE), des Bundesgerichtshofs in Zivilsachen (BGHZ), in Strafsachen (BGHSt), des Bundesverwaltungsgerichts (BVerwGE), des Bundesarbeitsgerichts (BAGE), des Bundessozialgerichts (BSGE) und des Bundesfinanzhofs (BFHE). Einsehbar sind diese Bände entweder in öffentlichen Fachbibliotheken, vor allem also juristischen Fakultätsbibliotheken, unter Umständen aber auch in der jeweiligen Gerichtsbibliothek. Eine Vielzahl von Gerichtsentscheidungen, namentlich auch der unteren Gerichte (Amts- und Landgerichte, Verwaltungs-, Arbeits-, Sozial- und Finanzgerichte), wird außerdem in Fachzeitschriften – auch den oben aufgeführten Ausbildungszeitschriften – veröffentlicht und häufig kommentiert.

Erhard Kausch

1. Die gesellschaftlichen Funktionen des Rechts

1.0. Allgemeine Einführung

Rechtswissenschaftliche Lehrbücher und rechtswissenschaftliche Vorlesungen an der Universität beginnen herkömmlich damit, den Begriff und das Wesen des zu behandelnden Rechtsgebietes zu erörtern. Wollte man sich dieser Tradition anschließen, so wäre zu Beginn einer „Einführung in das Recht" auf die Frage nach dem Begriff und dem Wesen des Rechts einzugehen. Ein solches Vorgehen verspricht jedoch wenig Erfolg, wie die kaum noch überschaubare wissenschaftliche und philosophische Diskussion zeigt, die bisher zu keinem allgemein anerkannten Ergebnis geführt hat. Die Mehrzahl der Definitionsversuche leidet daran, daß die Autoren einen – zumeist zutreffenden – Aspekt des Rechts herausgreifen und ihn einseitig zum allein maßgebenden Rechtskriterium erklären[1]. Dies ist jedoch nicht nur die Folge unterschiedlicher subjektiver Standpunkte, sondern darin spiegelt sich auch, daß das Recht nicht zu allen Zeiten und im Verständnis aller Völker dasselbe gewesen ist. Die Anforderungen, die etwa eine moderne Industriegesellschaft an das Recht und dessen Wandlungsfähigkeit stellt, sind gänzlich andere als die, die sich aus dem Regelungsbedarf einer Agrargesellschaft ergeben. Ob man das Recht als Niederschlag eines göttlichen Willens oder als Mittel zu bewußter Gestaltung der gesellschaftlichen Verhältnisse versteht, führt naturgemäß zu unterschiedlichen „Rechtskulturen". Recht ist also etwas „Veränderliches", das keiner allgemeingültigen, für alle Zeiten feststehenden Definition zugänglich ist. Der Begriff des Rechts läßt sich demnach nur darstellen als die Geschichte dieses Begriffes.

Unser Ziel ist bescheidener. Es soll zwar auch auf die Frage eingegangen werden, was das „Recht" ist, aber ohne den Anspruch, aus unseren Überlegungen einen Begriff des Rechts zu gewinnen oder gar Aussagen über das „Wesen" des Rechts zu machen. Dazu sollen zwei Wege eingeschlagen werden:

---

1 *E.-W. Böckenförde:* Der Rechtsbegriff in seiner geschichtlichen Entwicklung. *Archiv für Begriffsgeschichte* 1968, S. 145.

1. Die gesellschaftlichen Funktionen des Rechts

(1) Da uns nicht nur das Recht Vorschriften über unser Verhalten im Zusammenleben mit anderen Menschen macht, sondern auch andere Systeme sozialer Normen (wie Sitte, Brauch, Moral), soll zunächst geklärt werden, in welchem Verhältnis das Recht zu diesen anderen Normensystemen steht.

(2) Anschließend soll beschrieben werden, welche Aufgaben das Recht im gesellschaftlichen Zusammenleben der Menschen hat und auf welche Weise es diese Aufgaben bewältigt.

Natürlich kann, angesichts einer so schwierigen und komplexen Materie, in der nahezu alle Fragen kontrovers diskutiert werden, diese Beschreibung weder vollständig sein noch mehr als Andeutungen zu den einzelnen Problemkreisen bringen. Dies ist jedoch deshalb kein allzu großer Nachteil, weil viele der angeschnittenen Fragen in den späteren Kapiteln noch einmal aufgegriffen werden.

Lernziele:

Nach dem Durcharbeiten dieses Kapitels sollen Sie in der Lage sein,

- das Recht als eine Form sozialer Normen und die Funktion von sozialen Normen überhaupt zu verstehen,
- die Besonderheiten des Rechts gegenüber anderen sozialen Normensystemen herauszuarbeiten,
- die wichtigsten Einzelfunktionen des Rechts und ihren Zusammenhang darzulegen.

1.1. Das Recht als eine Form sozialer Normen

Das menschliche Zusammenleben – und menschliches Dasein ist nur denkbar als Leben in Gemeinschaft – wird geprägt und gestaltet von einer Vielzahl von Regeln oder Normen, deren Bedeutung und Gewicht allerdings höchst unterschiedlich sind. Viele dieser Normen sind uns als solche kaum noch bewußt, weil wir sie gewohnheitsmäßig befolgen; andere treten uns sehr ausdrücklich und mit großer Autorität entgegen, beim Recht sogar mit eigens zu ihrer Durchsetzung geschaffenen Einrichtungen, wie der Polizei und der Justiz.

Das Recht ist, dies gilt es als erstes festzuhalten, nur *eine* von vielen Arten sozialer Normen, allerdings eine besonders ausgezeichnete.

Daneben stehen Brauch und Mode, Sitte und Konvention, Etikette, Anstand und ähnliches, aber auch Religion und Moral. Es geht daher zunächst darum zu zeigen, warum das menschliche Zusammenleben der Normen bedarf, warum es nicht möglich ist, spontan und ohne Beachtung vorgegebener Regeln zu leben.

1.1.1. Die Notwendigkeit von sozialen Normen

Funktion und Notwendigkeit sozialer Normen werden am besten von dem her verständlich, was die moderne philosophische Anthropologie, insbesondere die *Arnold Gehlens,* als Voraussetzung für die Sonderstellung des Menschen im Reich der Lebewesen herausgearbeitet hat[2]. Danach ist der Mensch im Vergleich zum Tier ein „Mängelwesen". Das Tier ist auf eine oder wenige Weisen der Bedürfnisbefriedigung spezialisiert und den geographischen oder sonstigen Besonderheiten seines Lebensraumes angepaßt. Seine Wahrnehmung ist, soweit wir das wissen können, hochselektiv, das heißt, es erfaßt nur Reize, die unmittelbar lebensbedeutsam sind. Das tierische Verhalten wird durch angeborene Reaktionen („Instinkthandlungen") gesteuert, die durch eine geringe Anzahl von Signalen („Schlüsselreizen") ausgelöst werden und dem betreffenden Lebewesen keine oder nur geringe Wahlmöglichkeiten lassen. So sind auch seine sozialen Reaktionen in erheblichem Umfange genetisch festgelegt. Die Welt des Tieres ist daher eingeschränkt auf eine artspezifische „Umwelt", das heißt, sie setzt sich nur aus dem zusammen, was für diese spezialisierte Weise der Bedürfnisbefriedigung und Selbsterhaltung bedeutsam ist.

Der Mensch dagegen ist nicht auf eine bestimmte Art des Nahrungserwerbs spezialisiert. Er besitzt keine natürlichen Abwehrwaffen, keine besonderen Schutz- und Fluchtorgane. Seine Wahrnehmung ist nicht beschränkt auf das unmittelbar Lebensbedeutsame. Insbesondere wird sein Verhalten nur sehr eingeschränkt durch angeborene Reaktionen reguliert. Er ist daher nicht in eine ausschnitthafte „Umwelt" eingepaßt, sondern „weltoffen". Aus der Weltoffenheit ergeben sich,

---

2 *A. Gehlen:* Der Mensch. Seine Natur und seine Stellung in der Welt. Wiesbaden ¹²1978; *Ders.:* Anthropologische Forschung. Reinbek 1961, S. 55 ff. und 69 ff. Zur Entstehung dieser Betrachtungsweise vgl. *J. Habermas:* Stichwort „Anthropologie". In: Fischer-Lexikon „Philosophie". Frankfurt 1958; wiederabgedruckt in *Ders.:* Kultur und Kritik. Frankfurt 1973, S. 87 ff.

positiv betrachtet, zwar auch Anpassungs- und Lernfähigkeit des Menschen; sie bedeutet aber zunächst einmal „Verhaltensunsicherheit". Der Mangel an angeborenen, automatisch wirkenden Verhaltensmechanismen erfordert daher einen Ausgleich durch anderweitige Steuerungsmittel.

Halten wir fest: Aufgrund seiner körperlichen „Mittellosigkeit" und seiner fehlenden Instinktleistungen entbehrt der Mensch einer natürlichen, auf ihn zugeschnittenen Umwelt. Seine biologische Mängelsituation muß er durch „künstliche Mittel" ausgleichen, deren Gesamtheit wir als „Kultur" bezeichnen. Mit anderen Worten: Der Mensch muß sich seine „Welt" und „Ordnung" handelnd erschaffen. Diese Leistung gelingt jedoch nur in Gemeinschaft, die ihm Schutz vor Gefahren und Hilfe in Notlagen bietet sowie Arbeitsteilung und das Sammeln und Weitergeben von „Welterfahrung" ermöglicht. An die Stelle der nur mangelhaft ausgeprägten Instinkte treten daher gesellschaftlich geprägte und vermittelte Verhaltensmuster, in denen sich solche Erfahrungen niedergeschlagen haben. Diese Verhaltensmuster können sich auf den Umgang mit Sachen beziehen und enthalten dann gewissermaßen Rezeptwissen, nämlich bewährte Techniken im Umgang mit der Natur, oder sie regeln den Umgang der Menschen untereinander und haben dann überwiegend den Charakter sozialer Normen. Darunter sind Verhaltenserwartungen zu verstehen, die die Mitglieder einzelner Gruppen oder ganzer Gesellschaften in bestimmten Zeiten und Situationen wechselseitig voneinander hegen und die von ihnen für verbindlich gehalten werden. Anders ausgedrückt kann man auch sagen, soziale Normen enthalten ein „Sollen"; sie sind „Leitbilder" des Handelns.

1.1.2. Die Leistungen sozialer Normen

Was leisten soziale Normen für den einzelnen und für die Gemeinschaft? Und: Wie tun sie dies?

Vier Funktionen sozialer Normen können wir unterscheiden:

Entlastung von Entscheidungsdruck

Die „Weltoffenheit" des Menschen stellt zunächst einmal eine Belastung dar. Da die Wahrnehmungsorgane nicht spezialisiert sind, unterliegt der Mensch einer „Reizüberflutung". Die Welt ist ein „Überraschungsfeld unvorhersehbarer Struktur, das erst in ‚Vorsicht' und ‚Vorsehung' durchgearbeitet und erfahren werden muß"[3]. Müßte dies jeder für sich vom Punkte Null an leisten – ohne die Vorgabe von Regeln, wie man sich in einer bestimmten Situation verhält –, müßte jeder also alle in einer Situation möglichen Handlungen erst einmal durchprobieren, so wären wir auf Dauer handlungsunfähig. Soziale Normen bieten erprobte, bewährte Verhaltensmuster an, entlasten also von der Notwendigkeit eines Übermaßes an Entscheidungen und setzen so erst die Energien frei für Gegebenheiten, bei denen Entscheidungen unumgänglich sind.

In welche Verlegenheit, ja Schwierigkeiten, jemand gerät, der die Spielregeln einer ihm fremden „Lebenswelt" nicht beherrscht und sich daher erst einmal ans Probieren machen muß, haben die Komödienschreiber immer wieder gerne aufgegriffen: der Bauer in der Stadt, der Städter auf dem Lande und der Neureiche bei Hofe sind Variationen dieses Themas.

Herstellung von Erwartungssicherheit

Der einzelne ist physisch wie psychisch für sein Überleben auf die Gemeinschaft angewiesen. Damit das Zusammenleben aber nicht seinerseits zu einem ständigen Risiko wird, müssen sich die Mitglieder einer Gemeinschaft aufeinander einstellen und verlassen können. Ein jeder muß sicher sein können, daß er nicht überraschend und grundlos durch andere geschädigt wird, und er muß mit den anderen kooperieren können. Das aber setzt voraus, daß das Verhalten der anderen für ihn und sein Verhalten für die anderen vorhersehbar und kalkulierbar ist, daß der Bereich der Willkür also möglichst klein gehalten wird. Diese Erwartungssicherheit im Umgang der Menschen miteinander wird durch soziale Normen gewährleistet. Sie bewirken, daß wir uns in einer Vielzahl von wiederkehrenden Situationen auf dieselbe Weise verhalten: sie führen zu Verhaltensregelmäßigkeiten. Daher können wir auch das Verhalten von Personen, die wir nicht näher kennen, in unsere Lebensplanung einbeziehen. Wir brauchen nicht zu wissen, was für ein Mensch ein Verkäufer ist, welchen Charakter und welche Vorlieben und Abneigungen er hat, um zu wissen, was wir tun müssen, damit er uns etwas verkauft. Allerdings wird er sich nur dann wie ein Verkäufer, also unseren Erwartungen gemäß, verhalten, wenn auch

---

3 *A. Gehlen:* Der Mensch (Fn. 2), S. 36.

wir den Erwartungen entsprechen, die er gegenüber einem Käufer hegt. Es handelt sich also immer um ein Verhältnis von wechselseitigen, einander entsprechenden und sich ergänzenden Verhaltenserwartungen. Wer sich im sozialen Leben dieser Berechenbarkeit entzieht, mag daraus kurzfristig Vorteile ziehen, auf die Dauer wird er aber scheitern, so etwa der „unzuverlässige" Geschäftspartner, der nicht mehr ernst genommen und in das Wirtschaftsleben nicht mehr einbezogen wird.

Verhaltenskoordination

Wo viele Menschen zusammenleben und „miteinander auskommen" müssen, muß ihr Verhalten koordiniert werden, und zwar hauptsächlich unter zwei Aspekten: Es muß ein friedliches (wenn auch u. U. konkurrierendes) Nebeneinander ermöglicht werden, und es müssen Formen für ein effektives Miteinander, das heißt für die gemeinsame Verwirklichung eines bestimmten Zieles, gefunden werden. Beides kann wiederum nur durch soziale Normen geleistet werden. Ein besonders anschauliches Beispiel für die Notwendigkeit, schon das bloße nebeneinander Agieren zu regeln, ist der Straßenverkehr. Nur weil es Regeln darüber gibt, auf welcher Fahrbahnseite zu fahren ist, wer wo Vorfahrt hat, wann überholt werden darf usw. und nur weil sich die große Mehrzahl der Verkehrsteilnehmer auch an diese Regeln hält, kommt es nicht zum Chaos. Solche Regelungen für ein Nebeneinander finden wir überall dort, wo Menschen etwas gemeinsam benutzen wollen: ob es sich nun um das Schlangestehen an einer Bushaltestelle, den Besuch eines Schwimmbades, das Zusammenleben in einem Mietshaus oder die Fangquoten beim Fischfang in den Weltmeeren handelt.

Regeln für das Miteinander betreffen praktisch alle Formen der Arbeitsteilung, vom Operationsteam bis zu staatlichen Verwaltungen oder einem multinationalen Unternehmen, aber auch solche darunter nicht direkt zu fassenden Verhältnisse wie das zwischen Lehrer und Schüler.

Integration

Schließlich sind Normen ein wichtiges Mittel zur Integration sozialer Gruppen. Normen lassen sich verstehen als die konkrete Ausformung von Werten, Interessen und Leitbildern. Eine Gemeinschaft, die

„Mord" höher bestraft als alle anderen Straftaten, hat andere Wertvorstellungen als eine, die Gotteslästerung oder Majestätsbeleidigung mit der Höchststrafe belegt. Hinter dem Ehrenkodex einer Rockerbande steht ebenso ein Leitbild, nämlich das des „echten" Rockers, wie die Duellvorschriften feudal geprägter Zeitalter Aussagen machen über die damaligen Vorstellungen vom „Ehrenmann".

Gemeinsame Normen bedeuten also gemeinsame Werte und für den Bereich, auf den sie sich beziehen, auch eine gemeinsame Weltanschauung. Indem sie diese Werte und diese Weltanschauung zum Ausdruck bringen, gewissermaßen in die „kleine Münze" des Verhaltens umsetzen, bestätigen sie diese Werte und sorgen so für den Zusammenhalt der Gruppe. Dies gilt sogar für den Fall der Normübertretung. Denn wenn die Gruppe gegen den Normabweichler Sanktionen verhängt – etwa den Rocker, der sich bei einer Prügelei abseits hält, aus der Gruppe ausschließt –, so wird dadurch die Geltung einer Norm besonders deutlich demonstriert.

Dieser Gedanke, daß die Sanktion die Geltung einer Norm demonstriert, spielt auch bei den Überlegungen zur Rechtfertigung des staatlichen Strafens im Zusammenhang mit dem Strafzweck der sog. „Generalprävention" eine gewisse Rolle und hat in der Formel von der „Verteidigung der Rechtsordnung" sogar einen gesetzlichen Niederschlag gefunden (vgl. §§ 47, 56, 59 Strafgesetzbuch (StGB). Der französische Soziologe *Émile Durkheim* hat daher dem Verbrecher sogar eine sozial nützliche Funktion zugeschrieben[4].

Die Integration durch einen gemeinsamen Normenkodex finden wir auf allen Ebenen gesellschaftlicher Gruppierungen. Die Gruppen der sog. „Subkultur" grenzen sich ab durch Normen und Werte, die denen der übrigen Gesellschaft entgegengesetzt sind. Die Angler, die Jäger, die Kleingärtner, die Kegler – sie alle haben ihren eigenen Verhaltenskodex, den man übernehmen muß, will man in die Gruppe aufgenommen werden. In einer Verfassung und in einer gemeinsamen Rechtsordnung gibt sich schließlich eine Nation den Rahmen, der (allerdings nicht allein) all die vielen Untergruppierungen zusammenhält und neben- und miteinander existieren läßt.

---

4 *E. Durkheim:* Die Regeln der soziologischen Methode. Paris 1895. Deutsch
  herausgegeben und eingeleitet von *René König.* Darmstadt/Neuwied ⁵1976,
  S. 159.

1. Die gesellschaftlichen Funktionen des Rechts

1.1.3. Situationsdefinition und Rolle

Wie die beschriebenen Leistungen der Normen zustande kommen, wird noch etwas deutlicher, wenn wir uns zwei weitere Aspekte vergegenwärtigen, die bisher nur gestreift worden sind[5].

● Soziale Normen typisieren *Handlungen und Situationen* und definieren sie damit; das heißt, sie geben ihnen einen bestimmten gleichbleibenden Sinn, der ein gleichartiges Verhalten verlangt, auch wenn wir die Situationen jeweils subjektiv verschieden empfinden.

So bestimmt die Norm, daß man pünktlich am Arbeitsplatz zu erscheinen hat, mein Verhalten am frühen Morgen in stets gleicher Weise; das heißt, sie definiert den „frühen Morgen" als eine Situation, die von mir verlangt, aufzustehen, mich zu waschen und schließlich rechtzeitig zur Arbeit zu gehen – gleichgültig ob ich frisch und arbeitslustig bin oder übernächtigt und unausgeschlafen. Das Gebot, in einem Mietshaus die Mittagsruhe einzuhalten, fordert Beachtung, unabhängig davon, ob ich das Bedürfnis verspüre, die Stereoanlage besonders laut aufzudrehen oder ob ich eine dringende handwerkliche Arbeit mit Hammer und Schlagbohrer zu erledigen habe. Die Norm greift also das Gemeinsame dieser unterschiedlichen Handlungen und Motive heraus, nämlich Lärmverursachung, und definiert beides als Verstoß, das heißt als etwas, das zu unterlassen ist.

● Normen typisieren nicht nur Situationen und Handlungen, sondern auch *Personen*. Normen stehen nicht unverbunden nebeneinander, sondern zentrieren sich um bestimmte Aufgaben und Funktionen in der Gemeinschaft, die bestimmte Personen zu übernehmen haben und die man als „soziale Rollen" bezeichnet. So setzt sich die Rolle des „Familienvaters" zusammen aus einem Bündel von teils rechtlich geregelten, teils nur von Sitte und Herkommen festgelegten Pflichten (und Rechten) gegenüber Frau und Kind. Die Rolle des Vaters gibt es jedoch nur, weil es auch eine Rolle des Kindes und eine Mutterrolle gibt, die sich zu einem Ganzen von Verpflichtungen und Rechten ergänzen. Ähnliche Verhältnisse finden wir überall, etwa zwischen der Rolle des Arztes und des Patienten, des Käufers und des Verkäufers, zwischen Arbeitnehmer und Arbeitgeber. Dabei hat jeder eine ganze Reihe von Rollen zu übernehmen, sei es gleichzeitig: man ist

---

5 Vgl. zum Folgenden *H. Popitz:* Soziale Normen. *Archives Européennes de Sociologie. Bd. 2. 1961, S. 189ff.*

sowohl Familienvater wie auch Automechaniker, sei es nacheinander: man wird vom Schüler zum Arbeitnehmer.

1.1.4. Die Durchsetzung sozialer Normen

Soziale Normen verlangen oft Verhaltensweisen, die unseren unmittelbaren Bedürfnissen und Neigungen, ja sogar vitalen Interessen, zuwiderlaufen können. Wie kommt es, daß sich dennoch die große Mehrheit der Menschen in der Mehrzahl der Situationen an die Normen hält, seien es nun solche der Gesamtgesellschaft, wie die des Rechts, oder seien es die nur gruppeninternen Normen? Welcher Mittel und Wege bedient sich die Gesamtgesellschaft, welcher die jeweilige Gruppe, um die Beachtung ihrer Normen zu sichern?

Die Gesamtheit dieser Mittel bezeichnet man als „soziale Kontrolle". Dieser Ausdruck ist die wenig glückliche Übersetzung des ursprünglich aus der amerikanischen Soziologie stammenden Begriffs „social control"; sowohl philologisch wie sachlich korrekter wäre es, von „sozialer" oder „gesellschaftlicher Steuerung" zu sprechen.

Soziale Kontrolle umfaßt „diejenigen Mechanismen, durch welche die Gesellschaft die Herrschaft über die sie zusammensetzenden Menschen ausübt und es erreicht, daß diese ihren Normen Folge leisten. Sie ist zentraler Bestandteil aller Prozesse der sozialen Integration und dient der Wahrung von Konformität. Mit ihrer Hilfe überwinden Gesamtgesellschaften, Teilgruppen und Mitglieder Gegensätzlichkeiten, Spannungen und Konflikte"[6].

Die wichtigsten dieser Mechanismen sind der Prozeß der *Sozialisation* und die Verhängung von *Sanktionen* gegenüber denjenigen, die gegen die Normen verstoßen. Ihr Verhältnis soll *Schaubild 1* verdeutlichen.

Normen werden weitergegeben. Sie werden im Verlauf der Sozialisation – des Prozesses also, durch den der einzelne in seine jeweiligen sozialen Gemeinschaften und in die Gesamtgesellschaft hineinwächst – „gelernt". Eltern, Schule, Kirchen und andere Organisationen versuchen, durch *Erziehung* bewußt auf Kinder und Jugendliche Einfluß zu nehmen, indem sie ihnen die eigenen Normen vermitteln. Eine kaum weniger wichtige Rolle spielen indirekte Einflüsse, durch die Kinder und Jugendliche in Auseinandersetzung mit und Anpassung an die jeweilige Umgebung geprägt werden; so durch Nachahmung der Eltern und anderer Vorbilder, durch Beeinflussung durch die Massenme-

---

6 *G. Kaiser:* Kriminologie. Heidelberg/Karlsruhe 1980, S. 161.

1. Die gesellschaftlichen Funktionen des Rechts

Schaubild 1: Durchsetzung der sozialen Normen im Wege der sozialen Kontrolle

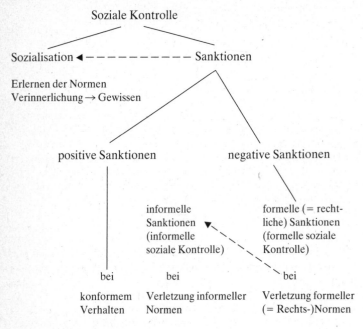

Original: *Erhard Kausch.*

dien, durch Zugehörigkeit zu Gruppen Gleichaltriger. Innerhalb der Sozialisation sind *Sanktionen* ein häufig verwendetes Erziehungsmittel. (Diese Beziehung zwischen Sozialisation und Sanktionen soll der obere gestrichelte Pfeil im *Schaubild* anzeigen.) Sie reichen von so subtilen Formen wie dem Liebesentzug durch die Eltern über „Strafarbeiten" der Schule bis zu den Reaktionen des Jugendstrafrechts, das sich ja ausdrücklich als „Erziehungsstrafrecht" versteht und „Sozialisationsdefizite" ausgleichen soll. Die Sozialisation ist im Sinne der jeweils herrschenden Gesellschaftsordnung gelungen, wenn die Normen und Werte nicht mehr als von außen auferlegt empfunden, sondern als eigene übernommen werden, denen man freiwillig und aus Überzeugung Folge leistet oder die einfach nur selbstverständlich geworden sind. Man spricht dann von *Verinnerlichung (Internalisierung)* der Normen, die sich darin zeigt, daß wir ein „schlechtes Gewissen" haben, wenn wir gegen Normen verstoßen. Auf diese

Weise entwickelt sich auch das „Rechtsgefühl". Hier ist jedoch schon darauf hinzuweisen, daß das Ziel einer humanen Pädagogik in einem demokratischen Gemeinwesen nicht die kritiklose Übernahme aller Normen sein kann, sondern auch in der Erziehung zur Kritikfähigkeit gegenüber Normen bestehen muß.

Als *Ergebnis der Sozialisation* werden also die Normen überwiegend freiwillig befolgt. Wenn Normen aber dennoch übertreten werden, so setzen in der Regel negative Sanktionen ein. Bei Verstößen gegen informelle Normen –also Normen, die nicht dem Recht angehören –, etwa beim Verstoß gegen Anstandsregeln, kommt es zu bloß informellen Sanktionen, das heißt zu den verschiedenen Formen der gesellschaftlichen Mißbilligung, die im Extremfall bis zur (vom Recht untersagten) Gewaltanwendung führen können. Man spricht hier von *informeller sozialer Kontrolle*. Verstöße gegen formelle oder Rechtsnormen führen zu formellen, das heißt rechtlichen Sanktionen, die nur von eigens dafür eingesetzten Organen und in einem besonderen Verfahren verhängt werden dürfen. Jedoch werden auch Verstöße gegen Rechtsnormen oft nur informell erledigt, so wenn bei einem Ladendiebstahl eines Jugendlichen der Geschäftseigentümer mit einer Ohrfeige reagiert und beide es dabei bewenden lassen (vgl. den unteren gestrichelten Pfeil im *Schaubild*). Andererseits kommt es neben der formellen oft noch zu zusätzlichen informellen Sanktionen, so etwa in der gesellschaftlichen Diskriminierung des Strafentlassenen.

Es mag unbefriedigend erscheinen, daß bisher nur die positiven Aspekte der Normen dargestellt wurden, indem die prinzipielle Angewiesenheit des Menschen auf Normen und ihre unentbehrlichen Leistungen für das gesellschaftliche Zusammenleben hervorgehoben wurden. Dies schien jedoch erforderlich, um eine angemessene Perspektive auf die Notwendigkeit von Normen im allgemeinen und Recht im besonderen zu eröffnen. Es soll aber natürlich nicht unterschlagen werden, daß Normen zu Einschränkungen, die für die Erhaltung des Gemeinwesens nicht erforderlich sind, und zu Unterdrückungen führen können, daß sie dem Mißbrauch von Macht Vorschub leisten und die Selbstentfaltung des Individuums ohne zwingenden Grund ebenso hemmen können wie notwendigen sozialen Wandel.

Den schwierigen Balanceakt, den die soziale Kontrolle zwischen Bestandserhaltung des jeweiligen sozialen Systems und den Entfaltungsbedürfnissen der dieses System bildenden Menschen zu leisten hat, soll der folgende Text verdeutlichen:

1. Die gesellschaftlichen Funktionen des Rechts

„Ist sie [die soziale Kontrolle] zu starr und sichert sie nur den Bestand, so kann es zu Protestverhalten, Rebellionen und gewaltsamen Eruptionen in der Gesellschaft kommen. Ein *extrem* auf *Bestandserhaltung* gerichtetes Sozialsystem verfehlt nicht nur die Erneuerung und die optimale Entfaltung des Menschen. Es gefährdet sich letztlich selbst ebenso wie ein *extrem* dem *Wandel* verschriebenes Sozialsystem, das vor lauter Toleranz und Erneuerung seine Existenz aufs Spiel setzt, wenn es nicht gar in ein Terrorsystem ‚umschlägt'. Auch dafür liefert die Geschichte Beispiele. Fehlt soziale Kontrolle, so ist die Gesellschaft in ihrem Bestand gefährdet. Dies verdeutlichen die immer beschränkten Befriedigungsmöglichkeiten individueller Erwartungen über Besitz, Macht, Sexualität und Sozialisation."[7]

Mitunter können Normverstöße sogar für die Fortentwicklung einer Gesellschaft notwendig oder zumindest nützlich sein. *Émile Durkheim,* der diesen Gesichtspunkt in seinen „Regeln der soziologischen Methode" als erster herausgestellt hat, führt als Beispiel die Anklage und Verurteilung des griechischen Philosophen *Sokrates* an, dem vorgeworfen wurde, er glaube nicht an die Götter des athenischen Staates und verderbe durch seine Lehren die Jugend:

„Wie oft ist das Verbrechen wirklich bloß eine Antizipation der zukünftigen Moral, der erste Schritt zu dem, was sein wird. Nach dem athenischen Rechte war Sokrates ein Verbrecher, und seine Verurteilung war gerecht. Und doch war sein Verbrechen, die Unabhängigkeit seines Denkens, nützlich, nicht nur für die Menschheit, sondern auch für seine Vaterstadt. Denn er trug dazu bei, eine neue Moral und einen neuen Glauben vorzubereiten, deren die Athener damals bedurften, weil die Traditionen, von denen sie bis dahin gelebt hatten, nicht mehr mit ihren Existenzbedingungen übereinstimmten. Und der Fall Sokrates ist nicht der einzige; er wiederholt sich in der Geschichte periodisch. Die Gedankenfreiheit, deren wir uns heute erfreuen, wäre niemals proklamiert worden, wenn die sie verbietenden Normen nicht verletzt worden wären, bevor sie noch feierlich außer Kraft gesetzt wurden. In jenem Zeitpunkt war ihre Verletzung jedoch ein Verbrechen, da sie eine Beleidigung von Gefühlen bedeutete, welche bei der Mehrheit noch sehr lebendig waren. Nichtsdestoweniger war dieses Verbrechen nützlich, da es das Vorspiel zu allmählich immer notwendiger werdenden Umwandlungen war."[8]

---

7 *G. Kaiser:* Strategien und Prozesse strafrechtlicher Sozialkontrolle. Frankfurt 1972, S. 2.
8 *E. Durkheim:* Die Regeln der soziologischen Methode (Fn. 4), S. 160f. Dabei mag hier dahingestellt bleiben, inwieweit Sokrates tatsächlich gegen athenisches Recht verstoßen hat.

Ein Beispiel aus neuerer Zeit ist das Streikrecht, das erst in langen Auseinandersetzungen und unter Verstoß gegen Streikverbote errungen werden konnte. Aus unserer Gegenwart ist etwa die Reform des § 218 StGB zu nennen. Auch hier gab den Anstoß zur Lockerung der Strafvorschrift der massenhafte und teilweise sogar mit einem offenen Bekenntnis verbundene Verstoß gegen das Abtreibungsverbot.

Aufgabe 1

Worauf ist es zurückzuführen, daß sich selbst in Gruppen der sog. „Subkultur" – deren Mitglieder das erklärte Ziel haben, aus den Zwängen und Konventionen der Normalgesellschaft auszubrechen und ein „freies Leben" zu führen – sehr schnell eine Fülle von gruppeninternen Normen bilden?

1.2. Die Besonderheiten des Rechts gegenüber anderen sozialen Normensystemen

Haben wir bisher das allen Normen Gemeinsame herauszuarbeiten versucht, so soll nun erörtert werden, was die Besonderheiten des Rechts ausmacht. Dabei sollen keine Aussagen über das Wesen des Rechts schlechthin gewonnen, sondern am gegenwärtigen Recht der Bundesrepublik Deutschland sollen einige Merkmale abgelesen werden, die kennzeichnend sind für das moderne Recht kontinentaleuropäischer Demokratien westlicher Prägung. Wie sich schon an der Unterscheidung zwischen informeller und formeller sozialer Kontrolle angedeutet hat, ist das entscheidende Charakteristikum des Rechts die *Technik seiner Durchsetzung*. Die Befolgung des Rechts ist erzwingbar oder, vielleicht genauer, durch Zwangsmöglichkeiten abgesichert, und zwar in einem recht geregelten Verfahren durch eigens hierfür eingesetzte Organe.

1.2.1. Die Absicherung durch Zwang

Zur Verdeutlichung der Technik der Rechtsdurchsetzung wollen wir noch einmal die Sanktionen bei Verstößen gegen *informelle* und *formelle Normen* betrachten:

Informelle Sanktionen

Wer gegen die Regeln der Sitte, des Anstandes, der Sozialmoral im weitesten Sinne verstößt, der sieht sich zwar auch einer Art Zwang, nämlich den unterschiedlichsten Formen gesellschaftlichen Drucks, ausgesetzt, die ihn auf Dauer zu konformem Verhalten veranlassen werden, aber die Umgebung, von der dieser Druck ausgeht, wird selten (und dann nur unter Verstoß gegen das Recht) den Weg des unmittelbaren Zwanges beschreiten. Sie geht vielmehr indirekt vor: Verbale Mißbilligungen bis hin zur moralischen Verurteilung durch die öffentliche Meinung, die Preisgabe zur Lächerlichkeit, Prestigeverlust, das Versagen sozialer Anerkennung, Hemmnisse beim sozialen Aufstieg, der Ausschluß aus einer sozialen Gruppe, Boykott und Isolation, um nur einige Beispiele zu nennen, sind ebenfalls höchst wirksame Mittel, unter Umständen sogar wirksamer als die Zwangsmittel des Rechts.

Ein Beispiel für eine eher subtile Form des gesellschaftlichen Drucks gibt der folgende Bericht von *Walter Rüegg,* der zwar der heutigen Wirklichkeit nicht mehr ganz entsprechen dürfte, aber die Mechanismen, um die es geht, sehr gut verdeutlicht:

„Als ich noch nicht lange Zeit an der Frankfurter Universität tätig war, kam zu einer Gesellschaft, bei der ich mich mit dem Dekan meiner Fakultät unterhielt, ein mir seit Jahren befreundeter Kollege. Ich wandte mich voll Freude zu ihm, um ihn zu begrüßen. Doch wich er wie erschrocken zurück, faßte sich dann, reichte mit einer gewissen Ostentation zuerst dem Dekan die Hand und kam erst nachher auf mich zu. Ich mußte merken, daß ich einen Fehler begangen hatte, indem ich dem Dekan nicht den Vortritt bei der Begrüßung gelassen hatte. Diese Herausstellung des Dekans entsprach nicht den Normen, die ich von meiner Heimatuniversität mitgebracht hatte. Die Sanktion, mit der ich auf mein in Frankfurt normwidriges Verhalten aufmerksam gemacht wurde, fiel zwar äußerlich kaum ins Gewicht, war jedoch unmißverständlich. Die Verlegenheit, mit der ich meine ausgestreckte Hand zurückziehen mußte, bedeutete, daß ich aus dem sozialen Bezugsrahmen dieser neuen Gruppe herausgefallen war. Legte ich Wert darauf, mich in sie zu integrieren und von den anderen

Fakultätsmitgliedern, zu allererst von meinem alten Freund, als Gruppenmit-
glied, als Kollege anerkannt zu werden, so hatte ich den Erwartungen zu
entsprechen, die auch in dieser scheinbar belanglosen und äußerlichen Sache
an ich gestellt wurden."[9]

Formen des rechtlichen Zwanges

Das Recht dagegen verwendet zur Durchsetzung seiner Gebote unmittelbaren Zwang. Es kennt zunächst den direkten Zwang zur Erfüllung bestehender Rechtspflichten, die sich aus dem *bürgerlichen
Recht,* also aus den Rechtsbeziehungen von Privatleuten untereinander, ergeben. Kommt ein Schuldner seinen Leistungsverpflichtungen
nicht nach, so muß der Gläubiger zunächst ein Urteil erstreiten, in
dem ihm das von ihm Geforderte durch das Gericht zugesprochen
wird. Leistet der Schuldner auch dann noch nicht, so kann der Gläubiger das Urteil im Wege der Zwangsvollstreckung durchsetzen. Der
Gerichtsvollzieher, der die bewegliche Habe des Schuldners pfändet
und mit dem Versteigerungserlös den Gläubiger befriedigt, ist hierfür
das wohl bekannteste Beispiel.

Entsprechende Formen des direkten Zwanges gibt es aber auch im
öffentlichen Recht, also in dem Rechtsbereich, der die Beziehungen
zwischen dem Staat und seinen Bürgern sowie der Staatsorgane untereinander regelt. So bestimmt etwa § 6 des Verwaltungsvollstreckungs-
gesetzes des Bundes:

„Der Verwaltungsakt, der auf die Herausgabe einer Sache oder auf die Vor-
nahme einer Handlung oder auf Duldung oder Unterlassung gerichtet ist, kann
mit den Zwangsmitteln nach § 9 durchgesetzt werden [. . .]"

Diese Zwangsmittel sind die Ersatzvornahme (eine andere Person nimmt auf
Kosten des Verpflichteten die Handlung vor, die diesem obliegt), das Zwangsgeld und der unmittelbare Zwang (vgl. §§ 9–12 Verwaltungsvollstreckungsge-
setz).

Das *Strafverfahren* setzt allerdings erst ein, wenn der Verdacht einer
Straftat gegeben ist. Das Zwangsmittel der Strafe kommt also zu spät,
um im konkreten, abzuurteilenden Fall die Einhaltung der strafrechtlichen Gebote zu erzwingen. Die Strafe soll aber den Verurteilten
selbst wie auch die anderen Mitglieder der Rechtsgemeinschaft von

---

9 *W. Rüegg:* Soziologie. In: *G. Kadelbach (Hrsg.):* Wissenschaft und Gesellschaft. Frankfurt 1967, S. 288.

künftigen Straftaten abhalten. Sie sorgt so für die Beachtung der Strafrechtsnormen. Schließlich besteht eine – wenn auch gewissermaßen vergeistigte – Form des Zwanges darin, daß rechtswidrige Gesetze, Gerichtsentscheidungen und Verwaltungsakte in einem gerichtlichen Überprüfungsverfahren aufgehoben und für nichtig erklärt werden können.

Gegen diese These, daß das wesentliche Unterscheidungsmerkmal des Rechts gegenüber anderen sozialen Normen seine Absicherung durch organisierten Zwang ist, wird bisweilen eingewendet, es gebe auch Recht, das nicht erzwingbar ist. In der Tat können zum Beispiel einige Pflichten, die sich aus dem Familienrecht ergeben, nicht zwangsweise durchgesetzt werden, so etwa die sich aus § 1353 BGB ergebende Pflicht zur ehelichen Lebensgemeinschaft. Für den gesamten Bereich des Völkerrechts ist die Erzwingbarkeit sogar die Ausnahme. Aber das widerlegt die These nicht, sondern bedeutet umgekehrt, daß es sich hier noch nicht im vollen Sinne um Recht handelt.

Die Erzwingbarkeit des Rechts ist die Basis für die spezifische Form der Erwartungssicherheit, die vom Recht ausgeht und die darum „Rechtssicherheit" heißt. Unter Rechtssicherheit wird zwar in erster Linie die Vorhersehbarkeit und Berechenbarkeit rechtlicher Gebote und der Rechtsanwendung aufgrund inhaltlich eindeutiger und nach Möglichkeit dauerhafter Gesetze und einer entsprechend gleichmäßigen Rechtsanwendung durch die Gerichte verstanden. Grundlegender ist aber, daß der einzelne Bürger die Gewißheit hat, sein Recht notfalls auch zwangsweise durchsetzen zu können, und ebenso, daß auch den von der Gemeinschaft ausgehenden rechtlichen Ge- und Verboten im Ernstfall mit Zwangsmitteln Geltung verschafft wird. Denn erst diese Gewißheit bewirkt das Vertrauen und die Möglichkeit zu Handlungsweisen, die zwar für das Zusammenleben erforderlich, aber an sich riskant sind. Nur wenn Rechtssicherheit in diesem Sinne gegeben ist, wird man Waren auf Kredit verkaufen, sein Haus einem Mieter überlassen, ein Arbeitsverhältnis eingehen oder unbewaffnet und ohne ständige Angst vor Überfällen auf der Straße gehen. Man muß sich dabei immer vor Augen halten, daß allein schon die Existenz der rechtlichen Zwangsmittel auch vorbeugend wirkt, das heißt vielfach ihre Anwendung erübrigt.

1.2.2. Das Verfahren der Rechtsdurchsetzung

Die Rechtsdurchsetzung erfolgt in gesetzlich geregelten Verfahren, deren Prototyp das Verfahren zur Herbeiführung einer gerichtlichen Entscheidung ist. Allen *Gerichtsverfahren* sind folgende Elemente gemeinsam:

- Das Entscheidungsorgan, nämlich der nur dem Gesetz unterworfene Richter, ist unabhängig und neutral.
- Die Sachverhaltsfeststellung erfolgt in einem geordneten Beweisverfahren, das der „Ausmerzung vorhersehbarer Störungen der Wahrheitsfindung dient"[10].
- Die der Entscheidung unterworfenen Verfahrensbeteiligten haben vielfache Mitwirkungsrechte am Verfahren, vor allem den Anspruch auf „rechtliches Gehör", das heißt darauf, daß ihnen zu allen für die Entscheidung wesentlichen Punkten die Möglichkeit zur Stellungnahme gewährt wird; sie können sich des Beistandes eines Rechtskundigen bedienen.
- Das Verfahren ist öffentlich.
- Die Entscheidung muß schriftlich begründet werden; es gibt Überprüfungsmöglichkeiten durch ein höheres Gericht.
- Für das Strafverfahren besteht außerdem der wichtige Grundsatz *in dubio pro reo:* „Im Zweifel für den Angeklagten".

Der Wert dieser Verfahrenselemente wird besonders deutlich, wenn man sich die Unterschiede zur Sanktionsverhängung im Wege „informeller sozialer Kontrolle" vor Augen hält. Dazu braucht man nicht einmal auf so extreme Beispiele wie die „Lynchjustiz" zurückzugreifen; es genügt, sich zu vergegenwärtigen, auf welche Weise es dazu kommt, daß jemand wegen Verstoßes gegen Anstandsregeln „geschnitten" wird. Die Sanktionierungen außerhalb des Rechts erfolgten oft hinter dem Rücken des Betroffenen. Dieser hat kaum Möglichkeiten, sich zu verteidigen; er kann sich nicht eines Beistandes versichern, kann keine Begründung verlangen. Das mögliche Ausmaß der Sanktionen und ihre Dauer sind nicht im voraus festgelegt. Es herrscht also ein großes Maß an Willkür, das die verfahrensrechtlichen Vorkehrungen des Rechtes ausschließen wollen[11].

---

10 *N. Luhmann:* Legitimation durch Verfahren. Darmstadt/Neuwied ²1975, S. 12.
11 Vgl. *W. Hassemer* in *W. Hassemer/K. Lüderssen (Hrsg.):* Sozialwissen-

1.2.3. Die Organe der Rechtsdurchsetzung

Über die Einhaltung der informellen Normen wachen wir mehr oder weniger alle. „Verpetzt" ein Schüler einen anderen beim Lehrer, so ist die Empörung des „Verpetzten" allein zunächst wirkungslos. Erst wenn sich die anderen Mitschüler anschließen und den „Petzer" beispielsweise für eine Weile aus der Klassengemeinschaft ausschließen, wird daraus eine Sanktion. Es wird dem Betroffenen klar, daß er gegen eine Norm seiner Gruppe verstoßen hat. Beim Verstoß gegen informelle Normen fühlen sich also alle Mitglieder der betreffenden Gruppe als „Gruppenöffentlichkeit" aufgerufen, sowohl den Richter zu spielen, indem sie ein Verhalten als „anstößig" „unsittlich", „ehrenrührig" usw. beurteilen, als auch selbst zu sanktionieren, indem sie alle oder in ihrer Mehrheit gegenüber dem Normabweichler eine diesen beeinträchtigende Reaktion zeigen[12].

Wie sich schon bei der Erörterung des Verfahrens gezeigt hat, ist dagegen die Rechtsdurchsetzung, soweit sie mit Sanktionen verbunden ist, eigens dafür eingesetzten staatlichen Stellen vorbehalten. Die letzte Entscheidung in Rechtssachen liegt bei den Gerichten. Soweit eine zwangsweise Durchsetzung ihrer Entscheidungen erforderlich ist, gibt es dafür eigene Vollstreckungsbehörden, etwa den Gerichtsvollzieher oder die Strafvollzugsanstalten. Aber auch die Verwaltungsbehörden sind Organe der Rechtsdurchsetzung; sie führen die Verwaltungsgesetze aus und können unter bestimmten Voraussetzungen selbst zwangsweise vorgehen.

1.2.4. Inhaltliche Fixierung, Normerzeugung, Bezug zur Gerechtigkeit

Was Sitte, Anstandspflichten, Kollegialität usw. genau verlangen, kann unklar bleiben und verändert sich sehr schnell: „Es steht nirgendwo geschrieben." Wir haben zwar ein Gefühl dafür, hätten aber große Schwierigkeiten, wenn wir es in eine präzise Regel fassen sollten. Die Inhalte des Rechts sind dagegen, jedenfalls im kontinentaleuropäischen Rechtskreis, überwiegend in Gesetzen schriftlich fixiert.

---

schaften im Studium des Rechts. Bd. III: Strafrecht. München 1978, S. 51 f., 59.

12 Vgl. dazu *H. Popitz:* Soziale Normen (Fn. 5), S. 193 f.

Wo dies nicht der Fall ist, wie etwa in weiten Teilen des Arbeitsrechts, bildet sich zumindest im Laufe der Zeit eine „gefestigte Rechtsprechung" heraus, so daß auch hier die Regelungsinhalte einigermaßen deutlich werden.

Ebenso im Dunkeln bleiben weitgehend der Ursprung der informellen Normen und die Gründe, die zu Veränderungen führen. Dagegen ist der Weg der *Rechtserzeugung* ebenfalls wiederum durch das Recht festgelegt. Es enthält nämlich Bestimmungen auch darüber, wer neues Recht setzen oder altes Recht verändern darf, und sagt, welches Verfahren dabei einzuhalten ist, damit gültiges Recht zustande kommt, so etwa in den Vorschriften des Grundgesetzes und der Länderverfassungen über das Gesetzgebungsverfahren (Näheres hierzu in Kap. 2).

Rechtsnormen sind Antworten auf bestimmte gesellschaftliche Problemstellungen. Dabei geht es jedoch nie allein darum, möglichst zweckmäßige Lösungen zu finden. Rechtsnormen tendieren, zumindest ihrem Anspruch nach, immer auch auf die Verwirklichung spezifischer Rechtswerte, die unter dem Begriff der „Gerechtigkeit" zusammengefaßt werden. Da den damit zusammenhängenden Problemen ein eigenes Kapitel gewidmet ist (Kap. 3), müssen hier einige Andeutungen, die den Zusammenhang zu den bisherigen Ausführungen über die Rechtsdurchsetzung herstellen sollen, genügen.

Gerechtigkeitsfragen beziehen sich nicht ausschließlich auf den gerechten Interessenausgleich, auf Fragen gerechter Güter- und Lastenverteilung oder das Problem der gerechten Strafe, sondern betreffen auch den *Weg* der Rechtsfindung. So lassen sich die Elemente des gerichtlichen Verfahrens, die wir kennengelernt haben, als Ausfluß der Verfahrensgerechtigkeit, des „Fair trial", verstehen. Wäre zum Beispiel das einzige Ziel des Strafverfahrens eine möglichst effektive Verbrechensbekämpfung, so müßte jedes Mittel recht sein, das zur Überführung eines Täters beiträgt, auch die Folter. Selbst die Bestrafung eines möglicherweise Unschuldigen könnte im Sinne der Abschreckung anderer diesem Ziel dienen. Die strafverfahrensrechtlichen Ausprägungen der Verfahrensgerechtigkeit führen jedoch zu einer Einschränkung der Beweismittel, so daß beispielsweise gerade die Folter nicht zulässig ist. Sie führen ferner zu dem Grundsatz, daß nicht der Angeklagte seine Unschuld nachweisen, sondern umgekehrt ihm die Schuld nachgewiesen werden muß und daß im Zweifel für den Angeklagten zu entscheiden ist.

1. Die gesellschaftlichen Funktionen des Rechts

Aufgabe 2

Ordnen Sie die nachfolgenden Fälle den Bereichen „informelle soziale Kontrolle" und „formelle soziale Kontrolle" zu:

(1) A, der öfter einmal „einen über den Durst trinkt" und bisweilen auch öffentlich betrunken zu sehen ist, bewirbt sich um einen Sitz im Gemeindekirchenrat (Presbyterium) seiner Kirchengemeinde. In der Gemeinde ist man sich einig darüber, und dies wird in vielen Gesprächen von Nachbarn untereinander bestätigt, daß ein solcher Mann für dieses Amt unwürdig ist. Er erhält bei der Wahl keine einzige Stimme.

(2) B gerät in eine polizeiliche Verkehrskontrolle und wird zum „Pusten" aufgefordert. Aufgrund einer anschließend von einem Arzt durchgeführten Blutentnahme stellt sich heraus, daß er einen Blutalkoholgehalt von 0,9 Promille hat. Er erhält daraufhin einen Bußgeldbescheid wegen Verstoßes gegen § 24a des Straßenverkehrsgesetzes.

(3) Der 14jährige Hans berichtet voller Stolz, daß er seit einiger Zeit immer kostenlos mit der Straßenbahn zu seinem Fußballplatz fahre und daß es ihm noch jedes Mal gelungen sei, die Kontrolleure auszutricksen. Sein Vater erklärt ihm daraufhin ernst, daß Schwarzfahren eine Straftat sei und er ihm dies für die Zukunft verbiete. Damit er merke, daß es ihm, dem Vater, damit ernst sei, kürze er ihm für den nächsten Monat das Taschengeld um die Hälfte.

1.3. Die Funktionen des Rechts im einzelnen

Welche Funktionen hat nun das Recht im einzelnen? Zunächst einmal leistet das Recht alles das, was wir bereits als Leistungen der Normen ganz allgemein beschrieben haben:

– Entlastung von Entscheidungsdruck,
– Erwartungssicherheit,
– Verhaltenskoordination,
– Integration,

und es leistet dies wegen seiner besonderen Durchsetzungsmöglichkeiten in einer besonders wirksamen Weise.

Darüber hinaus hat es noch eine Reihe weiterer spezifischer Funktionen. Die folgende Darstellung dieser Funktionen gilt wiederum nicht für das Recht ganz allgemein, sondern orientiert sich an der Struktur unserer gegenwärtigen Rechtsordnung.

1.3.1. Sicherung des inneren Friedens

Die vielleicht elementarste Funktion des Rechts ist die Sicherung des inneren Friedens. Das moderne Recht trägt hierzu einmal dadurch bei, daß es die Austragung von Konflikten durch Anwendung physischer Gewalt verbietet und an ihre Stelle ein geregeltes Verfahren setzt. Darüber hinaus dient es der Konfliktvermeidung, indem es unter Vorwegnahme möglicher Konfliktsituationen Interessengegensätze regelt.

Konfliktlösung

Wo Menschen zusammenleben, kommt es in einer Welt der begrenzten Ressourcen zwangsläufig zu Interessengegensätzen und zu Konflikten darüber. Soweit solche Konflikte rechtlich bedeutsam werden, ist zwar nicht erforderlich, daß jeder Streit bis vor die Gerichte getragen wird. Die Rechtsordnung verbietet aber jede Form von privater Rache und gewaltsamer Rechtsdurchsetzung auf eigene Faust. Selbsthilfe ist nur in wenigen gesetzlich geregelten Ausnahmefällen zulässig, in denen ein rechtzeitiges Eingreifen der staatlichen Rechtspflegeorgane nicht möglich ist.

So darf ein Gläubiger nicht etwa das Kraftfahrzeug seines säumigen Schuldners, das er zufällig auf der Straße geparkt sieht, abschleppen lassen, um es erst nach Zahlung der Schulden wieder herauszugeben oder um sich anderweitig daran schadlos zu halten. Er muß vielmehr den Schuldner vor den Zivilgerichten auf Zahlung verklagen. – Das Opfer einer Straftat oder seine Angehörigen dürfen an dem Straftäter keine private Rache nehmen. Sie müssen sich damit begnügen, den Täter anzuzeigen, und die Ahndung den Strafverfolgungsorganen überlassen. – Soll ein Hausgrundstück für Straßenbauzwecke enteignet werden, so darf sich der Hauseigentümer nicht in seinem Haus verbarrikadieren, um den in seinen Augen ungerechtfertigten Angriff auf sein Eigentum mit

1. Die gesellschaftlichen Funktionen des Rechts

Gewalt abzuwehren. Das Recht läßt ihm nur die Möglichkeit, von den Verwaltungsgerichten überprüfen zu lassen, ob die Enteignungsanordnung rechtmäßig ist.

Was dem Verweis auf die staatliche Gerichtsbarkeit zugrunde liegt, hat das Bundesverfassungsgericht, bezogen auf das Privatrecht, so formuliert:

„So ist es ein zentraler Aspekt der Rechtsstaatlichkeit, die eigenmächtiggewaltsame Durchsetzung von Rechtsansprüchen zwischen Privaten grundsätzlich zu verwehren. Die Parteien werden auf den Weg vor die Gerichte verwiesen. Dort sollen sie ihren Streit in einem geordneten Rechtsgang gewaltlos austragen und eine verbindliche Entscheidung erwirken. In der Gerichtsbarkeit prägen sich innerstaatliches Gewaltverbot und staatliches Gewaltmonopol aus."[13]

Das Strafrecht geht sogar noch weiter, indem es nicht allein „Privatjustiz" verbietet, sondern die Strafverfolgung ganz zur Sache des Staates macht. Das Opfer der Straftat muß seinen „Strafanspruch" gewissermaßen an den Staat abtreten. Es tritt bis auf wenige gesetzlich geregelte Ausnahmefälle nicht mehr selbst als Kläger auf, sondern muß dies dem Staatsanwalt überlassen, der sogar gegen den Willen des Verletzten Anklage erheben kann. Man spricht daher vom „Anklagemonopol" der Staatsanwaltschaft, dem allerdings in aller Regel auch eine „Anklagepflicht" entspricht.

Das Recht setzt also an die Stelle der gewaltsamen, ungeregelten Auseinandersetzung das gerichtliche Verfahren. Dessen befriedende Wirkung beruht vor allem auf Folgendem:

– Es läßt beide Konfliktparteien zu Wort kommen (Prinzip des rechtlichen Gehöres, verfassungsrechtlich abgesichert in Art. 103 Abs. 1 Grundgesetz).
– Die Entscheidung erfolgt durch eine unabhängige und neutrale Instanz, den Richter.
– Das Verfahren begrenzt die Auseinandersetzung auf die sachlichen Streitpunkte und läßt als Mittel der Auseinandersetzung nur Argumente zu; es rationalisiert den Streit.
– Schließlich sorgt es dadurch, daß die Entscheidung in „Rechtskraft" erwächst, das heißt unanfechtbar und für alle Beteiligten verbindlich wird und notfalls zwangsweise durchgesetzt werden kann, für die endgültige Beilegung des Streites.

---

13 *Neue Juristische Wochenschrift* 1981, S. 14.

Die richterliche Entscheidung erhält ihre Legitimation aber nicht allein aus dem Verfahren, in dem sie ergeht, sondern ebenso dadurch, daß sie um einen gerechten Interessenausgleich bemüht sein muß. Verbindliche Maßstäbe sind dem Richter hier durch das sog. „materielle Recht" gesetzt. Darunter sind alle diejenigen Rechtsvorschriften zu verstehen, die unmittelbar Verhaltensanforderungen an den Bürger richten, und nicht wie das „formelle Recht" lediglich das Verfahren der Rechtsdurchsetzung, beispielsweise die Beweisaufnahme, regeln. Denn die Normen des materiellen Rechts sind nichts anderes als generalisierte Interessenabwägungen. So sind etwa die Vorschriften des Mietrechts der Versuch, einen gerechten Ausgleich zwischen den Interessen des Mieters und denen des Vermieters zu finden. Die Vorschriften des Baurechts sollen einen gerechten Ausgleich schaffen zwischen dem Interesse des Eigentümers, sein Grundstück nach seinem Belieben zu nutzen, und den Interessen der Nachbarn, etwa an der Einhaltung eines bestimmten Bauabstandes, bzw. den Interessen der Allgemeinheit, beispielsweise am Verbot einer bestimmten Nutzung aus Gründen überörtlicher Planung. Ziel des gerichtlichen Verfahrens ist also nicht einfach die Beseitigung des Konflikts, sondern seine gerechte Lösung. Die Entscheidung soll nicht nur befolgt werden, weil den Betroffenen aufgrund der hinter dem Gericht stehenden staatlichen Machtmittel gar nichts anderes übrig bleibt, sondern weil sie sie als gerecht akzeptieren können. Dazu soll auch beitragen, daß der Richter im Verfahren und in seiner Urteilsbegründung auf die Argumente der Konfliktparteien eingehen und auch darlegen muß, aus welchen Gründen er ein Argument nicht für relevant hält. Die Chance, die Parteien von der Richtigkeit der Entscheidung zu überzeugen, wird allerdings oft genug vertan, weil die von der Entscheidung Betroffenen dem Verfahren häufig nicht folgen können und die mit der Sache befaßten Juristen nicht genügend „Übersetzungshilfe" leisten (Näheres hierzu in Kap. 6).

Halten wir fest: Indem das Recht Gewaltanwendung als Mittel der Konfliktlösung untersagt, zähmt und kanalisiert es die Konflikte. Die Konflikte werden entschärft, so daß sie weder für die unmittelbar an der Auseinandersetzung Beteiligten noch für die Gemeinschaft zerstörerisch wirken können. Diese Leistung des Rechts für den inneren Frieden ist alles andere als selbstverständlich.

So hat der Soziologe *Norbert Elias* darauf hingewiesen, daß wir eigentlich die falsche Optik haben, wenn wir bei Untersuchungen zum Problem der körperlichen Gewalttätigkeit in erster Linie die Aufmerksamkeit der Frage zuwenden, was einen Menschen zum Gewalttäter, Terroristen usw. mache. Erklärungsbedürftiger sei, wie schon ein Blick in vergangene Epochen der Menschheitsgeschichte belege, daß in unseren Tagen so viele Millionen von Menschen in einer ganzen Reihe von Staatswesen so verhältnismäßig friedlich miteinander lebten[14].

Die gesuchte Erklärung liegt ganz wesentlich in den befriedenden Leistungen des Rechts. Diese lassen sich auf Dauer wohl nur gewährleisten, wenn folgende Voraussetzungen gegeben sind:

– Die Monopolisierung der legitimen Ausübung von Gewalt beim Staat.

– Ein funktionierendes Gerichtssystem, das den Verzicht der Bürger auf Selbsthilfe und Gewaltanwendung durch die gesicherte Chance, gewaltlos ihr Recht zu erlangen, honoriert.

– Eine gewählte Volksvertretung, die es ermöglicht, als ungerecht empfundene Rechtspositionen im Verfahren der Gesetzgebung gewaltlos zu ändern[15].

Für den Bereich der Beziehungen zwischen den Staaten ist es noch nicht gelungen, die „Gewalt zu überwinden und durch Verfahren zu ersetzen"[16]; dies liegt nicht zuletzt daran, daß es auf zwischenstaatlicher Ebene kein „Gewaltmonopol" gibt.

„Die Bemühungen des 20. Jahrhunderts, gewaltlose Mittel zur Lösung *zwischenstaatlicher* Konflikte einzuführen, den Krieg abzuschaffen und die Herrschaft des Rechts an die Stelle der Gewalt zu setzen, ähneln in vieler Hinsicht den Versuchen des Mittelalters, Fehden durch geordnete, rechtsförmliche Verfahren zu ersetzen. Bis jetzt ist die Entwicklung nicht über das Stadium der freiwilligen Unterwerfung und der Schiedsgerichtsbarkeit und die freiwillige Aufgabe überflüssig gewordener Machtpositionen hinausgekommen. Völkerrecht ist noch immer nicht ,Recht' im Sinne der modernen innerstaatlichen Rechtssysteme; es ist vielmehr eine Mischung von Tradition, Moral, Druck der öffentlichen Meinung und Elementen rudimentärer Staatlichkeit, wie sie cha-

---

14 *N. Elias:* Zivilisation und Gewalt. Über das Staatsmonopol der körperlichen Gewalt und seine Durchbrechungen. In: *J. Matthes (Hrsg.):* Lebenswelt und soziale Probleme. Verhandl. des 20. Deutschen Soziologentages in Bremen 1980. Frankfurt 1981, S. 99.

15 *M. Rheinstein:* Einführung in die Rechtsvergleichung. München 1974, S. 158.

16 *Th. Mayer-Maly:* Rechtswissenschaft. München ²1981, S. 203.

rakteristisch war auch für den Übergang von der primitiven Gesellschaft zum archaischen Staat."[17]

Konfliktvorbeugung

Aufgabe des Rechts ist aber nicht nur, Konflikte zu schlichten, sondern schon ihrer Entstehung vorzubeugen. Wie wir gesehen haben, lassen sich die Normen des materiellen Rechts als generalisierte Interessenabwägungen verstehen. Das bedeutet auch: sie nehmen mögliche Konfliktsituationen vorweg und verhindern Auseinandersetzungen, indem sie für jedermann von vornherein klarlegen, welche der aufeinandertreffenden Interessen jeweils und in welchem Umfange den Vorrang haben sollen – oder konkreter: welche Rechte und Pflichten sich aus Rechtsbeziehungen ergeben. Zum Konflikt kann es daher nur kommen, wenn das Recht den Betroffenen nicht bekannt ist, wenn eine Situation im Recht nicht eindeutig geregelt ist oder wenn jemand sich bewußt oder aus Unachtsamkeit über das Recht hinwegsetzt.

In der Tat kommt denn auch die Mehrzahl der Schuldner ihren Zahlungsverpflichtungen freiwillig nach, liefert die Mehrzahl der Verkäufer einwandfreie Waren oder nimmt fehlerhafte ohne weiteres zurück. Die vom Strafrecht aufgestellten Verbote werden weitaus häufiger beachtet als verletzt, die Verkehrsregeln von der Mehrzahl der Verkehrsteilnehmer überwiegend eingehalten, die Baupläne in ihrer Mehrzahl den Anforderungen des Baurechts angepaßt.

Daher besteht ein weites Feld juristischer Tätigkeit darin, Streit vorzubeugen. Zu nennen ist hier etwa der Notar, zu dessen Aufgaben es zählt, schwierige Rechtsverhältnisse im Einzelfall so klar, angemessen und vollständig zu gestalten, daß spätere Auseinandersetzungen vermieden werden – etwa bei der Abfassung eines Testament mögliche Konfliktstoffe unter den künftigen Erben von vornherein auszuräumen. Ähnliches gilt für die Beratungstätigkeit von Rechtsanwälten, die zahllose gerichtliche Auseinandersetzungen vermeidet, aber auch für die Aufgaben von Juristen in der Wirtschaft.

---

17 *M. Rheinstein:* Einführung in die Rechtsvergleichung. München 1974, S. 158.

1.3.2. Freiheitssicherung

Eine weitere zentrale Funktion des Rechts ist die Freiheitssicherung. Das scheint zwar zu unserer Alltagserfahrung, in der wir das Recht eher als Freiheitsbeschränkung erleben, ebenso in Widerspruch zu stehen wie zu der Tatsache, daß ein entscheidendes Merkmal des Rechts sein Zwangscharakter ist. Wie zu zeigen sein wird, ist jedoch beides eine notwendige Bedingung für beständige und gesicherte Freiheit.

Die Beziehung des Rechts zur Freiheit ist dreifach:

1. Das Recht schützt uns vor Übergriffen anderer in unserer Freiheitssphäre.
2. Das Recht sichert uns vor ungerechtfertigten Eingriffen des Staates in unsere Freiheit.
3. Das Recht stellt uns rechtliche Gestaltungsmöglichkeiten zur Betätigung unserer Freiheit zur Verfügung.

Das Schutzgut „Freiheit" wird dabei in einem weitgefaßten Sinn verstanden, der auch das umfaßt, was elementare Voraussetzung für die Entfaltung von Freiheit ist, ähnlich wie die Grundrechte als Freiheitsrechte etwa den Schutz von Leben und Gesundheit miteinschließen.

Das Recht schützt die elementaren Existenz- und Entfaltungsbedingungen vor besonders bedrohlichen Angriffen anderer durch das *Strafrecht.* So ist es jedermann verboten, den Mitmenschen nach dem Leben zu trachten, ihre Gesundheit zu beschädigen, sich ihres Eigentums gewaltsam oder mit List zu bemächtigen, ihnen die Bewegungsfreiheit zu nehmen, sie mit unlauteren Mitteln unter Druck zu setzen. Schutzwirkung entfaltet auch das *Zivilrecht.* Es verpflichtet zur Herausgabe unrechtmäßig erlangter Sachen sowie zum Schadenersatz bei sog. „unerlaubten Handlungen", das heißt bei rechtswidrigen und schuldhaften Verletzungen des Lebens, der Gesundheit, der Freiheit, des Eigentums usw. Bei drohenden oder sich wiederholenden Rechtsverletzungen kann man vorbeugend auf Unterlassung klagen.

Freiheitsschützend in diesem Sinne sind ebenso zahllose Bestimmungen des *Verwaltungsrechts,* die beispielsweise die Ungefährlichkeit von Lebensmitteln verlangen, Maßnahmen zur Unfallsicherung bei technischen Anlagen vorschreiben oder dem Umweltschutz dienen.

Diese Beispiele zeigen den Zusammenhang von Einschränkung und Gewährung von Freiheit durch das Recht, den *Paul Bockelmann* folgendermaßen beschreibt:

„Jede Regung des eigenen Beliebens greift in das Wollen und Streben von anderen ein. Die Interessen kreuzen sich, ein Mensch hemmt den anderen, das Neben- und Miteinander der vielen hindert die freie Entfaltung des Einzelnen. Aus der absoluten Unfreiheit aller, welche ein Zustand der Rechtlosigkeit, der Nichtexistenz von Recht, bedeuten würde, gibt es nur einen Ausweg zur freilich beschränkten, daher nur relativen, immerhin aber größtmöglichen Freiheit aller: Er führt über die Errichtung einer Rechtsordnung, die eben dadurch, daß sie jedermann bestimmte Bindungen auferlegt, für jedermann einen Spielraum schafft, in dem er sich ungehindert durch andere rühren kann. [. . .] Freiheit für jeden kann es in einer begrenzten Welt, in der viele miteinander auskommen müssen, nur um den Preis von Freiheitsbeschränkungen geben, die allen gleichmäßig und gleichermaßen verbindlich, also durch rechtliche Ordnung auferlegt werden müssen."[18]

Wir finden diesen Sachverhalt auf eine kurze Formel gebracht in dem berühmten Art. 4 der französischen Erklärung der Menschen- und Bürgerrechte von 1789:

„Die Freiheit besteht darin, alles tun zu können, was einem anderen nicht schadet. Also hat die Ausübung der natürlichen Rechte jedes Menschen keine anderen Grenzen als jene, die den übrigen Gliedern der Gesellschaft den Genuß dieser nämlichen Rechte sichern. Diese Grenzen können nur durch das Gesetz bestimmt werden."[19]

Kant hat den Zusammenhang zwischen Recht und Freiheit für so wichtig gehalten, daß er daraus eine Definition des Rechts herleitete:

„Das Recht ist Inbegriff der Bedingungen, unter denen die Willkür des einen mit der Willkür des anderen nach einem allgemeinen Gesetze der Freiheit zusammen vereinigt werden kann."[20]

Der Begriff „Willkür" ist dabei neutral zu verstehen. Er bedeutet bei *Kant:* die Freiheit der Wahl, sich so oder so zu verhalten.

Dies sind jedoch zunächst nur formale Aussagen, aus denen allein sich nicht entnehmen läßt, wie die Grenzen der Freiheit zu ziehen sind.

---

18 *P. Bockelmann:* Einführung in das Recht. München [2]1975, S. 56f.
19 Propyläen Weltgeschichte. Hrsg. von *G. Mann.* Bd. 8. Berlin/Frankfurt/ Wien 1960, S. 51.
20 *Kant:* Die Metaphysik der Sitten (1797), 1. Teil, Einleitung § B.

1. Die gesellschaftlichen Funktionen des Rechts

Auseinandersetzungen um Gerechtigkeit sind daher immer auch solche um Verteilung von Freiheit. Ein aktuelles Beispiel hierfür ist das Problem der Mitbestimmung im Betrieb. Das Maß an Einfluß, das die Mitbestimmung den Arbeitnehmern gewährt, ist zugleich eine Einschränkung der Freiheit des Eigentümers, wie umgekehrt dessen alleiniges Direktionsrecht eine Einschränkung der Freiheit der Arbeitnehmer bedeutet.

Unsere Freiheit wird jedoch nicht nur von unseren Mitmenschen bedroht. Sie bedarf ebenso des *Schutzes vor willkürlichem Zugriff der staatlichen Gewalt.* So notwendig eine Konzentration von Macht in der Form einer staatlichen Zentralgewalt ist, um den inneren Frieden zu bewahren, Schutz vor äußeren Angriffen zu bieten und Aufgaben, die im Interesse des Gemeinwohls liegen, durchzuführen, so oft ist in der Geschichte diese Macht von denen, denen sie zur Ausübung anvertraut wurde, zur Durchsetzung ihrer eigenen Interessen mißbraucht worden:

Die Geschichte des Rechts läßt sich daher auch lesen als die Geschichte des immer wieder erneuerten Versuchs, der Willkür staatlicher Macht Grenzen zu setzen.

Als bisher erfolgreichster, wenn auch ständig gefährdeter Versuch kann das System von Freiheitsgarantien und Kontrollinstitutionen gelten, das den modernen Rechts- und Verfassungsstaat kennzeichnet und das in Auseinandersetzung mit dem Absolutismus zunächst in England und danach im Gefolge der amerikanischen Unabhängigkeitsbewegung und der Französischen Revolution entstanden ist. In der Variante, die das Grundgesetz verwirklicht hat, enthält es folgende Elemente:

- *Grundrechte,* durch die ein von der Staatsgewalt allenfalls in engen Grenzen einschränkbarer, in seinem Kernbestand jedoch unantastbarer Bereich individueller Freiheit garantiert wird.

- Das Prinzip der *Gewaltenteilung,* das durch die Aufteilung der Staatsgewalt auf die Organe der Gesetzgebung, der vollziehenden Gewalt und der Rechtsprechung eine Machthemmung und Mäßigung und eine gegenseitige Kontrolle der Gewalten bezweckt.

- Den *Vorbehalt des Gesetzes,* dem zufolge belastende Eingriffe in die Rechtsstellung des Bürgers durch Verwaltung und Rechtsprechung nur erfolgen dürfen, wenn dafür eine gesetzliche Ermächtigung besteht. Damit sollen unter anderem die Vorhersehbarkeit und Berechenbarkeit staatlicher Eingriffe gewährleistet, also Erwartungssicherheit hergestellt werden.

● Den *Grundsatz der Verhältnismäßigkeit,* gemäß dem staatliche Eingriffe nur rechtmäßig sind, wenn das Ausmaß des Eingriffs nicht außer Verhältnis zu dem beabsichtigten Erfolg steht und wenn bei mehreren in gleicher Weise geeigneten Mitteln das mildeste gewählt wird.

Um sicherzustellen, daß dieses System von freiheitsschützenden und machtbeschränkenden Vorkehrungen nicht unterlaufen wird, wird es abgesichert durch das sog. „Verfahrensgrundrecht" des Art. 19 Abs. 4 GG, der garantiert, daß der Bürger jeden Akt der staatlichen Gewalt, der in seine Rechte eingreift, durch die Gerichte auf seine Rechtmäßigkeit überprüfen lassen kann.

Das Recht wehrt nicht nur Eingriffe in die persönliche Freiheit ab und sichert auf diese Weise die Handlungsfreiheit, sondern es stellt dem einzelnen auch *Handlungsmöglichkeiten zur eigenverantwortlichen Regelung und Gestaltung* seiner persönlichen und wirtschaftlichen Verhältnisse zur Verfügung. So können wir Verträge über den Austausch von Gütern und Dienstleistungen oder über andere Gegenstände abschließen, wir können uns zu Wirtschaftsgesellschaften (etwa einer „Offenen Handelsgesellschaft" [OHG] oder einer „Gesellschaft mit beschränkter Haftung" [GmbH]) zusammenschließen, Vereine zur Verfolgung ideeller Zwecke gründen, über unser Eigentum und andere Vermögensgegenstände weitgehend nach unserem Belieben verfügen und sogar noch über den Tod hinaus bestimmen, wem unser Vermögen zufallen soll.

Das Bemerkenswerte hieran ist nicht, daß die Rechtsordnung dies alles zuläßt – das wäre ja nur die Kehrseite davon, daß es nicht verboten ist –, sondern daß sie diesen eigenverantwortlich getroffenen Entscheidungen und Regelungen *Rechtswirksamkeit* verleiht. Sie erkennt damit die sog. „Privatautonomie" an. *Privatautonomie* heißt, daß sich die Rechtsordnung in diesem Bereich eigener zwingender Regelungen enthält und statt dessen die privat gesetzten Vereinbarungen und Entscheidungen übernimmt[21]. Daher können auch die Pflich-

---

21 *M. Wolf:* Athenäum-Zivilrecht I. Frankfurt 1972, § 1 I, S. 21.

ten, die aufgrund freier Vereinbarung in einem Vertrag übernommen werden, mit den Mitteln des Rechts eingefordert werden. Oder, um ein anderes Beispiel zu nennen, die private Eigentumsübertragung wird von der Rechtsordnung anerkannt, das heißt, der neue Eigentümer wird in der gleichen Weise geschützt wie der vorherige.

Zur Ausfüllung der Privatautonomie stellt uns die Rechtsordnung bewährte Regelungsmuster zur Verfügung. Teils sind diese gewissermaßen nur gesetzliche Empfehlungen, wie wir das, was wir mit unserem Vertragspartner vereinbaren wollen, inhaltlich gestalten können. Es bleibt indes auch die Möglichkeit, durch private Vereinbarungen hiervon abzuweichen, so etwa beim Kaufvertrag oder beim Werkvertrag. Teils sind es zwingende Regelungen, die im Rechtsverkehr vor Überraschungen und Übervorteilung schützen sollen. So müssen beispielsweise Zusammenschlüsse zum Betrieb eines Wirtschaftsunternehmens einem der vom Gesetz vorgegebenen Gesellschaftstypen (wie OHG, Kommanditgesellschaft, GmbH oder Aktiengesellschaft) entsprechen; wir dürfen hier nicht einfach neue Rechtsformen erfinden. Soweit die Rechtsordnung uns im Interesse der Rechtssicherheit auch im Bereich der Privatautonomie an vorgegebene Regelungsmuster bindet, darf dies allerdings nicht nur unter dem Gesichtspunkt der Einschränkung betrachtet werden. Die vorgegebenen Regelungen sind ebenso als Instrumente zu verstehen, die uns die Rechtsordnung an die Hand gibt, um unsere Zwecke auf angemessene Weise zu verfolgen.

Auch dies ist ein Beispiel, und zwar ein besonders wichtiges, für „Entlastung von Entscheidungsdruck", da die von der Privatautonomie gewährte Gestaltungsfreiheit nicht von uns verlangt, daß wir für jeden von uns verfolgten Zweck selbst die angemessenen rechtlichen Mittel erfinden.

Die Privatautonomie verlangt allerdings dort Einschränkungen, wo Gefahr besteht, daß der wirtschaftlich Stärkere die gewährte Handlungsfreiheit zu seinen Gunsten ausnutzt und die Freiheit des wirtschaftlich Schwächeren dadurch aushöhlt oder faktisch aufhebt.

1.3.3. Gewährleistung rechtlicher Gleichheit

Wie wir gesehen haben, sind rechtliche Beschränkungen der Freiheit erforderlich, um *gleiche* Freiheit für *alle* zu ermöglichen. So ist denn auch die Gewährleistung rechtlicher Gleichheit eine der wichtigsten Aufgaben der Rechtsordnung. Schon das Sinnbild der Gerechtigkeit, die Waage in der Hand der Justitia, macht deutlich, daß Gerechtigkeit immer in irgendeiner Weise mit Gleichheit zu tun hat. In einer ersten Stufe verwirklicht das Recht Gleichheit schon dadurch, daß es die Form allgemeiner Regeln annimmt. So werden wenigstens alle die Fälle gleichbehandelt, die den Kriterien der jeweiligen Regeln entsprechen. Dies hindert jedoch nicht die Aufstellung von Rechtsnormen, die eine allgemeine Ungleichbehandlung zum Inhalt haben: Steuerfreiheit für den Adel, Leibeigenschaft der Bauern oder die Versagung des Wahlrechts für Frauen mögen als Beispiele aus der Geschichte genügen. Der entscheidende Schritt war daher die Anerkennung der prinzipiellen und unaufhebbaren Freiheit und Gleichheit aller Menschen. Damit soll nicht die Verschiedenheit der Menschen geleugnet, sondern nur ihre Gleichheit vor dem Recht ausgesagt werden.

Art. 3 Abs. 1 GG bringt dies durch die Formulierung zum Ausdruck: „Alle Menschen sind vor dem Gesetz gleich." Das bedeutet: Jedermann wird in gleicher Weise durch die Normen des Rechts verpflichtet und berechtigt. Es dürfen von der Anwendung des für alle geltenden Rechts keine Ausnahmen zugunsten oder zu Lasten einzelner Personen gemacht werden.

Die so erreichte Gleichheit ist jedoch lediglich formal. Die damit verbundenen Probleme hat *E. W. Böckenförde* so beschrieben:

„Das formale, für alle gleiche Recht, wie es der modernen Gesellschaft als ihre Rahmenordnung zugehört, hat aus sich die Tendenz, die von Natur oder Besitz Starken noch stärker, die von Natur oder kraft fehlenden Besitzes Schwachen noch schwächer zu machen. Wer ohne eigene gesellschaftliche Macht oder besonderen Schutz ist, ohnmächtig aus sich selbst, kommt in die Lage, seine rechtliche Freiheit gegenüber den Trägern gesellschaftlicher Macht nicht mehr realisieren zu können. Die Freiheit als allgemeine, grundsätzlich für jedermann realisierbar zu haltende, verflüchtigt sich, wird zunehmend zur leeren Form. Die soziale Ungleichheit schlägt um in soziale *Unfreiheit*. Darf das sein?"[22]

---

22 *E.-W. Böckenförde:* Freiheitssicherung gegenüber gesellschaftlicher Macht. In: Ders.: Staat, Gesellschaft, Freiheit. Frankfurt 1976, S. 238f.

1.3.4. Sozialer Ausgleich und soziale Sicherung

Mit der Sicherung des inneren Friedens, dem Schutz von Freiheit und Eigentum, der Gewährleistung der Privatautonomie und der Gewährleistung formaler rechtlicher Gleichheit sind die Aufgaben umrissen, die das Konzept des bürgerlichen Rechtsstaates, wie es im 19. Jahrhundert entwickelt wurde, dem Recht zugewiesen hat. Dem lag die Vorstellung zugrunde, daß man dem wirtschaftlichen Egoismus der einzelnen Staatsbürger nur freien Lauf lassen müsse, damit es von selbst zu einer sinnvollen und funktionsfähigen Ordnung komme, die über den Mechanismus des Marktes besser als jede staatliche Planung zu einer angemessenen Güterverteilung und zu Wohlstand für alle führe. Denn da jedermann selbst am besten wisse, was für ihn gut sei, komme es, wenn freie und gleiche Individuen in Selbstbestimmung durch Verträge ihre wirtschaftlichen Beziehungen aushandelten, auch von selbst zu einem gerechten Interessenausgleich.

Diese Vorstellung erwies sich jedoch schon bald als illusionär. Der Frühkapitalismus, zu dem sie führte, setzte zwar ungeheure Produktivkräfte frei, brachte aber für die Industriearbeiterschaft ein System menschenunwürdiger Ausbeutung mit sich. Die rechtliche Freiheit des Arbeiters bestand darin, entweder einen Arbeitsvertrag zu den von dem Unternehmer diktierten Bedingungen abzuschließen oder zu verhungern[23].

Damit rechtliche Freiheit zu wirklicher Freiheit wird, müssen – so zeigt dieses Beispiel – materielle Voraussetzungen, ein gewisses Maß an sozialer Unabhängigkeit und sozialer Sicherheit, gegeben sein; sonst schlägt soziale Ungleichheit in soziale Unfreiheit um:

„Für den Arbeitslosen ist Berufsfreiheit nutzlos. Lernfreiheit und freie Wahl der Ausbildungsstätte helfen nur demjenigen, der finanziell in der Lage ist, die gewünschte Ausbildungsstätte zu absolvieren und dem solche Ausbildungsstätten zur Verfügung stehen. Die Garantie des Eigentums hat nur für Eigentümer, die Freiheit der Wohnung nur für diejenigen eine reale Bedeutung, die eine Wohnung besitzen."[24]

Sollen diese und andere Freiheiten für die Mehrheit der Bevölkerung nicht nur auf dem Papier stehen, so darf der Staat sich nicht damit

---

23 *R. Zippelius:* Allgemeine Staatslehre. München [7]1980, S. 213.
24 *K. Hesse:* Grundzüge des Verfassungsrechts der Bundesrepublik Deutschland. Heidelberg/Karlsruhe [12]1980, S. 87.

begnügen, Eingriffe in rechtlich garantierte Freiheitssphären zu unterlassen und vor dem rechtswidrigen Verhalten anderer zu schützen. Er ist vielmehr aufgerufen zu aktivem Eingreifen in das gesellschaftliche Geschehen, zur „Stützung der Schwachen und Beschränkung der Starken" (*Radbruch*).

In dieser Richtung hat denn auch der moderne Staat im Verlauf seiner Entwicklung zum *Sozialstaat* große Aktivitäten entfaltet. So sorgen Arbeitsschutzgesetzgebung, Kündigungsschutz, Betriebsverfassungs- und Tarifvertragsrecht für ein Gegengewicht zur wirtschaftlichen Macht der Unternehmer. Ausbildungs-/Berufsausbildungs- und Fortbildungsförderung, Mieterschutz und Wohngeld, Familienförderung und Kindergeld, Gesundheitspolitik und Maßnahmen zur Eigentumsstreuung, um nur einige Beispiele zu nennen, sollen die materiellen Voraussetzungen für die Betätigung von Freiheit schaffen und zum Ausgleich sozialer Ungleichheit wenigstens in Form der Chancengleichheit führen.

Hinzu kommt ein umfassendes System sozialer Sicherung, in dem sich ein Funktionswandel des Eigentums und der Familie spiegelt. In der vorindustriellen Gesellschaft bestand etwa die Alterssicherung darin, daß man seinen Besitz – der Bauer seinen Hof, der Handwerker seinen Betrieb, der Kaufmann sein Geschäft – an die Kinder weitergab und von ihnen das „Altenteil" erhielt. Bei Krankheit oder sonstigen Unglücksfällen sprang die Familie ein, die als Großfamilie solche zusätzlichen Lasten auf viele Schultern verteilen konnte. Man hat die Großfamilie daher auch als den „fundamentalsten Versicherungsverein auf Gegenseitigkeit" bezeichnet[25]. Wer selbst kein Vermögen hatte, erfuhr wenigstens eine gewisse Sicherheit, wenn er als Gesinde – als Knecht oder Magd – zur Hausgemeinschaft eines Vermögenden gehörte. Inzwischen sind wir weitgehend ein Volk von Arbeitnehmern geworden, die Familie ist auf die Kernfamilie geschrumpft. Nur wenige können aus eigener Kraft für die Wechselfälle des Lebens, insbesondere für das Alter oder den Fall einer Invalidität, vorsorgen. Die Aufgabe, vor den Unsicherheiten und Risiken des Daseins zu schützen, hat daher ein verzweigtes System staatlicher Sozialversicherung übernommen, das als Rentenversicherung die Altersversorgung der Arbeiter und Angestellten sicherstellt, Kranken- und Unfallversiche-

---

25 *H. Hattenhauer:* Die geistesgeschichtlichen Grundlagen des deutschen Rechts. Heidelberg ³1983, S. 245.

rung enthält, bei Verlust der Arbeitsfähigkeit durch Invalidität einen Ausgleich schafft und die schlimmsten wirtschaftlichen Folgen der Arbeitslosigkeit auffängt. Ergänzt wird die Sozialversicherung durch die Sozialhilfe, die in solchen Fällen wirtschaftlicher Not eingreift, die nicht in den von der Sozialversicherung abgedeckten Bereich fallen. Inwieweit dieses sog. „soziale Netz" länger andauernden wirtschaftlichen Krisenzeiten ohne Einbußen an der Substanz standhalten kann, wird allerdings erst die Zukunft zeigen.

In diesen Zusammenhang gehört auch die sog. „Daseinsvorsorge" im engeren Sinne. Darunter versteht man, daß bestimmte Leistungen zur Befriedigung elementarer Grundbedürfnisse vom Staat erbracht werden, weil der einzelne dazu in der hochspezialisierten arbeitsteiligen Industriegesellschaft nicht in der Lage ist und ihre Sicherstellung auf rein privatwirtschaftlicher Basis nicht ausreichend erscheint. Darunter fallen die Versorgung mit Wasser, Gas und Elektrizität, die Abfallbeseitigung, die Bereitstellung von öffentlichen Verkehrsmitteln und das System der öffentlichen Nachrichtenmittel wie der Fernmeldeverkehr und der Brieftransport.

Alle diese schützenden, fördernden, die soziale Sicherheit und Daseinsvorsorge gewährleistenden staatlichen Maßnahmen werden als Konkretisierung des „Sozialstaatsprinzips" aufgefaßt, das wie das Rechtsstaatsprinzip im Grundgesetz verankert und daher den staatlichen Organen zur Verwirklichung aufgegeben ist.

Welche Rolle spielt dabei das Recht? Auf einen Aspekt haben wir schon hingewiesen: Das *Sozialstaatsprinzip* ist in gewisser Hinsicht eine notwendige Konsequenz des Rechtsstaatsprinzips; es ergibt sich aus der inneren Logik der dem Recht im Rechtsstaat zugewiesenen Aufgaben. So kann die Monopolisierung der Gewalt beim Staat den inneren Frieden auf Dauer nur dann erhalten, wenn sie sich mit dem sozialen Ausgleich verbindet, das heißt, wenn die Güterverteilung wenigstens von dem überwiegenden Teil der Rechtsgemeinschaft für akzeptabel gehalten wird. Sollen die Freiheitsrechte nicht zu Privilegien derjenigen werden, die die Mittel zu ihrer Verwirklichung haben, und soll die Gewährleistung formaler Gleichheit nicht zur Zementierung faktischer Ungleichheit führen, so muß sich der *formale* Rechtsstaat zum *sozialen* Rechtsstaat ausweiten. Zwar mag es, wie oft behauptet wird, ein Spannungs- oder sogar Gegensatzverhältnis zwischen rechts- und sozialstaatlichen Prinzipien geben, wichtiger aber ist zu sehen, daß beide in einem Verhältnis notwendiger Ergänzung stehen.

Die Bewältigung der sozialstaatlichen Aufgaben – und dies wäre der andere Aspekt – geschieht weitgehend in den Formen des Rechts. Es bildet das Organisationsmittel der Systeme der sozialen Sicherheit, und es sichert die Teilhabe der einzelnen Bürger daran.

1.3.5. Steuerung gesellschaftlicher Prozesse

Wir haben bei der Behandlung des Sozialstaatsprinzips gesehen, daß der Staat sich nicht damit begnügen kann, den Raum für eine ungestörte Entfaltung der gesellschaftlichen Kräfte zu sichern und nur eine Art Schiedsrichterrolle zu spielen. Er muß jedoch nicht nur zum Schutze und zur Förderung sozial schwacher Einzelner oder bestimmter Gruppen intervenieren: die vielfältigen Abhängigkeiten und Verflechtungen nahezu aller Lebensbereiche in einer modernen Gesellschaft (die zur Folge haben, daß Störungen an einer Stelle leicht zu Störungen des Ganzen werden können), die Begrenztheit grundlegender gesellschaftlicher Ressourcen, die Gefahren neuer Technologien und die sich aus dem raschen Wandel der Lebensverhältnisse ergebenden Probleme – all dies zwingt den Staat, in immer mehr Bereiche, die früher der Selbstregulierung überlassen waren, planend und steuernd einzugreifen. Ob es sich nun um Konjunktursteuerung oder Wettbewerbsregulierung, um Raumplanung oder um Umweltschutz handelt – stets ist das wichtigste Instrument für solche gesellschaftlichen Steuerungsprozesse das Recht.

Aufgabe 3

Erläutern Sie, warum es zur Erreichung eines gewaltfreien Zustandes in einem Gemeinwesen auf Dauer nicht ausreicht, daß der Staat das Monopol der Ausübung legitimer Gewalt für sich in Anspruch nimmt.

---

1. Die gesellschaftlichen Funktionen des Rechts

1.4. Das Recht als Mittel rationaler Daseinsgestaltung

Kehren wir noch einmal zum Ausgangspunkt unserer Überlegungen zurück: Da dem Menschen die natürliche Umwelt der Tiere, in die diese eingepaßt sind, fehlt, muß er sich künstlich eine „Welt" schaffen. Indem er dies tut, schafft er sich gleichsam selbst. So ist jede Kultur ein Ausdruck dessen, als was der Mensch sich selbst versteht. Die Aufgabe, sein Dasein selbst gestaltend hervorzubringen, kann der Mensch aber nur in der Gemeinschaft bewältigen. Zu den wichtigsten kulturellen Leistungen gehört daher die Regelung des Gemeinschaftslebens, das heißt die Schaffung von Normen. In ihnen spiegelt sich ebenso wie in allen anderen kulturellen Leistungen das Selbstverständnis des Menschen. So läßt sich an ihnen, besonders deutlich am Recht, ablesen, ob der Sinn des menschlichen Daseins eher in der Selbstentfaltung des Individuums gesehen wird, die Normen also vor allem die Freigabe und Absicherung von Entfaltungsmöglichkeiten für das Individuum bezwecken, oder ob die Selbstverwirklichung des Menschen eher im Aufgehen in der Gemeinschaft oder in anderen überindividuellen Zwecken gesehen wird.

Die Tatsache, daß Normen Produkte der menschlichen Selbstgestaltung, daß sie von Menschen gemacht sind, kann leicht in Vergessenheit geraten. Die Normen und die damit verknüpften Institutionen, wie beispielsweise Kirche, Staat, Ehe, Familie, können dann als etwas objektiv Vorgegebenes, als eine „natürliche", unbeeinflußbare Ordnung erscheinen. Das gilt im Grunde wohl für alle Rechts- und Gesellschaftsordnungen bis zum Beginn der Neuzeit. (Vgl. hierzu Näheres in dem folgenden Kap. 2.)

Erst in Epochen der Aufklärung und wenn sich augenfällig zeigt, daß rasche gesellschaftliche und wirtschaftliche Veränderungen Normen unangemessen werden lassen, wird die Tatsache, daß Normen künstliche, selbstgeschaffene Gebilde sind, ins Bewußtsein gerückt. Aus solchen Einsichten folgen Ansprüche an die Normen: sie müssen begründet werden können, müssen also vor dem Forum der Vernunft zu verantworten sein, und sie müssen an veränderte Verhältnisse angepaßt werden können: sie müssen grundsätzlich veränderbar sein.

Ein Grund dafür, daß das Recht die anderen Normensysteme zunehmend zurückdrängt und sich an ihre Stelle setzt, mag darin liegen, daß es solchen Ansprüchen besser gerecht werden kann. Die Rechtsnormen waren immer schon die Normen, die am deutlichsten bewußt waren. Sie wurden im Laufe der Rechtsentwicklung zunehmend schriftlich fixiert. Es gab schon verhältnismäßig früh eine Wissenschaft vom Recht, die dann auch die Begründungen bereitstellen konnte. Den Anforderungen an die Möglichkeit zur Veränderung wurde dadurch Rechnung getragen, daß das Recht zum „positiven" Recht wurde. Das heißt: Recht begreifen wir nicht mehr als ein direkt von Gott abgeleitetes und daher ewiges Ordnungsprinzip, Recht wird heute vielmehr von einem staatlichen Gesetzgeber in einem besonderen Verfahren gesetzt. Es wird daher durch ihn auch wieder für änderbar bzw. aufhebbar gehalten. Die Konsequenz daraus beschreibt *R. Zippelius* so:

> „Je mehr sich das Recht als eine Ordnung präsentierte, die zur Disposition des Gesetzgebers steht, desto sichtbarer trat die Aufgabe einer Rechtspolitik hervor: nämlich die Aufgabe, die verbindlichen Koordinationsmuster menschlichen Zusammenlebens jeweils so zu entwerfen, wie es die Bedürfnisse und Einsichten der Gegenwart erfordern."[26]

Das Recht, schon immer ein Ausdruck des jeweiligen Bildes, das der Mensch von sich und seiner Gesellschaft hat, wird erst damit als bewußte Gestaltungsmöglichkeit des menschlichen Daseins ergriffen. Zugleich ist es aber im modernen demokratischen Verfassungsstaat einer totalen und für beliebige Zwecke einsetzbaren Funktionalisierung dadurch entzogen, daß es an gewisse rein rechtliche Grundwerte, die Ausprägungen des Gerechtigkeitsprinzips sind, gebunden bleibt. Diese bilden auch für den Gesetzgeber unübersteigbare Schranken.

Literatur

Einführende Literatur

Peter Badura/Ernst Deutsch/Claus Roxin (Hrsg.): Recht. Das Fischer Lexikon 12. Frankfurt 1977.

Paul Bockelmann: Einführung in das Recht. München ²1975.

Axel Görlitz (Hrsg.): Handlexikon zur Rechtswissenschaft. 2. Bde. Reinbek 1974.

---

26 *R. Zippelius:* Allgemeine Staatslehre. München ⁷1980, S. 264.

1. Die gesellschaftlichen Funktionen des Rechts

Stig Jörgensen: Recht und Gesellschaft. Göttingen 1971.

Werner Maihofer: Was ist Recht? *Juristische Schulung 1963,* S. 165 ff.

Theo Mayer-Maly: Rechtswissenschaft. München ²1981.

Gustav Radbruch/Konrad Zweigert: Einführung in die Rechtswissenschaft. Stuttgart ¹³1980.

Manfred Rehbinder: Einführung in die Rechtswissenschaft. Berlin ⁵1983.

Rudolf Wiethölter: Recht. In: *Gerd Kadelbach (Hrsg.):* Wissenschaft und Gesellschaft. Frankfurt 1967, S. 215–275.

Reinhold Zippelius: Einführung in das Recht. München ²1978.

Ders.: Gesellschaft und Recht. München 1980.

Weiterführende Literatur

Zu 1.1.: „Das Recht als eine Form sozialer Normen"

Peter L. Berger/Thomas Luckmann: Die gesellschaftliche Konstruktion der Wirklichkeit. Frankfurt ⁵1977, S. 49–98.

Günter Dux: Rechtssoziologie. Stuttgart u. a. 1978, Kapitel 3.

René König: Das Recht im Zusammenhang der sozialen Normensysteme. In: *K. Lüderssen/F. Sack (Hrsg.):* Seminar: Abweichendes Verhalten I. Die selektiven Normen der Gesellschaft. Frankfurt 1975, S. 186 ff.

Heinrich Popitz: Soziale Normen. Archives Européennes de Sociologie. Bd. 2. 1961, S. 185 ff.

Zu 1.2.: „Die Besonderheiten des Rechts gegenüber anderen sozialen Normensystemen"

Hans Kelsen: Reine Rechtslehre. Wien ²1960, S. 34 ff.

Manfred Rehbinder: Rechtssoziologie. Berlin/New York 1977, S. 95–100.

Max Weber: Wirtschaft und Gesellschaft. Tübingen ⁵1980, S. 17 f., 181 ff.

Reinhold Zippelius: Rechtsphilosophie. München 1982, S. 34 ff.

Die angeführten Stellen des Soziologen Max Weber und des Rechtsphilosophen und Staatsrechtlers Hans Kelsen sind bereits „klassisch" gewordene Texte zur Begründung der sogenannten „Zwangstheorie" der Rechtsnormen, der sich auch unser Text angeschlossen hat. Manfred Rehbinder und Rein-

hold Zippelius geben einen Überblick über den gegenwärtigen Stand der Diskussion um die Zwangstheorie.

Zu 1.3.: „Die Funktionen des Rechts im einzelnen".

Axel Görlitz: Politische Funktionen des Rechts. Wiesbaden 1976.

Rüdiger Lautmann/Werner Maihofer/Helmut Schelsky (Hrsg.): Die Funktion des Rechts in der modernen Gesellschaft. Jahrbuch für Rechtssoziologie und Rechtstheorie. Bd. 1. Bielefeld 1970.

Dieser Sammelband enthält in seinem ersten Teil eine Reihe von Aufsätzen zu den „gesellschaftlichen Funktionen des Rechts", überwiegend aus der Sicht der Soziologie.

Manfred Rehbinder: Rechtssoziologie. Berlin/New York 1977, Kap. V: „Die gesellschaftlichen Funktionen des Rechts", S. 142–158.

Spezielle Literatur, insbesondere zu den Einzelfragen, die in Punkt 1.3 angeschnitten werden, wird hier nicht aufgeführt, da vieles in den späteren Kapiteln noch einmal aufgegriffen und in dem dortigen Zusammenhang vertiefend behandelt wird, so daß auf die dort angegebene Literatur verwiesen werden kann.

2. Rechtsentstehung

2.0. Allgemeine Einführung

Das 1. Kapitel hat gezeigt, daß fast alle Lebensbereiche des Menschen, die öffentlichen wie zum Beispiel die Teilnahme am Straßenverkehr oder die Berufsausübung, aber auch die privaten wie zum Beispiel die Ehe oder die Freizeit, von rechtlichen Regeln mitbestimmt sind. Ohne solche rechtlichen Regelungen bräche das gesellschaftliche Leben zusammen. Angesichts dieser weitreichenden Bedeutung des Rechts stellt sich die Frage, wie die rechtlichen Regeln eigentlich zustande kommen. Es geht also um die Rechtsentstehung. Sie ist Gegenstand dieses Kapitels. Die Rechtsentstehung interessiert dabei in verschiedener Hinsicht. Zunächst einmal ist Klarheit darüber nötig, ob die rechtlichen Regeln des gesellschaftlichen Zusammenlebens in irgendeiner Weise, ähnlich wie Naturgesetze, vorgegeben sind oder ob sie gemacht werden müssen. Sind sie vorgegeben, entsteht als nächstes das Problem, wie sie erkannt oder entdeckt werden können. Müssen sie gemacht werden, fragt es sich, wer sie machen darf und wie er dabei vorzugehen hat. Schließlich ist es wichtig zu wissen, wie Rechtsnormen beschaffen sein müssen, damit sie ihren Zweck, Verhalten zu steuern und Konflikte zu regeln, erfüllen können. Diese Fragen kommen in diesem Kapitel zur Sprache, während die damit zusammenhängenden Probleme, ob es objektive Maßstäbe für die Gerechtigkeit des Rechts gibt und wie sich Recht und Macht zueinander verhalten, den beiden folgenden Kapiteln vorbehalten bleiben.

Lernziele:

Wenn Sie dieses Kapitel durchgearbeitet haben, sollen Sie in der Lage sein,
– die Gründe, warum Recht heute im Gegensatz zu früheren Epochen zwangsläufig durch staatliche Entscheidung entsteht, darzulegen;
– die Hauptformen der Rechtsbildung (traditionale Rechtsentstehung, staatliche Gesetzgebung, richterliche Rechtsschöpfung) zu unterscheiden;
– die Grundzüge des Rechtsetzungsverfahrens und die daran beteilig-

ten Instanzen in der Bundesrepublik Deutschland wiederzugeben;
– die Ursachen für die dominierende Rolle der Regierung bei der
  Rechtsetzung und den Sinn des parlamentarischen Gesetzgebungsverfahrens zu erklären;
– die typischen Eigenschaften von Rechtsnormen und die Gründe
  dafür anzugeben.

2.1. Das Recht als positives Recht

Das Recht ist heute ein Produkt staatlicher Entscheidung. Die ursprüngliche Form der Rechtsbildung, das Gewohnheitsrecht, das
nicht auf die Entscheidung eines Gesetzgebers, sondern auf langdauernde Übung in der Gesellschaft zurückgeht, wird demgegenüber fast
bedeutungslos. Der durch Technisierung und Industrialisierung be-
schleunigte soziale Wandel erzeugt vielmehr einen immer noch wachsenden Regelungsbedarf, der größtenteils vom staatlichen Gesetzgeber gedeckt werden muß.

2.1.1. Die Positivierung des Rechts

Daß Recht im Wege staatlicher Gesetzgebung entsteht, erscheint uns
heute so selbstverständlich, daß andere Formen der Rechtsentstehung
kaum noch vorstellbar sind. Dennoch handelt es sich bei der staatlichen Rechtsetzung keineswegs um die einzige und historisch gesehen
nicht einmal um die wichtigste Form der Rechtsbildung. Das Recht
wurde vielmehr über lange Epochen hinweg als vorgegebene, schon
seit jeher bestehende, womöglich von Gott mit der Erschaffung der
Welt gestiftete Ordnung erlebt. Was aus jener Zeit wie Gesetze aus-
sieht, ist nur eine – meist sogar von privater Seite angefertigte –
schriftliche Aufzeichnung des bestehenden Rechts, wie zum Beispiel
der bekannte *„Sachsenspiegel"* aus dem ersten Drittel des 13. Jahrhunderts, in dessen Vorrede es ausdrücklich heißt:

> Dit recht hebbe ek felve nicht irdacht,
> it hebbet van aldere an unfik gebracht
> Unfe guden vorevaren[1].

---

1 Sachsenspiegel. Landrecht. In: Monumenta Germaniae Historica. Bd. 1a, 1
  (hrsg. v. *Karl August Eckhardt*). Göttingen/Berlin/Frankfurt ²1955, S. 41.

2. Rechtsentstehung

Auch dem Herrscher war dieses Recht vorgegeben, und seine Aufgabe bestand nicht in der Schaffung neuen Rechts, sondern in der Bewahrung und Durchsetzung des vorgegebenen Rechts.

Wie wir heute wissen, war die Überzeugung, das Recht entstehe nicht, sondern bestehe seit jeher, nur subjektives Empfinden, nicht objektive Gegebenheit. In Wirklichkeit haben wir es mit einer Form der Rechtsbildung zu tun, die auf langdauernder Übung in der Bevölkerung beruht und sich allmählich zur Überzeugung von rechtlicher Gebotenheit verdichtet. Dem einzelnen, der in diese Ordnung hineingeboren wird, erscheint sie dann als unvordenklich oder gar ewig. Recht solcher Art wird als *traditionales Recht* oder *Gewohnheitsrecht* bezeichnet. Auch heute gibt es noch Gewohnheitsrecht, etwa im Wasser- und Wegerecht. An Umfang verschwindet es aber fast völlig hinter der Masse des Gesetzesrechts, und auch an Wichtigkeit kann es mit diesem nicht im entferntesten Schritt halten. Die heutige Rechtsordnung wird vielmehr durch das staatlich erlassene Gesetz geprägt.

Der wichtigste Grund für diesen radikalen Wandel liegt darin, daß eine Rechtsordnung, die im wesentlichen aus Gewohnheitsrecht besteht, vergleichsweise *statische Verhältnisse* voraussetzt. Nur wenn die Probleme, mit denen eine Gesellschaft fertig werden muß, eine stete Wiederkehr von Gleichem bilden, kann auch das Recht so unverändert bleiben, daß es als unvordenklich oder gar ewig erscheint. Nun hat es einen völligen Stillstand der sozialen Verhältnisse natürlich nie gegeben, aber über lange Zeiträume hinweg vollzog sich der Wandel doch so langsam, daß er innerhalb eines Menschenlebens nicht zum Bewußtsein kam und daher auch keine bewußte Rechtsanpassung oder Rechtserneuerung auslöste.

Auf die Änderung dieses Zustands nahmen zahlreiche Faktoren Einfluß, zum Beispiel der Aufschwung der Städte und die damit verbundene Entwicklung des Waren- und Geldverkehrs, der durch die Kreuzzüge begründete und die Entdeckungen ausgeweitete Fernhandel, die Umwälzung der Kriegstechnik seit der Erfindung des Schießpulvers usw. Zum bestimmenden Ereignis wurde aber schließlich die *Glaubensspaltung* des 16. Jahrhunderts. Bis zur Glaubensspaltung hatte die Sozialordnung und als Teil von ihr auch das Recht ein religiöses Fundament. Der gesamte Weltplan einschließlich des Rechts wurde als unmittelbarer Ausdruck des göttlichen Willens verstanden und war daher durch menschlichen Willen nicht abänderbar. Rechtsetzung, soweit sie stattfand, konnte sich nur im vorgegebenen

Rahmen bewegen. Mit der Glaubensspaltung geriet zwar zunächst nicht diese Überzeugung, wohl aber der Inhalt des göttlichen Willens in Streit. Auf die Religion ließ sich unter diesen Umständen eine gesellschaftliche Friedensordnung nicht mehr gründen. Vielmehr führten die verschiedenen Glaubensrichtungen gerade im Namen der Religion Krieg gegeneinander. Die göttliche Weisung war von der gemeinsamen Basis des Zusammenlebens zum Gegenstand unversöhnlichen Streits geworden.

In dieser Situation konnte der innere Friede nur wiederhergestellt werden, wenn es einer Partei gelang, die andere auszurotten, oder wenn sich eine Instanz über die Bürgerkriegsparteien erhob und sie mit Machtvollkommenheit zum friedlichen Zusammenleben – ungeachtet ihrer religiösen Meinungsverschiedenheiten – zwang. Dafür kamen zu jener Zeit allein die Fürsten in Frage, denen schon die Wahrung der überkommenen Ordnung oblegen hatte. Sie konnten diese Aufgabe jedoch nur bewältigen, wenn sie an die vorgegebene Ordnung nicht gebunden blieben, sondern die Befugnis erhielten, eine neue Ordnung autoritativ durchzusetzen. Der Vorgang besitzt grundlegende Bedeutung. Er leitet die Entstehung des modernen *souveränen Staates* ein, der bis heute die bestimmende Form der politischen Existenz der Völker geblieben ist, und führt – insofern die Verfügung über die Sozialordnung ein wesentliches Merkmal souveräner Staatsgewalt darstellt – auch die *Positivierung des Rechts* herbei.

Das Wort „positiv" hat dabei eine vom heutigen Sprachgebrauch abweichende Bedeutung. Es geht auf den lateinischen Ursprungssinn (*ponere, posui, positum* – „setzen") zurück und meint im Gegensatz zum Recht göttlichen oder traditionalen Ursprungs ein Recht, das von einer weltlichen Instanz im Wege politischer Entscheidung gesetzt wird. Die umstürzende Bedeutung der Positivierung des Rechts lag freilich nicht darin, daß sogleich das gesamte traditionale Recht durch staatliches ersetzt worden wäre, sondern darin, daß der *Geltungsgrund* des Rechts wechselte. Galt es vordem, weil es zum göttlichen Weltplan gehörte oder sich mit diesem zumindest in Übereinstimmung befand oder weil es aus andauernder Übung in der Bevölkerung stammte, so verlagerte sich der Geltungsgrund des Rechts nunmehr in den Willen des Herrschers. Dabei ist es im Grundsatz bis heute geblieben, und gewechselt haben nur die Träger der Souveränität, auf deren Willen das Recht zurückgeht (Näheres hierzu in Abschnitt 2.2.1).

2. Rechtsentstehung

2.1.2. Die Ausbreitung des positiven Rechts

Für eine umfangreiche, alles erneuernde Gesetzgebung fehlte es zunächst nicht nur am Bedarf, sondern auch an den Möglichkeiten. Die Fürsten verfügten in den Anfängen der modernen Staaten weder über das erforderliche Rechtsetzungs- noch Rechtsdurchsetzungsinstrumentarium. Stattdessen trat aber zu jener Zeit ein anderer, durchaus merkwürdiger Vorgang ein. Es wurde nämlich das hochentwickelte und von hervorragenden Juristen durchgebildete Recht eines längst vergangenen Reiches, als dessen Nachfolger sich das deutsche Reich jedoch betrachtete („Heiliges Römisches Reich deutscher Nation"), in seiner Gesamtheit aufgenommen: das klassische *römische Recht*. Ohne daß man eine Entscheidung, die es ausdrücklich wieder in Kraft gesetzt hätte, benennen könnte, stieg es wegen seiner Eignung für die neuen Probleme allmählich zum gemeineuropäischen Recht *(ius commune)* auf, das überall dort zum Zuge kam, wo Gewohnheitsrecht oder Gesetzesrecht keine anderen Regelungen vorsahen. Wir bezeichnen einen solchen Vorgang als „Rezeption". (Rezeptionen fremder Rechte gibt es auch heute. So haben zum Beispiel Japan das deutsche Bürgerliche Gesetzbuch und die Türkei das schweizerische Zivilgesetzbuch insgesamt übernommen.)

Wenngleich es daneben eine dauernde und zeitweilig sogar stark anschwellende Gesetzgebungstätigkeit gab, so war es doch erst die *Industrielle Revolution* des 19. Jahrhunderts, die den Bedarf an neuem positiven Recht entscheidend in die Höhe getrieben hat. Als unmittelbare Folge von Technisierung und Industrialisierung wurden zahlreiche Lebensbereiche, die bis dahin naturabhängig gewesen waren, nun künstlich gestaltbar oder zumindest beeinflußbar. Beispiele liefern der Verkehr, die Ernährung, die Gesundheit, die Kommunikation; ein Gegenbeispiel bildet immer noch das Wetter. Technisierung und Industrialisierung sind als solche keine rechtlichen Vorgänge. Sie schaffen aber neue Verhältnisse, die rechtliche Reaktionen hervorrufen. Ich nenne einige Konsequenzen von Technisierung und Industrialisierung, die für die Rechtserzeugung unmittelbare Bedeutung gewinnen:

● Sobald ein Lebensbereich beherrschbar wird, eröffnen sich verschiedene Möglichkeiten der Ausgestaltung. Man kann die Atomkraft zur Energiegewinnung nutzen oder nicht, das Fernsehen privaten Veranstaltern überlassen oder öffentlich organisieren, den Straßenbau verstärken oder das Eisenbahnnetz verbessern. In der Regel ist die Art der Ausgestaltung umstritten. Über das Ob und das Wie muß entschieden werden.

● Der wissenschaftlich-technische Fortschritt hat in der Regel eine gefährliche Kehrseite. Künstliche Felddüngung oder Tiernahrung greift den menschlichen Organismus an. Autos töten jährlich Zehntausende von Menschen, verpesten die Innenstädte und verursachen Lärm. Computer machen die totale Erfassung der menschlichen Person möglich. Segnungen und Gefahren müssen in ein vernünftiges Verhältnis gebracht werden. Das geht, wie man sieht, nicht durch Appelle an die Vernunft, sondern nur durch Verbote.

● Mit zunehmender Technisierung und Industrialisierung spezialisieren sich die menschlichen Tätigkeiten immer weiter. Die Arbeitsteilung nimmt zu. Dadurch steigt einerseits die Leistungskraft. Ein Arzt, der sich auf Herzkrankheiten spezialisiert, ist in diesem Gebiet leistungsfähiger als ein Arzt, der heute einen Bruch schienen, morgen ein Magengeschwür behandeln und übermorgen eine Grippe kurieren soll. Andererseits wachsen aber auch die Störungsanfälligkeiten, denn je spezialisierter die Tätigkeiten werden, desto mehr Spezialisten müssen zusammenwirken, und der Ausfall eines einzigen kann den Gesamterfolg in Frage stellen. Das Zusammenwirken ist sicherzustellen.

All diese Umstände treiben den Regelungsbedarf in der Gesellschaft in die Höhe, und ab einer gewissen Problemschwelle wird dieser durch staatliche Rechtsetzung gedeckt. Ein Ende der Entwicklung ist nicht abzusehen, weil immer weitere Lebensbereiche der menschlichen Gestaltung erschlossen werden. Überdies veralten wegen des beschleunigten wissenschaftlich-technischen Fortschritts Regelungen, die zum Zeitpunkt ihres Erlasses sinnvoll waren, oft sehr schnell und müssen durch neue ersetzt werden, wenn sie nicht mehr Schaden als Nutzen stiften sollen. Der Regelungsbedarf erhöht sich daher in der Zeitdimension nochmals. Die *Gesetzesflut,* über die soviel Klage geführt wird, findet ihren Grund unter diesen Umständen weniger in einer übertriebenen staatlichen Regelungssucht als in sachlichen Regelungszwängen und läßt sich daher ohne Verzicht auf den wissenschaftlich-technischen Fortschritt nicht rückgängig machen. Dessen ungeachtet werden immer wieder Klagen über unnötige Gesetze vorkommen. Doch ist dabei Vorsicht geboten, wenn Eigeninteressen im Spiel sind: Was beispielsweise dem Produzenten eines Medikaments als unnötig und lästig erscheint, ist für den Konsumenten womöglich ein wichtiger Schutz. Freilich gibt es in der Tat überflüssige Gesetze. Alle Hoffnungen auf eine grundlegende Abkehr von der Verrechtlichung der Lebensverhältnisse wären aber vergeblich.

Aufgabe 1

Wodurch unterscheidet sich das positive Recht vom traditionalen Recht, und wie ist es zur Positivierung des Rechts gekommen?

2.2. Der Gesetzgeber

Wenn Recht heute überwiegend durch staatliche Entscheidung zustande kommt, so steht damit noch nicht fest, wer diese Entscheidung treffen darf. Seit der Positivierung des Rechts haben ganz unterschiedliche Instanzen das Gesetzgebungsrecht ausgeübt, und Gesetzgebung durch ein demokratisch gewähltes Parlament ist in Deutschland eine verhältnismäßig junge Errungenschaft. Die Rechtsetzung gerät damit freilich unter den Einfluß der politischen Parteien. Das erscheint vielen problematisch, ist im demokratischen System aber unausweichlich und wird dadurch ausgeglichen, daß die parteipolitische Mehrheit von ihrem Recht keinen schrankenlosen Gebrauch machen darf.

2.2.1. Die Entwicklung der Gesetzgebungsbefugnis

Traditionale Rechtsordnungen stehen nicht vor der Frage, was Recht sein soll. Schwierigkeiten können sich nur bei der Feststellung ergeben, was im konkreten Fall Recht ist. In positivierten Rechtsordnungen muß zusätzlich darüber entschieden werden, was überhaupt Rechtsgeltung erhält. Das bringt eine Reihe von Folgeproblemen mit sich. Die wichtigsten betreffen die Frage, wer das Gesetzgebungsrecht hat, welches Verfahren er bei der Gesetzgebung beobachten muß und welche Gegenstände überhaupt rechtlich geregelt werden dürfen. Historisch gesehen, haben die beiden letzten Fragen zunächst nur eine untergeordnete Rolle gespielt. Das hängt mit der Antwort auf die erste zusammen. Wir erinnern uns, daß die neuen Machtbefugnisse, die sich aus der Notwendigkeit ergaben, die konfessionellen Bürgerkriege zu beenden und ein friedliches Zusammenleben der Menschen wieder zu ermöglichen, bei den *Landesfürsten* anwuchsen. Da sie ihre Aufgabe nur zu erfüllen vermochten, wenn sie der alten, strittig gewordenen Ordnung nicht mehr unterworfen waren, sondern diese durch eine neue ersetzen konnten, gehörte zu den Machtbefugnissen notwendig das Gesetzgebungsrecht.

Herkömmlich standen den Landesfürsten aber die sogenannten *Landstände* gegenüber, keine Volksvertretungen im heutigen Sinn, sondern Standesvertretungen der Bevorrechtigten: Geistlichkeit, Adel und Stadtpatriziate. Auf die Zustimmung der Landstände waren die Landesfürsten seit dem Mittelalter etwa bei Steuererhebungen angewiesen. Die Machtvollkommenheit der Landesfürsten hätte darunter erheblich gelitten, und deswegen versuchten sie, sich von der ständischen Mitsprache zu befreien und Alleingesetzgeber zu werden. Wo dieser Versuch Erfolg hat, kommt es zum *Absolutismus.* Damit ist gemeint, daß der Herrscher über dem Recht steht, das heißt: zwar für alle anderen Rechte setzen darf, selbst aber keinen rechtlichen Bindungen unterliegt *(legibus absolutus)* und Gesetzgebung, Gesetzesvollzug und Rechtsprechung in seiner Person vereint. Die Frage nach Gegenstand und Verfahren der Gesetzgebung taucht unter diesen Umständen nicht auf. Was der Herrscher seinen Untertanen vorschreibt, ist Recht, ohne daß er dabei seinerseits bestimmte Regeln einhalten muß.

Anders verlief die Entwicklung in *England.* In England vermochte sich der Absolutismus nicht durchzusetzen. Versuche der englischen Könige, nach kontinentalem Vorbild absolute Herrschaft zu errichten, scheiterten bereits Ende des 17. Jahrhunderts („Glorious Revolution", 1688) am gemeinsamen Widerstand von Adel und Bürgertum. Ihre Vertretung, das *Parlament,* das freilich damals bei weitem noch nicht von der Gesamtbevölkerung gewählt wurde, behielt Anteil an der Gesetzgebung und konnte sogar nach und nach den Monarchen aus der Rechtsetzung verdrängen. Am englischen Beispiel formt sich das Bild einer Gesetzgebung, die nicht aus herrscherlichem Befehl, sondern rationaler Diskussion der Betroffenen erwächst und von der parlamentarisch kontrollierten Regierung lediglich ausgeführt wird.

Auf dem europäischen Kontinent ist die parlamentarische Gesetzgebung eine erheblich spätere Errungenschaft. Je besser der absolute

2. Rechtsentstehung

Fürst seine Aufgabe erfüllte, die Gesellschaft nach den konfessionellen Bürgerkriegen wieder zu befrieden, desto uneinsichtiger wurde seine unbegrenzte Machtbefugnis. Der Absolutismus, der die Krise der mittelalterlichen Sozialordnung überwunden hatte, geriet nun seinerseits in die Krise. Träger der Gegenbewegung war das Bürgertum. Zum Bürgertum gehörten all jene, die in den Städten lebten und sich von Handel und Gewerbe ernährten oder Bildungsberufe wie Lehrer oder Advokat ausübten. Unter dem Absolutismus, der den Zusammenhang von staatlicher Macht und wirtschaftlicher Stärke erkannt hatte, war die Bedeutung des Bürgertums erheblich gewachsen, während die des Adels mit der veränderten Kriegstechnik und die der Geistlichkeit mit der Relativierung der Religion allmählich abnahm. Gleichwohl stand das Bürgertum weiterhin rechtlich und sozial hinter den beiden anderen Ständen zurück und war überdies durch das dirigistische Wirtschaftssystem des Absolutismus an der vollen Entfaltung seiner Kräfte gehindert.

Daher mehren sich seit etwa 1750 vor allem in *Frankreich* die Forderungen nach Freiheit und Gleichheit. Die Freiheitsforderung richtete sich dabei gegen den fürstlichen Absolutismus und bedeutete Einschränkung der fürstlichen Verfügungsbefugnis zugunsten individueller Selbstbestimmung, nicht zuletzt im wirtschaftlichen Bereich. Die Gleichheitsforderung richtete sich gegen die Bevorrechtigung der beiden ersten Stände und bedeutete die Herstellung gleichen Rechts für alle. Diese Forderungen verbanden sich aber nicht sofort mit dem Ruf nach Beteiligung an der Gesetzgebung. Erst als der absolute Staat erkennen ließ, daß er den Forderungen nicht nachzugeben gedachte, sondern das alte System desto hartnäckiger verteidigte, je fragwürdiger es geworden war, stürzte das Bürgertum in der *Französischen Revolution* von 1789 den Fürstenstaat und übernahm selbst die Staatsgewalt, um mit ihrer Hilfe eine auf Freiheit und Gleichheit beruhende Gesellschaftsordnung durchzusetzen.

Zu diesem Zweck behielt das Bürgertum zwar die souveräne Verfügungsbefugnis des Staates über die Sozialordnung bei, übertrug sie aber vom Monarchen auf das Volk *(Volkssouveränität)*. Da dieses im Gegensatz zum Monarchen jedoch nicht selbst regieren kann, machte es von der Souveränität Gebrauch, indem es in einer *Verfassung* (Bd. 2, Kap. 1) festlegte, mit welchem Ziel und in welcher Form künftig in seinem Namen regiert werden sollte. Dabei stand nach den Erfahrungen des Absolutismus die Verhütung von Machtmißbrauch im Vordergrund. Deswegen wurde die Staatsgewalt erstens an Freiheit und Gleichheit als Grundlage der neuen Ordnung gebunden (*Grundrechte*, dazu Bd. 2, Kap. 2) und zweitens auf verschiedene Organe verteilt (*Gewaltenteilung*, dazu Kap. 4 in diesem Bd.). Der Verfassungsstaat kennt also keine Machtvollkommenheit mehr, sondern nur noch rechtlich begrenzte *Kompetenzen*, und überwindet dadurch den Absolutismus, der gerade eine von niemandem abgeleitete und schrankenlose Gewalt beansprucht hatte. Die Rechtsetzungsbefugnis gelangt aufgrund der Verfassung in die Hand einer gewählten Volksvertretung, die sie in öffentlicher Diskussion und Abstimmung ausübt. Das Bürgertum, das eben noch gegen die Privilegien von Adel und Klerus angegangen war, privilegierte sich dabei aber selbst, indem es das Wahlrecht auf die Vermögenden und Gebildeten beschränkte und so das Gleichheitsprinzip an einer entscheidenden Stelle durchbrach.

Verglichen mit Frankreich befand sich *Deutschland*, insbesondere infolge des Dreißigjährigen Krieges (1618–1648), wirtschaftlich und sozial im Rückstand. Ein ökonomisch starkes und politisch selbstbewußtes Bürgertum bestand erst in Ansätzen. Verfassungen nach französischem Vorbild wurden zwar gefordert, doch fehlte die Massenbasis für eine revolutionäre Durchsetzung. Dennoch hielt es eine Reihe deutscher Fürsten zu Beginn des 19. Jahrhunderts für tunlich, einer Revolution durch rechtzeitige Zugeständnisse zuvorzukommen. Sie gewährten daher ihren Untertanen freiwillig Verfassungen, die ebenfalls Volksvertretungen mit Gesetzgebungsrechten vorsahen. Da die deutschen Verfassungen aber nicht wie in Frankreich gegen die absoluten Fürsten erkämpft, sondern von diesen aus Selbsterhaltungsmotiven freiwillig erlassen worden waren, beruhten sie auch nicht auf der Volkssouveränität. Die Souveränität verblieb vielmehr ungeteilt beim Monarchen, und nur bei der Ausübung der Staatsgewalt verpflichtete er sich zur Beachtung der Verfassung. Man charakterisiert daher das System mit dem Begriff „monarchisches Prinzip".

Die Folge für die Rechtsetzung war, daß die Monarchen ihr Gesetzgebungsrecht nicht den Parlamenten übertrugen, sondern sich nur in bestimmten Angelegenheiten an deren Zustimmung banden. Gesetze kamen also erst bei Übereinstimmung zwischen Monarch und Kammern, wie man sie damals nannte, zustande. Die Angelegenheiten, bei denen die Zustimmung der Kammern erforderlich war, betrafen Freiheit und Eigentum der Bürger, während in allen anderen Fragen der

2. Rechtsentstehung

Monarch weiterhin allein Recht setzen durfte. Dieses System breitete sich nach und nach, zum Teil unter revolutionärem Druck (1830, 1848), in ganz Deutschland aus und blieb bis zum Sturz der Monarchie am Ende des Ersten Weltkrieges erhalten. Erst im Jahre 1918 ging auch Deutschland zur Volkssouveränität über und machte damit die Volksvertretung zum alleinigen Gesetzgeber.

Aufgabe 2

Welche Folgen hatte die Französische Revolution für die Gesetzgebungsbefugnis?

2.2.2. Der demokratische Gesetzgeber

Der Übergang der Gesetzgebungsbefugnis auf gewählte Parlamente hatte erhebliche Konsequenzen. Die für die Zeitgenossen fühlbarste lag darin, daß die Gesetzgebung nun von den parteipolitischen Mehrheitsverhältnissen im Parlament abhängig war. *Politische Parteien* gab es natürlich schon länger. Aber solange die Staatsgewalt bei dem von jeder Volkszustimmung unabhängigen Monarchen lag, blieben die Volksvertreter und mit ihnen die politischen Parteien sozusagen an der Schwelle des Staates stehen. Sie konnten gewisse Gesetzgebungspläne der Monarchen durchkreuzen, ihnen aber niemals ihre eigenen Pläne aufzwingen. Die Monarchen erschienen vielmehr weiterhin als die eigentlichen Gesetzgeber. So stellte es auch die Staatsrechtslehre dar, wenn sie bei der Gesetzgebung zwischen der Feststellung des Gesetzesinhalts, an der die Parlamente beteiligt waren, und der Erteilung des Gesetzesbefehls, die nur dem Monarchen zustand, unterschied und den eigentlichen Gesetzgebungsakt in letzterem erblickte.

Mit der Einführung der *Demokratie* überschritt das parteipolitisch zusammengesetzte Parlament die Schwelle zum Staat und wurde dessen zentrales Entscheidungsorgan. Das Gesetz war nun Produkt des Mehrheitswillens und, insofern Mehrheiten und Minderheiten sich nach parteipolitischen Linien bildeten, in seinem Inhalt parteipolitisch geprägt. Dieser Wandel ging ebensowenig ohne Erschütterungen vonstatten wie der Wandel vom mittelalterlichen Rechtsbewahrstaat zum

Absolutismus oder der Wandel vom Absolutismus zum bürgerlichen Verfassungsstaat. So schrieb 1921 der Vorsitzende des Deutschen Richterbundes in dem offiziellen Organ seines Verbandes:

„Partei-, Klassen- und Bastardrecht. Gesetz ist Recht, Parteiherrschaft schafft Gesetze nach Maßgabe ihrer sittlichen, gesellschaftlichen und wirtschaftlichen Belange. [...] Wo Parteigesetze, da Parteirecht. Treibt die Partei Klassenpolitik, so ist das Parteirecht Klassenrecht, Klassenjustiz. Wo mehrere Parteien die Herrschaft üben, entstehen Kompromißgesetze. Sie stellen Mischlinge, Kreuzungen der Belange der herrschenden Parteien, stellen Bastardrecht dar. Jede Majestät ist gefallen, auch die Majestät des Gesetzes.“[2]

Eine solche Reaktion erscheint nach der langen Periode, in der sich der Staat als eine neutral über den Parteien stehende und nur dem Gemeinwohl, nicht Sonderinteressen verpflichtete Instanz dargestellt hatte, zwar begreiflich, aber nicht begründet. Zwei Überlegungen können das einsichtig machen:

● Erstens ist auch die Gesetzgebung des vordemokratischen, monarchischen Staates keineswegs eine neutrale, allein dem Gemeinwohl verpflichtete gewesen. Die Sozialistengesetze und der „Kulturkampf“ gegen die katholische Kirche im Kaiserreich liefern dafür nur den bekanntesten, keineswegs den einzigen Beweis. Auch im wirtschaftspolitischen Bereich finden sich nicht wenige Beispiele, die Zweifel an der Interessenunabhängigkeit des monarchischen Staates begründen. Die Berufung auf die Neutralität früherer Gesetzgebung zeigt dann oft nur das Einverständnis mit den vom Kaiserreich begünstigten Richtungen und die Furcht vor einer Richtungsänderung durch den demokratischen Gesetzgeber an. Das war insbesondere bei zahlreichen Richtern der Weimarer Republik der Fall.

● Zweitens muß man die Frage nach der Alternative stellen, wenn man nicht zu einer Form politischer Herrschaft zurückkehren will, die keiner Zustimmung des Volkes bedarf, sondern mit Machtvollkommenheit und aus angeblich überlegener Einsicht in das wahre Beste des Volkes ihren Willen durchsetzt. Tatsächlich betrachtet, bestehen in der Bevölkerung immer verschiedene Überzeugungen von gerechter Sozialordnung und verschiedene Interessen nebeneinander. Die Demokratie versteht sich als Staatsform, die diese Meinungs- und Interessenvielfalt nicht unter einen angeblich wahren Volkswillen zwingt, sondern hinnimmt. Die unterschiedlichen Auffassungen wer-

2 *J. Leeb:* Dreierlei. *Deutsche Richterzeitung* 1921, S. 129–131.

den als prinzipiell gleichberechtigt anerkannt, dürfen sich organisieren und für ihren Standpunkt werben. Die Konsequenz ist ein Mehrparteiensystem.

Die Entscheidung, welche Partei ihr Programm verwirklichen kann, fällt dann in einem Konkurrenzkampf um die Volksmehrheit. Da mit der Mehrheit unter diesen Umständen aber kein Anspruch auf absolute Richtigkeit einhergeht, wird der Herrschaftsauftrag nur auf Zeit vergeben und gleichzeitig Vorsorge getroffen, daß in der Zwischenzeit die Mehrheit die Minderheit nicht ausschalten kann. Das gilt auch für die Gesetzgebung, wo einerseits die bestimmende Rolle der Parteien unausweichlich, andererseits eine ungehemmte Durchsetzung des Mehrheitswillens durch Verfahrensvorschriften und inhaltliche Richtlinien, die die Verfassung festlegt, aber ausgeschlossen ist. Diesen Bestimmungen wollen wir uns im nächsten Abschnitt zuwenden.

Aufgabe 3

Skizzieren Sie die Konsequenzen bei Übergang der Gesetzgebungskompetenz auf gewählte Parlamente.

2.3. Das Gesetzgebungsverfahren

Verfassungen begnügen sich nicht damit, die Gesetzgebungsbefugnis zu verleihen. Sie regeln auch das Verfahren der Gesetzgebung. Die verschiedenen Verfahrensstadien und die daran beteiligten Kräfte werden im folgenden Abschnitt dargestellt. Mit den Verfahrensregeln verbindet sich dabei nicht nur die Absicht, für einen technisch reibungslosen Ablauf der Gesetzgebung zu sorgen. Sie wollen überdies Voraussetzungen für möglichst gerechte Gesetze schaffen. Denselben Zweck verfolgen die inhaltlichen Bindungen des Gesetzgebers, die ebenfalls in diesem Abschnitt erörtert werden.

2.3.1. Der Weg der Gesetzgebung nach dem Grundgesetz

Solange das Recht als vorgegeben galt und nicht gemacht werden mußte, erübrigte sich ein Gesetzgebungsverfahren ganz. Aber auch als ein absoluter Herrscher seinen Willen ungehindert zum Gesetz erheben konnte, waren eigene Regeln für die Rechtsetzung nicht erforderlich. Die Notwendigkeit zur Regelung des Gesetzgebungsverfahrens tauchte vielmehr erst mit der Überwindung des Absolutismus und der Übertragung der Gesetzgebungsgewalt auf besondere Staatsorgane auf. An einem Gegenbeispiel wird das deutlich. Als Deutschland im Jahre 1933 einen Rückfall in absolutistische Verhältnisse erlebte, äußerte sich das auch im Rechtsetzungsverfahren. Der Reichstag beschloß am 24. März 1933 das sog. *Ermächtigungsgesetz,* in dem das Gesetzgebungsrecht in vollem Umfang auf die Reichsregierung übertragen wurde:

Artikel 1
Reichsgesetze können außer in dem in der Reichsverfassung vorgesehenen Verfahren auch durch die Reichsregierung beschlossen werden. Dies gilt auch für die in den Artikel 85 Abs. 2 und 87 der Reichsverfassung bezeichneten Gesetze.

Artikel 2
Die von der Reichsregierung beschlossenen Reichsgesetze können von der Reichsverfassung abweichen, . . .

(Reichsgesetzblatt 1933, I, S. 141). Das verfassungsrechtlich vorgeschriebene Rechtsetzungsverfahren war damit außer Kraft gesetzt, und die Staatsrechtslehre verkündete seitdem: Der Wille des Führers ist Gesetz[3].

Das Grundgesetz bestimmt in Art. 77 Abs. 1 Satz 1: „Die Bundesgesetze werden vom Bundestage beschlossen", und trifft dann detaillierte, aber durchaus nicht erschöpfende Regelungen des Verfahrens und der daran Beteiligten. Die verfassungsrechtliche Regelung setzt mit der Einbringung einer Gesetzesvorlage beim Bundestag ein. Art. 76 Abs. 1 GG verleiht das *Initiativrecht* der Bundesregierung, den Bundestagsabgeordneten und dem Bundesrat. Aufschlußreich ist, in welchem Umfang die Berechtigten von dem Initiativrecht Gebrauch machen (siehe Tab. 1, S. 54).

Die weitaus größte Zahl der Gesetzentwürfe stammt also von der Bundesregierung. Das Verhältnis verschiebt sich noch mehr zu ihren Gunsten, wenn man nicht nur auf die Gesetzesvorlagen, sondern die tatsächlich Gesetz gewordenen, also vom Parlament verabschiedeten Vorlagen abstellt (siehe Tab. 2, S. 54).

---

3 Vgl. die Ausführungen bei *E. R. Huber:* Verfassungsrecht des Großdeutschen Reiches. Hamburg [2]1937, S. 235–238.

2. Rechtsentstehung

Tab. 1: Eingebrachte Gesetzentwürfe, nach Wahlperioden (WP)

	1. WP 1949–53	2. WP 1953–57	3. WP 1957–61	4. WP 1961–65	5. WP 1965–69	6. WP 1969–72	7. WP 1972–76	8. WP 1976–80	9. WP 1980–83
insgesamt davon:	805	877	613	635	665	577	670	485	242
Bundesregierung	472 58,6%	446 50,9%	401 65,4%	378 59,5%	417 62,7%	362 62,8%	461 68,8%	322 66,4%	146 60,3%
Bundestag	301 37,4%	414 47,2%	207 33,8%	245 38,6%	227 34,1%	171 29,6%	136 20,3%	111 22,9%	58 24,0%
Bundesrat	32 4%	17 1,9%	5 0,8%	12 1,9%	21 3,2%	44 7,6%	73 10,9%	52 10,7%	38 15,7%

Nach: Deutscher Bundestag 1949–1983: Parlaments- und Wahlstatistik (bearbeitet von Peter Schindler). Zeitschrift für Parlamentsfragen 1983. S. 467.

Tab. 2: Verabschiedete Gesetzentwürfe, nach Wahlperioden (WP)

	1. WP 1949–53	2. WP 1953–57	3. WP 1957–61	4. WP 1961–65	5. WP 1965–69	6. WP 1969–72	7. WP 1972–76	8. WP 1976–80	9. WP 1980–83
insgesamt eingebracht von:	545	507	424	427	453	335	516	354	139
Bundesregierung	392 71,9%	368 72,6%	348 82,1%	329 77,0%	368 81,2%	259 77,3%	427 82,8%	288 81,4%	104 74,8%
Bundestag	141 25,9%	132 26,0%	74 17,4%	96 22,5%	76 16,8%	58 17,3%	62 12,0%	39 11,4%	16 11,5%
Bundesrat	12 2,2%	7 1,4%	2 0,5%	2 0,5%	9 2,0%	13 3,9%	17 3,3%	15 4,2%	8 5,8%
mehreren Initiatoren	–	–	–	–	–	5 1,5%	10 1,9%	12 3,4%	11 7,9%

Nach: Zeitschrift für Parlamentsfragen 1983. S. 467.

Daraus kann man den Schluß ziehen, daß trotz der formellen Gesetzgebungshoheit des Parlaments das materielle Schwergewicht der Gesetzgebung bei der Regierung liegt. Der Eindruck verstärkt sich, wenn man neben den parlamentarisch beschlossenen Gesetzen noch diejenigen Normen berücksichtigt, welche die Regierung aufgrund einer ausdrücklichen parlamentarischen Erlaubnis selbst festsetzen darf. Wir nennen sie im Unterschied zum Gesetz *Verordnungen*. An Zahl übersteigen sie die parlamentarischen Gesetze etwa um das Dreifache (vgl. dazu Abschnitt 2.4.1).

Über die Entstehung der Gesetzesvorlagen sagt das Grundgesetz nichts. Stammen sie von der Bundesregierung, werden sie in den Bundesministerien ausgearbeitet. Auch Vorlagen von Abgeordneten haben bisweilen hier ihren Ursprung. Entwürfe des Bundesrats entstehen gewöhnlich in den Landesministerien. Hauptlieferant von Gesetzentwürfen ist also die *Ministerialbürokratie*. Woher bezieht diese wiederum den Anstoß? Eine statistisch genaue Antwort läßt sich hier, weil die Anregung zu einem Gesetz nicht wie das Initiativrecht formalisiert werden kann, schwer geben. Ein Großteil der Gesetzgebungsanstöße entspringt dem Programm der politischen Parteien, die die Regierung tragen und ihre Forderungen daher zum Regierungsprogramm erheben können. Andere Anstöße kommen aus der Verwaltung, die die Gesetze auszuführen hat und, ähnlich wie die Gerichte, am deutlichsten spürt, wo das bestehende Recht Mängel oder Lücken aufweist. Ein wichtiger Anreger sind ferner die Verbände und Interessengruppen, die die Belange ihrer Mitglieder in Bonn wahrnehmen – nach einer beim Bundestagspräsidenten geführten öffentlichen Liste derzeit nicht weniger als 800. Häufig gibt auch die Aufdeckung von Mißständen durch die Medien Anlaß zu einer Gesetzesinitiative.

Der in dem zuständigen Ministerium ausgearbeitete sogenannte *Referentenentwurf* wird bereits in einem relativ frühen Stadium mit anderen betroffenen Referaten und Ministerien, aber auch mit den interessierten Verbänden abgestimmt. Diese erlangen von Gesetzgebungsplänen also meist eher Kenntnis als die Parlamentarier. Findet der Entwurf das Einverständnis des Ministers, so wird er ins *Bundeskabinett* eingebracht. Nur das Bundeskabinett als Ganzes, weder der zuständige Minister noch der Bundeskanzler, entscheidet darüber, ob der Gesetzentwurf dem Parlament zur Beschlußfassung vorgelegt wird.

Das Parlament berät über einen Gesetzentwurf in der Regel in drei

2. Rechtsentstehung

Lesungen, zwischen die sich gewöhnlich eine Ausschußberatung schiebt. Die 1. Lesung dient einer Generalaussprache über Notwendigkeit, Ziel sowie Vor- und Nachteile des Gesetzes, führt jedoch noch nicht zu einer Abstimmung. Der Entwurf wird vielmehr an den zuständigen *Ausschuß* überwiesen. Die Ausschüsse lehnen sich an die Einteilung der Ministerien an. Zur Zeit sind es zwanzig. Im Ausschuß, der im Gegensatz zum Parlamentsplenum in der Regel nicht öffentlich tagt, findet die eigentliche Gesetzgebungsarbeit des Parlaments statt. Hier prüfen die Fachleute der Parlamentsfraktionen den Entwurf. In zunehmendem Maße bedienen sie sich dabei nicht-staatlicher Sachverständiger, die in „Hearings" um Stellungnahme gebeten werden. Der Ausschuß empfiehlt dem Plenum Annahme, Ablehnung oder Änderung der Vorlage. Das Plenum debattiert in der 2. Lesung über die einzelnen Vorschriften sowie die Änderungsvorschläge und stimmt über jede Vorschrift, danach über das Gesetz als Ganzes ab. Die 3. Lesung, die sich normalerweise sofort an die zweite anschließt, dient der Schlußabstimmung. Wie bedeutsam die Ausschußarbeit ist, kann man am besten daran ablesen, daß mehr als die Hälfte der Gesetzentwürfe in der vom Ausschuß vorgeschlagenen Fassung ohne Plenardebatte angenommen wird. Man muß freilich hinzufügen, daß nur ein kleiner Teil der Gesetze zwischen den Fraktionen kontrovers ist. So stießen im 8. Bundestag von insgesamt 354 verabschiedeten Gesetzen nur 26, das sind 7,3 %, auf Ablehnung bei der Opposition[4].

Wenn die meisten Gesetzentwürfe zwar von der Regierung stammen, in den Parlamentsausschüssen aber gründlich beraten werden, dann stellt sich die Frage, ob sie denn im Bundestag wesentliche Änderungen erfahren. Bekannt ist, daß in der 7. Wahlperiode 62,8 % der Gesetze im parlamentarischen Verfahren geändert wurden, die weitaus meisten aufgrund von Ausschußanträgen[5]. Genauere Erhebungen über Art und Ausmaß der Änderungen, unterteilt nach dem Urheber der Vorlagen, fehlen aber. In der Literatur gehen die Ansichten auseinander. Es gibt Beobachter, die behaupten, das Parlament ändere viel an den Regierungsentwürfen, andere nehmen das Gegenteil an. Der Widerspruch könnte sich auflösen, wenn den Annahmen ver-

---

4 Parlaments- und Wahlstatistik für die 1. bis 8. Wahlperiode des Deutschen Bundestages (bearbeitet von *Peter Schindler*). *Zeitschrift für Parlamentsfragen* 1981, S. 12.
5 *Nach: Deutscher Bundestag* (Hrsg.): 30 Jahre Deutscher Bundestag. Bonn 1979, S. 273.

schiedene Maßstäbe zugrunde lägen, einmal ein quantitativer, dann ein qualitativer. Es ist nämlich keineswegs ausgeschlossen, daß das Parlament zwar verhältnismäßig häufig Detailkorrekturen vornimmt, aber die wesentlichen Vorentscheidungen über das Ziel des Gesetzes und die Mittel seiner Verwirklichung unberührt läßt.

Ohne die parlamentarische Entscheidung kann kein Gesetzentwurf zum Gesetz werden. Sie ist also das Zentralstück des Gesetzgebungsprozesses. Doch erlangt der Entwurf nicht schon mit dem Beschluß des Bundestages Gesetzeskraft. Das ist eine Folge der bundesstaatlichen Ordnung der Bundesrepublik. Gemäß Art. 50 GG wirken nämlich die Länder an der Gesetzgebung des Bundes mit. Diese Mitwirkung erfolgt im *Bundesrat*. Der Bundesrat darf allerdings das vom Bundestag verabschiedete Gesetz nicht ändern, sondern kann es nur annehmen oder ablehnen. Bei Bedenken gegen das Gesetz hat er jedoch die Möglichkeit, den sogenannten *Vermittlungsausschuß* anzurufen. Dabei handelt es sich um ein aus Bundestagsabgeordneten und Bundesratsmitgliedern nach den jeweiligen parteipolitischen Kräfteverhältnissen zusammengesetztes Gremium, das in nicht öffentlicher Sitzung einen Kompromiß zwischen den verschiedenen Standpunkten zu erreichen sucht. Gelingt ein solcher Kompromiß nicht, muß sich der Bundesrat endgültig für Ja oder Nein entscheiden. Kommt ein Kompromiß zustande, hat der Bundestag erneut darüber zu beraten und zu beschließen, wobei auch Änderungen zulässig sind, und das Gesetz wird erneut dem Bundesrat unterbreitet. Der Vermittlungsvorgang kann sich also mehrfach wiederholen, und tatsächlich ist es auch bereits bis zu dreimaliger Wiederholung gekommen.

Stimmt der Bundesrat dem vom Bundestag verabschiedeten Gesetz zu, so ist dieses zustande gekommen. Verweigert er seine Zustimmung, liegen die Verhältnisse komplizierter. Das Schicksal des Gesetzes hängt dann von seiner Eigenart ab. Im Normalfall wirkt die Ablehnung des Bundesrats als Einspruch, den der Bundestag mit einer entsprechend großen Mehrheit überwinden kann. Deswegen heißen diese Gesetze *Einspruchsgesetze*. Der Beharrungsbeschluß des Bundestages ersetzt hier sozusagen die Zustimmung des Bundesrats. Die Vorlage wird auch ohne seine Billigung Gesetz.

Es gibt aber eine Reihe von Fällen, in denen das Grundgesetz die Zustimmung des Bundesrates verlangt. Man spricht dann von *Zustimmungsgesetzen*. In der Regel handelt es sich um solche Gesetze, die

2. Rechtsentstehung

Die Beteiligung des Bundesrates bei Einspruchsgesetzen

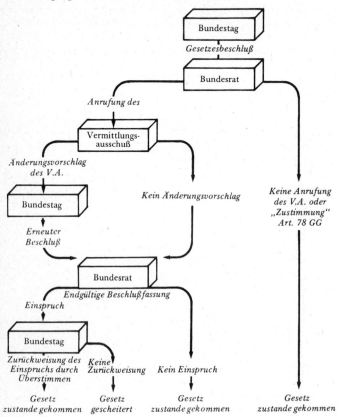

V. A.: Vermittlungsausschuß

Aus: *Ulrich Battis/Christoph Gusy:* Einführung in das Staatsrecht. Heidelberg/ Karlsruhe 1981, S. 155.

den Funktionsbereich der Länder besonders intensiv berühren. Den wichtigsten Fall enthält Art. 84 Abs. 1 GG. Danach bedürfen Bundesgesetze der Zustimmung des Bundesrates, wenn die Länder sie ausführen müssen, die Behördenorganisation und das Ausführungsverfahren aber vom Bundesgesetzgeber vorgeschrieben bekommen.

Verweigert hier der Bundesrat seine Zustimmung, kann sich der Bundestag auch mit Einstimmigkeit nicht darüber hinwegsetzen. Das Gesetz ist gescheitert. Eine besonders großzügige Auslegung des Mitwirkungsrechts durch das Bundesverfassungsgericht hat dazu geführt, daß heute mehr als die Hälfte aller Bundesgesetze als Zustimmungsgesetze betrachtet wird.

Die Beteiligung des Bundesrates bei Zustimmungsgesetzen

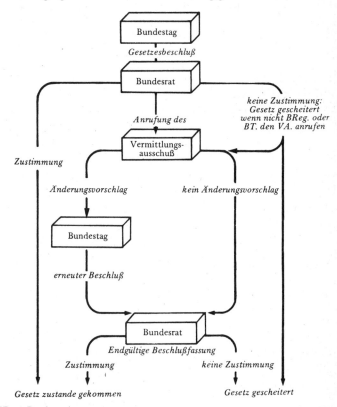

BReg.: Bundesregierung
BT.: Bundestag
VA.: Vermittlungsausschuß

Aus: Ulrich Battis/Christoph Gusy, a.a.O., S. 156.

2. Rechtsentstehung

Diese Ausdehnung des Zustimmungsrechts ist nicht unproblematisch. Wenn sich die parteipolitischen Mehrheitsverhältnisse in Bundestag und Bundesrat unterscheiden, verschafft sie der Opposition ein Instrument, mit dessen Hilfe sie sich doch noch gegen die Mehrheit behaupten kann, und zwar auch dort, wo Länderinteressen gar nicht berührt sind. Dieser Fall war von 1969 bis 1982 gegeben. Der Vermittlungsausschuß wurde in dieser Zeit wieder häufiger angerufen (siehe Tab. 3, S. 61).

Zwar sind es nicht viele Gesetze, die endgültig am Bundesrat scheitern (siehe Tab. 4, S. 61).

Das Problem liegt aber weniger darin als in der Möglichkeit, daß die Minderheit die Mehrheit zwingen kann, ihrer Auffassung Rechnung zu tragen. Soweit das Zustimmungsrecht nicht zur Wahrung von Länder-, sondern Oppositionsinteressen eingesetzt wird, fällt die demokratisch notwendige Parteienkonkurrenz aus, und es entsteht eine Art „Große Koalition". Die Gesetze werden abgeschirmt gegen die Öffentlichkeit zwischen Mehrheit und Minderheit ausgehandelt. Den Nachteil hat der Wähler, für den die politischen Verantwortlichkeiten nicht mehr klar sind: jede Seite kann Erfolge für sich beanspruchen und Mißerfolge dem Gegner zuschieben.

Ist das Gesetz ordnungsgemäß verabschiedet, so fertigt der *Bundespräsident* es aus. Das Gesetzgebungsverfahren schließt mit der Verkündung im *Bundesgesetzblatt*. Dieses ist daher auch die einzige offizielle Fundstelle für Gesetze. Erst mit der Verkündung entfaltet es seine bindende Kraft. Das ist zwar in Rechtsstaaten, deswegen aber noch keineswegs überall eine Selbstverständlichkeit.

Aufgabe 4

Können Gesetze auch gegen den Willen des Bundesrates zustande kommen?

Tab. 3: Anrufungen des Vermittlungsausschusses

	1. WP 1949–53	2. WP 1953–57	3. WP 1957–61	4. WP 1961–65	5. WP 1965–69	6. WP 1969–72	7. WP 1972–76	8. WP 1976–80	9. WP 1980–83
insgesamt	75	65	49	39	39	33	104	77	20
durch den Bundesrat	70	59	46	34	34	31	96	69	17
durch die Bundesregierung	3	3	3	3	4	2	7	7	3
durch den Bundestag	2	3	–	2	1	–	1	1	–

Nach: Zeitschrift für Parlamentsfragen 1983, S. 473.

Tab. 4: Am Bundesrat gescheiterte Gesetze

	1. WP 1949–53	2. WP 1953–57	3. WP 1957–61	4. WP 1961–65	5. WP 1965–69	6. WP 1969–72	7. WP 1972–76	8. WP 1976–80	9. WP 1980–83
insgesamt	9	4	4	3	2	1	9	11	3
Zustimmungs-gesetze	8	4	2	3	2	1	8	9	2
Einspruchs-gesetze	1	–	2	–	–	–	1	2	1

Nach: Zeitschrift für Parlamentsfragen 1983, S. 473.

2. Rechtsentstehung

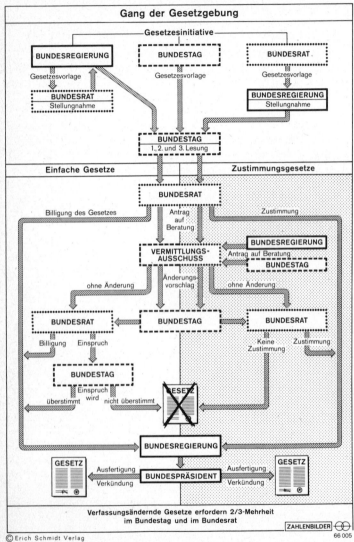

Aus: *Eckhard Jesse:* Die Demokratie der Bundesrepublik Deutschland. Eine Einführung in das politische System. Berlin ²1979, S. 188.

2.3.2. Sinn und Kritik des parlamentarischen Gesetzgebungsverfahrens

Die bisherigen Darstellungen haben gezeigt, daß das Parlament formell betrachtet das Zentrum der Gesetzgebung bildet. Sein Beschluß erst macht eine Vorlage zum Gesetz. Wo es diesen Beschluß nicht faßt, kann kein Gesetz zustande kommen. Materiell betrachtet liegt das Schwergewicht der Gesetzgebung indessen bei der Regierung. Die großen Linien der Gesetzgebung hat sie im wesentlichen mit Bürokratie und Interessenverbänden abgestimmt, ehe die Abgeordneten überhaupt von der Vorlage Kenntnis erlangen, und normalerweise kann sie damit rechnen, ihren Entwurf ohne nennenswerte Änderungen durchs Parlament zu bringen. Nur in Ausnahmefällen ist das Gesetz noch das Ergebnis der öffentlichen Diskussion im Parlament. In der Regel stehen die Entscheidungen der Abgeordneten fest, ehe das Parlament die Debatte aufnimmt, und zwar aufgrund der Beratungen in den Fraktionen und ihren Arbeitskreisen sowie den Ausschüssen. Im Parlamentsplenum werden sie nur noch förmlich abgesegnet. Ein deutliches Anzeichen dafür sind die vielen leeren Bänke während einer Plenardebatte. So nahmen beispielsweise an einem Sitzungstag an der 2. und 3. Lesung so wichtiger Gesetzentwürfe wie des Adoptionsgesetzes, des Arzneimittelgesetzes und des Fernunterrichtsgesetzes zwischen 30 und 50 Abgeordnete teil, die großenteils mit den Ausschußmitgliedern identisch waren. Als am Abend desselben Tages 11 weitere Gesetze ohne Aussprache verabschiedet wurden, konnte man noch 19 Abgeordnete zählen[6].

Die parlamentarische Gesetzgebung ist deswegen häufig Gegenstand von Kritik und Reformforderungen gewesen. Die Kritik setzte bereits in den ersten Jahren der Weimarer Republik ein, kehrt regelmäßig wieder und ist keineswegs auf die Bundesrepublik Deutschland begrenzt. Ansatzpunkte und Zielrichtungen sind dabei durchaus verschieden. Vielfach wird aus dem Übergewicht der Regierung bei der Gesetzgebung der Schluß gezogen, daß die Gewaltenteilung in der Bundesrepublik nur noch auf dem Papier stünde und in Wahrheit längst einer Gewaltenkonzentration gewichen sei, die die Freiheit des einzelnen nicht mehr wirksam zu schützen vermöchte. Andere sehen

---

6 Berichtet bei *C.-Ch. Schweitzer:* Der Abgeordnete im parlamentarischen Regierungssystem der Bundesrepublik. Opladen 1979, S. 111 ff.

2. Rechtsentstehung

im parlamentarischen Gesetzgebungsverfahren nur noch eine Fassade, die eine demokratische Politik vorspiegele, während in Wirklichkeit eine autoritäre Regierungsbürokratie im Benehmen mit den mächtigen Interessengruppen herrsche. Es gibt aber auch die Befürchtung, daß der parlamentarische Einfluß auf die Gesetzgebung die Gesetze inhaltlich und formell verschlechtere, weil es dem Parlament an dem erforderlichen Sachverstand fehle.

Fragen wir, ehe wir urteilen, zunächst nach den Gründen dieser Entwicklung. Im wesentlichen müssen zwei genannt werden. Der eine hat mit dem Gegenstand der Gesetzgebung, der andere mit der Herrschaftsform zu tun:

● Der erste Grund: Gesetzgebung war zu keiner Zeit eine leichte Angelegenheit. Doch ließen sich die Fragen nach der richtigen Regelung lange mit Erfahrung, Bildung und gesundem Menschenverstand vernünftig entscheiden. Infolgedessen war eine Versammlung von Personen, denen man diese Eigenschaften in besonders hohem Maße zutraute und die gleichzeitig die Erwartungen und die Bedürfnisse der Bevölkerung kannten, ein besonders geeigneter Gesetzgeber. Auch heute gibt es noch eine Reihe von Fragen, die nach einer gründlichen Abwägung des Für und Wider mit gesundem Menschenverstand entschieden werden können. In solchen Fällen zeigt sich dann auch, daß die Parlamente nichts von ihrer Funktion eingebüßt haben und bedeutende Diskussionen im Plenum und unter großer Anteilnahme der Öffentlichkeit führen können. In den letzten Jahren zählten beispielsweise die Debatten über die Strafbarkeit der Abtreibung oder die Verjährung nationalsozialistischer Gewaltverbrechen dazu.

Fragen dieser Art scheinen aber nicht mehr die Regel, sondern eher die Ausnahme zu sein. Bei der großen Mehrzahl der Probleme, die heute durch Gesetz gelöst werden müssen, handelt es sich vielmehr um solche, vor denen der gesunde Menschenverstand versagt und die nur noch mittels hochspezialisierten Sachverstands gelöst werden können. Für derartige Probleme ist das Parlament ein weit weniger geeigneter Gesetzgeber; denn hochspezialisiertes Fachwissen gehört nicht zu den Maßstäben, nach denen Abgeordnete nominiert und gewählt werden. Dagegen ist in den Ministerien gerade dieses Spezialwissen konzentriert. Im Gegensatz zum Parlament kann sich die Ministerialbürokratie auch ausweiten, sobald neues Fachwissen benötigt wird. Sogar bei der Problemwahrnehmung scheint die Exekutive mit ihrem verzweigten Verwaltungsunterbau und ihren Verbände- und Fach-

kontakten den Abgeordneten, die in der Regel nur über Wahlkreis-
kontakte verfügen, inzwischen schon überlegen. All das führt ganz
zwangsläufig zu einem Übergewicht der Regierung auch im Bereich
der Gesetzgebung.

● Der zweite Grund ergibt sich aus dem politischen System. Solange
die Exekutive in der Hand eines Monarchen lag, der vom Volk unabhängig war, stand die Volksvertretung ihm als Gegenspieler gegenüber. Mit dem Übergang zur Demokratie ist auch die Regierung vom
Volk abhängig geworden. Um die Mehrheit im Volke konkurrieren
verschiedene Parteien. Diejenige, die die Mehrheit erlangt hat, macht
ihre Führung zur Regierung und ihr Programm zum Regierungsprogramm. Auch das Volk selbst hat ja bei der Wahl weniger die Zusammensetzung des Parlaments als die vom Parlament vorgenommene
Regierungsbildung im Auge. Die Mehrheitsparteien fallen in diesem
System als Gegenspieler der Regierung aus. Sie verstehen sich umgekehrt als die parlamentarische Stütze ihrer in der Regierung befindli-
chen Führung. Daraus erklärt sich auch die höhere Chance von Regierungsvorlagen, die Zustimmung des Parlaments zu erlangen. Die Rolle des Gegenspielers ist deswegen vom Parlament als Ganzem auf die
Minderheit übergegangen. Die Gewaltenteilungslinie verläuft unter
diesen Umständen nicht mehr zwischen Parlament und Regierung,
sondern zwischen Regierung und Mehrheitsfraktionen auf der einen
und Opposition auf der anderen Seite. Auch dadurch verstärkt sich
zwangsläufig das Übergewicht der Regierung bei der Gesetzgebung.

Angesichts dessen wäre es falsch, von dem Vorsprung der Regierung
auf ein Versagen des Parlaments zu schließen. Die Gewichtsverlage-
rung hat ihre Gründe nicht in subjektivem Fehlverhalten, sondern in
objektiven Gegebenheiten. Daher sind auch die Hoffnungen auf eine
grundlegende Reform, die dem Parlament die tatsächliche Vorherrschaft über die Gesetzgebung zurückgäbe, umsonst. Es besteht dann
freilich zu der Frage Anlaß, ob nicht das parlamentarische System
insgesamt durch die Entwicklung überholt und das aufwendige Gesetzgebungsverfahren um seinen Sinn gebracht ist. In diesem Fall
könnte es nicht mehr um eine Verbesserung, sondern nur noch um
eine grundlegende Änderung der Gesetzgebung gehen.

Prüfen wir einmal diejenige Kritik, welche im parlamentarischen
Rechtsetzungsverfahren die Gefahr einer fachlichen Verschlechterung der Gesetze erblickt. Beispiele für eine solche Verschlechterung
ließen sich nennen. Ebenso kommen freilich auch Verbesserungen

aufgrund der parlamentarischen Beratung vor. Statistische Angaben über die Häufigkeit fehlen. Sie wären übrigens schwer zu erstellen, weil keine anerkannten Maßstäbe für gute und schlechte Gesetze existieren. Darum geht es aber auch gar nicht in erster Linie. Entscheidend ist vielmehr die Frage nach der Alternative zur parlamentarischen Gesetzgebung. Diese läuft gewöhnlich auf die eine oder andere Form der *Expertengesetzgebung* hinaus. Der Experte zeichnet sich durch sein Fachwissen aus. Fachwissen erlangt man nur durch Spezialisierung. Hochentwickelte Industriegesellschaften sind einerseits ohne Spezialisierung nicht denkbar. Andererseits hat sie einen hohen Preis. Der Spezialist ist nicht in der Lage, die Neben- und Folgewirkungen seiner Maßnahmen in anderen Bereichen zu beurteilen. Er besitzt kein Gesamtbild und urteilt nach verengten Maßstäben. Die Nachteile der Expertenherrschaft werden uns heute stärker als früher bewußt. Um sie in Grenzen zu halten, muß eine Instanz existieren, die das Gesamtbild vor Augen hat und entscheidet, wie Vor- und Nachteile verteilt werden sollen, etwa welche Sicherheitsrisiken im Interesse einer unabhängigen und billigen Energieversorgung in Kauf genommen werden sollen. Diese Instanz kann nur eine politische sein.

Damit ist freilich noch nicht gesagt, daß es sich um ein Parlament handeln müsse. Auch die Regierung erfüllt diese Voraussetzung. Die Frage, ob das parlamentarische Gesetzgebungsverfahren Sinn hat, erfordert daher weitere Überlegungen. Sie lassen sich am besten so anstellen, daß man prüft, wie die Gesetzgebung ohne parlamentarische Mitwirkung abliefe. Dazu zwei Gesichtspunkte:

● Ohne das parlamentarische Verfahren wäre die Mehrheit bei der Gesetzgebung unter sich. Erst im Parlament wird sie mit der Minderheit konfrontiert. Diese kann die Mehrheit zwingen, ihre Absichten aufzudecken, sich mit Kritik auseinanderzusetzen und Alternativen zu diskutieren. Zwar wird die Diskussion in der Regel das Ergebnis nicht nachhaltig beeinflussen. Eine solche Erwartung wäre in der Parteiendemokratie verfehlt. Es ist nicht der Sinn des parlamentarischen Verfahrens, der Minderheit zum Sieg gegen die Mehrheit zu verhelfen. Aber der bloße Umstand, daß eine öffentliche Erörterung erzwingbar ist, veranlaßt die Mehrheit, die Position der Minderheit zu berücksichtigen. Sie muß deren Ansicht schon bei ihrer eigenen Meinungs- und Willensbildung vorwegnehmen, um in der öffentlichen Debatte bestehen zu können. Debatten, die nur mit Stimmen, nicht mit Argumenten gewonnen werden, verringern auf lange Sicht die Wahlchancen.

Die Wirkung, die man sich ursprünglich vom parlamentarischen Verfahren unmittelbar versprochen hatte, tritt sozusagen auf einem Umweg ein.

● Das Parlament wird damit aber auch zum eigentlichen Bindeglied zwischen Staatsorganen und Öffentlichkeit. Mit der parlamentarischen Beratung tritt der staatliche Willensbildungsprozeß in seine öffentliche Phase. Von autoritären Systemen ist bekannt, daß sie die Öffentlichkeit erst nach gefällter Entscheidung suchen. Vermittelt durch das parlamentarische Verfahren, kann sich die Öffentlichkeit in den Willensbildungsprozeß einschalten, *bevor* die Entscheidung fällt. Sie ist der eigentliche Adressat der parlamentarischen Reden. Dadurch wird einerseits den Medien Gelegenheit gegeben, zu den Gesetzesvorlagen kritisierend und anregend Stellung zu nehmen. Zum anderen erhalten die Betroffenen die Möglichkeit, ihre Forderungen und Bedenken anzumelden. Das ist insbesondere für Gruppen wichtig, die sich im Vorbereitungsstadium kein Gehör verschaffen konnten. Auch insoweit bewirkt das parlamentarische Verfahren also eine Rückkoppelung. Im Normalfall wird sie darin bestehen, daß die gesetzgebenden Organe schon im Vorbereitungsstadium die erwarteten Reaktionen der Öffentlichkeit einkalkulieren und massivem Widerstand auf diese Weise zuvorkommen. Im Ausnahmefall kann aber auch ein Gesetzesvorhaben unmittelbar am öffentlichen Widerstand scheitern. So verhielt es sich unlängst, als die Pläne einer Amnestie für Straftaten im Zusammenhang mit Parteispenden wegen der Entrüstung der Öffentlichkeit aufgegeben werden mußten.

Wenngleich das Schwergewicht der Gesetzgebungstätigkeit also nicht beim Parlament, sondern bei der Regierung liegt und dem Parlament unter den gegenwärtigen Bedingungen auch kaum zurückerobert werden kann, behält das parlamentarische Gesetzgebungsverfahren doch seinen Sinn. Es sorgt für *Transparenz und Kontrolle* der Gesetzgebung. Dabei handelt es sich um Leistungen, die im Augenblick an keiner anderen Stelle im politischen System gleichwertig zu erbringen sind. Ist das einmal erkannt, läßt sich auch die Frage nach der *Parlamentsreform* zuverlässiger beantworten. Die Rolle des Parlaments wird dann nicht in erster Linie durch Verbesserung seiner fachlichen Kompetenz und Verstärkung der Expertenarbeit in den Ausschüssen aufgewertet. Ohne daß diese Faktoren geringgeschätzt würden, scheint insoweit der Vorsprung der Regierung doch uneinholbar. Das Parlament entfaltet seine spezifische Funktion vielmehr dort, wo es

2. Rechtsentstehung

die Vorhaben der Regierung unter politischem Blickwinkel öffentlich debattiert. Das geht nicht ohne Sachverstand, doch nicht dieser, sondern die politische Bewertung muß für das Parlament im Vordergrund stehen. Parlamentsreform verlangt daher in erster Linie eine Stärkung der öffentlichen und politischen Rolle des Parlaments. Voraussetzung dafür wäre eine Entlastung von jenen Entscheidungen ohne nennenswerten politischen Gehalt, die eine Konzentration auf die großen Streitfragen der Gegenwart erschweren.

Aufgabe 5

Wie erklärt sich das Übergewicht der Regierung bei der Rechtsetzung, und worin besteht gleichwohl der Sinn des parlamentarischen Gesetzgebungsverfahrens?

2.3.3. Inhaltliche Bindungen des Gesetzgebers

Das Gesetzgebungsverfahren regelt das Zustandekommen der Gesetze. Es stellt aber keine Anforderungen an ihren Inhalt. Dennoch ist es nicht etwa inhaltsneutral. Verfahrensregeln werden stets im Hinblick auf bestimmte qualitative Vorstellungen formuliert. Sie sollen Entscheidungen, die die erwünschten Eigenschaften aufweisen, begünstigen und abweichende erschweren. Auch das parlamentarische Gesetzgebungsverfahren darf deswegen nicht einfach als technische Regelung zur Herstellung von Rechtsnormen betrachtet werden. Wäre es nur um einen technisch reibungslosen Ablauf der Gesetzgebung gegangen, hätte man sich erheblich einfachere Verfahren vorstellen können. Die komplizierte Prozedur, die das Grundgesetz vorschreibt, wird erst aus den inhaltlichen Absichten, die damit verbunden sind, voll verständlich.

Mit „inhaltlichen Absichten" ist dabei nicht die Förderung einer bestimmten politischen Richtung gemeint. Es geht vielmehr um die allgemeine Eigenschaft der Gesetze als gerechte. Das Grundgesetz strebt die Gerechtigkeit des Gesetzes an, wenn es die Mehrheit zwingt, sich mit der Minderheit über ein Gesetzesvorhaben auseinanderzusetzen, und zwar öffentlich, so daß die verschiedenen Überzeugungen und Interessen, auch die nicht im Parlament vertretenen, Gelegenheit erhalten, sich zu Wort zu melden. Das Gesetz soll nicht einseitiges Diktat, sondern Ergebnis einer Diskussion sein, an der sich auch die Kritiker der Mehrheit beteiligen können. Es hat sich oft gezeigt, daß in einem solchen öffentlichen und argumentativen Verfahren nicht alles möglich ist, was in einem geheimen und autoritativen Verfahren möglich wäre. Teilnahme schafft vielmehr Einfluß und erhöht dadurch die Chance, daß das Ergebnis auch für die Verlierer akzeptabel wird.

Indessen können Verfahrensregeln immer nur die Voraussetzungen für akzeptable Ergebnisse bereitstellen und die Wahrscheinlichkeit ihres Zustandekommens vergrößern. Eine Gewähr dafür bieten sie nicht. Diskussionen lassen sich zum Schein führen, Argumente mißachten, Kritiken in den Wind schlagen. Da die Entscheidung im Gesetzgebungsverfahren schließlich mit Mehrheit fällt, hat diese es in der Hand, ihren Standpunkt rücksichtslos durchzusetzen. Da mit dem Besitz der Mehrheit jedoch kein Anspruch auf Richtigkeit oder gar Wahrheit verbunden ist, kann die Mehrheitsregel nicht unbegrenzt gelten. Bei ungewissem Ausgang der Entscheidungen ist sie nur dann annehmbar, wenn man sicher sein darf, auch als Minderheit nicht unterdrückt oder benachteiligt oder um seine Chance gebracht zu werden, bei nächster Gelegenheit selbst die Mehrheit zu erlangen. Aus diesem Grund genügen Verfahrensregeln allein zur Sicherung eines demokratischen Systems und einer möglichst gerechten Gesetzgebung nicht. Es müssen Zusatzvorkehrungen gegen den Mißbrauch getroffen werden. Die Mehrheit darf nicht alles dürfen.

Deswegen legen die Verfassungen in der Regel neben den Organisations- und Verfahrensvorschriften auch bestimmte *inhaltliche Richtlinien* für den Gesetzgeber fest. Das ist nötig, weil es unbestrittene Richtigkeitsmaßstäbe oder unverrückbare Grenzen der Gesetzgebung nicht gibt. Alles was überhaupt dem menschlichen Einfluß offensteht, kann auch Gegenstand einer gesetzlichen Anordnung werden. Das läßt sich an der Geschichte ablesen. Im preußischen Allgemeinen Landrecht finden wir unter dem Titel „Rechte und Pflichten der Eltern" zum Beispiel die Vorschrift:

§ 67. Eine gesunde Mutter ist ihr Kind selbst zu säugen verpflichtet.

§ 68. Wie lange sie aber dem Kinde die Brust reichen solle, hängt von der Bestimmung des Vaters ab.

2. Rechtsentstehung

> § 69. Doch muß dieser, wenn die Gesundheit der Mutter oder des
> Kindes unter seiner Bestimmung leiden würde, dem Gutachten der
> Sachverständigen sich unterwerfen.

Zitiert nach: Allgemeines Landrecht für die Preußischen Staaten von 1794.
Textausgabe. Mit einer Einführung von *Hans Hattenhauer* und einer Bibliographie von *Günther Bernert.* Frankfurt/Berlin 1970, S. 384.

Gesetze schrieben vor, wieviel Halsketten eine Bürgersfrau auf der
Straße tragen und wieviel Gänge ein Leichenschmaus haben durfte.
Gesetzlich war lange Zeit bestimmten Personen das Heiraten überhaupt, anderen das Heiraten bestimmter Personen verboten. Im Dritten Reich standen sexuelle Kontakte zwischen Ariern und Juden als
Rassenschande unter Strafe. Gottesdienstbesuche wurden zuzeiten
gesetzlich befohlen, dann wieder gesetzlich verboten usw. Sperrzonen
der Gesetzgebung gibt es nicht.

Soll daher der Gesetzgeber nicht alles, was er an sich regeln könnte,
auch regeln dürfen, müssen positive Regeln inhaltlicher Art aufgestellt werden, die den Gesetzgeber selbst wieder binden. Diese stehen
dann im Rang notwendig über dem Gesetzesrecht, also in der *Verfassung.* Schauen wir in unsere Verfassung, das Grundgesetz, so finden
sich vereinzelte Gesetzgebungsverbote. So heißt es beispielsweise in
Art. 5 Abs. 1 Satz 3 GG: „Eine Zensur findet nicht statt", und
Art. 102 sagt: „Die Todesstrafe ist abgeschafft." Das bedeutet, daß es
dem Bundestag verfassungsrechtlich verboten ist, ein Pressegesetz zu
verabschieden, das die Zensur vorsieht, oder bestimmte Verbrechen
im Strafgesetzbuch unter Todesstrafe zu stellen. Dieses Recht hätte er
nur, wenn zuvor das Grundgesetz entsprechend geändert worden
wäre. In einigen Punkten verbietet das Grundgesetz aber sogar seine
eigene Änderung. Sie sind in Art. 79 Abs. 3 aufgezählt. Danach darf
zum Beispiel die Gliederung des Bundesgebiets in Länder selbst im
Wege der Verfassungsänderung nicht abgeschafft werden. Andererseits finden sich auch ausdrückliche Gesetzgebungsgebote. So heißt es
beispielsweise in Art. 6 Abs. 5 GG: „Den unehelichen Kindern sind
durch die Gesetzgebung die gleichen Bedingungen für ihre leibliche
und seelische Entwicklung und ihre Stellung in der Gesellschaft zu
schaffen wie den ehelichen Kindern."

Absolute Gesetzgebungsverbote oder ausdrückliche Gesetzgebungsgebote bilden jedoch die Ausnahme. Dagegen enthält das Grundgesetz eine größere Anzahl von Vorschriften, die bestimmte Gegenstände dem Gesetzgeber zwar nicht gänzlich entziehen, seine Regelungsbefugnis aber inhaltlich einschränken. Der Gesetzgeber muß dann, wenn er in diesen Bereichen ein Gesetz erlassen will, eine besondere Rechtfertigung nachweisen, darf nur zu bestimmten Zwecken oder in einem bestimmten Ausmaß tätig werden. Die wichtigsten dieser inhaltlichen Bindungen stehen in den *Grundrechten* (dazu ausführlich Bd. 2, Kap. 2). Zu ihren Aufgaben zählt es, den Gesetzgeber einerseits in bestimmten, für die individuelle Freiheit besonders wichtigen Gebieten zu beschränken, andererseits bei der Gesetzesproduktion inhaltlich anzuleiten. Über die Einhaltung dieser Bindungen wacht das Bundesverfassungsgericht. Es kann Gesetze, die der Verfassung widersprechen, aufheben (dazu ausführlicher die Kap. 1 und 6 in Bd. 2).

Aufgabe 6

Nennen Sie Gründe, warum neben den verfahrensrechtlichen Vorschriften noch die inhaltlichen Richtlinien für den Gesetzgeber erforderlich sind.

2.4. Die Rechtsquellen

Nicht alle Rechtsnormen stehen in Gesetzen. Neben ihnen gibt es eine Vielzahl anderer „Rechtsquellen", wie der juristische Fachausdruck lautet. Einige von ihnen sind bereits erwähnt worden und sollen hier etwas eingehender vorgestellt werden. Die Vielfalt der Rechtsquellen macht es außerdem nötig, ihre Rangfolge zu bestimmen und festzulegen, welche Gegenstände der Regelung durch das Parlament vorbehalten sind.

2.4.1. Gesetzliches und außergesetzliches Recht

Wir haben uns bisher auf das Gesetz als die wichtigste Rechtsquelle des modernen Staates konzentriert. Das Gesetz ist freilich nicht die einzige Rechtsquelle. Eingangs wurde bereits darauf hingewiesen, daß in vormodernen Gesellschaften das Gewohnheitsrecht den ersten Platz einnahm. Auch heute existiert Gewohnheitsrecht als Rechtsquelle weiter. Die Bildung neuen Gewohnheitsrechts ist keineswegs ausgeschlossen, wenngleich angesichts des schnellen Wandels der Verhältnisse und der rastlosen Tätigkeit des Gesetzgebers nicht sehr wahrscheinlich. Häufig ist vom Richterrecht als einer weiteren Rechtsquelle die Rede, über die später mehr zu sagen sein wird. Aber auch innerhalb des positiven Rechts gibt es noch andere Rechtsquellen als das parlamentarisch beschlossene Gesetz. Es existieren Verordnungen, Satzungen, völkerrechtliche Verträge, Rechtssätze der Europäischen Gemeinschaft, Geschäftsordnungen, Tarifverträge usw.

Werfen wir zunächst einen Blick auf die wichtigste andere Form des positiven Rechts, die *Rechtsverordnungen*. Dabei handelt es sich um Rechtssätze, die nicht vom Parlament, sondern von der Regierung erlassen werden. Für den Bürger sind sie ebenso verbindlich wie Gesetze. Das unterscheidet sie von den sogenannten *Verwaltungsverordnungen* (Verwaltungsvorschriften), die nur im inneren Dienstbetrieb des Staates gelten, aber keine Außenwirkung entfalten. In den frühen deutschen Verfassungen, die von den Fürsten freiwillig gewährt worden waren, hatten sich diese ein recht großzügiges Verordnungsrecht vorbehalten. Es erfaßte sämtliche Bereiche, die nicht zwingend durch Gesetz geregelt werden mußten. Man sprach dann von einem „originären (selbständigen) Verordnungsrecht". Außerdem war die Volksvertretung nicht gehindert, Gesetzgebungsrechte an die Regierung abzutreten. In diesen Fällen handelte es sich um ein „abgeleitetes Verordnungsrecht". Ferner sahen die Verfassungen regelmäßig ein selbständiges Verordnungsrecht der Regierung in Notfällen vor – auch auf Gebieten, die eigentlich der Gesetzgebung vorbehalten waren.

Mit dem Übergang zur Demokratie änderte sich das. Die Weimarer Verfassung von 1919 kannte kein originäres Verordnungsrecht der Regierung mehr. Dagegen war es nach allgemeiner Ansicht dem Parlament unbenommen, der Regierung Gesetzgebungsrechte zu übertragen. Ferner blieb es bei dem selbständigen Verordnungsrecht in Notfällen, dem sogenannten *Notverordnungsrecht* des berühmten Art. 48 der Weimarer Reichsverfassung (WRV), dessen Inhaber indessen nicht mehr ein vom Volk unabhängiger Monarch, sondern der vom Volk gewählte Reichspräsident war.

Artikel 48

Wenn ein Land die ihm nach der Reichsverfassung oder den Reichsgesetzen obliegenden Pflichten nicht erfüllt, kann der Reichspräsident es dazu mit Hilfe der bewaffneten Macht anhalten.

Der Reichspräsident kann, wenn im Deutschen Reiche die öffentliche Sicherheit und Ordnung erheblich gestört oder gefährdet wird, die zur Wiederherstellung der öffentlichen Sicherheit und Ordnung nötigen Maßnahmen treffen, erforderlichenfalls mit Hilfe der bewaffneten Macht einschreiten. Zu diesem Zwecke darf er vorübergehend die in den Artikeln 114, 115, 117, 118, 123, 124 und 153 festgesetzten Grundrechte ganz oder zum Teil außer Kraft setzen.

Von allen gemäß Abs. 1 oder Abs. 2 dieses Artikels getroffenen Maßnahmen hat der Reichspräsident unverzüglich dem Reichstag Kenntnis zu geben. Die Maßnahmen sind auf Verlangen des Reichstags außer Kraft zu setzen.

Bei Gefahr im Verzuge kann die Landesregierung für ihr Gebiet einstweilige Maßnahmen der in Abs. 2 bezeichneten Art treffen. Die Maßnahmen sind auf Verlangen des Reichspräsidenten oder des Reichstags außer Kraft zu setzen.

Das Nähere bestimmt ein Reichsgesetz.

Aus: Reichsgesetzblatt 1919 II, S. 1392/1393.

Sowohl von der Übertragung der Gesetzgebungsbefugnis als auch von dem Notverordnungsrecht wurde unter den schwierigen und instabilen Verhältnissen der Weimarer Republik häufig Gebrauch gemacht. Insbesondere in der Endphase der Republik, als die radikalen Parteien auf der Rechten und der Linken anwuchsen und die demokratischen Parteien wegen ihrer Meinungsverschiedenheiten keine Mehrheitsregierung zustande brachten, traten Rechtsnormen größtenteils im Wege der Notverordnung in Kraft. Nach der Ernennung *Hitlers* zum Reichskanzler übertrug der Reichstag in dem bereits erwähnten „Ermächtigungsgesetz" vom 24. März 1933 das Gesetzgebungsrecht in vollem Umfang auf die Reichsregierung. Das Parlament hatte sich damit selbst ausgeschaltet.

Die Schöpfer des Grundgesetzes erblickten im Notverordnungsrecht und in der unbeschränkten Übertragbarkeit von Rechtsetzungsbefugnissen auf die Regierung einen der Gründe für das Scheitern der Weimarer Republik. In der Tat hatte es diese Verfassungsrechtslage dem Parlament erlaubt, sich seiner Verantwortung zu entledigen, und dadurch den Übergang zu autoritären Regierungsformen ermöglicht. Die Vorbehalte gegen ein Verordnungsrecht der Regierung waren daher nach 1945 groß. Auf der anderen Seiten stand aber auch fest, daß die Parlamente, wenn sämtliche Rechtsvorschriften von ihnen beschlossen werden müßten, völlig überfordert wären. Insbesondere sind es die zahlreichen eher unpolitischen Vorschriften zur Durchführung der Gesetze sowie die besonders dynamischen Regelungsbereiche mit ihrem Zwang zu häufiger und schneller Rechtsanpassung, für die das aufwendige parlamentarische Gesetzgebungsverfahren weder nötig noch geeignet ist. Müßte das Parlament auch alle diese Vorschriften selbst verabschieden, käme entweder nur ein Bruchteil der erforderlichen Normen zustande oder die Regierungsvorlagen würden unbesehen unterschrieben.

Das Grundgesetz hat daher zwischen den demokratischen Risiken des Verordnungsrechts und der Gefahr der Parlamentsüberlastung einen Mittelweg zu beschreiten versucht. Er besteht darin, daß das Verordnungsrecht der Regierung zwar beibehalten, aber in enge Grenzen verwiesen wird. Im einzelnen hält das Grundgesetz an der Weimarer Regelung fest, daß originäre Rechtsverordnungen ganz unzulässig sind. Im Unterschied zur Weimarer Verfassung gilt das jetzt ebenfalls für Notverordnungen. Eine Vorschrift, die dem Art. 48 WRV gliche, existiert im Grundgesetz nicht. Auch in Notsituationen bleibt das Parlament, wenngleich unter Umständen in verkleinerter Besetzung, gesetzgebungsbefugt. Die Regierung darf also nur noch Verordnungen erlassen, wenn ihr dieses Recht vom Parlament ausdrücklich übertragen worden ist. Auch dabei gibt es aber nun Vorsichtsmaßregeln. Eine Totalübertragung des Gesetzgebungsrechts wie im Ermächtigungsgesetz von 1933 ist unter dem Grundgesetz ausgeschlossen. Das Parlament muß laut Art. 80 Abs. 1 Satz 2 GG Inhalt, Zweck und Ausmaß der erteilten Ermächtigung im Gesetz selbst bestimmen. Fehlt es daran, so ist das Gesetz und folglich auch die auf seiner Grundlage ergangene Verordnung nichtig, das heißt rechtlich nicht existent.

Neben solchen Normen des positiven Rechts, die zwar nicht vom Parlament, aber doch von einem ausdrücklich zur Normsetzung befugten staatlichen Organ stammen (dazu gehören zum Beispiel auch die Satzungen der Gemeinden und anderer Selbstverwaltungseinrichtungen, etwa der Universitäten), scheint es aber noch weitere Rechtsnormen zu geben, die nicht von einer ausdrücklich zur Rechtsetzung berechtigten Instanz stammen. Das wichtigste Beispiel bildet das sogenannte *Richterrecht,* ein anderes, das hier nicht näher behandelt wird, stellen *private Normsetzungen* wie die DIN- oder VDE-Vorschriften im technischen Bereich oder die Tarifverträge im Arbeitsrecht dar.

Richter haben in der Rechtsordnung der Bundesrepublik nicht die Aufgabe, Recht zu machen, sondern das vom Gesetzgeber gemachte Recht im Konfliktfall anzuwenden. Um diese Aufgabe unparteiisch und unbeeinflußt erfüllen zu können, genießen sie richterliche Unabhängigkeit. Sie werden auf Lebenszeit ernannt, sind unabsetzbar und an keinerlei Weisungen gebunden. Diese Unabhängigkeit eines staatlichen Machtträgers ist mit demokratischen Grundsätzen nur deswegen vereinbar, weil die Richter stattdessen einer anderen Bindung unterliegen, nämlich der Bindung an das von den demokratisch legitimierten Organen erlassene Gesetz. Richterliche Unabhängigkeit und Gesetzesbindung stehen also in einem Ergänzungsverhältnis zueinander.

Nun zeigt sich freilich bei der Entscheidung von Rechtsstreiten häufig, daß eine Rechtsnorm, die genau auf den zu entscheidenden Fall paßt, nicht vorhanden ist. Das Gesetz erweist sich im Bezug auf bestimmte Fälle oder Fallgruppen als unklar, lückenhaft oder veraltet. In erster Linie ist es dann die Aufgabe des Gesetzgebers, Zweifelsfragen zu beheben, Gesetzeslücken zu schließen und das Recht neuen Entwicklungen anzupassen. Die Möglichkeiten des Gesetzgebers, dieser Aufgabe in vollem Umfang nachzukommen, scheinen jedoch begrenzt. Nicht alles, was regelungsbedürftig wäre und als regelungsbedürftig erkannt wird, kann er angesichts knapper Zeit und begrenzter Mittel auch tatsächlich regeln. Deswegen sind zu allen Zeiten die Richter in die Bresche gesprungen und haben von sich aus Mängel der Gesetze korrigiert oder Anpassungen des Gesetzesrechts an veränderte Bedingungen vorgenommen. Die Grenzlinie zwischen Gesetzgebung und Rechtsanwendung wird dann unscharf. Es entsteht ein Zwischenbereich, den man meist als „richterliche Rechtsfortbildung" bezeichnet. (Unter dem Gesichtspunkt der Gesetzesanwendung wird das Problem in Kapitel 5 eingehender behandelt.)

Die *richterliche Rechtsfortbildung* erscheint deswegen problematisch, weil hier Entscheidungen mit stark gesetzgebendem Einschlag von einem Organ getroffen werden, das den demokratischen Kontrollen nicht unterliegt. Auf der anderen Seite würde ein völliger Verzicht auf die richterliche Rechtsfortbildung mit einer Erstarrung des Rechts und unbefriedigenden Konfliktlösungen erkauft werden. Daher sind Notwendigkeit und Berechtigung richterlicher Rechtsfortbildung heute grundsätzlich anerkannt und strittig nur Ausmaß und Grenzen. Die wichtigste Grenze liegt darin, daß der Richter, auch wenn er das Recht fortbildet oder aus den vorhandenen Rechtssätzen einen neuen ableitet, dies im Gegensatz zum Gesetzgeber nur für den Einzelfall, den er zu entscheiden hat, tut. Er erlangt keine über den Streitfall und die Streitparteien hinausgehende Bindungskraft. Es fehlt ihm gerade das Wesensmerkmal des Gesetzes: die Allgemeinverbindlichkeit für eine Vielzahl künftiger Fälle.

Häufig kommt es allerdings vor, daß sich ein solcher richterlicher Entscheidungssatz vom Anlaßfall löst, auf eine Vielzahl ähnlicher Fälle übertragen und bald ganz ähnlich wie ein Gesetz von allen Gerichten angewandt wird. Erst wenn dieser Fall eintritt, sprechen wir von Richterrecht. Richterlichen Ursprungs ist zum Beispiel das allgemeine Persönlichkeitsrecht, das im Bürgerlichen Gesetzbuch von 1900 nur in Ausschnitten geregelt ist. Angesichts der wachsenden Schutzbedürftigkeit der Persönlichkeitssphäre in Zeiten des technischen Fortschritts deutete aber der Bundesgerichtshof in einem Urteil aus dem Jahre 1954[7] die gesetzlich verbürgten Einzelrechte der Person als punktuellen Ausdruck eines hinter ihnen gelegenen allgemeinen Persönlichkeitsrechts. Diese Rechtsprechung wurde alsbald von allen Gerichten übernommen, mit der Folge, daß seitdem auch dann Unterlassung eines persönlichkeitsverletzenden Handelns oder Schadensersatz eingeklagt werden können, wenn kein gesetzlich ausgeformtes Einzelrecht berührt ist. Auch weite Teile des Arbeitsrechts und des allgemeinen Verwaltungsrechts gehen auf richterliche Entscheidungen zurück.

Eine eindeutige Antwort auf die Frage, ob wir es mit einer weiteren, außergesetzlichen Rechtsquelle zu tun haben, fällt unter diesen Umständen schwer. Formell betrachtet kann durch die richterliche Tätigkeit kein neues Recht geschaffen werden:

● Erstens genießt der Richter bei seiner Tätigkeit nicht dieselbe Gestaltungsfreiheit wie der Gesetzgeber. Dort, wo er rechtsfortbildend tätig wird, bleibt er doch stets an die bestehenden Gesetze gebunden. Er kann sie, soweit das der Wortlaut erlaubt, veränderten Verhältnissen anpassen, im Wege einer sinngemäßen Übertragung *(Analogie)* auf gesetzlich nicht ausdrücklich geregelte Fälle erstrecken

---

7 BGH, Entscheidungen in Zivilsachen (BGHZ), Bd. 13, S. 334; vgl. auch Band 26, S. 349.

und durch Rückführung von Einzelregelungen auf das hinter ihnen stehende gemeinsame Prinzip erweitern. Doch ist es allgemein anerkannt, daß er weder losgelöst vom gesetzten Recht neue Vorschriften erfindet noch gar gegen bestehendes Recht *(contra legem)* entscheiden darf.

● Zweitens bleibt es dabei, daß richterliche Urteile strenggenommen nur für den entschiedenen Einzelfall gelten. Richterrecht erwirbt keine Gesetzeskraft. Insofern haben diejenigen recht, die das Richterrecht nicht als Rechtsquelle anerkennen. Der Sache nach verfahren die Gerichte mit richterrechtlich entstandenen Regeln aber nicht anders als mit Gesetzen. Die obersten Gerichte fördern diese Entwicklung sogar dadurch, daß sie ihren Entscheidungen gesetzesartig formulierte *Leitsätze* voranstellen, die dann vielfach dem Gesetzgeber als Anhaltspunkt für Neuregelungen dienen. Insofern haben diejenigen recht, die im Richterrecht durchaus eine Rechtsquelle erblicken, deren Bedeutung angesichts des beschleunigten sozialen Wandels und der Überlastung der Parlamente eher im Wachsen als im Sinken begriffen ist.

Aufgabe 7

Unter welchen Voraussetzungen kann die Bundesregierung Rechtsverordnungen erlassen, und worin besteht der Unterschied zum Verordnungsrecht der Weimarer Verfassung?

2.4.2. Der Vorbehalt des Gesetzes

Angesichts dieser Vielfalt von Rechtsquellen und Rechtsetzern stellt sich die Frage, welche Gegenstände denn von welchem Organ und in welcher Rechtsform zu regeln sind. Insbesondere muß geklärt werden, was dem parlamentarischen Gesetzgebungsverfahren als dem zentralen Rechtserzeugungsprozeß vorbehalten ist. Die Staatsrechtslehre diskutiert diese Frage unter dem Stichwort »Vorbehalt des Gesetzes«. Der *Vorbehalt des Gesetzes* ist vom *Vorrang des Gesetzes* zu unterscheiden. Darunter versteht man, daß ein Gesetz allen im Rang unter ihm stehenden Rechtsquellen, also namentlich den Verordnun-

2. Rechtsentstehung

gen und Satzungen, vorgeht und daß keine staatliche Instanz ein bestehendes Gesetz außer acht lassen darf. Das ergibt sich unmittelbar aus Art. 20 Abs. 3 GG.

Art. 20 Abs. 3 GG läßt aber offen, in welchen Fällen ein Gesetz erforderlich ist. Auch an anderer Stelle des Grundgesetzes findet man dazu keine allgemeine Aussage. Die Verfassungen des 19. Jahrhunderts hatten noch formuliert, daß Eingriffe des Staates in Freiheit und Eigentum der Bürger einer gesetzlichen Grundlage bedürften: die berühmte *Freiheit-und-Eigentum-Formel*. Alle anderen Tätigkeiten des Staates konnten also gesetzesfrei vonstatten gehen. Darunter fiel insbesondere der große Bereich staatlicher Leistungen wie Wirtschaftsförderung, Bau von Verkehrswegen, Unterhaltung von Bildungsanstalten usw. Aber auch Eingriffe in Freiheit und Eigentum waren unter bestimmten Voraussetzungen ohne gesetzliche Grundlage, das heißt aber ohne parlamentarische Einwilligung, zulässig, nämlich dann, wenn sie sich im Rahmen staatlicher Anstalten oder Beschäftigungsverhältnisse abspielten, also Beamte, Soldaten, Schüler oder Gefangene betrafen. Man sprach hier im Gegensatz zum allgemeinen Staat-Bürger-Verhältnis vom „besonderen Gewaltverhältnis" und lehnte den Vorbehalt des Gesetzes ab, weil Personen in einem solchen besonderen Gewaltverhältnis gewissermaßen zum Staatsinnenbereich gehörten und dem Staat nicht wie ein Privatmann gegenüberstanden.

Das Grundgesetz hat zunächst den Gedanken, daß jedenfalls Eingriffe in Freiheit und Eigentum gesetzlich geregelt sein müßten, übernommen. Freiheit und Eigentum des einzelnen werden heute durch die *Grundrechte* geschützt, und Eingriffe in Grundrechte sind nur auf gesetzlicher Grundlage zulässig, wie sich aus jedem einzelnen Grundrecht ergibt. Sodann findet sich eine ganze Anzahl weiterer Grundgesetz-Artikel, die für bestimmte Fragen die Regelungsform des Gesetzes zwingend vorschreiben. So können beispielsweise gemäß Art. 24 GG Hoheitsrechte nur durch Gesetz auf zwischenstaatliche Einrichtungen (wie die Europäische Gemeinschaft) übertragen werden. Nach Art. 84 Abs. 1 GG bedürfen Vorschriften, wie die Länder Bundesgesetze auszuführen haben, eines Gesetzes. Das Grundgesetz läßt aber die Frage offen, wie es sich mit den nicht-eingreifenden Tätigkeiten des Staates verhält und was für die „besonderen Gewaltverhältnisse" gelten soll.

In beiden Fragen verfuhr man angesichts des Schweigens des Grundgesetzes anfangs nach dem Vorbild des 19. Jahrhunderts, das auch unter der Weimarer Verfassung nicht in Frage gestellt war. Bald ergaben sich jedoch Zweifel an der Richtigkeit. So läßt das Grundgesetz an keiner Stelle erkennen, daß die besonderen Gewaltverhältnisse vom Gesetzesvorbehalt ausgeschlossen sein sollen. Im Gegenteil heißt es in Art. 1 Abs. 3 GG, daß die Grundrechte die Staatsgewalt als unmittelbar geltendes Recht ausnahmslos binden. Auch kann man nicht etwa sagen, daß der einzelne, wenn er dem Zugriff der Staatsgewalt besonders intensiv ausgesetzt ist, weniger schutzbedürftig sei. Daher ist es heute allgemein anerkannt, daß Eingriffe in die grundrechtlich geschützte Sphäre auch im besonderen Gewaltverhältnis einer gesetzlichen Grundlage bedürfen. Die Rechtsstellung der Schüler, Soldaten, Gefangenen usw. hat sich dadurch entscheidend verbessert.

Schwieriger ist die Lage in denjenigen Bereichen, wo der Staat nicht eigentlich eingreifend tätig wird. Solange der Staat sich im wesentlichen darauf beschränkte, für Sicherheit und Ordnung der Gesellschaft zu sorgen, spielten solche Tätigkeiten keine große Rolle. Von einem liberalen Standpunkt aus gesehen, konnte man sie daher rechtlich vernachlässigen. Heute ist die Gewährleistung von Sicherheit und Ordnung nur eine Staatsaufgabe unter anderen. Der Staat schafft überdies wesentliche Vorbedingungen für die wirtschaftliche Entwicklung und die soziale Sicherheit. Er baut und unterhält Verkehrswege, richtet Bildungsanstalten ein, finanziert Forschung und technische Entwicklung, errichtet Anlagen für Freizeit und Erholung, fördert Wohnungen, versorgt die Bevölkerung mit Energie und Wasser; vor allem ist der Staat aber dazu übergegangen, ganze Sozialbereiche, die bisher sich selbst überlassen waren, nicht mehr nur in ihrem störungsfreien Bestand zu garantieren, sondern auf bestimmte politische Ziele hin aktiv umzugestalten. Alle diese Tätigkeiten stellen keine Eingriffe in Freiheit und Eigentum des Bürgers dar und bestimmen doch seinen Lebensraum und seine Entfaltungschancen oft nachhaltiger, als ein punktueller Eingriff das je könnte.

Bleibt es trotzdem dabei, daß sie nicht dem Vorbehalt des Gesetzes unterstehen, dann fallen für außerordentlich wichtige Politikbereiche diejenigen Werte, welche gerade das parlamentarische Rechtsetzungsverfahren vermittelt, aus. Es handelt sich, wie wir herausgearbeitet haben, um Transparenz und Kontrolle. Die Mehrheit oder gar

2. Rechtsentstehung

die Verwaltung dürfte ohne vorherige öffentliche Diskussion entscheiden. Würde umgekehrt der Vorbehalt des Gesetzes auf sämtliche Staatstätigkeiten erstreckt, wäre eine verantwortungsvolle Gesetzgebungsarbeit nicht mehr möglich: Nähme das Parlament seine Aufgabe ernst, könnte nur ein Bruchteil der benötigten Normen ergehen, und im übrigen käme die Staatstätigkeit zum Erliegen; ergingen alle, wäre das Parlament außerstande, seine Aufgabe ernst zu nehmen, und müßte die von der Exekutive ausgearbeiteten Gesetzesvorlagen unbesehen verabschieden. In der Sache hätte sich damit an der bisherigen Situation nichts geändert – nur würde das Verfahren langwieriger und kostspieliger.

Daher wird seit kurzem ein Mittelweg eingeschlagen. Auf der einen Seite sollen die nicht-eingreifenden Staatstätigkeiten nicht wie früher vom Vorbehalt des Gesetzes völlig ausgenommen bleiben. Auf der anderen Seite wird aber auch nicht jede erdenkliche Staatstätigkeit dem Vorbehalt des Gesetzes unterstellt. Im Nicht-Eingriffs-Bereich müssen vielmehr, wie sich das Bundesverfassungsgericht ausdrückt, die „wesentlichen" Entscheidungen vom parlamentarischen Gesetzgeber getroffen werden[8]. Die Formulierung zeichnet sich zwar nicht durch besondere Genauigkeit aus, trifft in der Sache aber das Richtige. Grundentscheidungen über die Ausgestaltung wichtiger Sozialbereiche müssen aus dem durch Transparenz und Kontrolle ausgezeichneten parlamentarischen Verfahren hervorgehen. Die Ausgestaltung im einzelnen kann dann der Exekutive überlassen werden. Als wesentlich haben die Gerichte mittlerweile zum Beispiel die Nutzung der Kernenergie, die Umgestaltung des überkommenen Schulsystems, die Einführung eines neuen Schulfachs wie der Sexualkunde und die Reform von Rundfunk und Fernsehen bezeichnet.

Aufgabe 8

Aus welchem Grund ist für „wesentliche" Fragen die Regelungsform des parlamentarischen Gesetzes vorgeschrieben?

---

8 Vgl. etwa: Entscheidungen des Bundesverfassungsgerichts (BVerfGE), Bd. 49, S. 89 (126) und Bd. 58, S. 257 (268).

2.5. Gesetzgebungslehre

Die Vorschriften über das Rechtsetzungsverfahren und den Norminhalt ziehen der Ausarbeitung eines Rechtssatzes immer nur einen Rahmen. Innerhalb dieses Rahmens bleibt Raum für die politische Entscheidung über den Gesetzesinhalt und die juristische Kunst der Gesetzesformulierung. Welche Faktoren auf die Inhaltsbestimmung Einfluß nehmen und welche Anforderungen an die Gesetzesausarbeitung gestellt werden, soll im folgenden Abschnitt erörtert werden.

2.5.1. Gesetzesinhalt

Unsere letzte Überlegung gilt der Frage, wie man ein Gesetz macht. Damit ist nicht das Gesetzgebungsverfahren gemeint, von dem ja bereits ausführlich die Rede war. Es geht vielmehr um die Ausarbeitung und Formulierung von Rechtssätzen, unabhängig von den Organen, die daran mitwirken, und dem Weg, den sie dabei einschlagen müssen. Überraschenderweise hat sich die Rechtswissenschaft um diese Frage nie sehr eingehend gekümmert. Sie versteht sich in erster Linie als Wissenschaft vom richtigen Verständnis des geltenden Rechts, kaum als Wissenschaft von der Gesetzgebung. Ihr Feld ist also die *Rechtsdogmatik,* nicht die *Rechtspolitik.* Auch im Studium lernt man zwar Gerichtsurteile, Anklageschriften, Rechtsgutachten zu verfassen, nicht aber Gesetzentwürfe auszuarbeiten. Erst in jüngster Zeit macht sich ein stärkeres wissenschaftliches Interesse an der Gesetzgebung bemerkbar, ohne daß aber schon gesicherte Erkenntnisse in größerer Zahl vorlägen. Gesetzgebung bleibt also vorerst noch eine Kunst, ist aber keine Wissenschaft.

Bei der Gesetzgebung müssen drei Problemkreise unterschieden werden:

● Zuerst stellt sich dem Gesetzgeber die Frage, in welchem Sinn ein als regelungsbedürftig betrachtetes Problem geregelt werden soll. Das ist eine Frage des *Norminhalts,* zugleich die eigentlich *politische Seite* der Gesetzgebung.

● Sodann stellt sich die Aufgabe, den Norminhalt sprachlich so zu fassen, daß ihr Sinn: Verhaltenssteuerung und Konfliktlösung, möglichst gut erfüllt wird und weder für den Adressaten, der die Norm befolgen soll, noch für das Gericht, das sie im Streitfall anwenden muß, Zweifel über ihre Bedeutung entstehen. Das ist eine Frage der *Gesetzesform,* zugleich die eher *technische Seite* der Gesetzgebung.

● Schließlich kommt es darauf an, eine neue Norm so in die vorhandene Rechtsmasse einzupassen, daß Widersprüche, Überschneidungen und Ungereimtheiten möglichst vermieden werden. Das betrifft *Inhalt und Form* gleichermaßen.

Die Festlegung des Norminhalts kann verhältnismäßig einfach sein, wenn es um eine Anordnung geht, die von allgemeiner Übereinstimmung getragen wird, beispielsweise die Strafbarkeit des Mordes. Hier reicht die Übereinstimmung besonders weit. Selbst der Mörder will, daß *sein* Leben geschützt ist, und würde deswegen allgemein für den Schutz des Lebens eintreten. Mord ist daher zu allen Zeiten und in allen Kulturen bestraft worden. Auch bei einem solch grundlegenden Rechtssatz schwindet die Übereinstimmung aber schon, wenn es um die Ausnahmen geht, in denen Tötungshandlungen straffrei bleiben sollen. Erst recht gilt das für die Frage, wie Mord zu bestrafen ist – mit dem Tod, lebenslänglichem Gefängnis, Zwangsarbeit, begrenztem Freiheitsentzug? Erheblich schwieriger wird die Inhaltsbestimmung, wenn es an der Übereinstimmung in der Bevölkerung fehlt oder wenn der Rechtssatz sich sinnvoll nur aufgrund von Sachkenntnis formulieren läßt, zum Beispiel im Fall der Strafbarkeit der Abtreibung oder der Sicherheitserfordernisse für Kernkraftwerke.

Gesetze, bei denen die Festlegung des Norminhalts problematisch ist, scheinen häufiger vorzukommen als komplikationslose Fälle. Genau betrachtet, kann das freilich nicht verwundern. Rechtsnormen regeln das menschliche Zusammenleben mit dem Anspruch auf Gerechtigkeit. Die Notwendigkeit von Regelungen ergibt sich daraus, daß mit der verschiedenen geistigen und körperlichen Ausstattung der Menschen, ihrer verschiedenen Herkunft, Bildung, Begüterung, den verschiedenen Rollen, in denen sie einander begegnen (Eltern–Kind, Lehrer–Schüler, Unternehmer–Arbeiter, Hausbesitzer–Mieter, Fußgänger–Kraftfahrer usw.), auch unterschiedliche Interessen einhergehen, die sich in unterschiedlichen Regelungserwartungen niederschlagen. Bei der Frage, wie Interessenkonflikte gelöst werden sollen, spielen die Gerechtigkeitsvorstellungen in einer Gesellschaft eine wesentliche Rolle. Die Regelung kann aber nur zum Ziel führen, wenn sie die Sachgesetzlichkeit des Regelungsgegenstandes berücksichtigt. Gesetzgebung läßt sich also als ein Produkt aus *Gerechtigkeitsideen,*

Interessen und *Sachgesetzlichkeiten* beschreiben. Die Schwierigkeiten der Gesetzgebung rühren daher, daß bei allen drei Faktoren Meinungsverschiedenheiten möglich, ja sogar wahrscheinlich sind.

Zwar stimmen die Menschen in ihrem Verlangen nach Gerechtigkeit überein. Sie weichen aber in der Feststellung, was denn gerecht sei, erheblich voneinander ab. So wird heute etwas darüber gestritten, ob das Privateigentum an Produktionsmitteln Voraussetzung oder Hemmnis sozialer Gerechtigkeit und ob Freiheit oder Gleichheit das oberste Prinzip der Sozialordnung ist. Die Frage, ob über Gerechtigkeit von vornherein nur subjektive Meinungen umlaufen können oder ob es eine objektive Gerechtigkeit und damit auch die Möglichkeit einer wissenschaftlichen Beurteilung der konkurrierenden Gerechtigkeitsvorstellungen gibt, wollen wir dem nächsten Kapitel überlassen. Im Blick auf die Gesetzgebung läßt sich freilich schon hier sagen, daß die Gegensätze nicht total sind. Bezüglich der großen Gerechtigkeitsprobleme des 19. Jahrhunderts: „Sind alle Menschen grundsätzlich gleichberechtigt oder einige durch Geburt bevorrechtigt?", „Ist Demokratie oder Monarchie die bessere Staatsform?" herrscht heute Einigkeit. Dagegen stellt sich jetzt auf der Grundlage dieses Einverständnisses die weitere Frage, ob gleiche Rechte genügen oder ob auch gleiche materielle Voraussetzungen hinzukommen müssen, ob Demokratie sich auf den staatlichen Bereich beschränken läßt oder auf den gesellschaftlichen erstreckt werden muß.

Ähnlich verhält es sich mit den auf die Gesetzgebung einwirkenden Interessen. Die Gegensätze sind hier besonders offenkundig, in der Regel aber ebenfalls nicht total. Während die Arbeiter ein Interesse an möglichst hohem Lohn bei möglichst kurzer Arbeitszeit haben, haben die Unternehmer ein Interesse an niedrigem Lohn bei möglichst langer Arbeitszeit. Setzen die Arbeiter jedoch ihr Interesse maximal durch, zerstören sie auf lange Sicht ihre Arbeitsplätze. Setzen die Arbeitgeber ihr Interesse maximal durch, zerstören sie auf lange Sicht ihre Arbeitskräfte. Das gilt im Prinzip unabhängig von kapitalistischer oder sozialistischer Ausgestaltung des Wirtschaftssystems. Gewöhnlich widerstreiten sogar verschiedene Interessen in ein und derselben Person. Als Patient ist man an den besten Heilmethoden und wirkungsvollsten Medikamenten, als Beitragszahler an möglichst niedrigen Krankheitskosten, als Angler an sauberen Flüssen, als Konsument an billigen Chemieprodukten, als Hausbewohner an Ruhe, als Autofahrer an Geschwindigkeit interessiert.

2. Rechtsentstehung

Im Gegensatz zu Interessen und Gerechtigkeitsideen sind Sachgesetzlichkeiten nicht in der Sphäre des Subjektiven, sondern des Objektiven angesiedelt. Sie grenzen auf dem Feld des Wünschbaren das Mögliche ab. Beispielsweise liegt, wie wir gesehen haben, das Schwergewicht der Gesetzgebung bei der Regierung, während der eigentliche Gesetzgeber, das Parlament die anderwärts getroffenen Entscheidungen großenteils nur noch förmlich absegnet. Wollte man die Gesetzgebung auch materiell wieder ins Parlament verlagern, bliebe eine solche Anordnung wirkungslos oder würde umgangen, weil das Übergewicht der Regierung sachliche Gründe hat. Obwohl es sich bei den Sachgesetzlichkeiten um objektive Daten handelt, kann es aber auch hier zum Streit kommen, weil die Fachleute uneinig sind. Nicht selten geschieht das schon bei naturwissenschaftlichen Fragen, dem Musterbeispiel exakter Wissenschaft. So gibt es Techniker, die behaupten, ein Berstschutz erhöhe die Sicherheit von Kernkraftwerken, während andere das Gegenteil annehmen. Um so mehr ist das in wirtschaftlichen und sozialen Fragen der Fall. Sachverstand dient daher häufig nicht als Korrektiv unterschiedlicher Gerechtigkeitsideen und Interessen, sondern wird gerade zu ihrer Stützung eingesetzt.

Das Verhältnis der drei Faktoren wechselt von Fall zu Fall. Es gibt Regelungsprobleme, bei denen der Gerechtigkeitsbezug im Vordergrund steht. Dazu gehört etwa die Frage, ob die Abtreibung strafbar sein soll oder nicht. Bei anderen Problemen dominieren die Interessen, etwa bei der Frage, ob die Journalisten den Inhalt einer Zeitung bestimmen dürfen oder der Verleger. Dann wiederum besteht über das Ziel einer Regelung kein Streit, und schwierig ist nur die Frage seiner bestmöglichen Verwirklichung, etwa wenn es um die Bekämpfung der Arbeitslosigkeit oder die Ankurbelung der Konjunktur geht. Auf jeder dieser Ebenen können äußerst schwierige Fragen auftreten, und ihr Zusammenspiel zeigt abermals, daß es keine Fachleute-Gesetzgebung geben kann. Vielmehr muß über die Wahl der Gerechtigkeitsvorstellungen und die Gewichtung der Interessen letztlich politisch entschieden werden.

Wenn Sie sich die Schwierigkeiten an einem verhältnismäßig unkomplizierten Beispiel verdeutlichen wollen, dann überlegen Sie, welche Gerechtigkeitsideen, Interessen und Sachgesetzlichkeiten bei der *Ladenschlußregelung* im Spiel sind und ob eine Änderung zu empfehlen wäre.

Auszug aus dem Ladenschlußgesetz vom 28. November 1956 in der heute geltenden Fassung

§ 3 Allgemeine Ladenschlußzeiten. Verkaufsstellen müssen, vorbehaltlich der Vorschriften der §§ 4 bis 16, zu folgenden Zeiten für den geschäftlichen Verkehr mit den Kunden geschlossen sein:

1. an Sonn- und Feiertagen,
2. montags bis freitags bis sieben Uhr und ab achtzehn Uhr dreißig Minuten,
3. sonnabends bis sieben Uhr und ab vierzehn Uhr, am ersten Sonnabend im Monat oder, wenn dieser Tag auf einen Feiertag fällt, am zweiten Sonnabend im Monat sowie an den vier aufeinanderfolgenden Sonnabenden vor dem 24. Dezember ab achtzehn Uhr,
4. am 24. Dezember, wenn dieser Tag auf einen Werktag fällt, ab vierzehn Uhr.

Die beim Ladenschluß anwesenden Kunden dürfen noch bedient werden.
[....]

Wenn auf die Festlegung des Gesetzesinhalts unterschiedliche und oft gegensätzliche Ideen und Interessen einwirken, taucht sogleich die Frage auf, wer sich denn in diesem Konflikt durchzusetzen vermag. Der Liberalismus hatte darauf die optimistische Antwort gegeben, sofern die politische Willensbildung nur in Freiheit stattfinde, behaupte sich – ähnlich wie auf dem Markt die beste und preiswerteste Ware – das beste Argument, und ein gerechter Interessenausgleich komme automatisch zustande. Die Gegenthese wurde von *Marx* formuliert. Recht ist danach stets ein Instrument der herrschenden Klasse, der von liberalen Ideen geprägte bürgerliche Verfassungsstaat nur ein besonders raffiniertes Mittel, dies zu verschleiern. Ausschlaggebend für den Gesetzesinhalt wären unter diesen Umständen letztlich immer die Interessen, Gerechtigkeitsvorstellungen nur ihre ideologische Rechtfertigung, der staatliche Gesetzgeber gewissermaßen der Sachverwalter des machtvollsten Interesses.

Für die Marxsche Ansicht scheint es mehr historische Belege zu geben als für die Annahme des Liberalismus. Gerade das vom Liberalismus stark geprägte 19. Jahrhundert liefert besonders krasse Beispiele einer rein interessenbestimmten Gesetzgebung, allen voran die französische Juli-Monarchie (1830–1848), die *Marx* bei der Formulierung seiner Thesen vor Augen hatte. Auch heute lassen sich Fälle benennen, wie Interessen bestimmte Regelungen durchgesetzt oder verhindert haben, wie Gerechtigkeitsideen oder sogar Sachverstand von Interessen gesteuert werden. Es gibt freilich ebenso Beispiele dafür, daß machtvolle Interessen im Gesetzgebungsprozeß unterlegen oder Interessen, die sich selbst gar nicht artikulieren, geschweige denn organisieren konnten, aus Gerechtigkeitserwägungen zum Zuge gekommen sind. Die Frage lautet daher, ob sich solch allgemeine, gesetzmäßige Aussagen, wie sie *Marx* einerseits, der Liberalismus andererseits machten, überhaupt aufstellen lassen oder ob nicht jedes einzelne politische System, jedes einzelne Gesetz auf seinen Hintergrund untersucht werden muß. Die Antwort hängt von einigen Voraussetzungen ab, die erst in den nächsten Kapiteln gelegt werden.

2.5.2. Gesetzesform

Steht der Gesetzesinhalt fest, muß er so formuliert werden, daß sich das Gesollte möglichst zweifelsfrei aus dem Wortlaut ergibt. Dabei handelt es sich um eine Aufgabe der *Gesetzestechnik,* die in erster Linie sprachliche Probleme zu stellen scheint. Betrachtet man die Ergebnisse der Gesetzesformulierungen näher, so stellen sich allerdings Zweifel ein, ob das Problem damit erschöpfend beschrieben ist. Für den Nichtjuristen hat es ja immer wieder etwas Verwunderliches, wenn es ihm – selbst als gebildetem und sprachgewandtem Leser – nicht gelingt, den Sinn des Gesetzestextes zu erfassen, oder wenn er bemerkt, daß zwei Gerichte, die ein und denselben Gesetzestext anwenden, dabei zu ganz verschiedenen Deutungen gelangen. Will man aus diesem Umstand nicht kurzerhand auf das sprachliche Unvermögen des Gesetzgebers schließen, dann muß man fragen, ob die Schwierigkeiten vielleicht in der Sache begründet sein könnten. Diese Frage soll uns zum Schluß beschäftigen.

Gesetze geben Verhaltensanweisungen. Das ist ihr Charakteristikum – ohne daß deswegen jeder einzelne Rechtssatz notwendig eine Anordnung enthalten müßte. Verhaltensanweisungen stehen, wenn sie ihren Zweck erfüllen sollen, unter besonders hohen *Genauigkeitsanforderungen.* Das ist bei einem Gesetz nicht anders als bei einer Gebrauchsanweisung oder einer Spielregel. Im Gegensatz zu diesen beansprucht das Gesetz aber eine besondere Verbindlichkeit. Man hat es zu befolgen, ob man eingewilligt hat oder nicht, es für gut oder schlecht hält. Hinter ihm steht der staatliche Machtapparat als Durchsetzungsinstanz und kann bei Gesetzesverstößen unter Umständen einschneidende Sanktionen bis hin zum Freiheitsentzug verhängen.

Aus diesen Gründen ist die Genauigkeit beim Gesetz von gesteigerter Wichtigkeit. Zu den Merkmalen des Gesetzes gehört andererseits auch, daß es seine Anordnungen nicht für einen konkret vorliegenden Einzelfall, sondern im Gegenteil für eine unbestimmte Vielzahl künftig möglicher Fälle trifft. Das erschwert die Erfüllung des Genauigkeitsgebots. Während sich eine Verhaltungsanweisung für den vorliegenden Einzelfall sehr exakt formulieren läßt, weil sie ganz auf die Besonderheiten dieses Falles abstellen kann, muß das Gesetz, da kein Fall dem anderen völlig gleicht, erheblich allgemeiner gefaßt werden.

Wir bezeichnen Rechtssätze daher als „generell" und „abstrakt": *Generell* meint, daß das Gesetz im Unterschied zur Einzelweisung keinen individuellen Adressatenkreis hat, sondern sich an eine nach überindividuellen Merkmalen bestimmte ungewisse Vielzahl von Adressaten richtet. *Abstrakt* bedeutet, daß es von den Besonderheiten eines bestimmten Vorkommnisses absieht und typisierend an gemeinsame wesentliche Merkmale der Fallgruppe anknüpft, die es erfassen will. Insofern Gesetze ihre Anordnungen nie für einen bestimmten, schon eingetretenen Einzelfall, sondern stets für eine Vielzahl möglicher Fälle aussprechen, sind sie notwendig abstrakt. Unterschiedlich kann freilich der Grad der Abstraktion sein. Eine Regel, die besagt: „Wird durch ein Tier ein Mensch getötet oder der Körper oder die Gesundheit eines Menschen oder eine Sache beschädigt, so ist derjenige, welcher das Tier hält, verpflichtet, dem Verletzten den daraus entstehenden Schaden zu ersetzen..." (§ 833 BGB), ist abstrakter als eine Regel, die die in Betracht kommenden Tiere, Gesundheits- und Sachschäden sowie Tierhaltungsarten einzeln aufzählt; Regeln, die so vorgehen, nennen wir „kasuistisch".

Kasuistische Regeln haben den Vorteil größerer Genauigkeit. Sie werfen weniger Streitfragen auf, etwa darüber, was als Gesundheitsschaden, wer als Tierhalter zu bezeichnen sei. Sie blähen die Gesetze aber gewaltig auf und müssen die erhöhte Genauigkeit der einzelnen Bestimmung mit Unübersichtlichkeit des Ganzen, Lückenhaftigkeit und geringerer Anpassungsfähigkeit an veränderte Verhältnisse erkaufen. Historisch können wir daher eine fortschreitende Entwicklung von kasuistischen zu abstrakten Gesetzen beobachten. Das preußische Allgemeine Landrecht ist als Beispiel einer kasuistischen Kodifikation bereits erwähnt worden; hier finden Sie nun auch Anschauungsbeispiele dafür.

2. Rechtsentstehung

Auszug aus dem preußischen Allgemeinen Landrecht von 1794, 2. Teil, 5. Titel. Beispiel kasuistischer Regelungen

Aufhebung des Vertrages ohne Aufkündigung von Seiten der Herrschaft

§ 116. Ohne Aufkündigung kann die Herrschaft ein Gesinde so fort entlassen: 1) wenn dasselbe die Herrschaft, oder deren Familie, durch Thätlichkeiten, Schimpf- und Schmähworte, oder ehrenrührige Nachreden beleidigt; oder durch boshafte Verhetzungen Zwistigkeiten in der Familie anzurichten sucht;

§ 117. 2) Wenn es sich beharrlichen Ungehorsam und Widerspenstigkeit gegen die Befehle der Herrschaft zu Schulden kommen läßt;

§ 118. 3) Wenn es sich den zur Aufsicht über das gemeine Gesinde bestellten Hausofficianten mit Thätlichkeiten, oder groben Schimpf- und Schmähreden, in ihrem Amte widersetzt;

§ 119. 4) Wenn es die Kinder der Herrschaft zum Bösen verleitet, oder verdächtigen Umgang mit ihnen pflegt;

§ 120. 5) Wenn es sich des Diebstahls oder der Veruntreuung gegen die Herrschaft schuldig macht;

§ 121. 6) Wenn es sein Nebengesinde zu dergleichen Lastern verleitet;

§ 122. 7) Wenn es auf der Herrschaft Namen, ohne deren Vorwissen, Geld oder Waaren auf Borg nimmt;

§ 123. 8) Wenn es die noch nicht verdiente Livree ganz oder zum Theil verkauft, oder versetzt;

§ 124. 9) Wenn es sich zur Gewohnheit macht, ohne Vorwissen und Erlaubniß der Herrschaft, über Nacht aus dem Hause zu bleiben;

§ 125. 10) Wenn es mit Feuer und Licht, gegen vorhergegangene Warnungen, unvorsichtig umgeht;

§ 126. 11) Wenn, auch ohne vorhergegangene Warnung, aus dergleichen unvorsichtigem Betragen wirklich schon Feuer entstanden ist;

§ 127. 12) Wenn das Gesinde sich durch liederliche Aufführung ansteckende oder ekelhafte Krankheiten zugezogen hat;

§ 128. 13) Wenn ein Dienstbote von der Obrigkeit auf längere Zeit, als Acht Tage, gefänglich eingezogen wird;

§ 129. 14) Wenn ein Gesinde weiblichen Geschlechts schwanger wird; in welchem Falle jedoch der Obrigkeit Anzeige geschehen, und die wirkliche Entlassung nicht eher, als bis von dieser die gesetzmäßigen Anstalten zur Verhütung alles Unglücks getroffen worden, erfolgen muß;

§ 130. 15) Wenn die Herrschaft von dem Gesinde bey der Annahme durch Vorzeigung falscher Zeugnisse hintergangen worden;

§ 131. 16) Wenn das Gesinde in seinem vorigen Dienste sich eines solchen Betragens, weshalb dasselbe nach § 116&127 hätte entlassen werden können, schuldig gemacht, und die vorige Herrschaft dieses in dem ausgestellten Zeugnisse verschwiegen, auch das Gesinde selbst es der neuen Herrschaft bey der Annahme nicht offenherzig bekannt hat.

von Seiten des Gesindes

§ 132. Das Gesinde kann den Dienst ohne vorhergehende Aufkündigung verlassen: 1) wenn es durch Mißhandlungen der Herrschaft in Gefahr des Lebens oder der Gesundheit versetzt worden;

§ 133. 2) Wenn die Herrschaft dasselbe auch ohne solche Gefahr, jedoch mit ausschweifender und ungewöhnlicher Härte, behandelt hat;

§ 134. 3) Wenn die Herrschaft dasselbe zu Handlungen, welche wider die Gesetze oder wider die guten Sitten laufen, hat verleiten wollen;

§ 135. 4) Wenn dieselbe das Gesinde vor dergleichen unerlaubten Anmuthungen gegen Perso-nen, die zur Familie gehören, oder sonst im Hause aus- und eingehen, nicht hat schützen wollen;

§ 136. 5) Wenn die Herrschaft dem Gesinde das Kostgeld gänzlich vorenthält, oder ihm selbst die nothdürftige Kost verweigert;

§ 137. 6) Wenn die Herrschaft auf eine das laufende Dienstjahr übersteigende Zeit bloße Privatreisen in fremde Länder vornimmt;

§ 138. 7) Wenn sie in öffentlichen Angelegenheiten außer Landes verschickt wird; oder wenn sie ihren Wohnsitz an einen andern Ort innerhalb der Königlichen Lande verlegt; und in beyden Fällen es nicht übernehmen will, den Dienstboten nach abgelaufener Dienstzeit auf ihre Kosten zurückzuschicken;

§ 139. 8) Wenn der Dienstbote durch schwere Krankheit zur Fortsetzung des Dienstes unvermö-gend wird.

unter der Zeit, doch nach vorhergegangener Aufkündigung von Seiten der Herrschaft

§ 140. Vor Ablauf der Dienstzeit, aber doch nach vorhergegangener Aufkündigung, kann die Herrschaft einen Dienstboten entlassen: 1) wenn demselben die nöthige Geschicklichkeit zu den nach seiner Bestimmung ihm obliegenden Geschäften ermangelt;

§ 141. 2) Wenn das Gesinde, ohne Erlaubniß der Herrschaft, seines Vergnügens wegen ausläuft; oder ohne Noth über die erlaubte oder zu dem Geschäfte erforderliche Zeit auszubleiben pflegt; oder sonst den Dienst muthwillig vernachlässigt;

§ 142. 3) Wenn der Dienstbote dem Trunk oder Spiele ergeben ist; oder durch Zänkereyen oder Schlägereyen mit seinem Nebengesinde den Hausfrieden stört, und sich von solchem Betragen, auf geschehene Vermahnung, nicht bessert;

§ 143. 4) Wenn nach geschlossenem Miethsvertrage die Vermögensumstände der Herrschaft dergestalt in Abnahme gerathen, daß sie sich entweder ganz ohne Gesinde behelfen, oder doch dessen Zahl einschränken muß.

von Seiten des Gesindes

§ 144. Dienstboten können vor Ablauf der Dienstzeit, jedoch nach vorhergegangener Aufkündi-gung, den Dienst verlassen: 1) wenn die Herrschaft den bedungenen Lohn in den festgesetzten Terminen nicht richtig bezahlt;

§ 145. 2) Wenn die Herrschaft das Gesinde einer öffentlichen Beschimpfung eigenmächtig aussetzt;

§ 146. 3) Wenn der Dienstbote durch Heirath, oder auf andere Art, zur Anstellung einer eignen Wirthschaft vortheilhafte Gelegenheit erhält, die er durch Ausdaurung der Miethszeit versäumen müßte.

2. Rechtsentstehung

§ 147. In allen Fällen, wo der Miethvertrag innerhalb der Dienstzeit, jedoch nur nach vorhergegangener Aufkündigung, aufgehoben werden kann, muß dennoch das laufende Vierteljahr, und bey Monathweise gemiethetem Gesinde der laufende Monath, ausgehalten werden.

§ 148. Wenn die Ältern des Dienstboten, wegen einer erst nach der Vermiethung vorgefallenen Veränderung ihrer Umstände, ihn in ihrer Wirthschaft nicht entbehren können; oder der Dienstbote in eignen Angelegenheiten eine weite Reise zu unternehmen genöthigt wird: so kann er zwar ebenfalls seine Entlassung fordern;

§ 149. Er muß aber alsdann einen andern tauglichen Dienstboten statt seiner stellen, und sich mit demselben, wegen Lohn, Kost und Livree, ohne Schaden der Herrschaft abfinden.

Aus: Allgemeines Landrecht für die Preußischen Staaten von 1794, a.a.O., S. 423/424.

Auszug aus dem Bürgerlichen Gesetzbuch. Beispiel abstrakter Regelungen

§ 620. [Ende des Dienstverhältnisses] (1) Das Dienstverhältnis endigt mit dem Ablaufe der Zeit, für die es eingegangen ist.

(2) Ist die Dauer des Dienstverhältnisses weder bestimmt noch aus der Beschaffenheit oder dem Zwecke der Dienste zu entnehmen, so kann jeder Teil das Dienstverhältnis nach Maßgabe der §§ 621, 622 kündigen.

§ 626. [Fristlose Kündigung aus wichtigem Grund] (1) Das Dienstverhältnis kann von jedem Vertragteil aus wichtigem Grund ohne Einhaltung einer Kündigungsfrist gekündigt werden, wenn Tatsachen vorliegen, aufgrund derer dem Kündigenden unter Berücksichtigung aller Umstände des Einzelfalles und unter Abwägung der Interessen beider Vertragteile die Fortsetzung des Dienstverhältnisses bis zum Ablauf der Kündigungsfrist oder bis zu der vereinbarten Beendigung des Dienstverhältnisses nicht zugemutet werden kann.

(2) Die Kündigung kann nur innerhalb von zwei Wochen erfolgen. Die Frist beginnt mit dem Zeitpunkt, in dem der Kündigungsberechtigte von den für die Kündigung maßgebenden Tatsachen Kenntnis erlangt. Der Kündigende muß dem anderen Teil auf Verlangen den Kündigungsgrund unverzüglich schriftlich mitteilen.

In dem Versuch, die Nachteile kasuistischer Regelungen zu vermeiden und dennoch dem Genauigkeitserfordernis Rechnung zu tragen, liegt der wesentliche Grund für die eigentümliche Gesetzessprache, die ohne entsprechende Vorbildung so schwer verständlich ist. Ein Musterbeispiel dafür und gleichzeitig den Gegenpol zum Allgemeinen Landrecht bildet § 164 Abs. 2 BGB. Er lautet: „Tritt der Wille, in fremdem Namen zu handeln, nicht erkennbar hervor, so kommt der Mangel des Willens, im eigenen Namen zu handeln, nicht in Betracht."

Die Notwendigkeit zu Abstraktion und Typisierung führt aber nicht nur dazu, daß leicht Zweifel auftreten können, ob ein konkreter Fall von der allgemeinen Norm erfaßt ist oder nicht. Sie bringt vielmehr immer auch Ungerechtigkeiten mit sich, wenn untypische Fälle zu entscheiden sind. Wer das vermeiden will, darf gar nicht typisieren. Er muß sich dann aber darüber im klaren sein, daß ohne Typisierung die Aufstellung allgemeiner Regeln unmöglich ist. Das Recht löste sich zwangsläufig in *Einzelfallgerechtigkeit* auf. Damit ginge aber eine wesentliche Funktion des Rechts verloren, das ja nicht nur entstandene Konflikte gerecht lösen, sondern vor der Entstehung konkreter Konflikte als Verhaltensmaßstab dienen und damit Konflikte möglichst verhüten soll. Die Nachteile der Typisierung versucht das Gesetz im übrigen dadurch zu mildern, daß es für untypische Fälle Ausnahmeregeln und Härteklauseln oder besonders flexible Normen einbaut, die dem Rechtsanwender bis zu einem gewissen Grad die Rücksichtnahme auf Besonderheiten des Einzelfalles erlauben. Die letzteren heißen bei den Juristen „Generalklauseln". Nehmen Generalklauseln überhand, geht freilich die Steuerungsfunktion des Gesetzes verloren, und nicht der Gesetzgeber, sondern erst der Richter bestimmt, was Rechtens sein soll.

In jüngeren Gesetzen scheint sich die Verwendung von Generalklauseln zu häufen. Auch hier fragt es sich, ob wir es dabei mit einem Unvermögen des Gesetzgebers oder mit zwangsläufigen Folgen neuartiger Regelungsprobleme zu tun haben. Betrachtet man die klassischen Gegenstände der Gesetzgebung, das Strafrecht, das Bürgerliche Recht, das Polizeirecht, so läßt sich feststellen, daß diesem Recht ein dynamisch-umgestaltendes Element weitgehend fehlt. Es will einen bestimmten als vernünftig erachteten Zustand ordnen oder gegen Störungen absichern. Das Recht erfüllt eine Garantiefunktion. Die Rechtsnormen, die zu diesem Rechtstyp gehören, können vergleichsweise präzise formuliert werden. Sie folgen meist einem „Wenn-Dann-Schema": Wenn jemand die einzelnen Tatbestandsmerkmale des Diebstahls erfüllt hat, dann ist er vom Richter mit Gefängnis zu bestrafen – Wenn jemand einen vereinbarten Liefertermin nicht eingehalten hat, dann muß er dem anderen den Schaden ersetzen – Wenn ein Haus einsturzgefährdet ist, dann muß die Polizei es absperren.

2. Rechtsentstehung

Normen, denen das Wenn-Dann-Schema zugrunde liegt, nennen wir auch *Konditionalprogramme*.

Es zeigt sich nun, daß für die modernen Staatsaufgaben der Sozialgestaltung Konditionalprogramme nur begrenzt verwendbar sind. Hier geht es nicht um die Ordnung und Bewahrung, sondern gerade um die Veränderung eines Zustandes, beispielsweise bessere Umwelt, mehr Bildungseinrichtungen oder erdöl- und kernkraftunabhängige Energiequellen. Die Norm kann dann die erwünschte Veränderung nicht selbst bewirken, soll sie aber rechtsverbindlich lenken. Die Erfüllung des Programms ist freilich von zahllosen äußeren Umständen abhängig, die der Gesetzgeber nicht im Griff hat, dem Steueraufkommen, den Rohölpreisen oder etwa dem Einfallsreichtum der Forschung. Gestaltungsaufgaben lassen sich daher nicht in aufgezählte Tatbestandsmerkmale und Rechtsfolgen einfangen. Vielmehr können Normen, die solche Tätigkeiten lenken, in der Regel nur ein Ziel setzen und allenfalls bestimmte Mittel vorschreiben oder andere ausschließen. Sie müssen aber die Art und Weise der Zielerreichung weitgehend offenlassen. Im Unterschied zu den Konditionalprogrammen nennen wir Normen dieses Typs *Finalprogramme*. Finalprogramme sind nicht nur in ihrer Bindungskraft gemindert. Infolge geminderter Bindungskraft läßt sich auch ihre Einhaltung richterlich nur schwer kontrollieren.

Wenn hier die Eigentümlichkeiten der Gesetzesform und der Gesetzessprache aus der Aufgabenstellung von Rechtsnormen erklärt wurden, so sollen damit nicht schlechte Gesetze, die es immer und unter den heutigen Bedingungen von Zeitdruck und Massenproduktion von Recht besonders häufig gibt, gerechtfertigt werden. Es geht nur um die Einsicht, daß Gesetze in einem gewissen Maß abstrakt sein müssen, nicht alle erdenklichen Fälle oder Probleme regeln können und hinter vollkommener Gerechtigkeit notwendig zurückbleiben. Diese Erkenntnis ist wichtig, wenn sich in Kapitel 5 die Frage stellt, warum Gesetze eigentlich interpretationsbedürftig sind, wozu eine Wissenschaft vom Recht und professionelle Juristen gebraucht werden und wie es geschehen kann, daß ein und dasselbe Gesetz bei verschiedenen Gerichten zu verschiedenen Urteilen führt. Andere Erkenntnisse dieses Kapitels werden vorausgesetzt, wenn in dem nächsten die Frage nach den Gerechtigkeitsmaßstäben des Rechts gestellt wird oder wenn im Kapitel 4 das Verhältnis von Recht und Politik, Recht und Macht, zur Sprache kommt.

Literatur

Zu 2.1: „Das Recht als positives Recht"

Niklas Luhmann: Rechtssoziologie. 2 Bände. Reinbek 1972.

Zu 2.2: „Der Gesetzgeber"

Wilhelm Ebel: Geschichte der Gesetzgebung in Deutschland. Göttingen ²1958.

Ernst-Wolfgang Böckenförde: Gesetz und gesetzgebende Gewalt. Berlin ²1981.

Franz Neumann: Der Funktionswandel des Gesetzes im Recht der bürgerlichen Gesellschaft. *Zeitschrift für Sozialforschung* (1937), S. 542; wiederabgedruckt in: *Ders.:* Demokratischer und autoritärer Staat. Frankfurt 1967, S. 48.

Rolf Grawert: Entwicklungslinien des neuzeitlichen Gesetzesrechts. *Der Staat* 11 (1971), S. 1.

Zu 2.3.: „Das Gesetzgebungsverfahren"

Kurt Eichenberger: Grundfragen der Rechtsetzung. Basel 1978.

Ulrich Scheuner: Die Aufgabe der Gesetzgebung in unserer Zeit. *Die Öffentliche Verwaltung* 1960, S. 601; wiederabgedruckt in: *Ulrich Scheuner:* Staatstheorie und Staatsrecht. Berlin 1978, S. 501.

Ders.: Entwicklungslinien des parlamentarischen Regierungssystems in der Gegenwart. In: Festschrift für Adolf Arndt. Frankfurt 1969, S. 385; wiederabgedruckt in: *Ulrich Scheuner:* Staatstheorie und Staatsrecht. Berlin 1978, S. 317.

Carl Schmitt: Die geistesgeschichtliche Lage des heutigen Parlamentarismus. Berlin 1923.

Johannes Agnoli: Die Transformation der Demokratie. Frankfurt 1968.

Winfried Steffani: Parlamentarische Demokratie. In: *Ders.* (Hrsg.): Parlamentarismus ohne Transparenz. Opladen ²1973, S. 17.

Uwe Thaysen: Das parlamentarische Regierungssystem in der Bundesrepublik Deutschland. Opladen 1978.

2. Rechtsentstehung

Thomas Ellwein/Axel Görlitz: Parlament und Verwaltung. Teil 1: Gesetzgebung und politische Kontrolle. Stuttgart 1967.

Wilhelm Hennis: Zur Rechtfertigung und Kritik der Bundestagsarbeit. In: Festschrift für Adolf Arndt. Frankfurt 1969, S. 147.

Christian Starck: Der Gesetzesbegriff des Grundgesetzes. Baden-Baden 1970.

Rolf Grawert: Gesetz und Gesetzgebung im modernen Staat. *Jura* 1982, S. 247.

Peter Schindler: Parlamentsstatistik des Deutschen Bundestages, 1. bis 8. Wahlperiode. *Zeitschrift für Parlamentsfragen* 1981, S. 1.

Helmut C. F. Liesegang: Parlamentsreform in der Bundesrepublik, Berlin 1974.

Zu 2.4: „Die Rechtsquellen"

Ulrich Meyer-Cording: Die Rechtsnormen. Tübingen 1971.

Detlef Merten: Das System der Rechtsquellen. *Jura* 1981, S. 169 und 236.

Bruno Heusinger: Rechtsfindung und Rechtsfortbildung im Spiegel richterlicher Erfahrung. Karlsruhe 1975.

Jost Pietzcker: Vorrang und Vorbehalt des Gesetzes. *Juristische Schulung* 1979, S. 710.

Dieter Grimm: Aktuelle Tendenzen in der Aufteilung gesetzgeberischer Funktionen zwischen Parlament und Regierung. *Zeitschrift für Parlamentsfragen* 1970, S. 448.

Zu 2.5.: „Gesetzgebungslehre"

Peter Noll: Gesetzgebungslehre. Reinbek 1973.

Hans Dölle: Vom Stil der Rechtssprache. Tübingen 1949.

3. Recht und Gerechtigkeit

3.0. Allgemeine Einführung

Gegenstand der Rechtswissenschaft ist in erster Linie positives Recht, und positives Recht ist im modernen, gewaltenteilenden Rechtsstaat in erster Linie staatlich gesetztes Recht. Vom Verfahren staatlicher Rechtsetzung war im 2. Kapitel die Rede. Gegenstand des 3. Kapitels ist das Problem der Gerechtigkeit, das heißt der materialen Richtigkeit des Rechts. Dieses Problem wirft eine Reihe von Einzelfragen auf:

(1) Es gibt, wie jedermann weiß, eine Vielzahl unterschiedlicher Gerechtigkeitsvorstellungen. Liegt ihnen überhaupt ein gemeinsamer Gerechtigkeitsbegriff zugrunde? Was ist sein Inhalt? Müssen verschiedene Arten von Gerechtigkeit unterschieden werden?

(2) Das Problem der Gerechtigkeit des Rechts ist das Zentralproblem der klassischen wie der modernen Rechts-, Staats- und Sozialphilosophie. Welche Gerechtigkeitstheorien sind in Vergangenheit und Gegenwart zur Lösung dieses Problems entwickelt worden? Wodurch unterscheiden sie sich? Lassen sich Gerechtigkeitsfragen überhaupt rational bzw. wissenschaftlich entscheiden?

(3) Daß positives Recht ordnungsgemäß zustande gekommen ist, bedeutet noch nicht, daß es auch gerecht ist. Welche Konsequenzen ergeben sich, wenn positives Recht und Gerechtigkeit auseinanderfallen? Muß zur Beantwortung dieser Frage zwischen Rechtspflicht und Moralpflicht unterschieden werden? Gibt es einen Grad von Ungerechtigkeit, bei dem positive Gesetze nicht nur ihre moralische, sondern auch ihre rechtliche Verbindlichkeit verlieren? Was bedeutet in diesem Zusammenhang die Differenz zwischen demokratischen Verfassungsstaaten und totalitären Diktaturen?

Das ist der Fragenkreis, mit dem wir uns in diesem Kapitel beschäftigen wollen. Dabei muß gleich zu Beginn betont werden, daß alle angesprochenen Fragen streitig sind und daß zu ihnen ein praktisch unübersehbares Schrifttum existiert. Dies Kapitel kann daher nicht mehr als eine erste Hinführung zum Problem der Gerechtigkeit des Rechts bieten.

Lernziele:

Nach Durcharbeiten dieses Kapitels sollen Sie in der Lage sein zu beurteilen,

– wie der Begriff der Gerechtigkeit definiert werden kann und welche Hauptformen der Gerechtigkeit in der Diskussion des Problems unterschieden werden;

– wodurch sich materiale und prozedurale Gerechtigkeitstheorien unterscheiden und worin ihre Hauptlösungsansätze bestehen;

– auf welche Weise die deutschen Gerichte nach 1945 das Problem des gesetzlichen Unrechts der NS-Zeit gelöst haben und warum diese Lösung umstritten ist;

– wie sich das Problem des Verhältnisses von positivem Recht und Gerechtigkeit in der Bundesrepublik Deutschland darstellt.

3.1. Der Begriff der Gerechtigkeit

Jeder Mensch hat ein mehr oder weniger ausgeprägtes Gerechtigkeitsgefühl, das heißt ein „Gefühl" bzw. einen „Sinn" dafür, was gerecht und was ungerecht ist. Dies äußert sich hauptsächlich als Empörung über Ungerechtigkeit – vor allem dann, wenn man sich selbst ungerecht behandelt fühlt oder meint, andere, mit denen man sich solidarisch fühlt, seien ungerecht behandelt worden. Wie dieses Gefühl zustande kommt, ob es angeboren oder erworben ist und wie es sich erklären läßt, soll uns hier nicht interessieren. Solche Erklärungen zu geben und zu überprüfen ist Aufgabe einer *empirischen,* insbesondere psychologischen und soziologischen *Gerechtigkeitstheorie* (vgl. auch Abschnitt 3.2).

Das Gerechtigkeitsgefühl drückt eine Wertung aus, die sich in einem Werturteil, genauer: einem Gerechtigkeitsurteil, also einem Urteil darüber, was gerecht und ungerecht ist, formulieren läßt. Vergleicht man solche Gerechtigkeitsurteile, so zeigt sich, daß sie zu verschiedenen Zeiten und an verschiedenen Orten, aber auch in ein und derselben Gesellschaft, besonders in den modernen pluralistischen Gesellschaften, sehr unterschiedlich ausfallen. Doch gibt es Gruppen relativ übereinstimmender Wertungen, denen, mehr oder weniger deutlich, gemeinsame Gerechtigkeitsvorstellungen zugrunde liegen. Aber auch diese Gerechtigkeitsvorstellungen sind vielfältig. Dafür drei Beispiele:

● Ein Steuergesetz, das höhere Einkommen höher besteuert als niedrigere, also eine progressive Besteuerung festsetzt, halten die einen für gerecht, weil es eine Einkommensumverteilung bewirke, die anderen aber für ungerecht, weil es eine Ungleichbehandlung enthalte und zudem geeignet sei, die Leistungsmotivation der Besserverdienenden zu untergraben.

● Eine Strafgesetzgebung, die auf dem Grundsatz „Erziehung statt Strafe" beruht, halten die einen für gerecht, weil sie dem straffällig Gewordenen eine faire Resozialisierungschance gebe, die anderen aber für ungerecht, weil sie den Gesichtspunkt der Sühne für geschehenes Unrecht vernachlässige.

● Eine ausgeprägte Sozialgesetzgebung, die ein lückenloses System sozialer Sicherung darstellt, halten die einen für gerecht, weil es dem Schwachen oder in Not Geratenen Schutz gewähre, die anderen aber für ungerecht, weil es das freie Spiel der Kräfte, besonders auf dem Arbeitsmarkt, beeinträchtige.

Eine Diskussion der Argumente, die für und gegen die Richtigkeit eines Gerechtigkeitsurteils geltend gemacht werden können, führt zur zentralen Fragestellung aller *normativen Gerechtigkeitstheorien:* Ist der mit einem Gerechtigkeitsurteil erhobene Geltungs- bzw. Richtigkeitsanspruch ethisch gerechtfertigt bzw. rechtfertigungsfähig? Mit dieser Problematik werden wir uns in Abschnitt 3.2 unserer Überlegungen befassen.

Unabhängig davon kann man untersuchen, ob den verschiedenen Gerechtigkeitsvorstellungen und -urteilen gemeinsame begriffliche und sprachliche Strukturen zugrunde liegen und welche Probleme mit ihnen verbunden sind. Das ist die Aufgabe einer *analytischen Gerechtigkeitstheorie.* Mit einigen Aspekten dieser Aufgabe wollen wir uns in diesem Abschnitt beschäftigen.

3.1.1. Strukturen und Probleme des Gerechtigkeitsbegriffs

Als Leitfaden zur Ermittlung des Gerechtigkeitsbegriffs empfiehlt sich der allgemeine Sprachgebrauch. Dieser erweist sich allerdings als schwankend und mehrdeutig, zumal dann, wenn man die Wortgebrauchsgeschichte und die fremdsprachigen Entsprechungen des Ausdrucks „Gerechtigkeit" hinzunimmt. Doch gibt es im reichhaltigen

3. Recht und Gerechtigkeit

Schrifttum zum Gerechtigkeitsproblem genügend Wortgebrauchsbeschreibungen und -untersuchungen, auf die wir uns bei den folgenden Überlegungen stützen können.

Überlegen wir zunächst, von welchen *Gegenständen* überhaupt sinnvoll ausgesagt werden kann, sie seien gerecht oder ungerecht. Es sind dies nicht nur, wie in den genannten Beispielen, einzelne Normen und Normenkomplexe, sondern auch ganze Normenordnungen, wie etwa staatliche Rechtssysteme. In bezug auf sie lautet die Gerechtigkeitsfrage, ob eine Rechtsordnung ihrer Grundstruktur nach, das heißt in ihren grundlegenden Prinzipien und Institutionen, gerecht oder ungerecht ist. Aber auch damit ist der Bereich möglicher Gegenstände des Gerechtigkeitsurteils noch nicht erschöpft. Der Gerechtigkeitsbegriff gehört nicht nur der Rechtslehre, sondern auch der Tugendlehre an. Das bedeutet: Er bezieht sich nicht nur auf Normen und Normenordnungen, sondern auch auf Menschen und menschliche Handlungen. Die Theologie handelt darüber hinaus von der Gerechtigkeit Gottes. Und nicht selten spricht man auch, zumindest im übertragenen Sinne, von der Gerechtigkeit oder Ungerechtigkeit der Natur und der Geschichte. Doch braucht uns dieser Wortgebrauch, der nur sinnvoll ist, wenn man sich die Natur oder die Geschichte personifiziert vorstellt, hier nicht weiter zu interessieren. Halten wir fest: Hauptgegenstände des Gerechtigkeitsurteils sind Handlungen und Handlungssubjekte sowie Normen und Normenordnungen.

Eine genauere Betrachtung zeigt sodann, daß der genannte Gegenstandsbereich nicht schlechthin, sondern nur in bestimmten Hinsichten dem Gerechtigkeitsurteil unterliegt. Handlungen können vernünftig oder unvernünftig sein; aber nicht jede vernünftige Handlung (z. B. einen Spaziergang bei frischer Luft) nennen wir „gerecht" und nicht jede unvernünftige „ungerecht". Normen können zweckmäßig oder unzweckmäßig sein; aber nicht jede unzweckmäßige Norm (z. B. eine verfehlte Vorfahrtsregelung) nennen wir „ungerecht" und nicht jede zweckmäßige „gerecht". Überlegungen wie diese führen zu dem Ergebnis, daß Handlungen, Handlungssubjekte, Normen und Normenordnungen nur insofern Gegenstände des Gerechtigkeitsurteils sind, als sie sich auf ein Geben oder Nehmen, ein Fordern oder Verweigern, mit anderen Worten: auf die Verteilung und den Ausgleich von Gütern und Lasten beziehen.

Was ist nun der *Wertmaßstab*, der in einem Gerechtigkeitsurteil angelegt wird? Man könnte natürlich sagen, Wertmaßstab sei die Gerechtigkeit. Aber diese Antwort hilft uns nicht weiter, denn wir wollen ja gerade wissen, was mit „Gerechtigkeit" gemeint ist. Eine weiterführende Antwort ergibt sich daraus, daß der Wertmaßstab, der einem Gerechtigkeitsurteil zugrunde liegt, stets durch ein oberstes normatives Prinzip ausgedrückt werden kann. Dieses Prinzip kann als „Gerechtigkeitsnorm" oder als „Gerechtigkeitsformel" bezeichnet und als normative Formulierung des Gerechtigkeitsbegriffs aufgefaßt werden.

Es gibt allerdings eine Vielfalt solcher Gerechtigkeitsformeln. Einige ihrer wichtigsten lauten:

(1) Jedem das Seine
(2) Jedem das Gleiche
(3) Jedem nach seiner Natur
(4) Jedem gemäß seinem Rang
(5) Jedem gemäß seiner Leistung
(6) Jedem nach seinem Bedürfnis
(7) Jedem ein Höchstmaß an Freiheit
(8) Jedem gemäß dem ihm vom Gesetz Zugeteilten

Hans Kelsen hat in einer Abhandlung über das Problem der Gerechtigkeit nicht weniger als 16 solcher Gerechtigkeitsformeln untersucht[1]. Sein Fazit ist, daß diese Formeln entweder inhaltsleer sind oder zu verschiedenen Ergebnissen führen und daß rational oder wissenschaftlich nicht zu entscheiden sei, welcher von ihnen der Vorzug gebühre. Es gibt danach nicht nur einen, sondern viele Gerechtigkeitsbegriffe, und die Entscheidung zwischen ihnen ist eine Sache subjektiver Wertung. Das ist der Standpunkt des Wertrelativismus; auf ihn werden wir noch zurückkommen.

Jedenfalls wollen wir uns mit dem genannten Ergebnis nicht zufriedengeben, sondern weiter fragen, ob es nicht einen *gemeinsamen Grundbegriff,* einen *Begriff der Gerechtigkeit überhaupt* gibt, auf den sich die verschiedenen Gerechtigkeitsvorstellungen und die sie ausdrückenden Gerechtigkeitsformeln zurückführen lassen. Ein solcher Begriff läßt sich in der Tat bilden, allerdings, wie nicht anders zu erwarten, lediglich in Form einer verhältnismäßig inhaltsarmen Defi-

---

1 *H. Kelsen:* Das Problem der Gerechtigkeit. Anhang zu: Ders.: Reine Rechtslehre. Wien ²1960, S. 355–444.

nition. Diese kann an das anknüpfen, was oben über den Gegenstandsbereich des Gerechtigkeitsurteils gesagt wurde. Gerechtigkeitsurteile beziehen sich danach auf Handlungen, Handlungssubjekte, Normen und Normenordnungen, insofern diese die Verteilung und den Ausgleich von Gütern und Lasten betreffen. Nimmt man hinzu, daß Gerechtigkeitsurteile Werturteile sind, und zwar solche, die ein positives sittliches Wertprädikat ausdrücken, sich also auf einen Teilbereich des sittlich Guten beziehen (andere Teilbereiche sind beispielsweise Nächstenliebe, Selbstbeherrschung, Wahrhaftigkeit), so ergibt sich, daß Gerechtigkeit überhaupt eine gute Verteilung und einen guten Ausgleich von Gütern und Lasten meint. Genauer: Gerechtigkeit ist diejenige Eigenschaft einer Handlung, eines Handlungssubjekts, einer Norm oder einer Normenordnung, durch die eine gute Ordnung der Verteilung und des Ausgleichs von Gütern und Lasten bewahrt oder hergestellt wird.

Fragt man, welche der angeführten Gerechtigkeitsformeln diesen Begriff am angemessensten zum Ausdruck bringt, so stößt man auf die vermutlich älteste und jedenfalls in der Geschichte des Gerechtigkeitsproblems am meisten verwendete, aber auch inhaltsärmste und am meisten mißbrauchte aller Gerechtigkeitsnormen, nämlich auf die Formel „Jedem das Seine". Diese Formel ist inhaltsarm, weil sie noch kein Kriterium dafür enthält, was einem jeden als das Seine zusteht. Aber sie ist nicht inhaltsleer, weil sie zum Ausdruck bringt, daß der Gerechtigkeitsbegriff nicht mit dem Begriff des sittlich Guten identisch ist, sondern lediglich einen Teilbereich des sittlich Guten meint, eben den der Verteilung und des Ausgleichs von Gütern und Lasten. Am schlimmsten mißbraucht wurde die Formel als Torinschrift über dem Eingang des Konzentrationslagers Buchenwald. Aber der Mißbrauch einer Formel hebt ihre Brauchbarkeit nicht auf.

Auf die Formel „Jedem das Seine" lassen sich, wie hier nicht im einzelnen ausgeführt werden kann, alle anderen Gerechtigkeitsformeln als Konkretisierungen und Interpretationen derselben zurückführen. Der Begriff der Gerechtigkeit kann daher auch dahin formuliert werden, daß er diejenige Eigenschaft einer Handlung, eines Handlungssubjekts, einer Norm oder einer Normenordnung meint, durch die jedem das Seine gegeben oder belassen wird.

Die Formel „Jedem das Seine" enthält ein Gebot. Dieses richtet sich an jedermann, also sowohl an den einfachen Rechtsgenossen als auch zum Beispiel an den Richter und den Gesetzgeber. Und wie jede Gebotsnorm so kann auch diese zugleich als Wertmaßstab dienen, nämlich als Maßstab zur Bewertung von Handlungen, Handlungssubjekten, Normen und Normenordnungen als gerecht oder ungerecht:

- Eine Handlung ist gerecht, wenn sie dem Gebot, jedem das Seine zu geben oder zu belassen, entspricht.
- Ein Mensch ist gerecht, wenn er den beständigen und festen Willen hat, diesem Gebot zu entsprechen.
- Eine Norm ist gerecht, wenn sie gebietet, erlaubt oder ermächtigt, jedem das Seine zu geben oder zu belassen, oder verbietet, jemandem das Seine zu nehmen.
- Eine Rechtsordnung ist gerecht, wenn sie so eingerichtet ist, daß in ihr jedem das Seine gegeben oder belassen wird.

Was aber bedeutet „Jedem das Seine"? Wonach bemißt sich, was einem jeden als das Seine zusteht? Eine häufige Antwort darauf lautet: Maßstab dessen, was einem jeden zusteht, ist das Recht. Für die uns interessierende Frage scheint sich damit freilich ein schlimmer Zirkel anzubahnen. Wir fragen nach der Gerechtigkeit als Maßstab des Rechts und werden auf das Recht als Maßstab der Gerechtigkeit verwiesen.

Aus diesem Zirkel gibt es zwei Auswege:

- Der eine besteht darin, daß man *zweierlei Arten von Recht* unterscheidet:
  - das positive, von Menschen, insbesondere vom staatlichen Gesetzgeber gesetzte Recht und
  - ein überpositives, das heißt natürliches oder vernünftiges Recht.
  Als Maßstab der Gerechtigkeit des positiven Rechts dient dann das überpositive Recht.
- Der zweite Ausweg liegt darin, daß man die *Art und Weise, in der das positive Recht zustande kommt,* an gewisse Regeln bindet, deren Einhaltung die Gerechtigkeit des positiven Rechts verbürgen soll. Als solche Regeln kommen etwa die Normen über das demokratisch-parlamentarische Gesetzgebungsverfahren in Betracht.

Wir werden beide Möglichkeiten und die ihnen zugeordneten Gerechtigkeitstheorien im Abschnitt 3.2 unserer Überlegungen genauer betrachten.

3. Recht und Gerechtigkeit

Aufgabe 1

Warum kann man als Grundformel der Gerechtigkeit die Formel „Jedem das Seine" verwenden?

3.1.2. Arten der Gerechtigkeit

An dieser Stelle wollen wir die Analyse des Gerechtigkeitsbegriffs noch einen Schritt weiter führen. Gerechtigkeit überhaupt, so hatten wir gesehen, bezieht sich auf die Verteilung und den Ausgleich von Gütern und Lasten. Verteilen und Ausgleichen sind daher die beiden Hauptbereiche des Gerechtigkeitsbegriffs. Dem entspricht es, daß man schon früh zwischen zwei Arten von Gerechtigkeit unterschieden hat:

– der *austeilenden* oder *Verteilungsgerechtigkeit* (iustitia distributiva) und

– der *ausgleichenden* oder *Tauschgerechtigkeit,* einschließlich *Wiedergutmachungs-* und *Strafgerechtigkeit* (iustitia commutativa, restitutiva, vindicativa).

Diese Unterscheidung stammt von *Aristoteles[2],* ist im Mittelalter vor allem von *Thomas von Aquin* näher ausgearbeitet worden[3] und gehört seither zum festen Bestand der abendländischen Gerechtigkeitsdiskussion.

Aristoteles und *Thomas von Aquin* behandeln das Gerechtigkeitsproblem im Rahmen der Tugendlehre. Bei beiden ist die genannte Unterscheidung in eine weitere eingebettet, die hier zur Vervollständigung des Bildes ebenfalls angeführt sei. Es ist die Unterscheidung zwischen der *allgemeinen Gerechtigkeit* (iustitia universalis) und der *besonderen Gerechtigkeit* (iustitia particularis). Die Verteilungs- und die Tauschgerechtigkeit erscheinen dann als Unterformen der besonderen Gerechtigkeit. Der Inhalt beider Unterscheidungen läßt sich an einem

---

2 *Aristoteles:* Nikomachische Ethik, Kap. V. Übersetzt und kommentiert von *F. Dirlmeier.* In: *Aristoteles.* Werke in deutscher Übersetzung. Bd. 5 Darmstadt 1979.

3 *Thomas von Aquin:* Summa theologica (Theologische Summe) II-II, Quaestio 58. Editio Quarta. Parisiis (o. J.).

Dreieckschema verdeutlichen, zu dessen Erläuterung wir vereinfachend die neuzeitlichen Begriffe „Staat" und „Bürger" heranziehen wollen. Für „Staat" kann auch stehen: Ganzes, Gemeinwesen, Gemeinschaft, und für „Bürger": Teil, Einzelwesen, Individuum:

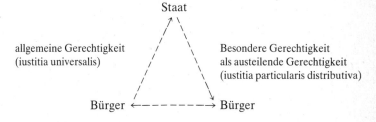

Staat

allgemeine Gerechtigkeit
(iustitia universalis)

Besondere Gerechtigkeit
als austeilende Gerechtigkeit
(iustitia particularis distributiva)

Bürger ←－－－－－→ Bürger

besondere Gerechtigkeit als ausgleichende Gerechtigkeit
(iustitia particularis
commutativa/restitutiva/vindicativa)

Die *allgemeine Gerechtigkeit* (iustitia universalis) hat ihren Ort in der Beziehung des Bürgers zum Staat. In ihr fordert das Gerechtigkeitsprinzip, daß der Bürger dem Staat zu geben hat, was des Staates ist. Es sind dies die Ausrichtung aller seiner Handlungen auf das Gemeinwohl und – darin eingeschlossen – der Gehorsam gegenüber den staatlichen Gesetzen. Die „iustitia universalis" heißt daher auch „Gesetzes-" oder „Gemeinwohlgerechtigkeit". Sie kann hier außer Betracht bleiben, da sie, abgesehen vom Gemeinwohlbegriff, kein Kriterium für die Richtigkeit staatlicher Gesetze enthält.

Für unser Thema interessanter ist die *besondere Gerechtigkeit* (iustitia particularis) mit ihren beiden Unterformen, der austeilenden und ausgleichenden Gerechtigkeit:

Die *austeilende Gerechtigkeit* (iustitia distributiva) obliegt, allgemein gesprochen, jedem, der etwas zu verteilen hat, also den Eltern gegenüber den Kindern, den Reichen gegenüber den Armen, vor allem aber dem Staat im Verhältnis zu seinen Bürgern. In dieser Beziehung verlangt das Gerechtigkeitsprinzip, daß der Staat dem Bürger zu geben hat, was des Bürgers ist, und zwar nicht nur bei der Verteilung von Geldmitteln, die er zuvor in Form von Steuern eingezogen hat, sondern bei der Gewährung von Vergünstigungen und der Auferlegung von Belastungen aller Art, kurz: bei der Verteilung von Rechten und Pflichten, also bei der inhaltlichen Gestaltung der Rechtsordnung überhaupt. Die Formel „Jedem das Seine" kann in diesem Zusammenhang verschieden interpretiert werden, denn über die Natur und die Bedürfnisse des Menschen und die Aufgaben des Staates gibt es keine einheitliche Auffassung. Interpretationen dieser Art liegen den meisten anderen Gerechtigkeitsformeln zugrunde (z. B. „Jedem das Gleiche", „Jedem nach seinem Rang", „Jedem nach seiner Leistung", „Jedem nach seinem Bedürfnis" usw.).

Damit erhebt sich die Frage, welche dieser Interpretationen die richtige ist. Diese Frage kann nicht abstrakt zugunsten einer jener Formeln beantwortet werden. Abgesehen davon, daß sie sich zu verschiedenen Zeiten und in verschiedenen Problemzusammenhängen verschieden stellt, verweist sie auf ein ganzes Bündel weiterer Fragen, von denen hier nur einige angeführt seien: In welchen Hinsichten sind die Menschen von Natur aus gleich und in welchen ungleich? Welche sozialen Ungleichheiten beruhen auf anthropologischen Konstanten und welche auf prinzipiell korrigierbaren historischen Fehlentwicklungen? Welche Fehlentwicklungen können und sollten vom Staat korrigiert werden? Welche Bedürfnisse hat er als berechtigt anzuerkennen und zu schützen oder zu befriedigen? Wie weit darf und sollte er lenkend und leitend in das Wirtschaftssystem eingreifen? Welches Maß an Teilhabe an der staatlichen Willensbildung gebührt dem Bürger?

Diese und andere Fragen sind streitig, und viele von ihnen sind, jedenfalls beim gegenwärtigen Forschungsstand, wissenschaftlich nicht oder nur begrenzt entscheidbar. In einem Punkt allerdings besteht Übereinstimmung. Der Staat darf bei der Verteilung von Gütern und Lasten oder Rechten und Pflichten nicht willkürlich verfahren. Er muß für Ungleichbehandlungen vernünftige, das heißt prüfbare und diskussionsfähige Gründe angeben. Das ist nach herrschender Auffassung der Inhalt des allgemeinen Gleichheitssatzes, wie er in Art. 3 Abs. 1 des Grundgesetzes – „Alle Menschen sind vor dem Gesetz gleich" – verankert ist. Und weil dieser Inhalt eine Ausformung des Gerechtigkeitsprinzips ist, gehört dieses Prinzip zum positiven Recht der Bundesrepublik Deutschland.

Die *ausgleichende Gerechtigkeit* (Tauschgerechtigkeit im weiteren Sinne) hat ihren Ort im Verhältnis der Bürger untereinander. In dieser Beziehung hat jeder Bürger dem anderen zu geben oder zu belassen, was ihm zukommt. Als Tauschgerechtigkeit im engeren Sinne (iustitia commutativa) fordert die ausgleichende Gerechtigkeit nach traditionellem Verständnis die Gleichwertigkeit vertraglich ausgetauschter Güter und Leistungen. Als Wiedergutmachungs- und Strafgerechtigkeit (iustitia restitutiva und vindicativa) verlangt sie die Gleichwertigkeit von Schaden und Schadensersatz sowie von Unrecht und Strafe.

Unser heutiges Empfinden irritiert es, daß hier die Strafgerechtigkeit – gemäß dem alten Satz „Auge um Auge, Zahn um Zahn" – nicht dem Verhältnis des Staates zum Bürger, sondern demjenigen der Bürger untereinander zugeordnet ist. Dazu mag der Hinweis genügen, daß diese Auffassung einer älteren, freilich noch heute, etwa im Gedanken der Blutrache, nachwirkenden Epoche der Rechtsgeschichte angehört, mit der wir uns in diesem Rahmen nicht weiter beschäftigen können.

Statt dessen noch ein kurzer Blick auf die Tauschgerechtigkeit im engeren Sinne. Nach *Aristoteles* und *Thomas von Aquin* fordert sie, wie gesagt, die Gleichwertigkeit vertraglich ausgetauschter Güter und Leistungen. Wie verhält sich diese Forderung zum Prinzip der Vertragsfreiheit? Verbietet sie beispielsweise, für objektiv geringwertige Gegenstände Liebhaberpreise zu verlangen und zu zahlen? Wonach bemißt sich überhaupt der Wert von Gütern und Leistungen? Nach der in ihnen investierten Arbeitskraft oder nach dem Gesetz von Angebot und Nachfrage? Und inwieweit ist der Staat berufen, in die Tauschbeziehungen von Bürgern regelnd einzugreifen?

Auch diese Fragen sind umstritten, und auch sie sind mit den Mitteln der Wissenschaft nur begrenzt entscheidbar. Überwiegend verweisen sie auf noch immer offene Probleme der politischen Ökonomie, insbesondere auf den Streit um die Vorzugswürdigkeit von Marktwirtschaft oder Planwirtschaft. Die letzte Frage, inwieweit der Staat in die Tauschbeziehung von Bürgern eingreifen darf oder sollte, zeigt zudem den engen Zusammenhang zwischen Problemen der Tausch- und solchen der Verteilungsgerechtigkeit. Über beide Problemkreise wird seit zweieinhalb Jahrtausenden erbittert gestritten, nicht nur in der Rechts- und Staatsphilosophie, sondern auch im politischen Tageskampf. „Der gesamte politische Tageskampf", sagt *Gustav Radbruch,* „stellt sich als eine endlose Diskussion über die Gerechtigkeit dar."[4] Wir wollen im nächsten Abschnitt sehen, mit welchen Gerech-

---

4 *G. Radbruch:* Rechtsphilosophie (1932). Stuttgart [8]1973, S. 165.

tigkeitstheorien die Rechts- und Staatsphilosophie auf diese Problemlage reagiert hat und reagiert.

Aufgabe 2

Was ist der Unterschied zwischen austeilender und ausgleichender
Gerechtigkeit?

3.2. Gerechtigkeitstheorien

Gerechtigkeitstheorien sind, grob gesprochen, Systeme von Aussagen
über die Gerechtigkeit. Es gibt viele Theorien dieser Art, und es gibt
viele Möglichkeiten, sie zu klassifizieren. Wir werden in diesem Abschnitt hauptsächlich die Unterscheidung zwischen materialen und
prozeduralen Gerechtigkeitstheorien besprechen. Vorab empfiehlt es
sich aber, diese Unterscheidung, die nicht alle möglichen und tatsächlich vertretenen Gerechtigkeitstheorien erfaßt, in den Rahmen einer
allgemeineren und grundlegenderen Unterscheidung, nämlich derjenigen zwischen analytischen, empirischen und normativen Gerechtigkeitstheorien, zu stellen.

● *Analytische Gerechtigkeitstheorien* sind Theorien über logische
Strukturen und sprachliche Gehalte des Gerechtigkeitsbegriffs und
seine Verwendung in Gerechtigkeitsurteilen. Als Beispiel sei die im
Abschnitt 3.1.1 angesprochene Gerechtigkeitstheorie *Kelsens* genannt. Auch die Überlegungen jenes Abschnitts selbst enthielten
Stücke einer analytischen Gerechtigkeitstheorie. Im übrigen gibt es
nur verhältnismäßig wenige ausschließlich analytische Gerechtigkeitstheorien; in der Regel sind analytische Gerechtigkeitstheorien Teiltheorien empirischer oder normativer Gerechtigkeitstheorien.

● *Empirische Gerechtigkeitstheorien* sind Theorien darüber, welche
Gerechtigkeitsvorstellungen in einer Gesellschaft tatsächlich vertreten wurden oder werden, wie sie historisch, soziologisch, psycholo-
gisch oder ökonomisch zu erklären sind und welche Rolle sie in welchen Hinsichten tatsächlich gespielt haben oder spielen. Hierhin gehören zum Beispiel historisch-materialistische, soziologische und psy-
chologische Gerechtigkeitstheorien, mit denen sich allerdings, mehr

oder weniger verdeckt, nicht selten auch normative, das heißt ethische Grundannahmen verbinden.

● *Normative Gerechtigkeitstheorien* sind Theorien darüber, welche Gerechtigkeitsvorstellungen und -urteile ethisch gerechtfertigt sind bzw. auf welche Weise sie sich ethisch rechtfertigen lassen. Theorien dieser Art standen und stehen im Mittelpunkt der klassischen wie der modernen Rechts- und Staatsphilosophie. Auf sie wollen wir uns beschränken.

Sichtet man ihren Bestand, so lassen sie sich, wie erwähnt, in zwei große Gruppen aufteilen, nämlich in materiale und prozedurale Gerechtigkeitstheorien:

– *Materiale Gerechtigkeitstheorien* sind normative Theorien darüber, was gerecht und ungerecht ist; sie sind darauf gerichtet, konkrete Aussagen darüber, was gerecht und ungerecht ist, zu erarbeiten.

– *Prozedurale Gerechtigkeitstheorien* sind normative Theorien über Methoden der Erzeugung gerechten Rechts oder der Rechtfertigung von Gerechtigkeitsurteilen; sie sind darauf gerichtet, Verfahren zu entwickeln, deren Bedingungen und Regeln eingehalten werden müssen, wenn man gerechtes Recht erzeugen oder Gerechtigkeitsurteile rational begründen will.

Beide Theoriearten enthalten weitere Untergliederungen, deren Schema hier vorab angeführt sei:

Normative Gerechtigkeitstheorien

I. Materiale Gerechtigkeitstheorien
  – vom Naturrechtstypus
  – vom Vernunftrechtstypus

II. Prozedurale Gerechtigkeitstheorien
  (1) Gerechtigkeitserzeugungstheorien
    – Theorien staatlicher Rechtserzeugung
    – Theorien privatautonomer Rechtserzeugung
  (2) Gerechtigkeitsbegründungstheorien
    – Argumentationstheorien der Gerechtigkeit
    – Entscheidungstheorien der Gerechtigkeit

Das vorstehende Schema kann sowohl historisch als auch systematisch interpretiert werden. Wir wollen es, in der hier gebotenen Knappheit, vorwiegend unter systematischem Aspekt erläutern, am Rande aber auch historische Gesichtspunkte einbeziehen.

3.2.1. Materiale Gerechtigkeitstheorien

Materiale Gerechtigkeitstheorien sind, wie gesagt, darauf gerichtet, konkrete Aussagen darüber, was gerecht und ungerecht ist, zu erarbeiten. Sie tun dies in der Regel dadurch, daß sie aus der abstrakten Formel eines obersten Gerechtigkeitsprinzips, als deren Grundform wir die Formel „Jedem das Seine" erkannt hatten, unter Hinzunahme weiterer Sätze konkrete Gerechtigkeitsurteile ableiten. Die weiteren Sätze, die zu dem obersten Gerechtigkeitsprinzip hinzutreten, sind in der Regel solche einer *Naturrechtstheorie* oder einer *Vernunftrechtstheorie*. Reine Gefühlstheorien der Gerechtigkeit, die als Maßstab dessen, was einem jeden zusteht, ausschließlich das Gerechtigkeits*gefühl* ansehen, wollen wir ausklammern. Es verbleiben materiale Gerechtigkeitstheorien vom Naturrechtstypus und solche vom Vernunftrechtstypus.

Materiale Gerechtigkeitstheorien vom Naturrechtstypus

Ihr zentraler Maßstabsbegriff ist die Natur, und zwar, jedenfalls bei den „klassischen" Naturrechtstheorien, nicht die Natur in dem Sinne, wie sie seit Beginn der Neuzeit zum Gegenstand der wertneutralen Naturwissenschaft geworden ist, sondern die Natur als sinnvollwerthaft-vernünftige Seinsordnung oder, christlich interpretiert, als göttliche Schöpfungsordnung. Zur Geschichte sei angemerkt, daß die Hauptzeit der klassischen Naturrechtstheorien in der Antike und im Mittelalter liegt. Doch haben die Naturrechtstheorien, mit vielfältigen Modifikationen, auch in der Neuzeit ihre Bedeutung nicht verloren. Ihre Hauptsachwalterin ist bis in die Gegenwart die römisch-katholische Rechts-, Staats- und Sozialphilosophie.

Wir wollen uns die Argumentationsstruktur materialer Gerechtigkeitstheorien vom Naturrechtstypus an einem Beispiel, in Gestalt einer einfachen und nur sehr grob skizzierten Ableitung, vergegenwärtigen:

Es ist geboten, eine Rechtsordnung so einzurichten, daß in ihr jedem das Seine gegeben oder belassen wird. Dasjenige, was einem jeden als das Seine zusteht, bestimmt sich durch die Natur, insbesondere durch die Natur des Menschen.

Die Natur des Menschen ist derart, daß Mann und Frau darauf angelegt sind, in eine eheliche Lebensgemeinschaft zu treten, und daß der Mann in dieser Gemeinschaft der bestimmende Teil ist. Daher steht dem Mann in allen das gemeinschaftliche eheliche Leben betreffenden Angelegenheiten die Entscheidung zu.

Der Schlußsatz dieser Ableitung entspricht wörtlich der alten Fassung des § 1354 des Bürgerlichen Gesetzbuches (BGB). Diese Norm wurde durch das Gleichberechtigungsgesetz von 1957 aufgehoben. Die Argumente, die zu ihrer Verteidigung vorgebracht wurden, hatten aber genau die Struktur der vorgenannten Ableitung. Übrigens blieb auch noch nach 1957 der Stichentscheid des Ehemanns in Fragen der Kindererziehung zunächst bestehen. Er wurde erst 1959 durch das Bundesverfassungsgericht wegen Verstoßes gegen den Gleichberechtigungsgrundsatz des Art. 3 Abs. 2 GG für verfassungswidrig erklärt.[5]

Wir können dieses Beispiel in diesem Rahmen nicht näher diskutieren. Es macht aber deutlich, daß das Hauptproblem der Ableitung im Bereich der konkreten naturrechtlichen Aussagen liegt, hier der Aussagen über die „natürliche" Dominanz des Mannes. Und es sei hinzugefügt, daß in dem Maße, in dem das Naturverständnis, auf dem diese Aussagen beruhen, seit Beginn der Neuzeit wissenschaftlich fragwürdig wurde, neben die älteren Naturrechtstheorien zunehmend neuere Vernunftrechtstheorien traten. Diese behielten übrigens zu ihrer Selbstbezeichnung überwiegend den überkommenen Ausdruck „Naturrecht" bei. Doch ist es der Sache nach zweckmäßig und heute auch weithin üblich, sie im Unterschied zu den älteren Naturrechtstheorien „Vernunftrechtstheorien" zu nennen.

Materiale Gerechtigkeitstheorien vom Vernunftrechtstypus

Zentraler Maßstabsbegriff dieser Gerechtigkeitstheorien ist die menschliche Vernunft. Diese hatte zwar, als Vermögen der Erkenntnis der „Natur" (im Sinne einer werthaften Seinsordnung), auch in den klassischen Naturrechtstheorien eine wichtige Rolle gespielt; die Interpretation des Vernunftbegriffs änderte sich aber, nachdem der oben genannte Naturbegriff seine beherrschende Stellung verloren hatte, und dieser Veränderung trägt der Terminus „Vernunftrechtstheorie" Rechnung. Vereinfacht ausgedrückt besagt die neue Interpretation, daß die Vernunft als „autonom", das heißt als selbstgesetz-

---

5 Entscheidungen des Bundesverfassungsgerichts (BVerfGE) 10,59.

gebend begriffen wurde, sei es als „instrumentelle Vernunft", d. h. als Vermögen rationaler Zweck/Mittel-Kalkulation, sei es als „praktische Vernunft", d. h. als Vermögen ethischer Prinzipien, die der Vernunft als immanent gedacht wurden. Als repräsentativ für diese Entwicklung seien die Namen *Thomas Hobbes* (1588–1679) und *Immanuel Kant* (1724–1804) genannt.

Auch die Argumentationsstruktur der materialen Gerechtigkeitstheorien vom Vernunftrechtstypus sei an einem Beispiel verdeutlicht, wiederum in Form einer einfachen, auf wenige Sätze beschränkten Ableitung. Die Sätze lauten:

Es ist geboten, eine Rechtsordnung so einzurichten, daß in ihr jedem das Seine gegeben oder belassen wird. Dasjenige, was einem jeden zusteht, bestimmt sich durch die Vernunft. Die Vernunft gebietet, das einem jeden Zustehende nur nach verallgemeinerungsfähigen Normen zu bestimmen. Die Norm, das Privateigentum abzuschaffen, ist nicht verallgemeinerungsfähig. Daher ist eine Rechtsordnung so einzurichten, daß es in ihr Privateigentum gibt.

Kernstück der Ableitung ist das Verallgemeinerungsprinzip. Dieses besagt, daß nur verallgemeinerungsfähige Normen gerecht bzw. ethisch gerechtfertigt sind. Seine berühmteste und einflußreichste Formulierung hat es im Kategorischen Imperativ *Kants* gefunden, der fordert, nur nach Maximen zu handeln, von denen man widerspruchsfrei wollen kann, daß sie zum Prinzip einer allgemeinen Gesetzgebung erhoben werden.[6] Im genannten Beispiel ist nicht dieses Prinzip problematisch, sondern die Behauptung, eine Norm, durch die das Privateigentum abgeschafft wird, sei nicht verallgemeinerungsfähig. Ob sie verallgemeinerungsfähig ist, hängt davon ab, auf welche Weise man die Kriterien der Verallgemeinerungsfähigkeit bestimmt; mindestens wäre dazu zu prüfen, welche Konsequenzen man im Fall der Verallgemeinerung (hier: der allgemeinen Abschaffung des Privateigentums) in Kauf zu nehmen bereit ist oder bereit sein sollte, und darüber sind sich die Vernunftrechtstheoretiker selbst uneinig.

Wir können auch dieses Beispiel hier nicht näher erörtern. Es macht aber, ebenso wie das zuvorgenannte, deutlich, daß das Hauptproblem der materialen Gerechtigkeitstheorien vom Vernunftrechtstypus an

---

6 *I. Kant:* Grundlegung zur Metaphysik der Sitten (1785). In: Ders.: Werke. Hrsg. von *W. Weischedel*. Stuttgart 1956ff. Bd. IV, S. 28ff., 51ff. – Ders.: Kritik der praktischen Vernunft (1788), a.a.O. S. 140. – Ders.: Die Metaphysik der Sitten (1797), a.a.O., S. 332 u. ö.

derselben Stelle liegt wie bei den Naturrechtstheorien: nämlich im Bereich der konkreten vernunftrechtlichen Aussagen. Und es war diese Schwäche der materialen Gerechtigkeitstheorien, die historisch zum Aufkommen der prozeduralen oder Verfahrenstheorien der Gerechtigkeit geführt hat.

Aufgabe 3

(a) Erläutern Sie den Begriff der Natur im Sinne der Naturrechtstheorien.

(b) Was ist dem Naturrecht und dem Vernunftrecht im Unterschied zum positiven Recht gemeinsam?

3.2.2. Prozedurale Gerechtigkeitstheorien

Prozedurale Gerechtigkeitstheorien sind, um ihre Definition zu wiederholen, darauf gerichtet, Verfahren zu entwickeln, deren Bedingungen und Regeln eingehalten werden müssen, wenn man *gerechtes Recht erzeugen* oder *Gerechtigkeitsurteile rational begründen* will. Gemäß der Zweigliedrigkeit dieser Definition sind zwei Arten prozeduraler Gerechtigkeitstheorien zu unterscheiden: Gerechtigkeitserzeugungstheorien und Gerechtigkeitsbegründungstheorien. Zunächst jedoch einige Vorbemerkungen zur Idee prozeduraler Gerechtigkeitstheorien überhaupt.

Die Idee prozeduraler Gerechtigkeitstheorien ist nicht neu. Das belegt die alte, schon den Griechen bekannte Unterscheidung zwischen dem, was von Natur, und dem, was durch Übereinkunft oder Satzung gerecht ist. Die eigentliche historische Stunde der prozeduralen Gerechtigkeitstheorien kam aber erst mit der Krise der klassischen Naturrechtstheorien zu Beginn der Neuzeit. Daher haben sich die neuzeitlichen Vernunftrechtstheorien von Anfang an in der Zweigleisigkeit materialer und prozeduraler Theorien bzw. Theorieelemente entwickelt. Und in dem Maße, wie in der Neuzeit die vormalige, hauptsächlich religiös begründete Einheit materialer Gerechtigkeits- und Moralauffassungen verlorenging, traten prozedurale Theorien bzw. Theorieelemente durchaus in den Vordergrund der modernen Vernunftrechts- und Ethikdiskussion. Im Mittelpunkt dieser Entwicklung standen zunächst prozedurale Gerechtigkeitstheorien als Teiltheorien normativer Staats- und Gesellschaftstheorien, nämlich Theorien des Gerechtigkeitsgehaltes staatlicher und gesellschaftlicher (privatautonomer) Rechtserzeugung; sie werden hier „Gerechtigkeitserzeugungstheorien" genannt. Neben sie sind aus Gründen, die noch anzusprechen sein werden, in der Gegenwart verstärkt prozedurale Gerechtigkeitstheorien als Ausprägungen analytischer Argumentations- und Entscheidungstheorien getreten; sie sind Theorien des Verfahrens der rationalen Rechtfertigung bzw. Begründung von Gerechtigkeitsurteilen und werden hier „Gerechtigkeitsbegründungstheorien" genannt.

Systematisch geht die Idee der prozeduralen Gerechtigkeitstheorie von der Vorstellung aus, daß verschiedene Verfahren denkbar sind, in denen dasjenige, was einem jeden zusteht, festgesetzt oder ermittelt wird. Zwei Grundmodelle solcher Verfahren lassen sich unterscheiden, das Vertragsmodell und das Gerichtsmodell:

- Das *Vertragsmodell* beruht auf der Vorstellung, daß das einem jeden Zustehende durch Übereinkunft aller, die es angeht, festzulegen sei.
- Das *Gerichtsmodell* beruht auf der Vorstellung, daß darüber im Streitfall eine neutrale, besonders qualifizierte Instanz zu entscheiden habe.

Beide Vorstellungen schließen gedanklich wie nach der historischen Erfahrung weitere Vorstellungen ein, vor allem darüber, welche Bedingungen in dem Verfahren erfüllt sein müssen und welche Regeln in ihm eingehalten werden sollten. Es sind dies im Vertragsmodell beispielsweise Bedingungen und Regeln über die Einsichtsfähigkeit und Gleichberechtigung der Partner sowie über den Ausschluß von Zwang, Drohung und Täuschung. Im Gerichtsmodell handelt es sich zum Beispiel um Bedingungen und Regeln über die Qualifikation, Unabhängigkeit, Unparteilichkeit und Vorurteilslosigkeit des Richters sowie über seine Pflicht, alle Verfahrensbeteiligten zu Wort kommen zu lassen, anzuhören und ihnen gleiche Chancen zu geben. Von weiteren Verfahrensmodellen, besonders dem Gesetzgebungsmodell und dem Modell wissenschaftlicher Wahrheitsfindung, wird noch zu reden sein; doch sei schon hier bemerkt, daß sie alle, wenngleich auf verschiedene Weise, auf den Bedingungs- und Regelbestand jener beiden Grundmodelle zurückgreifen und insofern zusammengesetzte Modelle sind.

Gerechtigkeitserzeugungstheorien

Gerechtigkeitserzeugungstheorien sind Theorien über Verfahren, deren Einhaltung gewährleisten soll, daß das in ihnen erzeugte Recht gerecht ist, oder, schwächer ausgedrückt, deren Einhaltung nach Maßgabe des Möglichen verhindern soll, daß ungerechtes Recht erzeugt wird. Nach dem Erzeugungssubjekt lassen sich Theorien staatlicher und solche privatautonomer Rechtserzeugung unterscheiden.

Positives Recht wird im modernen gewaltenteilenden Gesetzgebungsstaat in erster Linie durch den *staatlichen Gesetzgeber* erzeugt (vgl. Kap. 2), daneben durch die *Verwaltung,* soweit ihr Rechtsetzungsbefugnisse übertragen sind, und die *Gerichte,* soweit das gesetzte Recht Auslegungsspielräume gewährt, Normenwidersprüche enthält und steter Anpassung und Fortbildung an die sich wandelnden Verhältnisse bedarf. Aber auch soweit Verwaltung und Rechtsprechung lediglich gesetzesanwendend tätig werden, muß durch Verfahrensregeln dafür Sorge getragen werden, daß dies korrekt und willkürfrei geschieht.

Vom Verfahren staatlicher Gesetzgebung war in Kapitel 2 die Rede. Vom Verwaltungs- und Gerichtsverfahren handeln mehrere der folgenden Studieneinheiten. Unter dem Aspekt des Verhältnisses von Recht und Macht wird vor allem im 4. Kapitel der Gerechtigkeitsgehalt der Theorie des demokratischen Verfassungsstaates aufgezeigt werden. Wir können uns deshalb hier kurz fassen.

Hinzuweisen ist zunächst auf die herausragende Bedeutung, die das *Gesetzgebungsmodell,* in Gestalt des Modells demokratisch-parlamentarischer Gesetzgebung, in der neuzeitlichen Staatstheorie gespielt hat und noch heute spielt. Erinnert sei daran, daß es sich hierbei um ein zusammengesetztes Modell handelt; es wäre ein Thema für sich, genauer zu untersuchen, welche seiner Elemente auf dem Vertrags- und welche auf dem Gerichtsmodell beruhen. Festzuhalten ist weiter, daß die Theorie des *demokratischen Verfassungsstaates* in ihrer Gesamtheit das historisch eindrucksvollste Beispiel einer prozeduralen, genauer: einer gemischt prozedural-materialen Gerechtigkeitstheorie darstellt. Sie ist eine prozedurale Gerechtigkeitstheorie, weil sie Bedingungen und Regeln des Gesetzgebungs-, des Verwaltungs- und des Gerichtsverfahrens formuliert, die in ihrem Zusammenwirken die nach menschlichem Ermessen größtmögliche Gewähr gegen Machtmißbrauch und Ungerechtigkeit bieten. Und sie ist eine materiale Theorie, weil zum demokratischen Verfassungsstaat die Gewährleistung von Menschen- und Bürgerrechten, vor allem von Freiheits- und Gleichheitsrechten, gehört, die allen drei Staatsgewalten (dem Gesetzgeber, der Verwaltung und der Rechtsprechung) nicht nur verfahrensmäßig, sondern auch inhaltlich Grenzen setzen.

Die neuzeitliche Rechts- und Staatstheorie beruht auf der Trennung von Staat und Gesellschaft. Sie weist dem Staat die Aufgabe zu, Garant und Repräsentant des Gemeininteresses zu sein, und sie versteht die Gesellschaft als Sphäre grundrechtlich geschützter individueller Selbstentfaltung. Der Staat definiert durch das von ihm gesetzte Recht die Rahmenbedingungen freier Selbstentfaltung in der Gesellschaft. Aber auch innerhalb der Gesellschaft wird Recht erzeugt. In ihr findet eine *privatautonome Rechtserzeugung* statt, deren Subjekte Privatpersonen als Vertragsparteien sind.

Auch hinsichtlich des privatautonom (vor allem durch Verträge) erzeugten Rechts stellt sich die Frage nach seiner Gerechtigkeit, und auch als Antwort darauf hat die neuzeitliche Rechtsphilosophie eine Verfahrenstheorie der Gerechtigkeit entwickelt. Sie beruht auf dem Vertragsmodell und besagt, daß sich namentlich im ökonomischen Bereich, durch die Regeln des Marktes und des Wettbewerbs, eine gerechte Verteilung der in einer Gesellschaft produzierten Güter und der in ihr angebotenen Leistungen herstellen werde. (Weiteres dazu in den Kap. 4 und 5.)

Die Trennung von Staat und Gesellschaft ist in der Gegenwart problematisch geworden. Verzerrungen des Marktmechanismus, besonders durch die wirtschaftliche Machtstellung großer Unternehmen, haben den Staat in wachsendem Maße genötigt, reglementierend in die Sphäre der privatautonomen Rechtserzeugung einzugreifen. Die Gerechtigkeitsanforderungen an das staatlich erzeugte Recht sind dadurch gestiegen. Das Stichwort „soziale Frage" mag genügen, um die damit angesprochene Problematik anzudeuten. Es ist zudem nicht nur dieser Problemkreis, der der Gerechtigkeitsfrage in der Gegenwart erhöhte Aktualität verliehen hat. Hinzu kommen die Erfahrungen totalitärer Unrechtsstaaten „rechter" und „linker" Prägung sowie die immer offenkundiger werdenden Folgeprobleme der wissenschaftlich-technischen Revolution. Auch dafür können hier nur Stichworte

genannt werden: Umweltbelastung, Ressourcenverknappung, Über-
bevölkerung, internationale Umverteilung.

Alle diese Herausforderungen haben in diesem Jahrhundert und verstärkt in den letzten Jahrzehnten in einem breiten internationalen
Rahmen zu einer überaus vielfältigen Neubelebung der Gerechtigkeitsdebatte und darüber hinaus der praktischen Philosophie überhaupt geführt. Die Theorie des demokratischen Verfassungsstaates
als prozedural-materiale Gerechtigkeitstheorie hat dadurch nichts an
ihrer Aktualität eingebüßt. Da sich aber die Legitimationsanforderun-
gen an das staatlich gesetzte wie auch an das privatautonom erzeugte
Recht erhöht haben, ist in den Mittelpunkt der gegenwärtigen Gerechtigkeitsdebatte erneut die Frage getreten, ob und inwieweit sich
Gerechtigkeitsprobleme überhaupt rational bzw. wissenschaftlich lösen lassen. Eine Antwort darauf versuchen die prozeduralen Gerechtigkeitsbegründungstheorien zu geben.

Gerechtigkeitsbegründungstheorien

Das ihnen zugrunde liegenden Verfahrensmodell ist das *Modell wissenschaftlicher Wahrheitsfindung* – „Wahrheitsfindung" im weiten
Sinne genommen, die die „Findung" oder besser: die Begründung
richtiger Werturteile einschließt. Eine genauere Betrachtung zeigt
freilich, daß auch die hier einschlägige Diskussion in einem hohen
Maße auf die beiden Grundmodelle aller Verfahrenstheorien, das
Vertragsmodell und das Gerichtsmodell, zurückgreift. Auch dies hat,
nebenbei bemerkt, Tradition. So hatte schon *Kant* seinen Kategorischen Imperativ, der als Verallgemeinerungsprinzip in der gegenwärtigen Ethikdebatte eine zentrale Rolle spielt, nicht nur material, das
heißt als Obersatz inhaltlicher Ableitungen, sondern auch prozedural
interpretiert und dabei zur Ermittlung dessen, was verallgemeinerungsfähig sei, sowohl das Vertrags- bzw. Konsensmodell als auch das
Gerichtsmodell herangezogen[7].

Mit einer gewissen Vereinfachung kann man sogar sagen, daß der
Unterschied zwischen den beiden Hauptarten heutiger prozeduraler
Gerechtigkeitsbegründungstheorien – Argumentationstheorien der
Gerechtigkeit einerseits und Entscheidungstheorien der Gerechtig-
keit andererseits – auf der Differenz zwischen jenen beiden Grundmo-

---

7 Vgl. *R. Dreier:* Zur Einheit der praktischen Philosophie Kants. In: Ders.:
Recht – Moral – Ideologie. Frankfurt 1981, Kap. 10 (mit weiteren Nachweisen).

dellen beruht. Das gilt jedenfalls insofern, als die Ermittlung dessen, was gerecht und ungerecht ist, im einen Fall der rationalen Verständigung zwischen *mehreren* gleichberechtigten Partnern und im anderen Fall der rationalen Entscheidung durch *ein einziges,* besonders qualifiziertes oder unter spezifischen Bedingungen entscheidendes Subjekt obliegt. Beide Theoriearten können hier nur mit wenigen Sätzen charakterisiert werden.

Argumentationstheorien der Gerechtigkeit sind darauf gerichtet, Bedingungen und Regeln eines rationalen Diskurses zu erarbeiten, in welchem eine vernünftige Übereinstimmung *(Konsens)* darüber, was gerecht und was ungerecht ist, erzielt werden kann. Es sind dies vor allem Bedingungen und Regeln einer klaren, informierten, vorurteilsfreien und rollentauschbereiten Diskussion. Die Stärke dieses Theorietyps, der übrigens nicht auf die Gerechtigkeitsdebatte beschränkt ist, sondern über weite Strecken die heutige Ethikdebatte überhaupt beherrscht, liegt darin, daß er die Bedingungen der Möglichkeit rationaler Verständigung in ethischen Fragen inzwischen mit einem hohen Maß an Präzision und Plausibilität formuliert hat[8]. Seine Schwäche ist, daß die genannten Bedingungen und Regeln, wie auf der Hand liegt, stets nur annäherungsweise erfüllbar sind und sich daher ein „irrationaler Rest" als faktisch unaufhebbar erweist. Als einer der Hauptrepräsentanten dieser Art von Gerechtigkeitstheorien sei der Belgier *Chaim Perelman* genannt[9].

Entscheidungstheorien der Gerechtigkeit sind darauf gerichtet, Bedingungen und Regeln zu erarbeiten, nach denen ein einziges Subjekt eine rationale und für alle akzeptable Entscheidung darüber, was gerecht und ungerecht ist, treffen kann. Die im letzten Jahrzehnt international meistdiskutierte Theorie dieses Typs hat der Amerikaner *John Rawls* vorgelegt[10]. *Rawls,* der seine Theorie übrigens selbst als „prozedurale Interpretation" des Kategorischen Imperativs bezeichnet, versucht darin, die Grundgedanken der vernunftrechtlichen Staatsvertragstheorien mit dem Instrumentarium moderner, vor allem

---

8 *R. Alexy:* Theorie der juristischen Argumentation. Frankfurt 1978.
9 *Ch. Perelman:* Über die Gerechtigkeit. Dt. Ausgabe. München 1967.
10 *J. Rawls:* A Theory of Justice. Cambridge/Mass. 1971. Dt. Ausg.: Eine Theorie der Gerechtigkeit. Frankfurt 1979. – Zur Diskussion: *N. Daniels (Ed.):* Reading Rawls. Oxford 1975; *O. Höffe* (Hrsg.): Über John Rawls' Theorie der Gerechtigkeit. Frankfurt 1977.

ökonomischer Entscheidungstheorien zu rekonstruieren. Die Stärke dieser Theorie liegt in ihrer Ausgereiftheit und Reichhaltigkeit. Ihr Hauptproblem besteht in der für alle Entscheidungstheorien charakteristischen Gefahr, die Entscheidungssituation so zu definieren, daß ein bestimmtes Ergebnis, nämlich dasjenige, das den subjektiven Gerechtigkeitsvorstellungen des Theoretikers entspricht, bereits präjudiziert ist. So läßt *Rawls* das von ihm konstruierte Entscheidungssubjekt, ein nach Belieben ausgewähltes und mit gesundem Egoismus begabtes Individuum, die Grundsätze einer gerechten Staats- und Gesellschaftsverfassung zwar unter der einleuchtenden Bedingung wählen, daß es im Zeitpunkt der Wahl nicht weiß, welchen Platz es in der einzurichtenden Gesellschaft einnehmen, ob es also in ihr reich oder arm, stark oder schwach, begabt oder unbegabt sein wird, aber er fügt die Regel hinzu, daß die Wahl nach dem Prinzip des geringstmöglichen Risikos zu treffen sei. Er gelangt so zu sozialstaatlich-egalitären Konsequenzen, die ihm sogleich die Kritik liberaler Theoretiker eingetragen haben[11].

Aufgabe 4

Worin besteht der Unterschied zwischen materialen und prozeduralen Gerechtigkeitstheorien?

3.2.3. Zur rationalen Entscheidbarkeit ethischer Fragen

Diese knappen und keineswegs vollständigen Hinweise mögen genügen, um einen ersten Eindruck von der Spannweite und Vielfalt älterer und neuerer normativer Gerechtigkeitstheorien zu geben. Es verbleibt die Frage, wie es angesichts des aufgezeigten Theorienpluralismus mit der These des Wertrelativismus steht, ethische und damit auch Gerechtigkeitsfragen seien rational unentscheidbar; letzte Wertüberzeugungen seien nicht der Erkenntnis, sondern nur des Bekenntnisses fähig; über ihre Durchsetzung entscheide der politische Macht- und Meinungskampf.

---

11 Vgl. etwa *R. Nozick:* Anarchie, Staat, Utopia. Dt. Ausgabe. München 1975, S. 170 ff.

3. Recht und Gerechtigkeit

Dem ist zunächst zuzugeben, daß im Bereich der konkreten Aussagen darüber, was gerecht und ungerecht ist, also im Bereich der materialen Gerechtigkeitstheorien, nach wie vor schwer überbrückbare Gegensätze bestehen. Ein differenzierteres Urteil erfordern die prozeduralen Gerechtigkeitstheorien. Was zunächst die Gerechtigkeits*erzeugungs*theorien betrifft, so haben jedenfalls die Theorien des demokratischen Verfassungsstaates ein Maß an historischer Bewährtheit erreicht, das nur durch ideologische Befangenheit bestreitbar ist. Gewiß muß sich diese Auffassung gefallen lassen, ihrerseits – besonders aus marxistisch-leninistischer Sicht – unter Ideologieverdacht gestellt zu werden. Dem ist entgegenzuhalten, daß sich gerade an den Staaten des „realen Sozialismus" zeigt, zu welchen Konsequenzen es führt, wenn die historischen Errungenschaften demokratisch-rechtsstaatlicher Institutionen preisgegeben werden. Gleichwohl kann die Rolle des wechselseitigen Ideologieverdachts in dieser Debatte kaum überschätzt werden. Das gilt verstärkt für die Theorien des Gerechtigkeitsgehalts privatautonomer Rechtserzeugung.

Ein um so größeres Gewicht gewinnen die Gerechtigkeits*begründungs*theorien. Ihre Stärken wie ihre Schwächen hatten wir kurz angesprochen. Sie machen deutlich, daß die Relativismusthese durch sie zwar nicht im vollen Umfang als widerlegt, wohl aber als relativiert gelten kann. Mit anderen Worten: Die rationale Entscheidbarkeit ethischer Fragen läßt sich beim gegenwärtigen Diskussionsstand weder pauschal bejahen noch pauschal verneinen. Doch ist die Einsicht darin vertieft und präzisiert worden, welche Bedingungen erfüllt sein müssen, wenn ethische Fragen rational diskutiert und entschieden werden sollen. Diese Bedingungen (vor allem: Klarheit, Informiertheit, Vorurteilslosigkeit und Identifikationsbereitschaft) sind, wie gesagt, stets nur annäherungsweise erfüllbar; aber die Möglichkeiten ihrer Erfüllung können verbessert werden. Und mit dièser Maßgabe gibt es unterschiedliche Grade der Relativität von Werturteilen.

3.3. Gerechtigkeit und positives Recht

Wir wollen in den Mittelpunkt dieses dritten und letzten Abschnitts unserer Überlegungen das Problem der Gehorsamspflicht gegenüber ungerechten Gesetzen stellen. Doch sei vorab angemerkt, daß damit der Gesamtrahmen des Themas keineswegs ausgeschöpft ist. Außer

Betracht bleiben der Einfluß von Gerechtigkeitsvorstellungen auf den Prozeß der Gesetzgebung sowie der Auslegung und Anwendung des gesetzten Rechts; beide Punkte sind insbesondere Gegenstand der Kapitel 2 und 5.

3.3.1. Der juristische Positivismus

Was das Problem der Gehorsamspflicht gegenüber ungerechten Gesetzen betrifft, so hat man sich zunächst noch einmal zu vergegenwärtigen, wie vielfältig die Vorstellungen darüber, was gerecht und was ungerecht ist, tatsächlich sind. Diese Vielfalt legt die Konsequenz nahe, daß es geradezu abwegig wäre, die Verbindlichkeit eines ordnungsgemäß zustande gekommenen Gesetzes davon abhängig zu machen, ob derjenige, an den es adressiert ist – sei es der Verwaltungsbeamte, der Richter oder der Bürger –, es für gerecht oder für ungerecht hält. Man könnte einwenden, daß es nicht auf die subjektiven Gerechtigkeitsvorstellungen des Bürgers, Verwaltungsbeamten oder Richters ankomme, sondern auf wissenschaftlich bewährte Gerechtigkeitstheorien oder rational überprüfte Gerechtigkeitsurteile. Doch müßte dann spätestens der Richter darüber entscheiden, was als wissenschaftlich bewährt oder rational überprüft zu gelten habe, und wir hatten gesehen, wie groß die Vielfalt der einschlägigen Gerechtigkeitstheorien ist und wie schwer im Falle der Argumentationstheorien die von ihnen formulierten Rationalitätsbedingungen einzulösen sind. Das gilt unbeschadet der am Schluß des vorigen Abschnitts getroffenen Feststellung, daß es unterschiedliche Grade der Relativität von Werturteilen gibt. In jedem Falle kann man das Phänomen der Vielzahl von Gerechtigkeitsvorstellungen und -theorien nicht ernst genug nehmen.

Die konsequenteste Folgerung daraus zieht der *juristische Positivismus*. Seine Zentralthese ist, daß kein notwendiger Zusammenhang zwischen Recht und Moral bestehe und jeder beliebige Inhalt, auch der moralisch verwerflichste, positives Recht sein könne. Exemplarisch hat diese Position *Hans Kelsen* formuliert:

„Daß Gerechtigkeit kein das Recht von anderen Zwangsordnungen unterscheidendes Merkmal sein kann, ergibt sich aus dem relativen Charakter des Werturteils, demzufolge eine Gesellschaftsordnung gerecht ist. [. . . .] Wird Gerechtigkeit als Kriterium der als Recht zu bezeichnenden normativen Ordnung angenommen, dann sind die kapitalistischen Zwangsordnungen der westlichen Welt, vom Standpunkt des kommunistischen Gerechtigkeitsideals, und die kommunistische Zwangsordnung der Sowjetunion, vom Standpunkt des kapitalistischen Gerechtigkeitsideals, kein Recht. Ein zu solcher Konsequenz führender Begriff des Rechts kann von einer positivistischen Rechtswissenschaft nicht akzeptiert werden. Eine Rechtsordnung mag vom Standpunkt einer bestimmten Gerechtigkeitsnorm aus als ungerecht beurteilt werden. Aber die Tatsache, daß der Inhalt einer wirksamen Zwangsordnung als ungerecht beurteilt werden kann, ist jedenfalls kein Grund, diese Zwangsordnung nicht als Rechtsordnung gelten zu lassen."[12]

Daß sich mit dieser Position, bezogen auf die Berufspflicht des Richters, durchaus ein moralisches Pathos verbinden läßt, zeigt ein anderes Zitat. Es stammt von *Gustav Radbruch:*

„Für den Richter ist es Berufspflicht, den Geltungswillen des Gesetzes zur Geltung zu bringen, das eigene Rechtsgefühl dem autoritativen Gesetzesbefehl zu opfern, nur zu fragen, was Rechtens ist, und niemals, ob es auch gerecht sei. Man möchte freilich fragen, ob diese Richterpflicht selbst, dieses sacrificium intellectus, diese Blankohingabe der eigenen Persönlichkeit an eine Rechtsordnung, deren künftige Wandlungen man nicht einmal ahnen kann, sittlich möglich sei. Aber wie ungerecht immer das Recht seinem Inhalt nach sich gestalten möge – es hat sich gezeigt, daß es *einen* Zweck stets, schon durch sein Dasein, erfüllt, den der Rechtssicherheit. Der Richter, indem er sich dem Gesetze ohne Rücksicht auf seine Gerechtigkeit dienstbar macht, wird also trotzdem nicht bloß zufälligen Zwecken der Willkür dienstbar. Auch wenn er, weil das Gesetz es so will, aufhört, Diener der Gerechtigkeit zu sein, bleibt er noch immer Diener der Rechtssicherheit. Wir verachten den Pfarrer, der gegen seine Überzeugung predigt, aber wir verehren den Richter, der sich durch sein widerstrebendes Rechtsgefühl in seiner Gesetzestreue nicht beirren läßt."[13]

3.3.2. Die Radbruchsche Formel

Radbruch hat jene Sätze 1932 geschrieben. Er hat damals in der Tat nicht ahnen können, welche Wandlung die deutsche Rechtsordnung nach 1933 nehmen würde. Immerhin hat ihn die Erfahrung dieser Wandlung, in deren Verlauf ein demokratischer Verfassungsstaat binnen weniger Monate in einen diktatorischen Unrechtsstaat verwandelt

---

12 *H. Kelsen:* Reine Rechtslehre. Wien ²1960, S. 50.
13 *G. Radbruch:* Rechtsphilosophie (1932). Stuttgart ⁸1973, S. 178.

wurde, später zu einer Änderung seines Standpunkts veranlaßt. In einem zuerst 1946 veröffentlichten Aufsatz mit dem Titel „*Gesetzliches Unrecht und übergesetzliches Recht*" hat er die inzwischen berühmt gewordene Formel geprägt, daß im Konflikt zwischen positivem Recht und Gerechtigkeit zwar in der Regel dem positiven Gesetz der Vorzug zu geben sei, „es sei denn, daß der Widerspruch des positiven Gesetzes zur Gerechtigkeit ein so unerträgliches Maß erreicht, daß das Gesetz als ‚unrichtiges Recht' der Gerechtigkeit zu weichen hat"[14].

Diese Formel ist seither mehrfach auch in der höchstrichterlichen und der Verfassungsrechtsprechung aufgenommen worden, zuletzt und am markantesten in einer Entscheidung des Bundesverfassungsgerichts vom 14. Februar 1968[15]. Im Ausgangsfall dieser Entscheidung ging es darum, ob ein vor dem zweiten Weltkrieg nach Holland emigrierter und dort 1942 verschollener Jude nach deutschem oder nach niederländischem Recht zu beerben sei. Das hing davon ab, ob er gemäß § 2 der 11. Verordnung zum Reichsbürgergesetz vom 25. 11. 1941 als emigrierter Jude die deutsche Staatsbürgerschaft verloren hatte. Da die Spezialnorm des Art. 116 Abs. 2 GG, die an sich beansprucht, Fälle dieser Art zu regeln, wegen des Sachverhalts der Verschollenheit, jedenfalls nach Auffassung des Bundesverfassungsgerichts, im vorliegenden Fall nicht anwendbar war, sah sich das Gericht veranlaßt, rechtsgrundsätzliche Erwägungen über die Gültigkeit der genannten Verordnung anzustellen. (Art. 116 Abs. 2 Satz 1 GG besagt: Frühere deutsche Staatsangehörige, denen zwischen dem 30. Januar 1933 und dem 8. Mai 1945 die Staatsangehörigkeit aus politischen, rassischen oder religiösen Gründen entzogen worden ist, sind auf Antrag wieder einzubürgern. Sie gelten als nicht ausgebürgert, sofern sie nach dem 8. Mai 1945 ihren Wohnsitz in Deutschland genommen haben und nicht einen entgegenstehenden Willen zum Ausdruck gebracht haben.) Die Leitsätze 1–3 der Entscheidung lauten:

„1. Nationalsozialistischen ‚Rechts'vorschriften kann die Geltung als Recht abgesprochen werden, wenn sie fundamentalen Prinzipien der Gerechtigkeit so evident widersprechen, daß der Richter, der sie anwenden oder ihre Rechtsfolgen anerkennen wollte, Unrecht statt Recht sprechen würde.
2. In der Elften Verordnung zum Reichsbürgergesetz vom 25. 11. 1941 (Reichsgesetzblatt I S. 772) hat der Widerspruch zur Gerechtigkeit ein so unerträgliches Maß erreicht, daß sie von Anfang an als nichtig erachtet werden muß.

---

14 *G. Radbruch:* Gesetzliches Unrecht und übergesetzliches Recht, 1946. Abgedruckt in: Ders.: Rechtsphilosophie, a.a.O., S. 339–350.
15 Entscheidungen des Bundesverfassungsgerichts (BVerfGE) 23, 98.

3. Recht und Gerechtigkeit

3. Einmal gesetztes Unrecht, das offenbar gegen konstituierende Grundsätze des Rechts verstößt, wird nicht dadurch zu Recht, daß es angewendet und befolgt wird."

Die *Radbruchsche* Formel und die ihr folgende Rechtsprechung haben eine lebhafte internationale Debatte ausgelöst, die bis heute nicht abgeschlossen ist. In ihr ist der positivistische Standpunkt mit besonderem Nachdruck von dem englischen Rechtstheoretiker *Herbert Hart* geltend gemacht worden[16].

Nach *Hart* beruht alles, was *Radbruch* in dem zitierten Aufsatz aus dem Jahre 1946 sagt, auf dem Mißverständnis, daß mit der Anerkennung einer Norm als einer gültigen Norm des Rechts auch schon die *moralische* Frage, ob man dieser Norm Gehorsam leisten sollte, entschieden sei. *Hart* besteht also auf der positivistischen Trennung von Recht und Moral und demgemäß auf der strengen Unterscheidung zwischen Rechtspflicht und Moralpflicht. Zwar könne, so meint er, jeder beliebige Inhalt, auch der moralisch verwerflichste, positives und daher rechtlich geltendes Recht sein. Doch sei mit der Feststellung, daß eine Norm geltendes Recht sei, noch nichts darüber ausgesagt, ob man ihr auch moralisch Gehorsam schulde. Darüber habe jeder Rechtsunterworfene nach seinem Gewissen zu entscheiden – im Bewußtsein der Konsequenzen, die er im Ungehorsamsfalle auf sich nehme. Doch läßt *Hart* keinen Zweifel daran, daß es nach seiner Auffassung eine moralische Pflicht gibt, positiven Gesetzen, die ein gewisses Maß an Ungerechtigkeit und moralischer Verwerflichkeit überschreiten, den Gehorsam zu verweigern.

Man muß zugeben, daß dies eine sehr klare und konsequente Position ist. Dennoch fragt sich, ob sie in Situationen wie der, vor der die deutschen Gerichte nach 1945 standen, praktikabel ist, ohne zu unerträglichen Ergebnissen zu führen. Eine begründete Antwort darauf läßt sich nur durch eine eingehende Untersuchung der einschlägigen Rechtsprechung gewinnen. Nach meiner Auffassung ergibt eine solche Untersuchung, daß die Position *Radbruchs* gegenüber derjenigen *Harts* den Vorzug verdient. Der Konflikt zwischen Recht und Moral oder zwischen positivem Recht und Gerechtigkeit ist eben *nicht ein*

---

16 *H. L. A. Hart:* Der Positivismus und die Trennung von Recht und Moral. In: Ders.: Recht und Moral. Drei Aufsätze. Göttingen 1971, S. 14–75, 39 ff. Vgl. auch Ders.: The Concept of Law. Oxford 1961, S. 203 ff. (dt. Ausg.: Der Begriff des Rechts. Frankfurt 1973, S. 285 ff.).

ausschließlich moralischer Konflikt, dessen Lösung dem individuellen Gewissen überlassen bleiben kann, sondern er ist *auch ein rechtlicher Konflikt,* über den im Rechtsstreit mit rechtlichen Argumenten entschieden werden muß. Und gerade angesichts des Phänomens totalitärer Diktaturen sind die Gerichte so unabweisbar mit dem Gerechtigkeitsbezug des Rechts konfrontiert, daß dessen Ausklammerung gleichbedeutend mit einer Verfehlung ihrer Aufgabe wäre: der Aufgabe nämlich, Entscheidungen zu fällen, die zwar in erster Linie am positiven Gesetz, im Zweifelsfall aber auch am Gerechtigkeitsgedanken orientiert sein müssen. Gewiß gewinnen die Begriffe des Rechts und der Rechtsgeltung, wenn man sie im Sinne der Radbruchschen Formel, also in einem rechtsethischen Sinne, modifiziert, ein gewisses Maß an Unbestimmtheit, genauer: an wertungsgebundener Offenheit. Einem darauf gestützten Einwand ist zu entgegnen, daß diese Offenheit der Problemlage entspricht, die zum Ausdruck zu bringen die Aufgabe jener Begriffe ist.

Aufgabe 5

Worin unterscheiden sich die Positionen *Radbruchs* (1946) und *Harts?*

3.3.3. Recht und Gerechtigkeit im demokratischen Verfassungsstaat

Radbruch hat seine Formel unter dem Eindruck des gesetzlichen Unrechts einer totalitären Diktatur formuliert. Sieht man davon ab, daß sich mit ihr ein rechtsethischer Appell verbindet, der überall und zu jeder Zeit Geltung beansprucht, so liegt ihre praktische Bedeutung vor allem darin, daß sie den Gerichten die Möglichkeit bietet, positiven Gesetzen nach dem Zusammenbruch eines totalitären Systems oder auch außerhalb eines solchen den Rechtscharakter abzusprechen und beispielsweise Widerstand gegen sie nachträglich als rechtlich gerechtfertigt anzuerkennen. Eine andere Frage ist, welche Bedeutung jener Formel im Blick auf die Gesetze eines *demokratischen Verfassungsstaates,* also etwa der Bundesrepublik Deutschland, zukommt.

3. Recht und Gerechtigkeit

Dazu ist zunächst daran zu erinnern, daß die Theorie des demokratischen Verfassungsstaates eine sowohl materiale als auch prozedurale Gerechtigkeitstheorie ist. Die Realisierung dieser Theorie in der Rechts- und Verfassungsordnung eines konkreten Staates bedeutet den Versuch, in das positive Recht dieses Staates Institutionen und Prozeduren einzubauen, die die größtmögliche Gewähr gegen Ungerechtigkeiten bieten.

Wir wollen uns das am Beispiel der Bundesrepublik vor Augen führen: In ihr hat jeder Bürger zunächst einmal die Möglichkeit, seine Gerechtigkeitsvorstellungen in den allgemeinen politischen Meinungs- und Willensbildungsprozeß einzubringen, etwa durch die Teilnahme an freien Wahlen, die Mitarbeit in politischen Parteien und die Beteiligung an legalen Demonstrationen. Darüber hinaus, und vor allem dieser Punkt ist hier hervorzuheben, ist er durch ein lückenloses Grundrechtssystem und ein nahezu lückenloses Rechtsschutzsystem gegen den Mißbrauch staatlicher Gewalt geschützt (vgl. Art. 1–19 und 93 Abs. 1 Ziff. 4a GG). Im Grundrechtssystem sind mit den Begriffen der Menschenwürde, der Freiheit und der Gleichheit die zentralen Gehalte aller materialen Gerechtigkeitstheorien der Neuzeit als Prinzipien positiv geltenden Verfassungsrechts enthalten. Der Gesetzgeber ist, ebenso wie die Verwaltung und die Rechtsprechung, an die Grundrechte gebunden (Art. 1 Abs. 3 GG), und die Einhaltung dieser Bindung wird durch unabhängige Gerichte überwacht. Das heißt nicht, daß es nicht auch in der Bundesrepublik Ungerechtigkeiten geben könne, die sich, je nach Standpunkt, als evident und schwerwiegend klassifizieren lassen. Doch kann sich jeder Bürger, der sich durch einen Akt hoheitlicher Gewalt ungerecht behandelt fühlt, mit der Behauptung, in seinen Rechten verletzt zu sein, an die zuständigen Gerichte – bis hin zum Bundesverfassungsgericht – wenden (vgl. Art. 19 Abs. 4, 93 Abs. 1 Ziff. 4a GG). Und ein Gericht, das ein Gesetz, auf dessen Gültigkeit es bei der Entscheidung ankommt, für verfassungswidrig hält, hat das Verfahren auszusetzen und die Entscheidung eines Landesverfassungsgerichts oder, bei Grundgesetzverletzungen, des Bundesverfassungsgerichts einzuholen (Art. 100 Abs. 1 GG). Im Ergebnis bedeutet dies, vereinfacht ausgedrückt: Das Problem der Gerechtigkeit des Rechts ist zum Problem der Verfassungsmäßigkeit der Gesetze geworden. Natürlich hat auch dieses System seine Grenzen. Zum Beispiel: Wer überprüft die Richtigkeit der Rechtsprechung des Bundesverfassungsgerichts? Über die damit angesprochene Problematik der Verfassungsgerichtsbarkeit ist viel diskutiert worden, und darauf einzugehen, würde den Rahmen dieses Kapitels sprengen.

Halten wir fest: Niemand braucht sich in der Bundesrepublik auf überpositives Recht zu berufen, wenn er ein Gesetz oder einen gesetzlich geregelten Zustand für ungerecht hält. Er kann versuchen, seine Überzeugung in die Behauptung zu kleiden, das Gesetz oder der Zustand sei verfassungswidrig. Freilich ist nicht gesagt, daß er mit dieser Behauptung durchdringt. Die genannten Prinzipien, etwa das Freiheits- und das Gleichheitsprinzip, aber auch das Rechtsstaats- und das Sozialstaatsprinzip (Art. 20, 28 GG) sind mehrerer Interpretationen fähig, und sie stehen untereinander in einem Spannungsverhältnis. Um ihre Interpretation und ihren Ausgleich geht es im Kampf ums Recht mit den Mitteln und in den Formen des Rechts. Die rechtsethische Offenheit, die die Radbruchsche Formel den Begriffen des Rechts und der Rechtsgeltung verleiht, ist für das positive Recht der Bundesrepublik also bereits von Verfassungs wegen gegeben.

Was aber ist mit dem, der in jenem „Kampf ums Recht" unterliegt, der also seine Gerechtigkeitsauffassung weder im politischen noch im gerichtlichen Prozeß durchzusetzen vermag? Hat er ein Recht auf Ungehorsam oder Widerstand? Dazu ist zunächst zu sagen, daß es hier nicht um das Widerstandsrecht geht, das 1968 als neuer Absatz 4 in Art. 20 GG eingefügt wurde. Dieses richtet sich gegen Bestrebungen zur Beseitigung der rechtsstaatlich-demokratischen Ordnung. Hier steht dagegen das Recht auf Widerstand oder Ungehorsam gegen einzelne Ungerechtigkeiten oder behauptete Rechtswidrigkeiten in einem im übrigen funktionsfähigen Rechtsstaat zur Debatte. Das Bundesverfassungsgericht hat die Frage, ob für die Anerkennung eines solchen Rechts im Rechtsstaat überhaupt ein Bedürfnis bestehe, in einer Entscheidung aus dem Jahre 1956 ausdrücklich offengelassen, aber vorsorglich die Anforderungen formuliert, die bejahendenfalls an seine Ausübung zu stellen wären[17]. Der hier einschlägige Leitsatz 10 der Entscheidung lautet:

„Wenn es angesichts des grundgesetzlichen Systems der gegenseitigen Hemmung und des Gleichgewichts staatlicher Gewalten und des wirksamen Rechtsschutzes gegen Verfassungsverstöße und -verfälschungen von Staatsorganen ein dem Grundgesetz immanentes Widerstandsrecht gegen einzelne Rechtswidrigkeiten gibt, so sind an seine Ausübung jedenfalls folgende Anforderungen zu stellen:

Das Widerstandsrecht kann nur im konservierenden Sinne benutzt werden, d. h. als Notrecht zur Bewahrung oder Wiederherstellung der Rechtsordnung.

Das mit dem Widerstand bekämpfte Unrecht muß offenkundig sein.

---

17 Entscheidungen des Bundesverfassungsgerichts (BVerfGE) 5, 85.

3. Recht und Gerechtigkeit

Alle von der Rechtsordnung zur Verfügung gestellten Rechtsbehelfe müssen so wenig Aussicht auf wirksame Abhilfe bieten, daß die Ausübung des Widerstandes das letzte verbleibende Mittel zur Erhaltung oder Wiederherstellung des Rechts ist."

Hinzugefügt sei, daß sich ein solches „Widerstandsrecht" verfassungsrechtlich allenfalls als Recht auf eine bestimmte Art und Weise der Grundrechtsausübung begründen ließe, etwa als Recht auf Wahrnehmung der Meinungs- oder der Versammlungsfreiheit, das dann aber den strengen und gerichtlich überprüfbaren Voraussetzungen des Güterabwägungs- und des Verhältnismäßigkeitsprinzips unterliegt. Im übrigen kann man darüber streiten, ob es sinnvoll ist, hier überhaupt noch von einem „Widerstandsrecht" zu sprechen. Das ist umstritten und mag hier dahinstehen. Am Rande sei dazu auf die anglo-amerikanische Diskussion über den Begriff und die Rechtfertigungsfähigkeit des „zivilen Ungehorsams" hingewiesen[18]. Aber das ist ein neues Thema. Und das Stichwort „ziviler Ungehorsam" genügt, um anzudeuten, daß das Problem der Gerechtigkeit des Rechts auch im demokratischen Verfassungsstaat nichts an Aktualität und Brisanz eingebüßt hat.

Aufgabe 6

(a) Wie kann der einzelne in der Bundesrepublik Deutschland seine Gerechtigkeitsvorstellungen wirksam im Prozeß der politischen Meinungs- und Willensbildung geltend machen?

(b) Wie kann er sich gegen erlittene Ungerechtigkeiten wehren?

Literatur

Einführende Literatur

R. *Dreier:* Recht–Moral–Ideologie. Studien zur Rechtstheorie. Frankfurt 1981, besonders Kap. 6 (Recht und Moral).

---

18 *J. Rawls:* Eine Theorie der Gerechtigkeit. Frankfurt 1979, S. 399 ff., 409 ff. – *H. A. Bedau* (Ed.): Civil Disobedience. Theory and Practice. Indianapolis/New York 1969. S. a. *R. Dreier*, Rechtsgehorsam und Widerstandsrecht. In: Festschrift für R. Wassermann, Neuwied/Darmstadt 1985, S. 299–316.

R. Zippelius: Rechtsphilosophie. Ein Studienbuch. München 1982, besonders Kap. IV (Die Gerechtigkeit).

H. L. A. Hart: Der Positivismus und die Trennung von Recht und Moral. In: Ders.: Recht und Moral. Drei Aufsätze. Dt. Ausgabe. Göttingen 1971, S. 14–57.

Weiterführende Literatur

H. L. A. Hart: The Concept of Law. Oxford 1961 (Dt. Ausgabe: Der Begriff des Rechts. Frankfurt 1973), besonders Kap. 8 und 9.

H. Kelsen: Reine Rechtslehre. Wien ²1960 (unveränd. Nachdrucke 1967 und 1976), besonders S. 60–71 (Recht und Moral) und S. 355–444 (Das Problem der Gerechtigkeit).

M. Kriele: Recht und praktische Vernunft. Göttingen 1979.

C. Perelman: Über die Gerechtigkeit. Dt. Ausgabe München 1967.

G. Radbruch: Rechtsphilosophie (1932). Stuttgart ⁸1973.

J. Rawls: A Theory of Justice. Cambridge/Mass. 1971 (Dt. Ausgabe: Eine Theorie der Gerechtigkeit. Frankfurt 1975).

H. Welzel: Naturrecht und materiale Gerechtigkeit. Göttingen ⁴1964 (Nachdruck 1980).

Spezielle Literatur

R. Alexy: Die Idee einer prozeduralen Theorie der juristischen Argumentation. In: *A. Aarnio* u. a. (Hrsg.): Methodologie und Erkenntnistheorie der juristischen Argumentation. Berlin 1981, S. 177–188 (*Rechtstheorie*, Beiheft 2).
Zum Begriff und zu verschiedenen Arten prozeduraler Theorien.

Ders.: Theorie der juristischen Argumentation. Frankfurt 1978.
Zum Stand der gegenwärtigen Ethikdiskussion und ihrer Bedeutung für die Jurisprudenz.

J. Habermas: Wahrheitstheorien. In: Wirklichkeit und Reflexion. Festschrift für *Walter Schulz*. Pfullingen 1973, S. 211–265.
Zur Wahrheitsfähigkeit praktischer Fragen.

M. Kriele: Kriterien der Gerechtigkeit. Berlin 1963.
Sprachanalytische Untersuchung zum Gerechtigkeitsbegriff.

J. Pieper: Über die Gerechtigkeit. München ⁴1965.
Zur Gerechtigkeitstheorie des Thomas von Aquin.

4. Recht und Macht

4.0. Allgemeine Einführung

Das moderne Recht entsteht, wie Ihnen das 2. Kapitel gezeigt hat, weitgehend durch gesetzgeberische Entscheidungen, die mittels der Macht staatlicher Zwangsgewalt durchgesetzt werden. Diese Entscheidungen können gerecht oder ungerecht sein. Sie sind unentbehrlich, weil die Frage, was gerecht ist, politisch und philosophisch umstritten ist, wie Ihnen das 3. Kapitel dargelegt hat. Aber so umstritten die Frage nach der Gerechtigkeit auch ist, es gibt eine naturrechtliche Leitidee, die die Geschichte des neuzeitlichen demokratischen Verfassungsstaats bewegt hat und nach wie vor bewegt, das Rechtsprinzip schlechthin, welches lautet: Jeder Mensch hat gleichen Anspruch auf Freiheit und Würde.

Die Staatsmacht ist dazu bestimmt, dem Recht und nicht dem Unrecht zu dienen. Das Thema „Recht und Macht" wird hier deshalb nicht nur unter dem Gesichtspunkt der Durchsetzung des Rechts mittels der Staatsmacht *(Souveränität)* behandelt, sondern – und hierauf liegt der Schwerpunkt – auch im Hinblick auf die Rechtfertigung der vom Staat ausgeübten Macht. Gezeigt werden soll, welche Voraussetzungen in einer Rechtsordnung verwirklicht sein müssen, damit Macht nicht willkürlich ausgeübt und dem Rechtsprinzip mit seinem Anspruch auf gleiche Freiheit und Würde jedes Menschen Rechnung getragen wird. Warum es hierzu des Staates und der Staatsmacht bedarf, soll in einer Auseinandersetzung mit der Ideologie „sozialistischer" Staaten herausgearbeitet werden, die davon ausgeht, daß die weltweite Durchsetzung „sozialistischer" Produktionsverhältnisse Staat und staatliche Macht überflüssig macht.

Die Frage ist: Wie muß ein Staat beschaffen sein, damit seine Macht dem Rechtsprinzip und nicht dem Unrecht dient? Ist die Organisationsform des Staates wesentlich? Kommt es zum Beispiel auf Gewaltenteilung und Demokratie an? Muß der Staat das Monopol der Gewalt beanspruchen? Oder ist es denkbar, ganz ohne Gewalt, auch ohne Staatsgewalt auszukommen? Diesen Fragen versucht dieses Kapitel nachzugehen.

Lernziele:

Wenn Sie dieses Kapitel durchgearbeitet haben, sollen Sie in der Lage sein zu begründen,
- warum der Staat das Monopol der Gewalt beansprucht;
- warum die Gewaltenteilung Voraussetzung für die bürgerlichen und politischen Rechte ist;
- warum die bürgerlichen und politischen Rechte Voraussetzung für die Demokratie sind;
- warum die Demokratie Voraussetzung für die Entwicklung des Rechts in Richtung auf soziale Gerechtigkeit hin ist;
- warum die soziale Gerechtigkeit mit der Allgemeinheit des Gesetzes nicht im Widerspruch steht;
- warum die Alternative zu einem Staat der Gewaltenteilung, der bürgerlichen und politischen Rechte und der Demokratie die Mißachtung des Rechtsprinzips und seine Ersetzung durch das Machtprinzip der Parteilichkeit ist;
- warum der Staat nicht absterben kann, warum vielmehr das Rechtsprinzip gleicher Freiheit und Würde auf den demokratischen Verfassungsstaat angewiesen ist;
- worauf also die Legitimität des demokratischen Verfassungsstaates beruht.

4.1. Souveränität und Legitimität

Wir müssen zwei verschiedene Begriffe von „Recht" auseinanderhalten:
1. Recht ist einerseits die Summe der von der Staatsmacht garantierten Normen – im Unterschied zu den nicht von ihr garantierten moralischen, sittlichen, gesellschaftlichen Normen.
2. Recht ist andererseits das Gegenteil von Unrecht.

Im ersten Fall sprechen wir vom „postiven Recht". Positives Recht heißt eigentlich „gesetztes Recht" (vgl. Kapitel 2) und meint: vom Staat oder anderen Hoheitsträgern geschaffenes Recht. Aber der Begriff ist ungenau. Es kommt für die Positivität des Rechts eigentlich nicht darauf an, ob es „gesetzt", sondern ob es vom Staat garantiert ist. Denn es gibt auch positives Recht, das nicht von Hoheitsträgern gesetzt worden ist. Der Staat kann auch Regeln, die er vorfindet, in die Rechtsordnung integrieren und garantieren: beispielsweise altüberliefertes Gewohnheitsrecht, freie Verträge oder Vereinsstatuten oder auch Elemente der gesellschaftlichen Sittlichkeit und Ordnung. Und umgekehrt kommt es gelegentlich vor, daß ein vom Staat gesetztes und nicht ausdrücklich aufgehobenes Recht vom Staat doch nicht mehr garantiert wird, etwa weil tatsächliche Geltungsvoraussetzungen entfallen sind; man spricht dann von „obsolet" gewordenen, „überholten" Normen. Wir verstehen unter positivem Recht im folgenden also „vom Staat garantiertes Recht". Der Staat „garantiert" das Recht, indem er an die Nichtbeachtung der Rechtsnormen nachteilige Rechtsfolgen anknüpft, die er in aller Regel mit den Mitteln der Staatsmacht durchsetzt.

Wer beispielsweise zivilrechtliche Normen nicht beachtet, verliert, wenn er verklagt wird, den Prozeß und muß mit Zwangsvollstreckung rechnen. Die Sache, die er herauszugeben verpflichtet ist, wird ihm, wenn er sie nicht freiwillig herausgibt, mit Gewalt weggenommen. Die Schuld, die er nicht bezahlt, wird beglichen, indem sein Gehalt gepfändet wird oder indem seine Sachen einer Zwangsversteigerung unterworfen werden. Wer Verwaltungsgesetze nicht beachtet, muß mit Vollzugsmaßnahmen rechnen: er kann je nach Lage des Falles mit Zwangsgeld zu dem gesetzlich geforderten Tun oder Unterlassen angehalten werden; Maßnahmen, die er unterläßt, können auf seine Kosten ausgeführt werden, und er kann auch unmittelbarem Zwang ausgesetzt sein: gewaltsamer Mitnahme zur Polizeiwache, Vorführung vor den Richter, Blutentnahme, Feststellung von Fingerabdrücken, in schweren Fällen einer Fesselung oder dem Gebrauch von Schußwaffen durch die Polizei. Obendrein kann er mit Geldbußen belegt werden. Und wer Strafgesetze verletzt, wird auf die Anklagebank genötigt, in schweren Fällen als Untersuchungshäftling, und er muß mit Freiheitsentzug oder Geldstrafe rechnen.

Recht als Gegenbegriff zu Unrecht hat eine moralische, sittliche, oder, wie man zu sagen pflegt, „naturrechtliche" Bedeutung. Positives Recht kann in diesem Sinne Recht oder Unrecht sein. Ja es ist denkbar, daß positives Recht so schweres und eindeutiges Unrecht darstellt, daß wir uns mit einer Durchsetzung dieses positiven Rechts unter keinen Umständen abfinden können.

Eine der großen Fragen der Menschheit ist: Wie können wir es bewirken, daß das positive Recht auch im moralischen Sinne des Wortes soweit wie nur eben möglich Recht und nicht Unrecht ist? Diese Frage führt uns mitten in das Problem des Verhältnisses von Recht und Macht. Es ist ein zweiseitiges Verhältnis: einerseits garantiert die Macht das Recht, andererseits bedarf die Macht der Rechtfertigung.

Es geht nicht nur um die Durchsetzung des Rechts mittels der Macht, sondern auch um die Rechtfertigung der das positive Recht garantierenden Macht, eine Rechtfertigung, die also nicht allein aus dem positiven Recht abgeleitet werden kann. Nur wenn die Staatsmacht selbst gerechtfertigte Macht ist, kann das von ihr garantierte positive Recht als gerechtfertigtes Recht Anerkennung finden.

Es geht beim Verhältnis von Recht und Macht also sowohl um Souveränität als auch um Legitimität: Ein Staat besitzt *Souveränität*, wenn er die Macht hat, das positive Recht zu garantieren; er besitzt *Legitimität*, wenn seine Macht und das von ihr garantierte Recht als berechtigt anerkannt sind[1].

Die Frage ist deshalb, wie eine Staatsgewalt beschaffen sein muß, damit sie nicht nur auf nackter Gewalt, auf Drohung und Schreckensverbreitung beruht, sondern auf freiwilliger Anerkennung der Staatsbürger. Um uns das Problem anschaulich zu machen, führen wir uns das Beispiel der Verfolgung der Juden im „Dritten Reich" vor Augen:

Bis 1939 gab es nicht weniger als 250 antijüdische Gesetze. So wurden beispielsweise die Ehe zwischen einem Juden und einem Nichtjuden und auch der außereheliche Geschlechtsverkehr als „Rassenschande" schwer bestraft, bis hin zur Todesstrafe. Juden, die in einem Strafverfahren verurteilt waren, durften keine Rechtsmittel einlegen. Juden, die von der Polizei belangt wurden, durften die Gerichte nicht anrufen. Der Kinobesuch wurde ihnen verboten. Ihre Gotteshäuser, die Synagogen, wurden in die Luft gesprengt und ihre Häuser und Geschäfte zerstört. Später wurden sie aus ihren Wohnungen geholt und in Konzentrationslager verschleppt und schließlich in Vernichtungslager verbracht, wo sie ermordet wurden. Die Schätzungen über die Zahl der Ermordeten reichen bis zu 6 Millionen. Diese Verfolgung betraf aber nicht nur Juden, sondern auch andere ethnische Gruppen, wie die Zigeuner, religiöse Gruppen, wie Jehovas Zeugen oder Adventisten, und natürlich politische Gegner des Regimes aller Art. Alle diese Menschen waren vollständig rechtlos geworden und der Staatsmacht schutzlos ausgeliefert. Nur wer zufällig nicht zu einer dieser Gruppen gehörte, brauchte keine Verfolgung zu fürchten, unter einer Bedingung: er durfte sich für die Rechte seiner Mitmenschen weder durch Wort noch durch Tat einsetzen, sonst galt er als politischer Gegner. Man mußte stumpf und gleichgültig gegen das Unrecht sein, das die anderen erlitten, entweder mit dem Regime mitmachen oder sich ganz seinem Privatleben widmen. Man hatte Nachbarn und Bekannte, die plötzlich verschwunden waren, und fragte nicht nach ihnen. Man wußte nicht, was geschah oder wollte

---

1 *M. Kriele:* Einführung in die Staatslehre. Reinbek b. Hamburg [2]1981, §§ 2,3.

es jedenfalls nicht wissen. Als Recht galt, was die Machthaber befohlen hatten, und man durfte nicht einmal fragen, ob es wirklich Recht oder Unrecht war.

Ähnlich war es auch in früheren Epochen. Es gab staatlich angeordnete Folter, Völkermorde und Versklavung zu allen Zeiten. Und es gibt das alles auch gegenwärtig in vielen Teilen der Welt. Wir wissen von grausamen Verfolgungen in Chile und Argentinien, von Rassendiskriminierungen in Südafrika. Wir wissen, auch wenn wir weniger oft davon hören, von den Konzentrationslagern im heutigen Vietnam, vom Völkermord an den Miskito-Indianern im heutigen Nicaragua, von Flüchtlingsströmen aus Äthiopien und Afghanistan, von Religionsverfolgung, Ausreiseverboten, Konzentrationslagern und dem Einsperren gesunder Menschen in Irrenanstalten in den Ostblockstaaten[2]: von der Staatsmacht ausgeübtes Unrecht, das sich auf nackte Gewalt ohne innere Berechtigung gründet: Souveränität ohne Legitimität.

4.2. Rechtspositivismus und Naturrecht

Kann die Staatsmacht Unrecht tun? Man könnte einwenden, daß es stets die Staatsmacht sei, die darüber entscheidet, was Recht und Unrecht sei. Was immer sie an Gesetzen oder Verordnungen oder anderen Rechtssätzen als Recht bestimme, sei eben Recht.

In den Jahren, in denen *Hitler* als Führer und Reichskanzler die oberste Staatsgewalt in Händen gehabt hat, habe er durch Gesetze, Verordnungen und Führerbefehle bestimmt, daß die Verfolgung von Unschuldigen in bestimmten Fällen Recht sein solle, und infolgedessen sei dies Recht gewesen. Nicht anders sei es in den Militärdiktaturen Lateinamerikas, in der schiitischen Theokratie *Khomeinis* im Iran, in den Feudalmonarchien des Nahen Ostens, in dem rassendiskriminierenden Südafrika usw. Nicht anders sei es auch in den kommunistischen Diktaturen, wo alle Staatsorgane unter der Herrschaft der Führung der kommunistischen Partei stehen.

Jedes System verwirkliche seine Vorstellung von Recht. Was als Recht gelte, entscheide der Machthaber, und was er entschieden habe, könne nicht Unrecht sein.

Die Lehre des *Rechtspositivismus* sagt: nur vom Machthaber gesetztes

---

2 A. *Kaminski:* Konzentrationslager 1896 bis heute. Stuttgart/Berlin/Köln/
   Mainz 1982.

Recht sei Recht, und nur was er als Unrecht bestimmt habe, könne als Unrecht gelten. Die Macht stünde über dem Recht, sie sei ja schließlich sein Ursprung, seine Quelle. Daß nachgeordnete Beamte oder Richter Unrecht tun, sei damit nicht ausgeschlossen, aber auf die Fälle beschränkt, in denen sie etwas tun, was dem positiven Recht widerspreche. Das positive Recht als solches könne niemals Unrecht sein. Konsequente Rechtspositivisten haben sich deshalb auch dagegen verwahrt, Völkermord und Folter als Unrecht zu bezeichnen, wenn der Machthaber diese Vorgehensweise als Recht gesetzt habe.

Die Gegenposition zur Lehre des Rechtspositivismus hat man in der Regel als *Naturrechtslehre* bezeichnet[3]. Diese sagt, wenn man sie in einem Satz zusammenfassen will: Auch positives Recht könne Unrecht sein. Dieser einfache Satz führt natürlich in eine Fülle von Problemen. In der Geschichte der Philosophie und des Rechts hat man seit Jahrtausenden Fragen diskutiert wie die: Woher können wir wissen, was Recht und Unrecht ist, wenn wir es nicht in den positiven Gesetzen lesen können? Wenn Gesetze Unrecht sein können, was ist dann Recht und Unrecht? Wie können wir Recht und Unrecht begründen? Wie sollen wir uns Gesetzen gegenüber verhalten, die wir als Unrecht erkannt haben: sollen wir sie befolgen oder nicht? Und wenn verschiedene Menschen verschiedener Meinung darüber sind, ob ein positives Gesetz Recht oder Unrecht ist, wer soll dann entscheiden, was als Recht gilt? Oder soll jeder seine Meinung als Recht ausgeben dürfen, so daß es keine für alle verbindliche Rechtsordnung gibt?

Fragen über Fragen, auf die es nie eine einheitliche Antwort gegeben hat. Die Anziehungskraft des Rechtspositivismus liegt in erster Linie darin, daß er alle diese Fragen einfach abschneidet, indem er sagt: was vom Machthaber als positives Recht gesetzt sei, das sei eben Recht. Wenn wir das positive Recht kritisieren wollen, könnten wir es als unmoralisch oder ungerecht bezeichnen und seine Reform fordern. Nur dürften wir darüber niemals vergessen, daß es nun einmal Recht sei, solange es der Machthaber nicht geändert habe. Auch ungerechtes Recht sei Recht.

Wie sollen wir uns dazu stellen? Die Frage ist nicht leicht, denn beide Seiten haben ihre guten Argumente. Einerseits spricht für die Lehre

---

3 *M. Kriele:* Rechtspositivismus und Naturrecht – politisch beleuchtet. In: *Juristische Schulung* 1969, S. 149 ff. – *E. von Hippel:* Elemente des Naturrechts. Berlin/Frankfurt 1969.

der Rechtspositivisten folgende Überlegung: Über das, was gerecht und ungerecht ist, gibt es bekanntlich viel Streit. So ist beispielsweise der Streit zwischen Konservativen, Liberalen und Sozialisten zum großen Teil ein Streit über das, was man als gerecht oder ungerecht ansieht. Wenn jeder Richter stets nur so entschiede, wie es seinen Gerechtigkeitsvorstellungen entspräche, wenn der Polizist gegen politische Gewalttäter nur dann einschritte, wenn ihre politischen Vorstellungen den seinen widersprächen, wenn jeder Bürger seine Schulden nur dann bezahlte, wenn er dies für gerecht hielte – dann gäbe es überhaupt kein Recht, niemand wüßte, was er tun und unterlassen müßte, und die Folgen wären schlimm: dann könnte niemand seinem Vertragspartner vertrauen; er wüßte nicht, ob dieser seinen Vertrag hält, und die Wirtschaft, das gesamte gesellschaftliche Zusammenleben könnten nicht funktionieren. Wir wären von Gewalttaten bedroht und wüßten nicht, ob wir uns auf den Schutz der Polizei verlassen könnten usw. Deshalb berufen sich die Rechtspositivisten auf einen moralisch-politischen Satz, nämlich: Ungerechtes Recht sei schlimm, aber gar kein Recht wäre noch schlimmer.

Aber können wir uns damit einfach zufriedengeben? Mag diese Überlegung der Rechtspositivisten unter den normalen Verhältnissen eines Rechtsstaates auch vernünftig sein: Es gibt doch auch Unrechtsstaaten, wo sie uns einfach nicht mehr einleuchten will. Wir können doch nicht anerkennen, daß KZ-Mörder Recht getan und daß Widerstandskämpfer gegen *Hitler* Unrecht getan haben. Deshalb wendet die Naturrechtslehre gegen den Rechtspositivismus ein, daß der Satz, Recht sei besser als gar kein Recht, nicht unbedingt gilt. Er gilt nur, wenn und solange das positive Recht nicht im Dienste des absoluten Unrechts steht. Wir haben aber im „Dritten Reich" die Erfahrung gemacht, daß positives Recht absolut ungerecht sein kann, schlimmer, als alle Folgen von Aufruhr und Widerstand sein könnten. Deshalb ist ein berühmter Vertreter des Rechtspositivismus, der Rechtsphilosoph *Gustav Radbruch,* der in der Weimarer Republik eine Zeitlang sozialdemokratischer Reichsjustizminister gewesen ist, nach dem Kriege vom Rechtspositivismus abgerückt und hat die Formel geprägt: „Es kann Gesetze mit einem solchen Maße von Ungerechtigkeit und Gemeinschädlichkeit geben, daß ihnen die Geltung, ja der Rechtscharakter abgesprochen werden muß."[4]

---

4 *G. Radbruch:* Rechtsphilosophie. Stuttgart [4]1950. Im Anhang: „Fünf Minuten Rechtsphilosophie", S. 335.

4.3. Legitimitätsmaßstab: das Rechtsprinzip

Wir können die Radbruchsche Formel auch so wenden: Wir betrachten das positive Recht als Recht, wenn die Staats- und Verfassungsordnung im großen und ganzen gerecht ist. Dann werden wir dem Recht als Bürger Folge leisten oder das Recht als Beamter oder Richter anwenden, auch dann, wenn wir im Einzelfall über die Gerechtigkeit eines Gesetzes anderer Meinung sind.

So wird zum Beispiel ein katholischer Richter, der davon ausgeht, daß eine Ehe unscheidbar ist, sie dennoch scheiden, wenn dies der Gesetzeslage entspricht, oder ein Polizeibeamter wird den ertappten Kaufhausdieb auch dann verhaften, wenn er persönlich meint, Kaufhausdiebstahl sollte nicht strafbar sein, und der Bürger wird seine Mietschulden auch dann bezahlen, wenn er die Gesetze, die ihn dazu zwingen, für dringend reformbedürftig hält.

Einzelne ungerechte Gesetze sind also um der allgemeinen Geltung der Rechtsordnung willen hinnehmbar, wenn die Grundbedingung erfüllt ist, daß das positive Recht im großen und ganzen nicht Unrecht ist, so daß Widerstand, Aufruhr, Chaos, Bürgerkrieg ein größeres Übel wären.

Ist in einer innerstaatlichen Rechtsordnung das Recht im großen und ganzen Recht und nicht Unrecht, so sprechen wir von der „Legitimität" der Rechtsordnung. Legitimität bedeutet: Das positive Recht hat im gesellschaftlichen Bewußtsein Anerkennung als Recht gefunden.

Fragen wir: „Worauf beruht die Legitimität unseres Rechts? Warum gilt das positive Recht als Recht?", so ist die Antwort:

1. Weil die Staatsmacht uns vor Mord, Raub, anderen Gewalttaten und vor Bürgerkrieg zu schützen vermag, wenn sie das *Gewaltmonopol* innehat.

2. Weil die Staatsmacht selbst an demokratische Gesetze und die Verfassung gebunden ist und weil uns gerichtliche Verfahren zu Diensten sind, wenn uns Unrecht geschieht, kurz: weil *Gewaltenteilung* herrscht.

3. Weil jedermann den Schutz des Rechts genießt und an den bürgerlichen, politischen und sozialen Rechten teilhat, kurz: weil die elementaren *Menschenrechte* geschützt sind.

4. Weil für den Fall, daß das Recht nicht gerecht ist, demokratische Verfahren zu seiner Reform zur Verfügung stehen und alle Bürger gleiches Wahlrecht und gleiche Wählbarkeit genießen, kurz: weil *Demokratie* herrscht.

4. Recht und Macht

Gewaltmonopol, Gewaltenteilung, Menschenrechte und Demokratie sind also die vier Grundelemente des demokratischen Verfassungsstaates.

Ganz anders aber ist es, wo mangels Gewaltmonopols Bürgerkrieg und das Recht des Stärkeren herrschen, oder in Staaten ohne Gewaltenteilung, wo die Staatsmacht nicht durch einen von ihr unabhängigen Verfassungs- und Gesetzgeber gebunden ist und keiner richterlichen Kontrolle unterliegt, wo sie die elementaren Menschenrechte nicht zu achten braucht, beispielsweise Menschen willkürlich verhaften kann. Dort hat der Bürger also nicht die Möglichkeit, angstfrei und öffentlich den Machthaber und seine Gesetze zu kritisieren und durch demokratische Verfahren auf eine Änderung des Rechts hinzuarbeiten. In einem solchen System kommt es in erster Linie darauf an, daß überhaupt ein Rechtszustand hergestellt wird.

Was bedeutet: ein Rechtszustand? Ein *Rechtszustand* herrscht, wo das Grundprinzip des Naturrechts als positives Recht gilt und durch die Staatsmacht garantiert wird. Das Grundprinzip des Naturrechts lautet: Jeder Mensch hat gleichen Anspruch auf Freiheit und Würde. Dieser Grundsatz ist das Rechtsprinzip schlechthin: Leitidee und Ziel der neuzeitlichen demokratischen Rechts- und Verfassungsentwicklung, Grundlage und Bedingung des inneren und äußeren Friedens, letzter Maßstab aller Gerechtigkeit und Unparteilichkeit. Die Alternative zum Rechtsprinzip ist das Machtprinzip der Parteilichkeit, das die Gesellschaft in eine rechtlich nicht gebundene und kontrollierte Herrschaftselite und die ihrem Belieben ausgelieferten Machtunterworfenen spaltet.

Genauer wäre es, statt „Jeder hat gleichen Anspruch auf Freiheit und Würde" zu sagen: „Daß jeder gleichen Anspruch auf Freiheit hat, folgt aus der Menschenwürde". Die Anerkennung der Menschenwürde ist ein konstitutiver Grund für den gleichen Anspruch eines jeden auf Freiheit[5]. Dieser Anspruch folgt schon aus der Tatsache, daß der Mensch Mensch ist: Es kommt weder auf die in Art. 3 III GG genannten Eigenschaften wie Geschlecht, Herkunft usw. an, noch auf andere Eigenschaften wie Beruf, Einkommen, Alter, Begabung und Tugend, ja nicht einmal auf die Eigenschaft als Staatsbürger. Das Menschsein des Menschen als solches begründet die Würde. Da jedem Menschen

---

5 *M. Kriele:* Befreiung und politische Aufklärung. Freiburg/Basel/Wien 1980, 2. Kap., Abschn. 6,9–11.

einschließlich des Kleinkindes, des Geisteskranken, des Verbrechers Menschenwürde zukommt, hat *jeder* Mensch Anspruch darauf, als Rechtssubjekt respektiert zu werden; denn dieser Anspruch macht den Kern der Menschenwürde aus. Um so mehr hat der mündige Mensch Anspruch darauf, sich selbst zu bestimmen und seine Persönlichkeit frei entfalten, aufrecht gehen und ohne Angst mit sich selbst identisch sein zu können, zu sagen, was er denkt, zu bekunden, was er glaubt, aufrichtig und vertrauenswürdig sein, anderen im Regelfall vertrauen und auf der Grundlage von Aufrichtigkeit und Vertrauen eine freie rechtlich geordnete Gemeinschaft bilden zu können. – Die Alternative wäre, durch ein fremden Zwecken dienendes Herrschaftssystem genötigt zu sein, an der öffentlichen Lüge teilzuhaben, sich listig zu verstellen, seinen Mitmenschen als möglichen Denunzianten zu mißtrauen – oder Verschleppung, Verbannung, Folter und Mord fürchten zu müssen.

In der modernen wissenschaftlich-technischen Zivilisation kann nur dieses ethische Grundprinzip des Rechts den Menschen davor bewahren, bloß funktionaler Bestandteil zentraladministrierter Großorganisationen und Objekt zweckrationaler Manipulation zu sein und im Falle eigenständigen Denkens und Handelns eliminiert zu werden. Ohne diesen Grundsatz bestünde kein Hindernis für Systeme der Konzentrationslager, der Rassen- oder Klassenverfolgung, der Religionsausrottung, der Verschleppung, der Folter oder des organisierten Mordes, des Ausreiseverbots und der totalen geistigen und moralischen Beherrschung des Menschen, wie wir sie in den rechten und linken Diktaturen der Welt erlebt haben und nach wie vor in vielen Teilen der Welt erleben und noch erleben werden.

Die Rechtsprinzipien des demokratischen Verfassungsstaates der Neuzeit sind Ausfächerungen dieses Grundsatzes[6]. Das Grundgesetz bildet eine Variante des aus dem aufgeklärten Naturrecht hervorgegangenen Typus des demokratischen Verfassungsstaates, eine Variante neben anderen, wie etwa der englischen oder französischen. Der Satz „Jeder hat gleichen Anspruch auf Freiheit und Würde" ist das vom demokratischen Verfassungsstaat vorausgesetzte und garantierte Grundprinzip. Die Legitimität der Verfassungsordnung steht und fällt

---

6 *C. J. Friedrich:* Der Verfassungsstaat der Neuzeit. Berlin/Göttingen/Heidelberg 1953. – *F. A. von Hayek:* Die Verfassung der Freiheit. Tübingen 1971. – *M. Kriele:* Einführung in die Staatslehre, a.a.O. s. Fußn. 1.

mit dem Konsens über seine Geltung. Diesen Konsens kann das Recht nicht bewahren: hier stößt es an die Grenze seiner Möglichkeiten. Wo dieser Konsens zusammenbricht, bricht die Verfassungsordnung zusammen und damit der Schutzwall für die gleiche Freiheit und Würde des Menschen – ein Schutzwall, der an vielen Stellen brüchig ist und dessen Erhaltung unserer Aufmerksamkeit bedarf. Angriffe auf diesen Grundsatz sind zugleich Angriffe auf den demokratischen Verfassungsstaat, und Angriffe auf den demokratischen Verfassungsstaat führen letztlich in ein politisches System, in dem der Mensch der Würde, der Freiheit und der Gleichheit beraubt ist.

Die Feststellung, das Grundgesetz sei aus dem Grundsatz „Jeder hat gleichen Anspruch auf Freiheit und Würde" legitimiert, bezieht sich keineswegs nur auf den Katalog der Grundrechte, seine normative Verbindlichkeit (auch für den Gesetzgeber) oder die gerichtliche Einklagbarkeit der Grundrechte. Nicht nur die Grundrechte, sondern auch die organisatorischen Vorschriften des Grundgesetzes sind von diesem Grundsatz her auszulegen. Zwar lassen sie sich nicht aus diesem Grundsatz in ihren Einzelheiten zwingend „ableiten": gegen diese Annahme spricht schon die Tatsache, daß das Staatsrecht in verschiedenen Varianten des demokratischen Verfassungsstaates der westlichen Welt verschieden gestaltet ist. Wohl aber läßt sich sagen, daß die Grundprinzipien, die zusammen die freiheitliche demokratische Grundordnung ausmachen, dem Zweck dienen, politische Bedingungen herzustellen, unter denen jeder gleichen Anspruch auf Freiheit und Würde haben und bewahren kann. Deshalb wäre eine Grundgesetzauslegung jedenfalls falsch, wenn sie dazu führte, daß dieser Grundsatz verletzt wird; sie kann nur richtig sein, wenn sie mit ihm im Einklang bleibt. Das Grundgesetz läßt sich auch in seinem organisatorischen Teil – mit parlamentarischer Demokratie, Gewaltenteilung, Verantwortlichkeit der Regierung, Gesetzmäßigkeit der Verwaltung, Unabhängigkeit der Gerichte usw. – verstehen als ein Versuch, die politischen Bedingungen herzustellen, unter denen wir der Verwirklichung dieses Grundsatzes möglichst nahe kommen.

Aufgabe 1

(a) Was heißt „Legitimität"?
(b) Warum kann auf Legitimität nicht verzichtet werden?

4.4. Die staatsrechtliche Basis des Rechtsprinzips

Ein am Rechtsprinzip von Freiheit und Gleichheit orientiertes Recht kann es weder unter den Bedingungen einer Diktatur noch unter denen eines freien Spiels der gesellschaftlichen Kräfte geben. Diktatur bedeutet Privilegierung der Machthaber und Diskriminierung der Machtunterworfenen; das freie Spiel der Kräfte mündet in ein Recht des Stärkeren, das die Schwächeren in Abhängigkeit stürzt – in beiden Fällen sind sowohl Freiheit als auch Gleichheit illusorisch. Freiheit und Gleichheit können vielmehr nur auf der Grundlage einer gewaltenteilenden demokratischen Verfassungsordnung bestehen und fortentwickelt werden, einer Verfassungsordnung, die sich als ein vierstöckiger pyramidenförmiger Stufenbau beschreiben läßt:

Die Demokratie bildet keineswegs das Fundament, sondern setzt die bürgerlichen und politischen Rechte schon voraus. Denn diese sind „Rechte" nur unter der Voraussetzung der Gewaltenteilung, die ihrerseits das Gewaltmonopol voraussetzt. Dieser Stufenbau ist aus sachlichen und logischen Gründen zwingend und in keinem seiner Bauelemente verzichtbar, wenn man nicht bereit ist, sowohl auf Freiheit als auch auf Gleichheit zu verzichten.

Dieser Stufenbau bietet zwar noch keine Gewähr dafür, daß sich Freiheit und Gleichheit auch wirklich entfalten und daß soziale Gerechtigkeit entsteht. Er ist also keine hinreichende, wohl aber eine notwendige Bedingung dafür. Das gilt für den Stufenbau im ganzen, aber auch für das Verhältnis der vier Stufen untereinander: die jeweils fundamentalere Stufe bietet zwar keine Gewähr dafür, daß auf ihr die höheren Stufen aufgebaut werden: sie ist ebenfalls keine hinreichende, wohl aber eine notwendige Bedingung für die höheren Stufen.

4. Recht und Macht

4.4.1. Gewaltmonopol

Das Fundament bildet das Gewaltmonopol des Staates. Es ist Bedingung des inneren Friedens. Die Sicherung des inneren Friedens aber ist die Grundlage von Freiheit und Gleichheit. Denn ohne sie ist der Unbewaffnete und Friedliche gegenüber dem Bewaffneten und Gewaltbereiten im Nötigungszustand, also unfrei. Und zwischen beiden, dem Nötigenden und dem Genötigten, gibt es keine Gleichheit, noch weniger zwischen Marterndem und Gemartertem, zwischen Tötendem und Getötetem.

Diese Erfahrung hat sich seither immer wieder bestätigt, wenn es gewalttätigen Gruppen gelang, das Monopol zu durchbrechen – durch Verbrechen aller Art, durch politisch motivierten organisierten Terrorismus mit Gleiselnahme, Folter und Mord, durch einander bekriegende politische oder ideologische Kampfbünde oder auch durch „Gegengewalt" gegen die Staatsgewalt. Widerstand gegen die Staatsgewalt kann nur dann gerechtfertigt sein, wenn die Staatsgewalt selbst nicht dem Recht unterworfen, sondern Instrument einer Freiheit und Gleichheit mißachtenden Gewaltherrschaft ist – gerechtfertigt dann als der einzige Weg, der zur Herstellung der rechtlichen Bedingungen von Freiheit und Gleichheit führen kann.

Das Gewaltmonopol ist nur eine notwendige, aber selbstverständlich keine hinreichende Bedingung für Freiheit und Gleichheit. Es ist aber insofern eine notwendige Bedingung, als nur in einer äußerlich befriedeten Welt Argumente überhaupt Bedeutung gewinnen können. Erst dann wird der dialektische Prozeß der öffentlichen Diskussion möglich, erst dann können die Interessen eines jeden, auch des Schwächeren, in die Diskussion eingehen[7].

Das Fehdewesen des Mittelalters und die konfessionellen Bürgerkriege des 16. und 17. Jahrhunderts haben die Menschen gelehrt, daß der durch das Gewaltmonopol des Staates gesicherte innere Friede die erste Grundbedingung für die Überwindung dieser grausamsten Form von Unfreiheit und Ungleichheit bildet.

Die Rechte, von denen die absolutistischen Fürsten sich unabhängig machten, waren die Feudalrechte des Mittelalters: ein kompliziertes Geflecht von Lehnsbeziehungen zwischen Lehnsherren und Vasallen, von Grundeigentumsbezie-

---

7 *D. Merten:* Rechtsstaat und Gewaltmonopol. Tübingen 1975.

hungen, von Stadtfreiheiten, von kaiserlichen und päpstlichen Rechten, klösterlichen und anderen Privilegien. In dieser feudalen Welt gab es weder ein Monopol der Gesetzgebung in der Hand einer zentralen Staatsgewalt noch ein Monopol der Rechtsdurchsetzung für eine staatliche Polizei. Vielmehr hatten die Feudalherren verschiedener Stufen, die Städte und Stände, bunt durcheinandergewürfelt wie sie waren, ihre eigenen Rechte zur Rechtsdurchsetzung mittels Fehde. Die Fehde war keineswegs Räuberei, sondern eine rechtlich anerkannte und rechtlich auch geregelte Weise der Durchsetzung von Rechtsansprüchen. Fehden haben oftmals im Mittelalter dazu geführt, daß die Hintersassen des Feindes niedergemacht, Dörfer und Städte verbrannt, Vieh und Ernten vernichtet und ganze Landstriche entvölkert wurden. Schon im Hochmittelalter gab es Versuche des Kaisers und der Reichsfürsten, die Fehde zu überwinden. Aber das Reichsregiment war zu schwach, es konnte keine Durchschlagskraft entfalten, weil die verhältnismäßig stärkste politische Macht auf der Ebene der Fürsten lag und nicht auf der des Kaisers und des Reiches, und weil die Fürsten eifersüchtig auf die Erhaltung ihrer Macht bedacht waren.

Aber die Sehnsucht nach Frieden, der nur durch Gericht und Gewaltmonopol gewährleistet werden konnte, blieb. Sie wurde im Laufe des 16. Jahrhunderts stärker und stärker, als nach der Reformation konfessionelle Fehden zwischen Katholiken und Protestanten ausgetragen wurden. Denn wenn es nicht nur um Recht und Unrecht, sondern um Gott und Wahrheit und das ewige Heil geht, dann werden die Kämpfe noch fanatischer und unerbittlicher als zuvor und überspülen die rechtlichen Schranken, die das mittelalterliche Rechtssystem der Fehde immerhin gesetzt hatte. Sie entarten in blutige Bürgerkriege von äußerster Grausamkeit.

Der Friede konnte nur durch ein staatliches Gewaltmonopol hergestellt werden, und da Kaiser und Reich nicht mächtig genug waren, es durchzusetzen, wurde es schließlich von denen geschaffen, die die vergleichsweise Mächtigsten waren: den Fürsten. Auf diese Weise kam es zur Überwindung des mittelalterlichen Feudalsystems durch den Fürstenstaat. Dessen Kennzeichen war, daß der Fürst in einem bestimmten Gebiet, dem Staatsgebiet, eine Macht ausüben konnte, die allen anderen überlieferten Rechten und Gewalten überlegen war, und die das Recht in Anspruch nahm, über die alten Rechte verfügen und für das ganze Staatsgebiet verbindliches neues Recht schaffen zu können.

Wie konnte sich dieses absolutistische Gewaltmonopol angesichts des konfessionellen Fanatismus durchsetzen? Dafür gab es zwei verschiedene Modelle, das deutsche und das französische:

● In Deutschland setzte sich seit dem Augsburger Religionsfrieden von 1555 der Grundsatz durch, daß der Landesherr über die Religion seiner Untertanen entschied. Es kam nicht darauf an, ob jemand nach seinem eigenen Gewissen oder nach der Überlieferung seiner Familie katholisch oder evangelisch sein wollte, sondern es kam allein darauf an, ob der Landesherr katholisch oder evangelisch war. In wessen Gebiet man lebte, dessen Religion mußte man annehmen. Lateinisch sagte man: cuius regio, eius religio, wessen Herrschaftsgebiet, dessen Religion. Wer sich der Entscheidung des Fürsten nicht fügen wollte, dem blieb keine andere Wahl, als auszuwandern.

● Das andere, das französische Modell zur Überwindung des konfessionellen Bürgerkrieges war das der Toleranz. Der französische Absolutismus beendete einen 38 Jahre lang währenden Bürgerkrieg zwischen den katholischen Ständen, den sogenannten Guisen, und den protestantischen Ständen, den „Hugenotten". Mehrmals versuchten französische Könige, dem Morden durch Toleranzedikte ein Ende zu bereiten, aber sie hatten zunächst nicht die Macht, diese auch durchzusetzen. Erst gegen Ende des 16. Jahrhunderts gelang es, die königliche Position durch eine Stärkung ihrer Militärmacht und durch die absolutistische Doktrin den Eigenrechten der Stände überlegen zu machen. Als dann König *Heinrich IV.* im Jahre 1598 das berühmte Toleranzedikt von Nantes erließ, vermochte er es tatsächlich durchzusetzen und den konfessionellen Bürgerkrieg zu beenden[8]. Dadurch gewann der Absolutismus seine Überzeugungskraft und Autorität. Man sagte: Der König muß über dem Recht stehen – gemeint waren damals die ständischen Rechte –, damit Friede im Lande einkehren kann. Im Laufe des 17. Jahrhunderts breitete sich der Absolutismus über den ganzen europäischen Kontinent aus – teils in der deutschen Variante, als konfessioneller Einheitsstaat, teils in der französischen, als Staat der Toleranz. Hier wie dort galt der Grundsatz: der Machthaber müsse über dem Recht stehen; denn nur dann habe er das Monopol der Gewalt, und nur dann gäbe es Frieden.

Aber damit entstand ein neues Problem: Steht der Machthaber über dem Recht, so kann er gerechtes oder ungerechtes Recht erlassen. Er kann milde, gemäßigt, einsichtig handeln, oder fanatisch, grausam, irrational. Er kann versuchen, sich unparteilich über die streitenden Parteien zu stellen und Toleranz zu erzwingen. Er kann sich aber auch die Sache der einen Seite gegen die andere zu eigen machen und das Prinzip der Unparteilichkeit durch das Prinzip der Parteilichkeit ersetzen, also Bürgerkrieg mit Polizeimitteln führen und sein Gewaltmonopol dazu mißbrauchen, ohnmächtige Bürger zu terrorisieren. Der

---

8 *J. Lecler:* Geschichte der Religionsfreiheit im Zeitalter der Reformation. Bd. 2. Stuttgart 1965, S. 177 ff.

Absolutismus beruhte auf einem Kalkül von Chance und Risiko[9]. Die Chance lag in der Überwindung der konfessionellen Bürgerkriege. Das Risiko lag im staatlichen Terror. Die Staatsphilosophen des 16. Jahrhunderts waren sich dieses Risikos bewußt. Sie gingen es aus Verzweiflung über den konfessionellen Bürgerkrieg ein, um wenigstens die Chance des Friedens zu gewinnen. Als *Heinrich IV.* von Frankreich das Toleranzedikt von Nantes erließ und durchzusetzen vermochte, bewährte sich die Chance dieses Kalküls. Das Risiko zeigte sich fast hundert Jahre später, 1685, als der damalige französische König *Ludwig XIV.* das Toleranzedikt von Nantes wieder aufhob[10].

1685 wurde in Frankreich die evangelische Konfession unter Strafe gestellt. Evangelische Kirchen wurden zerstört, Geistliche außer Landes verwiesen. Häusliche Gottesdienste wurden grausam bestraft. Während der Augsburger Konfessionsfriede von 1555 und der Westfälische Friede von 1648, der den Dreißigjährigen Krieg beendete, vorsahen, daß die Angehörigen der jeweils anderen Konfession auswandern durften, wurde in Frankreich 1685 die Auswanderung der Protestanten ausdrücklich verboten. Selbst Fluchthilfe war strafbar. Zahlreichen französischen Protestanten – „Hugenotten" – gelang dennoch die Flucht, aber nur bei Nacht und Nebel über die grüne Grenze, die man damals noch nicht so zu sperren verstand wie heute die DDR. Wer dabei ertappt wurde, wurde damit bestraft, daß er in den Galeeren bis ans Ende seines Lebens angekettet blieb und diese Schiffe über die Meere rudern mußte. Die Hugenotten, denen die Auswanderung nicht gelang, wurden gezwungen, eine Erklärung zu unterschreiben, wonach sie sich der katholichen Kirche anschließen. Sie wurden bei gleichzeitigem Hunger und Durst solange am Schlafen gehindert, bis sie schließlich zusammenbrachen und den konfessionellen Übertritt erklärten. Dieses Foltersystem wurde durch Brandstiftung, Plünderung und Mord ergänzt. Das Frankreich *Ludwigs XIV.* erlebte zwar eine Hochblüte in Kunst und Literatur, gleichzeitig aber ist es das Grundmodell des modernen totalitären Staates. Der damalige Papst *Innozenz* hat diese Religionsverfolgung scharf mißbilligt, da, wie er sagte, „sich Christus nicht dieser Methode bedient hat". Aber der König und seine Kamarilla haben sich davon weder beeindrucken noch bremsen lassen. Es ging ihnen weniger um die

---

9 *M. Kriele:* Die Herausforderung des Verfassungsstaates. Neuwied/Berlin 1970, S. 35ff.

10 Zum folgenden ausführlich: *Joseph Chambon:* Der französische Protestantismus. München ⁴1939, insbes. S. 151ff. sowie *M. Kriele:* Die Herausforderung des Verfassungsstaates, a.a.O., S. 50ff.

katholische Religion als solche als vielmehr um die einheitliche Konfession als politische Staatsideologie.

Dies geschah am Ende des 17. Jahrhunderts, und das muß man vor Augen haben, wenn man die politische Aufklärung des 18. Jahrhunderts verstehen will. In der politischen Aufklärung hat sich nicht durch irgendeinen Zufall eine beliebige Richtung der politischen Philosophie durchgesetzt. Vielmehr hatte man eine konkrete Erfahrung vor Augen: Man wußte, wie schlimm es ausgehen kann, wenn der Machthaber über dem Recht steht. Wenn man sagte: Jeder Mensch hat von Natur aus einen Anspruch auf Freiheit und Würde, dann meinte man etwas sehr Konkretes, nämlich: Der Mensch hat einen Anspruch darauf, nicht um seiner Überzeugung willen verhaftet und gefoltert, nicht zur Ausübung einer bestimmten Konfession gezwungen, nicht an der Auswanderung gehindert, nicht gezwungen zu werden, zu sagen, was er nicht glaubt, usw. Denn es entspricht der Natur des Menschen, daß er nicht gekrümmt, sondern aufrecht geht, auch in übertragenem Sinne der Aufrichtigkeit und Selbstbestimmung seines Lebensweges. Dies war der Ausgangspunkt der aufklärerischen Idee der Menschenrechte.

Aber die Frage war: Wie kann der Mensch Rechte haben, wenn der Staat keine Pflichten hat? Und wie kann der Staat Pflichten haben, wenn der Machthaber über dem Recht steht und nicht unter dem Recht? Nur wenn er überhaupt an Recht gebunden ist, kann er auch an Menschenrechte gebunden sein. Die grundlegende, als erste zu beantwortende Frage war also die: Wie läßt es sich bewerkstelligen, daß der Machthaber überhaupt an Recht gebunden ist?

4.4.2. Gewaltenteilung

Die Antwort, die im Laufe des 18. Jahrhunderts mehr und mehr an Überzeugungskraft gewann und die bis auf den heutigen Tag unverändert gültig ist, lautet: Der Anfang aller Rechtsbindung des Machthabers ist die Gewaltenteilung[11].

Es gab verschiedene Denkmodelle der Gewaltenteilung, aber dasjenige, das sich durchgesetzt hat, ist das einer Dreiteilung in *Gesetzge-*

---

11 *M. Kriele:* Einführung in die Staatslehre, a.a.O., § 68.

bung, Gesetzesausführung und *Rechtsprechung.* Diese drei Funktionen des Staates, so lautete die Grundforderung, dürfen nicht in einer Hand vereinigt sein, wie es im Absolutismus der Fall ist, sondern müssen auf verschiedene Organe des Staates verteilt sein.

Die Trennung von gesetzgebender und ausführender Staatsgewalt hat zur Folge, daß der Machthaber in die Freiheit des Menschen nur dann eingreifen kann, wenn dies gesetzlich geregelt ist. Ohne gesetzliche Grundlage keine Verhaftung, keine Bestrafung, keine Zwangsvollstreckung. In einem Staat der Gewaltenteilung kann sich also der Bürger an den Gesetzen orientieren, was er zu tun und zu unterlassen hat, damit er der Verhaftung, der Bestrafung oder der Zwangsvollstreckung entgeht – und dies ist der Anfang aller Freiheitssicherung.

Die dritte Gewalt, die Rechtsprechung, vermag dann zu gewährleisten, daß die Gesetze sowohl von den Bürgern als auch von den Inhabern der staatlichen Gewalt eingehalten werden. Dazu bedarf es der Unabhängigkeit der Richter von eben dieser staatlichen Gewalt. Denn wenn der Richter weisungsabhängig ist oder wenn der Machthaber ihn mit Absetzung oder Bestrafung nötigen und manipulieren kann, kontrolliert er den Richter und nicht der Richter den Machthaber, und dann wäre wiederum nicht gewährleistet, daß die Macht unter und nicht über dem Recht steht.

Mit der Gewaltenteilung ist das Gewaltmonopol des Staates nicht aufgehoben; dieses beansprucht der demokratische Verfassungsstaat noch heute: denn es ist nach wie vor die Basis des inneren Friedens. Aber das Gewaltmonopol ist nur erträglich, wenn die Staatsgewalt selbst rechtlich gebunden ist. Die politische Aufklärung des 18. Jahrhunderts konnte das staatliche Gewaltmonopol, das der Absolutismus geschaffen hatte, voraussetzen. Sie stellte es nicht in Frage, sondern baute darauf auf. Was sie in Frage stellte, war der Satz, daß die Staatsgewalt über dem Recht stehe. Dem hielt sie die drei Forderungen nach *Gewaltenteilung, Menschenrechten* und *Demokratie* entgegen. Die Gewaltenteilung bewirkt, daß der Machthaber überhaupt an Recht gebunden ist. Erst wenn er an Recht gebunden ist, kann er auch an Menschenrechte gebunden sein. Wenn er an Menschenrechte gebunden ist, kann sich der Mensch auch aufrichten und zur freien Selbstbestimmung kommen: erst dann ist Demokratie möglich.

„Absolutismus" ist nicht das Gegenstück zum Gewaltmonopol, sondern zur Gewaltenteilung. Absolutismus bedeutet: Die Staatsmacht ist im Herrscher konzentriert und vom Recht unabhängig. Der Wille des Herrschers gilt als Quelle allen Rechts, dieser steht deshalb selbst nicht unter, sondern über dem Recht. Er kann keine Rechtspflichten haben. Er kann deshalb nicht zur Verantwortung gezogen werden und ist keine Rechenschaft schuldig. Seine Entscheidung ist schlechthin verbindlich, wie immer sie ausfällt: sie ist in sein Belieben gestellt. Wenn man den absoluten Herrscher als verantwortlich ansprach, dann vor Gott oder vor sittlichen, religiösen, naturrechtlichen Regeln, die aber nur den Charakter moralischer Appelle hatten, wie sie sich etwa in den „Fürstenspiegeln" niederschlugen, denen keine rechtliche Verbindlichkeit zukam.

Gewaltenteilung bedeutet demgegenüber, daß jedes Staatsorgan nur im Rahmen rechtlich zugewiesener Kompetenzen und nach vorgegebenen Rechtsregeln handeln, nicht aber über das Recht im Ganzen verfügen oder es durchbrechen kann. Innerhalb des gewaltenteilenden Verfassungsstaates gibt es verschiedene Staatsorgane, aber keines von ihnen ist souverän. Die Souveränität des Volkes erschöpft sich im Akt der Verfassungsgebung; alsdann hat auch das Volk nur die ihm von der Verfassung oder verfassungsmäßigen Gesetzen zugewiesenen Kompetenzen, zum Beispiel bei Wahlen und Abstimmungen.

Das Recht ist zwar abänderbar, aber auch nur nach vorgegebenen Verfahrens- und Kompetenzregeln. Das ist, was man unter dem Begriff der „rule of law", der Herrschaft des Rechts, verstand, im Gegensatz zur „rule of men", der Herrschaft von am Belieben orientierten, absoluten Machthabern.

Die Deutschen haben sich mit der politischen Aufklärung immer schwerer getan als andere, aber es gibt doch auch eine eigenständige deutsche Tradition der politischen Aufklärung. Einer ihrer größten, in der ganzen Welt besonders geachteten Repräsentanten war der Königsberger Philosoph *Immanuel Kant* (1724–1804). In seinem politischen Denken ging es *Kant* in erster Linie um die Herstellung eines Rechtszustandes. Ein Rechtszustand zwischen zwei Menschen ist dann gegeben, wenn jeder die Freiheit des anderen achtet und die Freiheit beider nur durch Regeln eingeschränkt ist, die für sie beide gleich verbindlich sind. *Kants* Definition der Freiheit lautet: „Unabhängigkeit von eines anderen nötigender Willkür."[12] Freiheit ist also

---

12 *I. Kant:* Die Metaphysik der Sitten. Hrsg. von *K. Vorländer.* Leipzig ⁴1922, S. 43.

nur vereinbar mit Freiheitsbeschränkungen, die nicht auf Willkür, sondern auf Recht beruhen. Es kommt darauf an, sagt *Kant,* daß die „Freiheit mit jedes anderen Freiheit nach einem allgemeinen Gesetz zusammenbestehen kann"[13]. Diese Freiheit ist das „ursprüngliche, jedem Menschen kraft seiner Menschheit zustehende Recht". Freiheit kann also zwar eingeschränkt werden, aber nicht in der Weise, daß der eine den anderen willkürlich nötigen kann, sondern nur in der Weise, daß beide gemeinsam sich derselben Regel gleichermaßen unterwerfen, so daß nötigende Willkür ausgeschlossen ist.

Die Inhaber der Staatsmacht machen davon keine Ausnahme: Ein Rechtszustand besteht nach *Kant* nur dann, wenn auch die Inhaber der Staatsgewalt an das Recht gebunden sind, wenn also Gewaltenteilung herrscht. *Kant* nannte einen gewaltenteilenden Staat „Republik". Die Republik stellte er der Despotie gegenüber. Das Kennzeichen der Despotie ist nicht Grausamkeit, sondern Gewaltenkonzentration und damit Unabhängigkeit der Herrschaft von rechtlicher Bindung. Denn wenn in der Despotie die Staatsgewalt auch milde und gemäßigt ausgeübt wird, so muß der ihr unterworfene Bürger doch jederzeit mit der Möglichkeit rechnen, daß der Machthaber anderen Sinnes wird und ihn mit Erpressung, Bespitzelung, willkürlicher Verhaftung, Folter und Mord bedroht. Solange der Bürger diese Möglichkeit nicht ausschließen kann, ist er nicht frei, sondern der nötigenden Willkür des Machthabers unterworfen. Ohne Gewaltenteilung kein Rechtszustand.

Diese Lehre hat alle der Aufklärung aufgeschlossenen Menschen überzeugt und die Welt verändert. Als sich im Jahre 1776 die amerikanischen Kolonien vom britischen Mutterland unabhängig und zu eigenen Staaten erklärten, schufen sie sich Verfassungen, die an dem Grundsatz der Dreiteilung der Gewalten orientiert waren.

Die Verfassung von Virginia im Jahre 1776 enthielt einen ausführlichen Katalog von Menschenrechten, und zu ihm gehörte ausdrücklich ein Menschenrecht auf einen Staat der Gewaltenteilung. Auch die amerikanische Bundesverfassung von 1787 orientierte sich an diesem Grundsatz. Sie war – und ist noch heute – gegliedert in drei Hauptabschnitte, die den drei voneinander unabhängigen Gewalten gewidmet sind. Die Gewaltenteilung bildete auch die richtungsweisende Leitidee der großen Französischen Revolution von 1789. Am

---

13 *I. Kant:* Einführung in die Metaphysik der Sitten. In: Werke in sechs Bänden. Hrsg. von *W. Weischedel.* Bd. 4. Darmstadt 1956, S. 315.

4. Recht und Macht

Anfang stand eine Erklärung der Menschenrechte. Um diesen Menschenrechten eine staatsrechtliche Grundlage zu geben, machte sich die verfassungsgebende Nationalversammlung an die Ausarbeitung einer Verfassung, die 1791 in Kraft trat und die am Prinzip der Gewaltenteilung orientiert war. An dieser Französischen Revolution nahm die gesamte aufgeklärte Menschheit einen geradezu begeisterten Anteil. Man sah darin das Modell für Revolution in allen absolutistischen Staaten, und tatsächlich ist sie zum Ausgangspunkt der großen Verfassungsbewegung des 19. und 20. Jahrhunderts geworden.

Mit der Gewaltenteilung waren zwar Menschenrechte und Demokratie noch nicht hergestellt, sondern nur die Grundlagen dafür geschaffen, nämlich die Rechtssicherheit freier Bürger. Aber auf dieser Grundlage wurde es möglich, für Menschenrechte und Demokratie zu kämpfen, zum Beispiel für Abschaffung der Sklaverei, für allgemeines Wahlrecht, Gleichberechtigung der Frau, allgemeine Schulbildung, freie Gewerkschaften, soziale Rechte aller Art. Dieser Prozeß ist nicht abgeschlossen, wir stehen mitten darin. In vielen Ländern der Welt aber muß dieser Kampf erst noch in Gang gebracht werden. Wo die Rechtssicherheit freier Bürger nicht besteht, ist dieser Kampf teils sehr erschwert, teils ganz unmöglich. Deshalb ist seine erste und unerläßliche, notfalls durch einen revolutionären Befreiungskampf zu schaffende Voraussetzung die Herstellung eines Rechtszustandes durch Gewaltenteilung.

Zurück zur Französischen Revolution: Die Verfassung der Französischen Revolution wurde 1792, also nach bloß einem Jahr ihrer Geltung, schon wieder außer Kraft gesetzt, nachdem die französische Nationalversammlung Österreich den Krieg erklärt hatte. Man erklärte: „Das Vaterland ist in Gefahr", das heißt, man rief den Notstand aus: im Krieg sei ein verfassungsmäßiger Rechtszustand, der auch den Sympathisanten des Feindes Österreich Rechtssicherheit gewährleiste, nicht brauchbar. Es kam zur willkürlichen Verhaftung zahlloser Menschen und im September 1792 zur massenhaften Ermordung von Gefängnisinsassen, die als politische Gegner angesehen wurden. Dieser Ausbruch aus der Verfassungsordnung führte in den folgenden Jahren zur Diktatur *Robespierres*. In einem mörderischen Wahn wurden zahllose unschuldige Menschen, die als politische Gegner verdächtig erschienen, mit der Guillotine hingerichtet – so lange, bis sich das Volk schließlich in einem verzweifelten Aufruhr aufbäumte und *Robespierre* selbst geköpft wurde.

Diese Entartung der Französischen Revolution in ihrem zweiten Stadium wurde von vielen Konservativen, besonders in Deutschland, als Beweis dafür angesehen, daß man es beim alten Zustand des monarchischen Absolutismus belassen müsse; denn die Erfahrung habe gezeigt, daß eine demokratische

Revolution doch nur in Terror ausmünde. Die Aufklärer hielten dem entgegen: dieser Terror beweise im Gegenteil, wie unerläßlich die Gewaltenteilung sei; denn zum Terror sei es gekommen, weil sich in Frankreich wiederum Machthaber etabliert hatten, die sich über das Recht erhoben, die die Gewaltenteilung abschafften und eine rechtlich unumschränkte Diktatur ausübten.

An diesen beiden Argumenten schieden sich in Deutschland Rechts und Links: der Konservatismus und die demokratische Verfassungsbewegung. In dieser Bewegung ging es natürlich nicht nur um Gewaltenteilung, sondern auch um bürgerliche, politische, soziale Rechte, um Demokratie und gleiches Wahlrecht, überhaupt um Freiheit und Gerechtigkeit. Aber es war doch weitgehend anerkannt, daß die Grundlage alles dessen eben ein Rechtszustand ist, der auch die Macht bindet, also die Gewaltenteilung. Deshalb ging auch die Revolution von 1848 darauf aus, eine gewaltenteilende Verfassung zu schaffen. Sie scheiterte zwar, führte aber dazu, daß die spätere Verfassung 1871 zumindest wesentliche Elemente der Gewaltenteilung enthielt. Als man schließlich nach dem Ersten Weltkrieg die Weimarer Republik gründete, beruhte diese auf einer demokratischen Verfassung der Gewaltenteilung. Gegen diese revoltierte die nationalsozialistische Bewegung. Sie argumentierte etwa so: In einem gewaltenteilenden Staat gelten unparteiliche Gesetze, die für alle gleich verbindlich sind. Wir aber wollen uns nicht in eine Rechtsordnung der Unparteilichkeit einfügen, sondern wir setzen dem das Prinzip der Parteilichkeit entgegen. Das Prinzip der Parteilichkeit heißt: Wir allein haben recht, wer gegen uns auftritt, hat unrecht und muß unterdrückt werden. Wir folgen unserem Führer, und der Führer hat immer recht.

Als dieser „Führer" schließlich die Macht ergriff, kam es ihm in erster Linie darauf an, sich aus den Fesseln eines unparteilichen Verfassungsrechts zu befreien, und das gelang ihm in scheinbar legalen Formen mittels des Ermächtigungsgesetzes. Dieses war zwar auf vier Jahre befristet, aber diese vier Jahre genügten den Nationalsozialisten, ihre Macht so zu festigen, daß sie sich in Zukunft um Recht und Verfassung nicht mehr zu kümmern brauchten, sondern sich darüber erheben und einen neuen Absolutismus schaffen konnten, der Deutschland zu einem Unrechtsstaat machte und in die Katastrophe führte.

4.4.3. Bürgerliche und politische Menschenrechte

Erst mit der Gewaltenteilung vermochten sich bürgerliche und politische Rechte durchzusetzen. Zunächst ging es um den Grundsatz, daß Freiheitseinschränkungen rechtfertigungsbedürftig sind. Welche weitreichende Bedeutung dieser Grundsatz hat, wird sichtbar, wenn man sich die Zeiten vergegenwärtigt, in denen er nicht galt, in denen gerade umgekehrt die Herstellung eines freien Standes im einzelnen begründungsbedürftig war: durch Berufung auf Privilegien, Regalien, altüberlieferte Rechte, Erhebung in den freien Stand, Wechsel vom Land zur Stadt („Stadtluft macht frei") usw. Und welche aktuelle Bedeutung dieser Grundsatz hat, wird anschaulich an der Tatsache, daß er auch heute in der „sozialistischen" Welt wiederum nicht gilt; dort bedarf vielmehr einer besonderen Erlaubnis, wer ausreisen, studieren, publizieren, sich politisch oder religiös betätigen will, und diese Erlaubnis wird nur unter besonderen, eng umgrenzten Bedingungen erteilt: Nicht die Freiheitsbeschränkung, sondern die Freiheitsgewährung ist dort begründungsbedürftig. Das Verhältnis von Regel und Ausnahme ist zugunsten der Verfügungsmacht des Staates über den Menschen umgekehrt.

Wenn die Freiheitsbeschränkung rechtfertigungsbedürftig ist, so stellt sich die Frage: wie kann man sie rechtfertigen? Die klassische Antwort der politischen Aufklärung lautete zunächst nur: Der Zweck der Freiheitsbeschränkung sei die Freiheit – nämlich die Freiheit der anderen. Nach der Formel *Kants* kommt es darauf an, daß die Freiheit des einen mit der Freiheit eines jeden anderen zusammenbestehen kann[14]. Freiheitsbeschränkungen galten also soweit als gerechtfertigt, als sie um der Freiheit selbst willen erforderlich erschienen.

Wir haben inzwischen hinzugelernt, daß die Freiheit des anderen zwar einer der wesentlichsten, aber nicht der einzige Zweck sein kann, der Freiheitsbeschränkungen zu rechtfertigen vermag:

● Erstens kann auch die Erhaltung des Staatsganzen ein rechtfertigender Zweck sein. Dabei handelt es sich allerdings noch um eine mittelbare Rechtfertigung aus dem individuellen Freiheitszweck, dann nämlich, wenn der Staat ein demokratischer Verfassungsstaat ist und sich selbst aus dem Zweck der Freiheit legitimiert.

● Zweitens ist aber auch die Überwindung von Hunger, Not und Analphabetentum ein Zweck, der die Beschaffung der erforderlichen Mittel (Steuern, Sozialabgaben) rechtfertigen kann. Die Verfolgung dieser Zwecke dient zwar auch der Freiheit; denn in Hunger, Not und

---

14 *I. Kant:* Über den Gemeinspruch: Das mag in der Theorie richtig sein, taugt aber nicht für die Praxis. In: Werke in sechs Bänden. Hrsg. von *W. Weischedel.* Bd. 6. Darmstadt 1968, S. 127 ff., 144.

Unwissenheit zu leben bedeutet Unfreiheit. Aber hier handelt es sich um einen weiteren Begriff der Freiheit als den Kantschen der „Unabhängigkeit von eines anderen nötigender Willkür". Freiheit wird jetzt verstanden als die Chance des einzelnen, gemäß seiner Begabung und Neigung leben und arbeiten zu können und nicht nur um die elementarste Lebensbasis besorgt sein zu müssen; mit anderen Worten als die Chance, an den Errungenschaften der modernen Zivilisation teilzuhaben und nicht von ihren Gütern und Bildungsmöglichkeiten ausgeschlossen zu bleiben.

● Drittens kann auch die Rücksicht auf Ehre, Integrität, Gepflogenheiten, Sittlichkeit, Familienzusammenhang, religiöse Überzeugungen, aber auch auf Besitz und Eigentum die Freiheitsbeschränkungen rechtfertigen, also die Rücksicht auf Rechtsgüter, die unter den Begriff der „Freiheit" zu subsumieren nicht ohne weiteres überzeugend erscheinen mag.

● Viertens schließlich kann die Freiheitsbeschränkung auch der Rücksicht auf die Umwelt des Menschen dienen: zum Beispiel im Naturschutz, im Tierschutz, im Umweltschutz überhaupt. Dieser Schutz vermag zwar oft auch menschlichen Freiheitsinteressen zugute zu kommen. Oft aber läßt sich dieses Interesse nur recht künstlich konstruieren (z. B. wenn man sagt: Der Tierschutz diene dem Schutz des Menschen vor Verrohung oder dem Schutz des mitleidigen Menschen: der Tierschutz dient diesen Zwecken auch, aber er dient unabhängig davon unmittelbar dem Schutz der Tiere vor vermeidbaren Qualen).

Es ist Sache des Gesetzgebers, Zwecke zu bestimmen. Die Legitimität der Zweckbestimmung hängt davon ab, daß die Freiheitsbeschränkung nicht außer Verhältnis zum Zweck besteht. Dieser Grundsatz findet seinen verfassungsrechtlichen Niederschlag in dem alle Grundrechtsauslegung durchziehenden Verhältnismäßigkeitsprinzip: Freiheitsbeschränkungen bedürfen eines legitimen Zwecks und müssen zur Erreichung dieses Zwecks geeignet und erforderlich sein und nicht außer Verhältnis zu ihm stehen[15]. Nicht jeder beliebige Zweck ist legitim, sondern es bedarf im Konfliktfall der Begründung, daß es sich um vernünftige, sachlich sinnvolle Zwecke handelt.

---

15 Hierzu zusammenfassend: *Klaus Stern:* Das Staatsrecht der Bundesrepublik Deutschland Bd. 1. München 1977, § 4 III 8e, § 20 IV 4b.

4. Recht und Macht

Daß es sich um solche Zwecke handelt, kann zwar im Regelfall bei von demokratischen Gesetzgebern beschlossenen Gesetzen vermutet werden, wenn nicht das Gegenteil dargetan werden kann. Doch je intensiver Gesetze Grundrechte einschränken, desto höhere Anforderungen bestehen sowohl an das Gewicht des öffentlichen Zwecks als auch an die Beweisbedürftigkeit der Eignung und Erforderlichkeit des Gesetzes zur Erreichung dieses Zweckes.

Der Grundsatz, daß die Freiheit durch die Rücksicht auf die Freiheit eines jeden anderen begrenzt ist, war bei *Kant* noch dadurch eingeschränkt, daß nicht „jeder" gemeint war, sondern nur der Staatsbürger („citoyen"), von dem er sagte: „Die dazu erforderliche Qualität ist, außer der natürlichen (daß er kein Kind, kein Weib sei), die einzige: daß er sein eigener Herr (sui iuris) sei". Als sein „eigener Herr" verstand *Kant,* in juristische Termini übersetzt, nur den, der sich nicht durch Dienst-, sondern durch Werkverträge ernährt: „der Hausbediente, der Ladendiener, der Tagelöhner, selbst der Friseur" seien nicht ihr eigener Herr, wohl aber der Perückenmacher[16].

Diese Beschränkung der staatsbürgerlichen Qualität auf Männer und Selbständige wird man mit Nachsicht beurteilen, wenn man sich die historischen Gegebenheiten des 18. Jahrhunderts vergegenwärtigt, an denen gemessen sie noch verhältnismäßig fortschrittlich war. Es gab in der Geschichte des Staatsrechts der Neuzeit vielfältige andere Bedingungen für die staatsbürgerliche Qualität: man mußte Grundbesitzer oder Familienoberhaupt sein, später zumindest Steuerzahler, durfte nicht auf Fürsorge angewiesen sein, mußte der Staatskonfession angehören oder durfte zumindest bestimmten Konfessionen, vor allem der jüdischen, jedenfalls nicht angehören, durfte weder Farbiger noch Mischling sein, mußte lesen und schreiben können usw.

Vor diesem Hintergrund versteht man die revolutionäre Wirkung der naturrechtlichen Begründung der bürgerlichen und politischen Rechte als Menschenrechte aus der Würde eines jeden, der Menschenantlitz trägt: der entscheidende Durchbruch zur gleichen Freiheit eines jeden. Der revolutionäre Impuls dieser naturrechtlichen Idee konnte sich nur schrittweise durchsetzen: in der Abschaffung der Sklaverei, in der Aufhebung der Leibeigenschaft, in der Emanzipation der Juden, in der allgemeinen Schulpflicht, in der staatsbürgerlichen Gleichberechtigung der Arbeiter und anderer in Dienstverhältnissen stehenden

---

16 *I. Kant:* Über den Gemeinspruch . . ., a.a.O., S. 151.

Personen, in der sozialen Bewegung überhaupt, in der Chancengleichheit der Parteien, in der religiösen, weltanschaulichen, politischen Neutralität des Staates und – der jüngste Schritt in dieser Entwicklung – in der Gleichberechtigung von Mann und Frau.

Die lapidaren Formen des Art. 3 II und III GG sind ein Niederschlag jahrhundertelanger geistesgeschichtlicher und politischer Kämpfe um die prinzipielle Gleichberechtigung der Geschlechter, der Abstammung, der Rasse, der Sprache, der Heimat, der Herkunft, des Glaubens, der religiösen und politischen Anschauungen – ein nur mit größter Mühe erreichter und nach wie vor von Rückschlägen bedrohter Fortschritt in der Geschichte gleicher Freiheit.

4.4.4. Demokratie

Erst auf der Grundlage einer rechtlich gesicherten Freiheit des Menschen kann es Demokratie geben. Denn nur auf dieser Grundlage kann der Mensch aufrecht gehen, auch im übertragenen Sinn der Aufrichtigkeit seines Denkens und Wollens. Ohne rechtlich gesicherte Freiheit lebt er in Unsicherheit und Furcht: er muß auf die jeweiligen Wünsche des jeweiligen Machthabers schielen und sich ihnen anpassen, wenn er nicht willkürliche Verhaftung, Verschleppung, Ausweisung, Folter oder Ermordung riskieren will. Demokratie als politische Selbstbestimmung des Volkes hängt ab von der Selbstbestimmung der Mitglieder des Volkes. Wer vom Selbstbestimmungsrecht der Völker spricht, ohne das bürgerliche und politische Selbstbestimmungsrecht des Menschen einzuschließen und vorauszusetzen, betrügt sich und andere. Er meint dann in Wirklichkeit die Fremdbestimmung des Volkes durch eine Parteiführung oder sonstige Herrschaftselite, die sich als Repräsentantin des Volkes ausgibt, ohne dazu demokratisch legitimiert zu sein.

Demokratie kann es also nur geben im Rahmen von rechtlichen Regeln, die die ständig sich erneuernde demokratische Meinungs- und Willensbildung offenhalten, so, daß jeder Bürger gleiche und freie Chancen auf Mitwirkung an der Gestaltung der öffentlichen Verhältnisse hat. Deshalb gehören zur Demokratie die Pluralität und demokratische Struktur der Parteien (Art. 21 I GG), die Chancengleichheit der Parteien (Art. 3 I GG) und die Grundrechte auf Vereinigungsfreiheit (Art. 9 GG), auf Meinungs-, Presse- und Wissenschaftsfreiheit

(Art. 5 GG), auf Petitionen (Art. 17 GG) und in weiteren Zusammenhängen alle politischen und bürgerlichen Rechte. Deshalb hat die Demokratie die bürgerlichen und politischen Menschenrechte zur Voraussetzung, die ihrerseits die Gewaltenteilung zur Voraussetzung haben. Ohne Gewaltenteilung keine Rechtsbindung des Staates, ohne Rechtsbindung des Staates keine gesicherte Freiheit. Ohne gesicherte Freiheit aber können die im Volk lebenden Meinungen, Interessen und sittlichen Werturteile nicht zur politischen Geltung kommen. Herrscht aber nicht das Volk, so besteht keine Demokratie.

Darüber hinaus bedarf die Demokratie rechtlicher Organisations- und Verfahrensregeln, beispielsweise über die gesetzgebenden Körperschaften, ihre Bildung und Zusammensetzung (z. B. Wahlrecht), ihr Zusammenwirken, die Rechte und Pflichten ihrer Mitglieder, die Zusammensetzung und Kompetenzen ihrer Unterorgane (Ausschüsse), die Öffentlichkeit oder Nichtöffentlichkeit ihrer Beratungen, das Rederecht, die Redezeit, die erforderlichen Mehrheiten, die Abstimmungsmodalitäten, die Voraussetzungen des Inkrafttretens ihrer Beschlüsse usw.

Man kann also nicht etwa so, wie man die verfassungsmäßig eingeschränkte *(konstitutionelle)* Monarchie von der absolutistischen unteschied, eine konstitutionelle von einer absolutistischen Demokratie unterscheiden. Eine absolutistische Demokratie ist unmöglich, ein Widerspruch in sich. Absolutistisch herrschen heißt: „nicht ans Recht gebunden sein; nicht unter, sondern über dem Recht stehen". Ohne Rechtsbindung fehlen nicht nur die bürgerlichen und politischen Rechte, die die Demokratie erst möglich machen. Ohne Rechtsbindung läßt sich auch ein demokratisches Entscheidungsverfahren nicht organisieren. Ein absoluter Monarch ist präsent und handlungsfähig, nicht aber das Volk als solches: dieses wird politisch erst handlungsfähig mittels rechtlich verbindlicher Organisation.

Wegen dieser Angewiesenheit der Demokratie auf bürgerliche und politische Rechte und auf eine verfassungsrechtliche Organisation kann die Demokratie nicht das Fundament des demokratischen Verfassungsstaates bilden. Sie hat vielmehr eine rechtlich verbindliche Verfassung schon zur Voraussetzung. Wenn wir in diesem Sinne von Demokratie sprechen, so meinen wir nicht den einmaligen, ursprünglichen Akt der Verfassungsschöpfung *(pouvoir constituant)*, sondern die ständige und fortdauernde politische Organisationsform *(pouvoir constitué)*. Dem demokratischen Verfassungsstaat kann oder muß je nach der historischen Situation ein revolutionärer Akt der Verfassungsschöpfung vorausgehen, sei es in der Gestalt von Wahlen zu einer Versammlung, die durch diese Wahlen zur Verfassungsgebung ermächtigt ist, sei es durch eine Volksabstimmung über einen Verfassungsentwurf. Auch diese beiden Formen der Betätigung des pouvoir constituant bedürfen einer vorläufigen Organisation und der Anerkennung ihrer Verbindlichkeit als legitim durch das Volk. Der pouvoir constituant erschöpft sich aber in der Verfassungsgebung und hebt sich damit auf: fortan gilt als rechtlich legitim nur noch die auf diese Weise verbindlich zustande gekommene Verfassung. Deshalb ist es eine für die Zukunft der Demokratie gefährliche Irreführung, den Begriff der Demokratie allein auf den pouvoir constituant zu beziehen, wie es die meisten der „revolutionären Befreiungsbewegungen" tun: Das Volk ist nicht schon durch Entkolonialisierung oder sonstige Abschüttlung von Fremdherrschaft befreit, wenn dies in eine neue Form der Despotie mündet. Es ist befreit nur, wenn der pouvoir constituant eine Verfassungsorganisation mit Gewaltenteilung, bürgerlichen und politischen Menschenrechten und Demokratie schafft. Nur ein so verstandener Begriff der „Befreiung" steht in der Tradition der politischen Aufklärung.

Aufgabe 2

(a) Warum hat die Demokratie die bürgerlichen und politischen Menschenrechte zur Voraussetzung?
(b) Warum sind diese wiederum nur auf der Grundlage der Gewaltenteilung denkbar?

4.5. Soziale Gerechtigkeit und formale Rechtsgeltung

Wie aufgezeigt wurde, sind die vier aufeinander aufbauenden Stufen des Rechtsprinzips eine notwendige Bedingung für die Möglichkeit von Demokratie. Im folgenden wollen wir der Frage nachgehen, ob hiermit der Forderung nach „gleicher Freiheit für alle" Genüge getan ist, oder ob die Verwirklichung des Rechtsprinzips im Hinblick auf soziale Gerechtigkeit weitere Anforderungen stellt.

4. Recht und Macht

4.5.1. Ist das allgemeine Gesetz ungerecht?

Das demokratische Instrument zur Herstellung gleicher Freiheit ist das allgemeine Gesetz. In dem Gedanken der Allgemeinheit des Gesetzes kommt der Gedanke der Gleichheit am unmittelbarsten zum Ausdruck. Doch bedarf diese Feststellung einer Einschränkung:

Die Allgemeinheit des Gesetzes begründet nur dann Gleichheit, wenn sie eingebunden ist in die Rechtstradition, die die Freiheitsbeschränkung von allgemeinen Gesetzen abhängig macht. Es sind auch allgemeine Gesetze denkbar, die die Freiheit nicht sichern, sondern unterdrücken – wofür die „sozialistische Gesetzlichkeit" anschauliche Beispiele in Fülle liefert. Solche Gesetze unterdrücken aber nicht nur die Freiheit, sondern verleugnen zugleich die Gleichheit, und zwar in doppelter Hinsicht: Einmal, weil sie die Machthaber privilegieren, sodann aber auch, weil zur Gleichheit notwendigerweise das Recht eines jeden auf freie Entfaltung seiner Persönlichkeit gehört. Allgemeine Gesetze, die dieses Recht mißachten, unterdrücken die Menschen ungleich: die moralisch Sensiblen, die intellektuell Aufrichtigen, die religiös Aufgeschlossenen, die künstlerisch Schöpferischen, die Begabten aller Art werden im Kern ihrer Persönlichkeit getroffen, während die Stumpfen, Feigen, Beschränkten, Gleichgültigen, Lügebereiten und auch sonst Anpasserischen durch solche Gesetze nicht berührt werden. Solche Gesetze wirken also zugleich privilegierend und diskriminierend. Die Allgemeinheit des Gesetzes kann nur dann Gleichheit herstellen, wenn sich die durch sie begründeten Freiheitsbeschränkungen an den Maßstäben einer freiheitssichernden demokratischen Verfassungsordnung legitimieren lassen.

Wie aber, wenn die formale Gleichheit des allgemeinen Gesetzes mit materialer Ungleichheit zusammentrifft – mit dem Unterschied zwischen Arm und Reich, mit ungleichen Bildungs- und Startchancen? Man hat oft die soziale Gerechtigkeit gegen die formale Rechtsgeltung ausgespielt und in diesem Zusammenhang *Anatole France'* Satz zitiert: „Das Gesetz in seiner erhabenen Majestät verbietet es Armen und Reichen gleichermaßen, unter Brücken zu schlafen, Brot zu stehlen und an Ecken betteln zu gehen."[17] Das erscheint wie eine schreiende Ungerechtigkeit. Die Ungerechtigkeit liegt aber nicht in der Allgemeinheit des Gesetzes, sondern in dem sozialen Elend, das Arme zu

---

17 *Anatole France:* Die rote Lilie. München 1925, S. 116.

solchen Handlungen treibt, und darüber hinaus in dem Bagatellcharakter des Bettelns und Unter-Brücken-Schlafens, was beides nicht strafwürdig ist. Wäre aber das Brotstehlen nicht generell verboten, so dürfte auch den Armen das Brot, das sie durch Betteln erlangt haben, wieder gestohlen werden: daran können auch die Armen kein Interesse haben.

Das Problem liegt in der Überwindung der Armut, und es ist nicht zu sehen, inwiefern die Durchbrechung der Allgemeinheit der Gesetze dazu etwas beitragen könnte. Im Gegenteil: nur allgemeine Gesetze haben die allgemeine Schulpflicht, das Verbot der Kinderarbeit, die Gleichberechtigung der Frau, die progressive Besteuerung, die Sozialversicherung, die Rechtsansprüche auf Sozialleistungen usw. begründen können. Der soziale Fortschritt steht zur Allgemeinheit der Gesetze nicht nur nicht im Widerspruch, sondern ist darauf angewiesen.

4.5.2. Wirtschaftliche, soziale und kulturelle Menschenrechte

Mit allgemeinen Gesetzen ist also in der Tat noch keine gleiche Freiheit hergestellt. Die formale Freiheit des Gesetzes ist zwar eine notwendige, aber keine hinreichende Bedingung der Freiheit. Wer in Armut und Elend lebt, ist nicht frei, sondern gezwungen, ständig und ausschließlich um die Erhaltung seiner Lebensbasis besorgt zu sein. Die Überwindung der Not ist nicht nur eine elementare Forderung der Gleichheit, sondern auch der Freiheit, denn in Not leben bedeutet unfrei sein. Freiheit bedeutet mehr als Abwehr staatlicher Eingriffe: sie bedeutet auch die Herstellung von sozialen Bedingungen der Entfaltung der Persönlichkeit für jedermann.

Das ist der Grundgedanke der sozialen Bewegung des 19. und 20. Jahrhunderts, der nicht etwa im Gegensatz zur Idee der Freiheit steht, sondern eben aus den rechtlichen und philosophischen Wurzeln der Freiheitsidee selbst sich mit innerer Zwangsläufigkeit ergibt[18]. Es ist keine Rede von einem Gegensatz zwischen Freiheit und Gleichheit, sondern von einem ständigen Prozeß der Überwindung von Unfreiheiten, worin immer sie begründet sein mögen: in der Angst vor staatlicher Willkür, im Ausgeliefertsein an ein fremdbestimmtes Recht oder in Hunger und Not.

---

18 *Susanne Miller:* Das Problem der Freiheit im Sozialismus. Frankfurt 1974.

4. Recht und Macht

Nicht nur die bürgerlichen und politischen[19], sondern auch die wirtschaftlichen, sozialen und kulturellen Menschenrechte[20] sind also Elemente der Freiheit, darauf gerichtet, gleiche Freiheit für alle zu schaffen. Zwischen diesen beiden Typen von Menschenrechten gibt es allerdings einen Unterschied: Während die bürgerlichen und politischen Freiheiten unmittelbar geltendes, gerichtlich einklagbares Recht sind[21], können die wirtschaftlichen, sozialen und kulturellen Menschenrechte nur Pflichten des Staates sein, denen subjektiv-öffentliche Rechte nicht gegenüberstehen[22], von Ausnahmen in Grenzfällen abgesehen. Denn ihre Verwirklichung setzt politische, wirtschaftliche, organisatorische, budgetmäßige Programme voraus, über die nur Gesetzgeber und Regierung, nicht aber die Gerichte entscheiden können. (Näheres dazu vgl. Studieneinheit 9.) Sie können deshalb von Demokratien und Diktaturen gleichermaßen verwirklicht oder vernachlässigt werden. Sie formulieren nur, um was sich nicht nur demokratische Gesetzgeber und Regierungen, sondern auch Diktaturen in der Regel ohnehin bemühen.

Die Vertreter der sozialistischen Diktaturen und anderer nach dem absolutistischen Modell gestalteter Staaten bei den Vereinten Nationen betonen deshalb mit Vorliebe die wirtschaftlichen, sozialen und kulturellen Menschenrechte und stellen die bürgerlichen und politischen als einen individualistischen Luxus hin, der ihrer Verwirklichung eher hinderlich erscheint. Aber warum muß man die Menschen entrechten, um ihnen Brot zu geben?

In Wirklichkeit sind die bürgerlichen und politischen Menschenrechte der Verwirklichung der wirtschaftlichen, sozialen und kulturellen Menschenrechte nicht hinderlich, sondern förderlich. Denn die bürgerlichen und politischen Freiheiten sind die Voraussetzung dafür, daß Verletzungen von Menschenrechten aller Art öffentlich zur Sprache kommen, daß sie politische Kritik und Kontrolle auslösen, daß unfähige Regierungen abgewählt werden und daß demokratische Ini-

---

19 Internationaler Pakt über bürgerliche und politische Rechte. BGBl 1976 II, S. 1068, abgedruckt in: *M. Kriele:* Die Menschenrechte zwischen Ost und West. Köln ²1979, S. 96 ff.

20 Internationaler Pakt über wirtschaftliche, soziale und kulturelle Rechte. BGBl 1976 II, S. 428, abgedruckt in: *M. Kriele:* Die Menschenrechte zwischen Ost und West, a.a.O., S. 117.

21 Art. 2, Ziff. 1–3 des Bürgerrechtspaktes.

22 Art. 2 Ziff. 1 des Sozialrechtspaktes.

tiativen sich in Regierungsprogrammen und Gesetzen niederschlagen können.

Die Erfahrung lehrt, daß der Sozialstaat nirgendwo so stark entwickelt ist wie in demokratischen Verfassungsstaaten. Für diese ist aber die Allgemeinheit des Gesetzes unentbehrlich – sie allein vermag den Bürger vor willkürlichen Verhaftungen und anderen Freiheitsbeeinträchtigungen zu schützen. Schon deshalb ist sie Bedingung für den demokratischen Kampf, der allein mehr soziale Gerechtigkeit zu erreichen vermag. Aber auch die Herstellung sozialer Gerechtigkeit selbst ist auf das Instrument der allgemeinen Gesetze angewiesen. Kurz, das Ausspielen sozialer Gerechtigkeit gegen das allgemeine Gesetz, das auf den ersten Blick als soziales Engagement im Dienst von Freiheit und Gleichheit erscheint, erweist sich bei näherem Zusehen als unverantwortlich nicht nur im formalen, sondern auch im moralischen Sinn des Wortes, als Mangel an demokratischem Ethos. Es beruht auf einer Unterschätzung der Bedeutung der formalen Geltung des Gesetzes, die zwar keine hinreichende, aber eine notwendige Bedingung für die inhaltliche Verwirklichung gleicher Freiheit eines jeden ist.

4.5.3. Das Ethos der Repräsentation

Wenn jeder gleiches Recht auf Freiheit hat, so verlangt dieser Grundsatz unparteiliche, gerechte Abwägung der Interessen des einen mit denen jedes anderen und der Gemeinschaft. Eine solche Abwägung setzt als erstes voraus, daß sich jeder Amtsinhaber als Repräsentant des ganzen Volkes versteht[23]. Auch der Abgeordnete, der als Kandidat einer Partei gewählt ist und innerhalb dieser vielleicht als Vertreter einer bestimmten politischen Richtung, Interessengruppierung oder Region, soll dennoch zugleich Repräsentant des ganzen Volkes und nur seinem Gewissen unterworfen sein (Art. 38 I 2 GG). Ebenso unterliegt jeder Beamte und Richter dem ethischen Anspruch der Repräsentation. So heißt es in § 35 Beamtenrechtsrahmengesetz:

---

23 *G. Leibholz:* Das Wesen der Repräsentation unter besonderer Berücksichtigung des Repräsentativsystems. Berlin/Leipzig 1929. – Ders.: Das Wesen der Repräsentation und der Gewaltwandel der Demokratie im 20. Jahrhundert. Berlin ³1966.

4. Recht und Macht

„Der Beamte dient dem ganzen Volk [. . .]. Er hat seine Aufgaben unparteiisch und gerecht zu erfüllen und bei seiner Amtsführung auf das Wohl der Allgemeinheit Bedacht zu nehmen." Die Richter urteilen „Im Namen des Volkes" und schwören, bei der Anwendung von Verfassung und Gesetz „nach bestem Wissen und Gewissen ohne Ansehen der Person zu urteilen und nur der Wahrheit und Gerechtigkeit zu dienen" (§ 38 I Deutsches Richtergesetz). Auch der Bundespräsident und die Mitglieder der Bundesregierung schwören u. a., daß sie ihre Kraft „dem Wohle des deutschen Volkes widmen [. . .] und Gerechtigkeit gegen jedermann üben" werden (Art. 56, 64 II GG). Und für die öffentlich-rechtlichen Rundfunk- und Fernsehanstalten gilt der Grundsatz, daß alle in Betracht kommenden politischen, weltanschaulichen und gesellschaftlichen Gruppen Einfluß haben, im Gesamtprogramm zu Wort kommen können und daß Leitgrundsätze verbindlich sind, die ein Mindestmaß von inhaltlicher Ausgewogenheit, Sachlichkeit und gegenseitiger Achtung gewährleisten[24].

Zwar kann es in politischen Meinungsverschiedenheiten keinen „neutralen" Standort geben – jeder Amtsträger ist in Interessen, Ideologien, Traditionen und politischen Anschauungen verstrickt und daher notwendigerweise Partei. Das Ethos der Repräsentation verlangt nicht, die eigene Meinung aufzugeben – das wäre unmöglich –, aber ihnen in der Amtsausübung nicht ohne weiteres unvermittelte Geltung zu verschaffen. Es geht darum, der Verwurzelung in Tradition, Leidenschaft, Vorurteil und Eigeninteresse soviel sachliche, unparteiliche, verantwortliche Meinungsbildung abzuringen wie möglich.

Die Organe der Exekutive und der Rechtsprechung sind deshalb dem Gesetz unterworfen und haben insofern nicht ihre Meinung, sondern die im Gesetz zum Ausdruck kommende Meinung des gesetzgebenden Repräsentationsorgans des ganzen Volkes zur Geltung zu bringen. Die Mitglieder der gesetzgebenden Körperschaften ihrerseits sind zwar legitimerweise Partei und zu einseitigen Beiträgen zur Meinungsbildung berechtigt. Der Anspruch auf Repräsentation geht aber über das Standesethos des Rechtsanwalts, dem Einseitigkeit erlaubt ist, hinaus und verlangt, der Meinungsbildung und den Interessen des ganzen Volkes Rechnung zu tragen. Dieser Anspruch kann die unaus-

---

24 Entscheidungen des Bundesverfassungsterichts (BVerfGE), Bd. 12, S. 205 f., Leitsatz 10. Urteil des Bundesverfassungsgerichts vom 16. 6. 1981. In: *Neue Juristische Wochenschrift* 1981, S. 1774 ff.

weichliche Einseitigkeit immerhin mäßigen und in Grenzen halten. Er ist die Bedingung dafür, daß es bei Zersplitterung in eine Pluralität von Meinungen und Interessen überhaupt zur sachlichen Diskussion und zur Bildung von entscheidungsbildenden Mehrheiten kommen kann.

Darüber hinaus ist aber auch die Mehrheit an die verfassungsmäßige Ordnung und damit an bestimmte Grundsätze der Unparteilichkeit gebunden, nämlich an den Schutz der Chancengleichheit der Parteien, an die minderheitenschützenden Grundrechte und an den Grundsatz der Nichtidentifikation[25]. Der Grundsatz der Nichtidentifikation ist als objektive Norm den Grundrechten der Art. 3, 4, 5 I und III GG zu entnehmen. Er besagt, daß weder politische noch religiöse, noch weltanschauliche oder künstlerische Anschauungen, noch irgendein „Stand der wissenschaftlichen Erkenntnis" für andere verbindlich gemacht werden dürfen[26]. Unparteilichkeit ist mehr als nur ein ethisches Postulat oder eine Konventionalregel: sie ist der Verfassungsgrundsatz, mit dessen Geltung die gleiche Freiheit eines jeden steht und fällt[27].

4.5.4. Der unendliche Kampf um Freiheit und Gleichheit

Die demokratische Herstellung von Freiheit und Gleichheit ist ein unendlicher Prozeß, der niemals abgeschlossen sein kann. Die Balance zwischen Freiheit und Gleichheit muß in jeder Generation neu getroffen werden, weil die Freiheit immer neue Ungleichheiten produziert und die Versuche zu ihrer Überwindung immer von neuem Freiheit und Gleichheit gefährden. Die Balance zwischen Freiheit und Gleichheit treffen heißt, das jeweils erreichbare Optimum an gleicher Freiheit zu finden. Dieses Optimum aber bedeutet immer zugleich Inkaufnahme von ungleicher Freiheit. Es kommt dann darauf an, daß so wenig wie möglich an ungleicher Freiheit in Kauf genommen werden muß, daß also nicht die Korrektur zu einem noch höheren Grad an

---

25 *H. Krüger:* Allgemeine Staatslehre. Stuttgart 1964, S. 178.
26 *M. Kriele:* „Stand der medizinischen Wissenschaft" als Rechtsbegriff. In: *Neue Juristische Wochenschrift* 1976, S. 355 ff.
27 Vgl. hierzu, in dem Problembereich des öffentlichen Dienstes, *G. Dürig* in: *Maunz/Dürig/Herzog/Scholz:* Grundgesetz. Kommentar. München 1981, Art. 3 III, Rdnr. 11, 15.

ungleicher Freiheit führt. Diese ständige Suche nach der Balance zwischen Freiheit und Gleichheit ist ein ständiger Prozeß von Korrekturen und Korrekturen der Korrekturen, in den Erfahrungen, Theorien, ideologische Einseitigkeiten, Leidenschaften und Versachlichungen eingehen, ohne daß jemals ein Ende absehbar wäre.

So schafft beispielsweise das Erbrecht ungleiche Startchancen. Schafft man aber das Erbrecht ab, so greift man in den Zusammenhalt der Familie, in das Fürsorgedenken des Erwerbstätigen, in seine Leistungsmotivation und in sein Verfügungsrecht über das Erworbene ein. Man schafft Ungleichheiten ab, greift aber in die Freiheit ein, und zwar in einer Weise, die zugleich neue Ungleichheiten schafft: nämlich eine Benachteiligung derjenigen, deren Neigung und Veranlagung sich auf Erwerb und auf Sicherung der Angehörigen richtet. Eine weitere Frage ist dann, ob die anderen, deren Lebensgestaltung sich an anderen Werten und Zielen orientiert, davon einen Vorteil haben, oder ob sich nicht vielmehr die Abschaffung des Erbrechts nachteilig auf die wirtschaftliche Produktivität, damit auf die Steuereinkünfte und die Sozialleistungen des Staates auswirken würde.

Kurz: Absolute Freiheit und Gleichheit sind weder durch die Herstellung noch durch die Abschaffung des Erbrechts erreichbar, die Frage kann nur sein, wo das Optimum liegt. Ähnlich liegt es mit Fragen wie denen nach dem Eigentum an Produktionsmitteln oder der progressiven Besteuerung oder der unentgeltlichen Inanspruchnahme von Bildungsinstitutionen oder Rechtsanwälten oder was sonst die politischen Kontroversen in der Demokratie ausmacht.

Jedenfalls kann die Tatsache, daß es ungleiche Freiheit gibt, nicht schon für sich ohne weiteres ein Argument für ihre Überwindung sein, sondern nur dann, wenn es Alternativen gibt, die nicht andere und schlimmere Ungleichheiten und Unfreiheiten schaffen. Und die Tatsache, daß Freiheit und Gleichheit im demokratischen Verfassungsstaat nie endgültig erreichbar sind, daß es vielmehr immer nur um optimale Annäherung geht, kann kein Argument gegen den demokratischen Verfassungsstaat sein, weil jede denkbare Alternative dazu verurteilt ist, Freiheit und Gleichheit vollständig aufzuheben.

Aufgabe 3

Warum ist die Allgemeinheit des Gesetzes eine notwendige, aber keine hinreichende Bedingung der Freiheit?

4.6. Die „sozialistische" Alternative

Nach der Ideologie marxistisch orientierter Staaten soll es unter sozialistischen Produktionsverhältnissen möglich sein, Freiheit und Gleichheit ohne Staatsgewalt herzustellen. Die Fragen, die sich hieraus
ergeben, sind: kann der Staat absterben oder abgeschafft werden, und
– unterstellt, dies sei denkbar – würde dann nicht die natürliche
Ungleichheit des Menschen zu erneuten gesellschaftlichen Ungleichheiten und Abhängigkeiten führen?

4.6.1. Kann der Staat „absterben"?

Die heute wirkungsmächtigste Herausforderung der Legitimierungs-
wirkung des Rechtsprinzips von Freiheit und Gleichheit für die Verfassungsordnung besteht in der Idee, daß der Staat absterben oder
abgeschafft werden könne, und daß erst dann Freiheit und Gleichheit
hergestellt wären. Freiheit und Gleichheit seien auf eine Verfassungsordnung nicht angewiesen, ja diese stehe der vollen Verwirklichung
von Freiheit und Gleichheit im Wege. Denn, so lautet das Argument,
diese Verfassungsordnung konstituiere einen Staat, der Macht aus-
übe. Macht aber beschränke die Freiheit und schaffe Ungleichheit
zwischen Machthabern und den der Macht Unterworfenen.

Dieses Argument wäre freilich nur dann gültig, wenn der Staat abgeschafft werden oder absterben könnte und die Menschen alsdann
friedlich, frei und gleich miteinander leben würden. Das Argument
läuft also auf die Alternative hinaus: Staat oder Nicht-Staat. Wenn es
den Staat nicht mehr gibt, gibt es die Ungleichheit zwischen Inhabern
von Staatsämtern und den übrigen Bürgern nicht mehr. Ein solcher
Zustand verwirklicht allerdings Freiheit und Gleichheit nicht schon
aus sich heraus. Er täte es nur dann, wenn auch ohne Staatsgewalt
sichergestellt wäre, daß nicht im gesellschaftlichen Raum Unfreiheit
und Ungleichheit entstünden. Das hätte zur Voraussetzung, daß jeder
sein Handeln an moralischen Normen orientieren könnte, die seine
Freiheit mit Rücksicht auf die gleiche Freiheit jedes anderen begrenzen. Die marxistische Theorie nimmt an, daß sich die Menschen nur
unter marktwirtschaftlichen Verhältnissen egoistisch verhielten, während sozialistische Produktionsverhältnisse einen „neuen Menschen"
erzeugten. Jeder wäre dann guten Willens, die Rechte jedes anderen

zu achten. Deshalb werde der Staat nach dem globalen Sieg des Sozialismus absterben. Diese Theorie beruht auf zwei Prämissen:

● Was Recht und Unrecht ist, verstehe sich von selbst; wenn wir alle guten Willens wären, die Rechte jedes anderen zu achten, wüßten wir auch, wie wir uns zu verhalten haben. Es bedürfte weder gesetzgeberischer noch behördlicher und richterlicher Entscheidungen noch einer staatlichen Zwangsgewalt zur Durchsetzung von Entscheidungen.

Die Frage ist indessen, ob allseitiger guter Wille, seine Möglichkeit in einer sozialistischen Welt einmal unterstellt, den Staat schon entbehrlich machen würde. Man muß auch wissen, was Rechtens ist. Welche allgemeinen Regeln aber gerecht wären, das ist auch unter Menschen guten Willens umstritten, im Grundsätzlichen und im Einzelnen. Die Frage ist zwar sachlich diskutierbar, ohne indessen in absehbarer Zeit zu einem allgemeinen Konsens führen zu können. Also bedarf es der verbindlichen Entscheidung darüber, welche Regeln gelten sollen. Deshalb bedürften wir des Gesetzgebers auch, wenn wir alle guten Willens wären.

Auch konkrete Rechtsstreitigkeiten entstehen meistens nicht daraus, daß sich jemand weigert, zu tun, was das Recht offenkundig von ihm fordert, sondern entweder daraus, daß die Rechtslage umstritten ist oder daraus, daß beide Parteien verschiedene Versionen des Sachverhaltes haben. Soll dieser Streit nicht mit Gewalt ausgetragen werden, dann muß ein unparteilicher Richter das Recht auslegen und Beweis erheben. Auch behördliche Verwaltungsakte sind unentbehrlich, weil selbst allseits guter Wille nicht über Zweifel und Meinungsverschiedenheiten sowohl über die Rechtslage als auch über die Sachverhaltseinschätzung hinweghilft.

Und schließlich bedürften wir der staatlichen Zwangsgewalt in Gestalt von Polizei, Gerichtsvollzieher und Strafvollzug auch dann, wenn wir alle guten Willens wären, den Gesetzen, Verwaltungsakten und Gerichtsurteilen zu folgen. Der staatliche Zwangsapparat muß bereitstehen, auch dann, wenn er nicht eingesetzt zu werden braucht. Denn wir können vom Bürger nur erwarten, daß er das Recht respektiert, wenn wir ihm garantieren können, daß auch die Achtung seiner Rechte sichergestellt ist.

● Antagonistische Konflikte entstünden aus dem Klassenkampf um den Besitz materieller Güter. Mit der Aufhebung des Privateigentums an Produktionsmitteln seien sie überwunden.

Indessen entstehen sie auch aus zahlreichen anderen Motiven: aus Gruppenrivalitäten aller Art, die ihre Wurzel auch in verschiedenen politischen und sozialen Ideen, Religionen und Moralvorstellungen haben, aber auch einfach aus Eifersucht, Ehrgeiz, Haß, Mißverständnis, Rivalität und Machtstreben. Daran ändern sozialistische Produktionsverhältnisse überhaupt nichts.

Aber auch soweit die Konflikte aus dem Kampf um materielle Güter entstehen, wäre dieser Kampf nur zu befrieden, wenn diese Güter im Überfluß bereitstünden. Daß Überfluß herstellbar wäre, diese marxistische Prämisse hat sich als einstweilen illusorisch erwiesen. Aber selbst wenn es Überfluß gäbe, so könnte dieser doch nur für Gattungswaren („ein Auto") in Betracht kommen, nicht aber für nur einmal vorhandene Güter (das Grundstück in dieser Lage, dieses Kunstwerk usw.). Konflikte, die gegebenenfalls nur mittels der Staatsgewalt befriedet werden können, wird es deshalb auch unter sozialistischen Produktionsbedingungen immer geben. Darüber hinaus würde selbst die Überwindung antagonistischer Konflikte, ihre Möglichkeit einmal theoretisch unterstellt, nur dann zu Freiheit und Gleichheit führen, wenn es nur Einzelindividuen und keine Organisationen gäbe, die untereinander und im Verhältnis zu den einzelnen Ungleichheit und Unfreiheit begründen könnten. Die marxistische Annahme lautet: Unter sozialistischen Produktionsbedingungen werde es nur noch Verwaltung von Sachen und die Leitung von Produktionsprozessen, nicht mehr aber die Herrschaft von Menschen über Menschen geben[28]. Indessen gehören zu den Sachen, die verwaltet werden müssen, die Organisationen, die in der wissenschaftlich-technischen Industriewelt unvermeidlich sind. Unter sozialistischen Produktionsverhältnissen werden alle Organisationen zu Untergliederungen einer einzigen Großorganisation, des Staates. Die Menschen schrumpfen zu Bestandteilen dieser Großorganisation, in deren Funktionsmechanismus sie sich reibungslos einzufügen haben. Insofern sind sie zwar untereinander gleich, doch sind sie ungleich im Verhältnis zu denjenigen, die die Großorganisationen leiten und verwalten[29].

Nur wenn der Staat nicht selbst eine funktionale Großorganisation ist, sondern eine an den Rechtsprinzipien von Freiheit und Gleichheit

---

28 Vgl. *F. Engels:* Die Entwicklung des Sozialismus von der Utopie zur Wissenschaft. In: *K. Marx/F. Engels:* Werke. Bd. 19. Berlin 1978, S. 181 ff.
29 *M. Djilas:* Die neue Klasse. München 1976.

orientierte, gewaltenteilende rechtliche Organisation, gibt es eine Pluralität von ihm untergeordneten Organisationen, die freien Eintritt und Austritt ermöglichen und die in sich so strukturiert sind, daß sich die auf Freiheit und Gleichheit beruhenden Rechtsprinzipien gegenüber den Funktionsbedingungen der Organisation zu behaupten vermögen. Die sozialistische Wirtschaftsform hingegen kann deshalb niemals zu einer Aufhebung der Staatsmacht führen, sondern im Gegenteil nur zu ihrer Konzentration und äußersten Steigerung[30].

4.6.2. Der Umschlag in den Absolutismus

Aber selbst wenn es denkbar wäre, Freiheit und Gleichheit absolut, das heißt ohne Staatsgewalt herzustellen, so müßte doch sichergestellt werden, daß die natürlichen Ungleichheiten des Menschen nicht alsbald zu erneuten gesellschaftlichen Ungleichheiten und Abhängigkeiten führen. Das Versprechen der Herrschaftsfreiheit ist deshalb an die Voraussetzung gebunden, daß der Mensch so verändert werde, daß die natürlichen Ungleichheiten möglichst vermindert und bedeutungslos gemacht werden. Es muß ein „neuer Mensch" entstehen[31]. Dazu genügt freilich die sozialistische Wirtschaftsform nicht, vielmehr bedarf es der geistigen Umerziehung des Menschen mit dem Ziel der Identität gesellschaftlicher und individueller Interessen. Das setzt totale Herrschaft voraus, die Freiheit und Gleichheit aufhebt.

Freiheit wird dann umgedeutet in Einsicht in die Notwendigkeit dieser Totalherrschaft, und „Gleichheit" bedeutet dann vor allem: Beseitigung der Verschiedenheiten der geistigen und moralischen Orientierung.

Diese Beseitigung wird möglich durch Reduktion des Menschen auf den kleinsten gemeinsamen Nenner, der nur in den physischen Grundbedürfnissen des Menschen gefunden werden kann. Deshalb gehört zur „vollen Emanzipation" des Menschen im marxistischen Sinn die restlose Ausrottung aller Religion und aller idealistischen Philosophie und Moral. Diese müssen schon deshalb abgeschafft werden, weil sie

---

30 Warum das so sein muß, versucht der Verf. zu erklären in: „Befreiung und politische Aufklärung", a.a.O., Abschn. 35.
31 Zum „sozialistischen Menschen" vgl. Kommentar zur DDR-Verfassung Art. 19 Erl. 6.

eine Wurzel von Verschiedenheiten in der geistigen und moralischen Orientierung bilden und weil diese Verschiedenheiten zu antagonistischen Konflikten führen können. Diese Verschiedenheiten können freilich nicht in einem vorübergehenden revolutionären Prozeß endgültig beseitigt werden. Denn um sie zu beseitigen, muß man die Natur des Menschen vergewaltigen. Deshalb muß ihr Aufleben in jeder Generation von neuem durch dauerhafte Totalherrschaft niedergehalten werden. Es wird also in marxistisch orientierten Staaten immer diejenigen geben müssen, die die Totalherrschaft ausüben, und diejenigen, die ihr unterworfen sind. Insofern kann dort niemals Freiheit oder Gleichheit hergestellt werden. Es gibt nur den ideologischen Schein, daß um der Herbeiführung von Freiheit und Gleichheit willen Totalherrschaft ausgeübt werden müsse.

Deshalb bildet das absolutistische Modell (oder im Sprachgebrauch *Kants:* der Despotismus) das Grundprinzip des Staatsaufbaus in den marxistisch orientierten Staaten – wirkungsmächtig und mit missionarischem Expansionsdrang. Alle staatliche und gesellschaftliche Tätigkeit steht unter der Führung und Leitung der kommunistischen Partei, und das heißt, unter Führung und Leitung der obersten Gremien dieser Partei. Zwar unterscheiden auch die Verfassungen der marxistisch orientierten Staaten gesetzgebende, vollziehende und richterliche Gewalt, aber es handelt sich nicht um Gewaltenteilung, sondern um organisatorische Untergliederung eines der zentralen Führung unterworfenen Staatsapparates, wie es sie selbstverständlich auch in den absolutistischen Fürstentümern gab.

Gewiß gibt es wesentliche Unterschiede zur absolutistischen Monarchie. Aber alle diese Unterschiede verblassen doch vor der einen entscheidenden Gemeinsamkeit: Der Machthaber ist nicht in eine Rechtsordnung eingebunden, er steht nicht unter, sondern über dem Recht. Ist er aber nicht an Recht gebunden, so kann er auch an Menschenrechte nicht gebunden sein, und es kann weder Freiheit noch Gleichheit geben. Freiheit und Gleichheit gelten lediglich als Fernziele der Herrschaftsausübung, deren Bedingung, das Absterben des Staates, durch die unumschränkte Herrschaftsausübung herbeigeführt werden soll: Sie begründen nicht Rechte des Bürgers, sondern dienen im Gegenteil dazu, seine Rechtlosigkeit gegenüber der Herrschaftsmacht zu rechtfertigen.

Man kann sich die praktische Bedeutung dieses Satzes anschaulich machen, wenn man sich vergegenwärtigt, daß die Verfassung der Sowjetunion von 1936 einen Katalog der wichtigsten Bürgerrechte enthielt. Bekanntlich bildete das Jahr 1937 den Höhepunkt des Stalinismus: Damals wurden in zwei Jahren 7 Millionen sowjetische Bürger willkürlich verhaftet – das sind im Durchschnitt täglich 10000. Ohne Gewaltenteilung bedeuten Grundrechte überhaupt nichts. Andererseits gibt es in England bis auf den heutigen Tag keinen verfassungsrechtlichen Grundrechtskatalog, der den parlamentarischen Gesetzgeber binden könnte. Dennoch leben die Engländer in einem Zustand von Freiheit und Rechtssicherheit, der im Vergleich zu anderen Teilen der Welt einen hohen Standard aufweist. Denn es gibt in England Gewaltenteilung.

Wenn heute die Menschenrechtsverletzungen in den Ostblockstaaten nicht mehr das Ausmaß der Stalinzeit haben, so nicht, weil Menschenrechte als Rechte gelten, sondern weil eine etwas gemäßigtere Machtausübung zweckmäßiger erscheint: sie dient sowohl der inneren Stabilität als auch den imperialistischen Expansionschancen nach außen besser. Eine Rückkehr zu stalinistischen Verfolgungsmethoden wäre ohne weiteres möglich; denn das Wesen des Absolutismus ist, daß er Milde und Toleranz gewissermaßen ein- und ausatmen kann, ohne je an rechtliche Grenzen zu stoßen.

Es gibt heute mehr politische Flüchtlinge als jemals zuvor in der Menschheitsgeschichte. Fast alle stammen aus absolutistisch regierten Staaten, fast keiner aus Staaten mit Gewaltenteilung und Demokratie. Etwa 7,5% stammen aus rechtsorientierten Diktaturen (einschließlich islamischer Länder), mindestens 79% jedoch aus marxistisch regierten Staaten[32], und das im Angesicht der Tatsache, daß die Ostblockstaaten die Flucht so gut wie unmöglich machen.

Die Alternative zur gewaltenteilenden Macht des demokratischen Verfassungsstaates ist nun einmal das Recht des Stärkeren, des

---

32 Geschätzte Prozentzahlen auf der Grundlage der vom Hohen Flüchtlingskommissar der Vereinten Nationen herausgegebenen Weltflüchtlingskarte (Stand: 1. Januar 1984) in Verbindung mit der vorläufigen Liste der vom Hochkommissar betreuten Flüchtlinge. Genaue Angaben über die Herkunftsstaaten der Flüchtlinge liegen nur teilweise vor, da die offiziellen Statistiken aus naheliegenden Gründen nur die Aufnahme-, nicht aber die Ursprungsländer nennen. Bei 13,2% der Flüchtlinge ließ sich die Herkunft nicht eindeutig feststellen, doch muß ein erheblicher Teil von ihnen auch aus marxistischen Ländern stammen. Nach einer Berechnung von T. Hagen aus dem Jahre 1979 betrug das Verhältnis dazu 93,3% aus marxistischen, 6,7% aus nichtmarxistischen Ländern (*Neue Zürcher Zeitung* vom 27./28. 5. 1979, S. 5).

Schlauesten, des Zynischsten, des Geschicktesten und Schnellsten. Das Recht des Stärkeren zeigt sich im Extrem, wenn alle wirtschaftliche, politische und geistige Macht in der Hand einer Parteiführung konzentriert ist, die durch keine von ihr unabhängige Gesetz- oder Verfassungsgebung verpflichtet werden kann. Die Selbstprivilegierung der Machthaber und die Diskriminierung der anderen sind dann bis ins Äußerste getrieben. An die Stelle des Rechtsprinzips tritt das Machtprinzip, an die Stelle der Unparteilichkeit die Parteilichkeit.

Indem das Grundgesetz Freiheit und Gleichheit aus der Würde des Menschen begründet, bedeutet Gleichheit nicht Einebnung der Verschiedenheiten, sondern Gleichberechtigung der Menschen unabhängig von ihren jeweiligen Verschiedenheiten, und bedeutet Freiheit in erster Linie geistige Freiheit und damit Offenheit für verschiedene geistige Orientierungen des Menschen.

Staatsgewalt wird in beiden Fällen ausgeübt: Die Alternative ist also nicht etwa Staat oder Nicht-Staat, sondern absolute oder rechtlich beschränkte Staatsgewalt, mit anderen Worten: entweder absolute Beseitigung von Freiheit und Gleichheit durch die Herrschenden oder aber zwar Inkaufnahme der relativen Ungleichheit zwischen Amtsinhabern und anderen, die aber ihren Stachel verliert durch gleichen Zugang zu öffentlichen Ämtern, Bindung der Amtsausübung an das Gesetz, allgemeine und gleiche Wahl des Gesetzgebers und die übrigen Prinzipien der Demokratie, und schließlich durch die Bindung aller Staatsgewalt einschließlich der Gesetzgebung an die Rechtsprinzipien von Freiheit und Gleichheit.

Wir kommen also zu zwei Ergebnissen:

● Wenn wir ein Recht wollen, das jedem Menschen gleichen Anspruch auf Freiheit und Würde zuerkennt, dann bedürfen wir der Gerichte, des Gesetzgebers und auch des staatlichen Zwangsapparates, der dem Staat das Monopol der Gewalt garantiert. Das Recht bedarf der Macht.

● Das Recht ist aber nur dann Recht und nicht Unrecht, wenn die Macht ihrerseits ans Recht gebunden ist. Um dies zu gewährleisten, gibt es keinen anderen Weg als den des demokratischen Verfassungsstaates, der das Gewaltmonopol des Staates durch drei Grundprinzipien gegen Mißbrauch sichert: Gewaltenteilung, Menschenrechte und Demokratie.

4. Recht und Macht

Literatur

E.-W. Böckenförde: Gesetz und gesetzgebende Gewalt. Berlin ²1981.

J. Chambon: Der französische Protestantismus. München ⁴1939.

C. J. Friedrich: Der Verfassungsstaat der Neuzeit. Göttingen 1953.

F. Hartung: Die Entwicklung der Menschen- und Bürgerrechte. Göttingen ⁴1972.

F. A. von Hayek: Die Verfassung der Freiheit. Dt. Ausgabe. Tübingen ²1983.

D. Jesch: Gesetz und Verwaltung. Tübingen ²1968.

M. Joly: Gespräche in der Unterhölle zwischen Machiavelli und Montesquieu. Göttingen 1948.

M. Kriele: Befreiung und politische Aufklärung. Freiburg 1980.

Ders.: Die Herausforderung des Verfassungsstaates. Göttingen 1970.

Ders.: Legitimitätsprobleme der Bundesrepublik. München 1977.

Ders.: Recht und praktische Vernunft, Göttingen 1979.

Ders.: Menschenrechte zwischen Ost und West. Köln ²1980.

Ders.: Einführung in die Staatslehre. Wiesbaden ²1981.

H. Krüger: Allgemeine Staatslehre. Stuttgart 1964.

D. Merten: Rechtsstaat und Gewaltmonopol. Tübingen 1975.

G. Radbruch: Rechtsphilosophie. Suttgart ⁴1950.

Gerhard Otte

5. Rechtsanwendung

5.0. Allgemeine Einführung

Gesetze sagen in genereller Form, was geschehen soll. Wenn die generelle Anordnung des Gesetzes auf einen Einzelfall bezogen wird, nennen wir das „Rechtsanwendung". Das Recht anwenden, das tun wir alle stets, wenn wir ein generelles Ge- oder Verbot befolgen oder von einer generellen Erlaubnis oder Ermächtigung Gebrauch machen. Es gibt aber auch Rechtsanwendung, die mit einem eigenen Anspruch auf Verbindlichkeit auftritt: die anordnende Tätigkeit der Verwaltungsbehörden (Erlaß von „Verwaltungsakten") und die streitentscheidende Tätigkeit der Gerichte, die sich in Urteilen und Beschlüssen äußert. Sie schreibt für den Einzelfall vor, was geschehen soll; von ihr handelt diese Studieneinheit.

Gerichte und Verwaltungsbehörden sind bei ihren Entscheidungen „an Gesetz und Recht gebunden", wie Artikel 20 Absatz 3 des Grundgesetzes sagt. Wie muß die Rechtsanwendung beschaffen sein, damit sie diesem Gebot der Gesetzesbindung genügt und nicht Willkür ist? Wie müssen die Gesetze beschaffen sein, damit sie die Rechtsanwendung wirklich „binden" können? Wer über diese Fragen nachdenkt, wird entdecken, daß die Sprache der Gesetze zu ungenau und die Voraussicht der Gesetzgeber zu begrenzt ist, als daß die Entscheidungen der Gerichte und Behörden durch die Gesetze vollständig vorherbestimmt sein könnten. Es bleiben notwendigerweise Spielräume für die Entscheidungsfindung. Rechtsanwendung steht also in einem Spannungsverhältnis zwischen Gesetzesbindung und Gestaltungsfreiheit.

Der französische Dichter *Rabelais* (1494–1553) erzählt in seinem Roman *„Gargantua und Pantagruel"* von einem Richter, der seine Urteile durch Würfeln findet[1]. Die Resultate dieser merkwürdigen Art von Rechtsprechung kommen offenbar nicht schlecht an: jedenfalls werden seine Urteile von der höheren Instanz stets bestätigt, und auch die

---

1 *François Rabelais:* Gargantua und Pantagruel. Übersetzt von *Gottlob Regis*. München 1964, 3. Buch, Kapitel 39 ff.

5. Rechtsanwendung

Prozeßparteien sind mit seinen Entscheidungen mindestens so zufrieden wie mit denen anderer Richter. Nach dem Geheimnis seines Erfolges befragt, gesteht der Richter freimütig, daß es seiner Meinung nach auf Gesetze und dergleichen gar nicht ankomme; entscheidend sei nur, den richtigen Augenblick für das Würfeln zu treffen. Gemeint ist der Augenblick, in dem der Prozeß durch das Liegenlassen der Akten für die Entscheidung „reif" geworden ist. Das ist der Augenblick, in welchem die Parteien durch lange Prozeßdauer zermürbt sind und so sehr den Durchblick verloren haben, daß ihre Erwartungen auf den tiefsten Punkt gesunken sind und ihnen nun jede Entscheidung besser zu sein scheint als gar keine.

Dies ist natürlich ein Zerrbild von Rechtsprechung. Man mag sich fragen, wen oder was der Dichter hier eigentlich verspotten wollte: die Juristen, die so dumm sind, daß sie die Gesetze nicht anwenden können und daher zu anderen Mitteln greifen müssen, oder die Gesetze, die so vage und verworren sind, daß die Resultate ihrer Anwendung sich von Zufallsergebnissen nicht unterscheiden, oder aber das Publikum, das unwissend genug ist, sich solche Urteile bieten zu lassen, weil es nicht weiß, was von der Rechtsprechung erwartet werden kann und muß? Vermutlich gelten die Hiebe, die der Dichter austeilt, allen Beteiligten, den Richtern ebenso wie den Gesetzen und nicht zuletzt auch den rechtsuchenden Parteien.

Lernziele:

Nach dem Durcharbeiten dieses Kapitels sollen Sie in der Lage sein,

– den Vorgang der „Subsumtion" eines Sachverhalts unter eine Rechtsnorm zu charakterisieren;
– die Gründe für die Auslegungsbedürftigkeit der Gesetze und die Typen der bei der Gesetzesauslegung verwendbaren Argumente darzulegen;
– die Notwendigkeit der richterlichen Rechtsfortbildung zu begründen;
– wichtige Faktoren, welche die Ausfüllung der bei der Rechtsanwendung bestehenden Spielräume steuern, zu bestimmen;
– den Prozeß der Rechtsanwendung, sein Funktionieren und seine Anerkennung als Voraussetzung für den Bestand einer Rechtsordnung zu erläutern.

5.1. Erwartungen eines Klägers

Wie leicht die Erwartungen einer Prozeßpartei in die Irre gehen und enttäuscht werden können und welche Art der Rechtsfindung von den Gerichten wirklich erwartet werden darf, soll anhand des folgenden Beispiels eines Zivilprozesses gezeigt werden:

Zwei Brüder hatten jahrelang gemeinsam einen kleinen Karosseriebau betrieben. Werkstatt und Büro befanden sich auf einem Grundstück, das der ältere Bruder einige Zeit vor Gründung des Betriebes erworben hatte. Eine Erkrankung zwang ihn schließlich, mit der Arbeit aufzuhören. Er vereinbarte mit dem jüngeren Bruder mündlich, dieser solle den Betrieb allein fortführen. Der jüngere verpflichtete sich, den älteren ratenweise auszuzahlen; die Zahlungen sollten beginnen, sobald die zur Betriebsgründung aufgenommenen Kredite zurückgezahlt sein würden. Bei ihren Überlegungen gingen die Brüder davon aus, daß das Grundstück zum Betriebsvermögen gehöre – so daß der jüngere mit Übernahme der Firma auch das Grundstück bekomme. Als der ältere starb, verlangte seine Witwe und Alleinerbin von ihrem Schwager eine angemessene Pacht für das Betriebsgrundstück. Dieser stellte sich jedoch auf den Standpunkt, das Grundstück habe ihm als Teilhaber des Betriebes zur Hälfte schon längst gehört und stehe ihm aufgrund der Vereinbarungen mit seinem Bruder inzwischen auch zur anderen Hälfte zu. Er verlangte daher von seiner Schwägerin, daß sie seine Eintragung als Eigentümer im Grundbuch bewillige. Sie lehnte ab. Darauf erhob er beim zuständigen Landgericht Klage mit dem Antrag, seine Schwägerin zur Abgabe der für die Umschreibung des Eigentums im Grundbuch erforderlichen Erklärung zu verurteilen.

Bei der Klageerhebung hatte der Kläger nicht nur die feste Hoffnung, den Prozeß zu gewinnen, sondern auch ganz konkrete Vorstellungen davon, was für die Entscheidung des Prozesses zu seinen Gunsten ausschlaggebend sein müsse:

● In erster Linie berief er sich auf das Wort seines verstorbenen Bruders, daß er den Betrieb, wozu nach Ansicht beider ja auch das Grundstück gehörte, allein fortführen sollte.

● Außerdem war er der Meinung, die Entscheidung dürfe nicht gegen die Interessen des Betriebes ausfallen. Wenn das Grundstück nicht ihm, sondern seiner Schwägerin gehöre und er dafür Pacht zahlen müsse, könne das der Betrieb überhaupt nicht verkraften.

● Schließlich war er der Überzeugung, daß es auch im wohlverstandenen Interesse seiner Schwägerin liege, wenn das Grundstück ihm gehöre. Dann werde sie nämlich, sobald es zu der mit dem Bruder vereinbarten ratenweisen Auszahlung des Betriebsanteils komme, sehr viel mehr erhalten als die verlangte Grundstückspacht.

Die Vorstellungen des Klägers von dem, was für die Entscheidung des Prozesses wesentlich sein sollte, sind verständlich. Allerdings war die Annahme, die Schwägerin würde sich besserstehen, wenn sie die Abfindung für den Betriebsanteil bekäme, als wenn sie Eigentümerin des Grundstücks wäre und die Pacht verlangen könnte, wohl unbegründet. Als Eigentümerin konnte sie das Grundstück ja wahrscheinlich gut verkaufen, und ob der Schwager demnächst die Abfindung wirklich würde zahlen können, war bei der, wie es scheint, nicht rosigen Lage des Betriebes zumindest zweifelhaft. Die übrigen Argumente des Klägers, daß es auf das Wort des Bruders ankommen müsse und daß man den Betrieb doch nicht ruinieren dürfe, hören sich hingegen recht gut an.

Dennoch durfte der Kläger nicht einfach davon ausgehen, daß diese zu seinen Gunsten sprechenden Gründe für die Entscheidung des Prozesses überhaupt erheblich oder gar allein ausschlaggebend sein würden. Schließlich war da ja auch noch die andere Partei, die Ehefrau des Verstorbenen. Hören wir einige mögliche Argumente der Beklagten:

● Sie konnte etwa vorbringen, daß es eine Ungerechtigkeit sei, wenn der Kläger das Grundstückseigentum für sich beanspruchen dürfe, ohne bislang auch nur einen Pfennig als Gegenleistung erbracht zu haben.

● Sie konnte weiter darauf hinweisen, daß sie für ihre Alterssicherung auf die Pacht angewiesen sei, da sie im übrigen nur eine geringe, nicht einmal dynamisierte Rente aus einer von ihrem Manne abgeschlossenen Lebensversicherung habe.

Es ist der Beklagten zuzugeben, daß auch ihre Argumente sich nicht schlecht anhören.

5.2. Wie ist zu entscheiden?

Die Notwendigkeit einer neutralen Instanz, die den Streit entscheidet, liegt auf der Hand. Wenn es eine Entscheidung nach Gründen sein soll – und eine Rückkehr zu irrationalen Arten der Entscheidungsfindung, wie es die gerichtlichen Zweikämpfe und Gottesurteile des mittelalterlichen Prozeßrechts waren oder auch das von dem Richter bei *Rabelais* praktizierte Würfeln, ist ja wohl nicht diskutabel –, dann kommen grundsätzlich zwei Wege der Entscheidungsfindung in Betracht:

1. Entweder stellt das Gericht für die von ihm zu treffende Entscheidung selbst die Kriterien auf, nach denen es dann die Berechtigung der Klage prüft,

2. oder es wendet Entscheidungskriterien an, die bereits vorher für mögliche Streitfälle dieser Art aufgestellt worden sind.

Auf dem ersten dieser beiden Wege hätte das Gericht eine solche Fülle gedanklicher Probleme zu bewältigen, daß es zweifelhaft erscheint, ob es überhaupt zu einem Urteil gelangen würde. Das Gericht hätte beispielsweise zu entscheiden, ob ein mündlich geäußertes Versprechen eines Grundstückseigentümers, ein anderer solle das Grundstück bekommen, rechtliche Wirkung haben soll. Es gibt sicher Gründe, diese Frage zu bejahen. Zweifellos gibt es aber auch Gründe dafür, die Frage zu verneinen. Würde das Gericht die Frage bejahen, so müßte es weiter entscheiden, ob und in welcher Weise der Umstand, daß der, der das Grundstück bekommen soll, noch keine Gegenleistung erbracht hat, für den Erwerb des Grundstückseigentums Bedeutung haben soll. Je nach Beantwortung dieser Frage würden sich weitere Fragen stellen. Das Gericht dürfte seine Überlegungen aber nicht auf diejenigen Argumente beschränken, die die Parteien vorgebracht haben. Es müßte alle Gründe prüfen, die überhaupt nur entfernt die Möglichkeit einer Bedeutung für den zu entscheidenden Fall in sich tragen. (Schließlich kann den Parteien, denen nicht alles eingefallen ist, ihre begrenzte Phantasie nicht zum Nachteil gereichen.) Das Gericht müßte sich also beispielsweise darüber schlüssig werden, ob der Umstand, daß die Beklagte die Ehefrau des früheren Grundstückseigentümers ist, überhaupt ein Grund sein kann, sie mit dem Grundstück in rechtliche Verbindung zu bringen. Um diesen Punkt entscheiden zu können, müßte das Gericht erst Regeln über das Schicksal des Vermögens nach dem Tode seines Inhabers, also ein Erbrecht, erfinden usw. Je weiter man die Vorstellung von einem Entscheiden ohne vorausgesetzte Regeln ausspinnt, desto deutlicher wird die Unmöglichkeit dieser Entscheidungsfindung. Die Aufgabe wäre uferlos und würde das Gericht total überfordern. (Was im 1. Kapitel über die Angewiesenheit des Menschen auf Normen gesagt worden ist, sollte auch an dieser Stelle wieder bedacht werden.)

Es bleibt also nur der andere Weg der Entscheidungsfindung: das Entscheiden nach bereits vorher feststehenden Regeln. Daß solche bestehen, setzt übrigens die Klage schon voraus: wie könnte der Kläger sich an die Erbin seines Bruders wenden, wenn es kein Erbrecht gäbe, und wie könnte er die Abgabe einer Erklärung verlangen, die für eine Grundbucheintragung erforderlich ist, wenn es kein Grundbuchrecht gäbe? Daß die Entscheidung nach Regeln gefällt werden soll, muß freilich nicht so verstanden werden, daß sie *in jeder Beziehung* durch Regeln im voraus bestimmt sein müßte. Es besagt nur, daß Regeln, *soweit* sie vorhanden sind, befolgt werden müssen.

5.3. Entscheiden nach Regeln: Subsumtion

Um nach Regeln entscheiden zu können, muß man unter Regeln „subsumieren" können. Die Fähigkeit zur *Subsumtion* ist die für die menschliche Urteilskraft zentrale Fähigkeit, einen konkreten Fall als Anwendungsfall einer allgemeinen Regel zu erkennen[2]. Allgemeine Regeln im Bereich des Rechts sind in erster Linie die Gesetze. Da der Vorgang der Anwendung allgemeiner Rechtsregeln anderer Art (im 2. Kapitel wurden bereits erwähnt: Gewohnheitsrecht, Rechtsverordnungen, Satzungen, Richterrecht) sich nicht grundsätzlich von dem Vorgang der Gesetzesanwendung unterscheidet, genügt es an dieser Stelle, wenn wir nur von der Anwendung der Gesetze sprechen.

Im 2. Kapitel ist gesagt worden, daß Gesetze als generelle Rechtsnormen aus zwei Teilen bestehen: Tatbestandsumschreibung und Rechtsfolgenanordnung, oder, kürzer, Tatbestand und Rechtsfolge:

- der *Tatbestand* sagt, unter welchen Voraussetzungen die Rechtsfolge eintreten soll,
- die *Rechtsfolge* sagt, was geschehen soll, wenn der Tatbestand erfüllt ist.

Tatbestand und Rechtsfolge stehen zueinander in einer Wenn-Dann-Beziehung. Die allgemeinste Fassung aller Rechtsnormen, die nur diese formale Struktur und keinen bestimmten Inhalt zum Ausdruck bringt, lautet demgemäß: „Wenn der Tatbestand erfüllt ist, dann soll die Rechtsfolge eintreten."

Aus dieser formalen Struktur der Gesetze ergibt sich, daß der erste Schritt der Gesetzesanwendung, zumindest im Zivilrecht, in der Suche

---

2 *Kant:* Kritik der reinen Vernunft. Philosophische Bibliothek. Bd. 37a, Hamburg 1960, S. 193, 196f.

nach solchen Gesetzen bestehen muß, deren Rechtsfolgenseite die in dem jeweiligen Prozeß angestrebte Rechtsfolge beinhaltet. Der zweite Schritt besteht dann in der Prüfung, ob die Tatbestandsmerkmale dieser Rechtsnorm durch den der Entscheidung zugrunde liegenden Sachverhalt erfüllt sind: Sind sie es, so ist die begehrte Rechtsfolge auszusprechen; sind sie es nicht, so ist nach anderen Rechtsnormen zu suchen, deren Rechtsfolgenseite das Klagebegehren deckt. Gibt es solche, so muß wieder geprüft werden, ob ihr Tatbestand erfüllt ist. Erfüllt der zu beurteilende Sachverhalt den Tatbestand keiner der in Betracht kommenden Rechtsnormen, so ist die Klage abzuweisen.

Diese abstrakten Ausführungen seien am Beispiel des vorhin geschilderten Rechtsfalles erläutert: Die vom Kläger begehrte Verurteilung der Beklagten zur Abgabe der Erklärung, die für seine Eintragung als neuer Eigentümer im Grundbuch erforderlich ist, kann möglicherweise auf § 894 BGB gestützt werden. Diese Vorschrift lautet:

Steht der Inhalt des Grundbuchs in Ansehung eines Rechtes an dem Grundstück, eines Rechtes an einem solchen Rechte oder einer Verfügungsbeschränkung der in § 892 Abs. 1 bezeichneten Art mit der wirklichen Rechtslage nicht im Einklange, so kann derjenige, dessen Recht nicht oder nicht richtig eingetragen oder durch die Eintragung einer nicht bestehenden Belastung oder Beschränkung beeinträchtigt ist, die Zustimmung zu der Berichtigung des Grundbuchs von demjenigen verlangen, dessen Recht durch die Berichtigung betroffen wird.

Die Fassung dieser Vorschrift bereitet dem Nichtjuristen sicher erhebliche Verständnisschwierigkeiten. Es ist typisches Juristendeutsch. Wenn Juristen versichern, der Satz sei eigentlich ziemlich klar und bereite keine Verständnisschwierigkeiten, so reicht das kaum, um Nichtjuristen über die Unzugänglichkeit der Sprache der Gesetze, die ja schließlich für alle da sein sollen, hinwegzutrösten. Wir wollen uns einer kürzeren, leichter verständlichen, auf die Entscheidung unseres Falles zugeschnittenen, aber keineswegs sinnentstellenden Fassung des Gesetzesinhalts bedienen, die folgendermaßen lauten soll:

„Wenn der Eigentümer eines Grundstücks im Grundbuch nicht eingetragen ist, kann er von dem, der fälschlicherweise als Eigentümer eingetragen ist, die Zustimmung zur Grundbuchberichtigung verlangen."

Die in dieser Vorschrift angeordnete Rechtsfolge ist, daß die Zustimmung zur Grundbuchberichtigung verlangt werden kann. Genau das verlangt ja in unserem Beispiel der Kläger. Tatbestand der Norm ist,

5. Rechtsanwendung

daß derjenige, der die Zustimmung zur Grundbuchberichtigung verlangt, Eigentümer ist, aber nicht als Eigentümer im Grundbuch steht, während der, gegen den sich sein Anspruch richtet, zwar als Eigentümer im Grundbuch steht, in Wirklichkeit aber nicht Eigentümer ist. Es muß also geprüft werden, ob dieser Tatbestand erfüllt ist: Im Grundbuch steht der verstorbene Ehemann der Beklagten, nicht diese selbst. Das ist allerdings kein hinreichender Grund, die Erfüllung des Tatbestandes des § 894 BGB zu verneinen. Aus anderen Normen des BGB ergibt sich nämlich, daß der Erbe des im Grundbuch Eingetragenen so anzusehen ist, als sei er selbst eingetragen. Es kommt also darauf an, ob der verstorbene Ehemann der Beklagten und Bruder des Klägers zur Zeit seines Todes noch Eigentümer war. Er war es nicht, wenn der Kläger bereits das Eigentum erworben hatte. Das meint der Kläger und beruft sich dafür auf die mündliche Zusage seines Bruders und auf den Umstand, daß das Grundstück als Bestandteil des Betriebes anzusehen sei, an dem er immer schon zur Hälfte beteiligt war. (Die letzte dieser Erwägungen würde, wenn sie zutreffend sein sollte, zwar nicht das alleinige Eigentum des Klägers begründen, wohl aber sein Miteigentum, und damit die Klage wenigstens teilweise rechtfertigen.)

Entscheidend ist nun, ob die vom Kläger angeführten Umstände einen Eigentumserwerb (oder wenigstens den Erwerb eines Eigentumsanteils) belegen können. Darüber sagt § 894 BGB nichts. Wir müssen andere Normen heranziehen, die im Verhältnis zu § 894 BGB – und auch im Verhältnis zu einer Reihe anderer Normen – gewissermaßen Hilfsfunktionen haben, weil sie das dort genannte Tatbestandsmerkmal „Eigentum" ausfüllen. Diese Normen ergeben – von hier nicht interessierenden Sonderfällen abgesehen –, daß der Erwerb von Grundeigentum eine Einigung zwischen dem bisherigen Eigentümer und dem Erwerber über den Eigentumsübergang sowie eine Eintragung des Erwerbers als neuen Eigentümers im Grundbuch erfordert. Eine Grundbucheintragung des Klägers ist aber nicht erfolgt. Daher steht fest, daß er das Eigentum nicht erworben hat. Der Tatbestand des § 894 BGB ist für ihn daher nicht erfüllt.

Es bleibt zu prüfen, ob die Klage aufgrund einer anderen Norm gerechtfertigt ist. Wenn der Kläger noch nicht Eigentümer ist, hat er vielleicht einen Anspruch gegen die Beklagte, es zu werden. Das wäre ein Anspruch auf Abgabe der für den Eigentumswechsel erforderlichen Erklärung. Dieser kann sich aus folgenden Vorschriften des BGB ergeben:

§ 241 Satz 1 BGB: Kraft des Schuldverhältnisses ist der Gläubiger berechtigt, von dem Schuldner eine Leistung zu fordern.

§ 305 BGB: *Zur Begründung eines Schuldverhältnisses durch Rechtsgeschäft* sowie zur Änderung des Inhalts eines Schuldverhältnisses *ist ein Vertrag zwischen den Beteiligten erforderlich,* soweit nicht das Gesetz etwas anderes vorschreibt.

Aus diesen beiden Vorschriften ergibt sich (wobei in § 305 BGB hier nur die kursiv gesetzten Worte interessieren), daß der Kläger die Leistung „Übereignung des Grundstücks" verlangen kann, wenn durch Vertrag ein entsprechendes Schuldverhältnis begründet worden ist. Der Kläger hat aber mit der Beklagten gar keinen Vertrag geschlossen. Es scheint schon aus diesem Grunde das Tatbestandsmerkmal „Vertrag" zu fehlen. Doch ergibt eine andere Norm, die Hilfsfunktion in bezug auf § 241 BGB hat, daß die Beklagte als Erbin ihres Mannes dasselbe schuldet, was er schuldete. § 1967 BGB sagt:

Der Erbe haftet für die Nachlaßverbindlichkeiten.
Zu den Nachlaßverbindlichkeiten gehören [die] vom Erblasser herrührenden Schulden . . .

Die Klage wird also dann begründet sein, wenn der Verstorbene sich durch Vertrag mit seinem Bruder zur Übereignung des Grundstücks verpflichtet hat. Natürlich muß der Vertrag gültig geschlossen sein. Dazu sagt § 313 Satz 1 BGB:

Ein Vertrag, durch den sich der eine Teil verpflichtet, das Eigentum an einem Grundstück zu übertragen oder zu erwerben, bedarf der notariellen Beurkundung.

Die Brüder hatten nur eine mündliche Vereinbarung getroffen. Die reicht nicht aus. Weitere Rechtsnormen, deren Rechtsfolgenseite das Klagebegehren deckt, gibt es nicht. Der Kläger hat daher keinen Anspruch auf Übereignung des Grundstücks. Das Ergebnis lautet: Seine Klage ist abzuweisen.

Was hier zur Veranschaulichung der Rechtsanwendung an einem Beispiel schrittweise entwickelt worden ist, ist ein komplexer Vorgang. Fassen wir zusammen, was zu ihm gehört:

– die Suche nach den einschlägigen Vorschriften, die das Begehren des Klägers rechtfertigen könnten,
– die Heranziehung der einschlägigen Hilfsnormen, die Merkmale

5. Rechtsanwendung

der Hauptnormen ausfüllen oder den Anwendungsbereich der Hauptnormen erweitern oder einschränken,
- die Prüfung, ob der Sachverhalt die Tatbestandsmerkmale der einschlägigen Normen erfüllt *(Subsumtion)*,
- die Schlußfolgerung aus dem (positiven oder negativen) Ergebnis der Subsumtion: Zusprechen des Klagebegehrens oder Abweisung der Klage.

Aufgabe 1

Versuchen Sie, abstrakt zu formulieren, welche Umstände eines Sachverhaltes für eine zu treffende rechtliche Entscheidung, beispielsweise die Entscheidung über ein Klagebegehren, erheblich sind.

Wer diese Grundzüge der Rechtsanwendung verstanden hat, wird natürlich nicht schon deswegen in der Lage sein, das Recht selbständig richtig anzuwenden. Einige der hier bestehenden Schwierigkeiten sind vielleicht schon deutlich geworden: Die jeweils einschlägigen Rechtsnormen sind je nach der Fallgestaltung andere und ergeben sich aus einem zum Teil recht komplizierten Zusammenspiel von Haupt- und Hilfsnormen. Sie sind nicht in der Umgangssprache, sondern in der juristischen Fachsprache formuliert und häufig so umständlich und gedanklich überladen, daß für die Anwendung auf einen konkreten Fall erst das Einschlägige vom Nichteinschlägigen getrennt werden muß. Das verlangt Übung im Umgang mit den Gesetzen und kann daher erst nach einer längeren juristischen Ausbildung geleistet werden. Das Verständnis für die Grundzüge der Rechtsanwendung ist aber schon für den juristischen Laien unentbehrlich, wenn er seine Erwartungen an die Rechtsprechung in die richtige Richtung lenken und vor unnötigen Enttäuschungen bewahrt werden will.

In unserem Beispielsfall gingen die Erwartungen des Klägers in die falsche Richtung, weil er die von ihm für wichtig gehaltenen Punkte blindlings als entscheidungserheblich angesehen hatte. Aus den Tatbeständen der einschlägigen Rechtsnormen ergab sich jedoch, daß ganz andere Dinge entscheidungserheblich waren. Der Kläger hatte die einschlägigen Normen offenbar nicht gekannt – was übrigens bezüglich der Formvorschrift für Grundstücksgeschäfte (§ 313 Satz 1

BGB) für jemand, der sich als Unternehmer am Geschäftsleben beteiligt, schon eine erstaunliche Wissenslücke darstellt. Auch bei Unkenntnis der einschlägigen Rechtsnormen hätte er sich aber jedenfalls sagen können, daß die Entscheidung von Kriterien abhängt, die durch die Gesetze im vorhinein festgelegt worden sind. Diese Festlegung erklärt, weshalb das Gericht sich für vieles, was er vorbrachte, nicht zu interessieren brauchte und auch nicht interessiert hat.

Die Rechtsnormen teilen gewissermaßen die vielfältigen Umstände eines Sachverhaltes in zwei Gruppen: die erheblichen und die unerheblichen Umstände. Niemand muß es für der Weisheit letzten Schluß halten, wenn ein Umstand aufgrund der derzeit geltenden Gesetze zu der einen oder der anderen Gruppe gehört. Mit einer Gesetzesänderung kann sich ja diese Einordnung ändern. Daß es die Unterscheidung von Erheblichem und Unerheblichem gibt, ist jedoch mit einer Rechtsprechung, die sich an Gesetze hält, zwingend verbunden. Gerichte, die aufgrund dieser Unterscheidung das Vorbringen der Prozeßparteien teilweise oder sogar gänzlich für unerheblich erklären, mißachten die Rechtsuchenden nicht, sondern gewähren ihnen genau das, was sie von den Gerichten zu erwarten haben: nicht Willkür, sondern Rechtsanwendung.

5.4. Unbestimmtheit der Gesetzessprache

Wir haben uns bisher ausgiebig mit einem Fall beschäftigt, dessen Entscheidung eindeutig war. Wenn dabei kurz von Schwierigkeiten beim Finden und Verstehen der einschlägigen Rechtsnormen die Rede war, die mit dem komplizierten Aufbau von Gesetzen und ihrer zum Teil etwas antiquierten und unnötig umständlichen Sprache zusammenhängen, so sind das keine Schwierigkeiten, die für den Juristen die Entscheidungsfindung zweifelhaft machen. Es sind Hindernisse, die dem juristischen Laien den Zugang zum Verständnis des Gesetzes erschweren oder versperren; der ausgebildete Jurist hat sie überwunden.

Nun müssen wir ausführlich davon sprechen, daß und warum es auch für den ausgebildeten Juristen eine Fülle von Zweifelsfragen bei der Rechtsanwendung gibt, die zu einer mehr oder weniger großen Unsicherheit bezüglich des richtigen Ergebnisses führen. Bei dem von uns erörterten Grundstücksfall stellten sich solche Fragen nicht. Der Sachverhalt lag offenbar im unzweifelhaften Kernbereich der auf diesen Fall anzuwendenden Rechtsnormen, so daß die Entscheidung durch Zweifel, die an den Randbereichen dieser Normen auftreten können, nicht berührt wurde.

5.4.1. Was heißt „eine Waldung in Brand setzen"?

Erster und wichtigster Grund für Unsicherheiten bei der Rechtsanwendung ist die Unbestimmtheit der Sprache. Gesetze wären ohne Sprache nicht möglich. Sie nehmen zwangsläufig teil an den Eigenschaften der Sprache, in der sie formuliert sind. Absolut eindeutige Sprache gibt es nicht. Die Sprache der Gesetze (auch die Sprache der Urteile und die Sprache der Sachverhaltsbeschreibungen, sofern diese von Juristen abgefaßt werden) ist eine Fachsprache, das heißt eine von fachspezifischen Ausdrücken durchsetzte Alltagssprache. Wegen ihrer fachspezifischen Ausdrücke ist sie exakter als die Umgangssprache. Juristen unterscheiden zum Beispiel genau zwischen „Miete" und „Leihe". Sie würden nie sagen, daß eine „Leihbücherei" Bücher „ausleiht"; denn „Leihe" ist in der Juristensprache unentgeltliche Gebrauchsüberlassung, und die Leihbücherei nimmt ja ein Entgelt; sie „vermietet" die Bücher, denn entgeltliche Gebrauchsüberlassung ist in der Juristensprache „Miete". Ähnlich unterscheiden Juristen genau zwischen „Besitz" und „Eigentum", zwischen „vererben" und „vermachen", zwischen „kaufen" und „erwerben" usw. Der fachspezifische Anteil an der Juristensprache ändert jedoch nichts daran, daß auch sie insgesamt eine von Unbestimmtheiten geprägte, nicht eindeutige Sprache ist.

Wie die sprachliche Unbestimmtheit der Gesetze auf Schritt und Tritt zu Rechtsanwendungsproblemen führen kann, sei am Beispiel des § 308 StGB erläutert. Diese Vorschrift bedroht unter anderem denjenigen wegen Brandstiftung mit Freiheitsstrafe von einem Jahr bis zu zehn Jahren, der „Waldungen" vorsätzlich „in Brand setzt". Daß der Tatbestand dieser Norm erfüllt ist, wenn jemand mehrere Hektar Hochwald in Asche legt, ist nicht zweifelhaft. Aber wie soll das Strafgericht entscheiden, wenn der Angeklagte, Anwohner einer doppelreihigen Allee, die seiner Grundstückseinfahrt am nächsten stehende alte Linde mit Benzin begossen und angezündet hat, um sich die wegen des beträchtlichen Wendekreises seines Neuwagens etwas unbequeme Zufahrt zu erleichtern? Ist eine Allee eine Waldung? Eine zwei Kilometer lange doppelreihige Allee hat Hunderte von Bäumen. Macht das keine Waldung aus? Oder kommt es auf die Ausdehnung nicht nur in der Länge, sondern auch in der Breite an? Oder auf Art und Dichte des Bewuchses? Wenn wilde Camper ein nicht mit Bäumen, sondern Heidekraut und Wacholderbüschen bestandenes Naturschutzgebiet in Brand setzen – ist das Brandstiftung? Wie ist es mit einer Obstplantage oder einer Baumschule? Und wenn eine Baumschule keine Waldung im Sinne des Gesetzes ist, warum ist dann eine Fichtenschonung eine Waldung? Und weiter: Hat vielleicht der Angeklagte, der seine Garageneinfahrt bequemer gestalten wollte, den Tatbestand des § 308 StGB deshalb nicht verwirklicht, weil nur ein einziger Baum brannte? Aber wäre dann ein „In-Brand-Setzen" auch zu verneinen, wenn der Brand, der mehrere Hektar Wald hätte vernichten können, von zufällig vorbeikommenden Naturfreunden erstickt wurde, bevor er vom Unterholz auf den ersten Baumstamm übergreifen konnte? Was heißt „Waldung", was heißt „In-Brand-Setzen"?

Die Zweifelsfragen ließen sich vermehren, und im Prinzip gilt das für jede Rechtsnorm. Das bedeutet nicht, daß die Rechtsnormen schlechthin unklar wären. Man kann das mit den anschaulichen Formulierungen vom „Begriffskern" und „Begriffshof" verdeutlichen. Jeder in der Rechtssprache vorkommende Ausdruck deckt einen bestimmten Sachverhaltsbereich, den „Begriffskern", ganz zweifelsfrei ab. Einen anderen Bereich, den „Begriffshof", deckt er hingegen nur möglicherweise ab. Dabei kann der Begriffshof, wie der Hof des Mondes um ein Vielfaches größer ist als der Mond selbst, mitunter sehr viel größer sein als der Begriffskern. Wenn der zu beurteilende Sachverhalt nicht in den Begriffskern, sondern in den Begriffshof der Ausdrücke der einschlägigen Rechtsnorm fällt, dann steht das Ergebnis der Rechtsanwendung nicht von vornherein fest; denn es können sehr unterschiedliche Meinungen darüber bestehen, ob der Sachverhalt von der Norm noch umfaßt wird oder nicht.

Das läßt sich entgegen einer vielfach erhobenen Forderung nicht durch weitere Präzisierung der Rechtssprache vermeiden, jedenfalls nicht vollständig. Würde der Gesetzgeber – beim Beispiel des § 308 StGB –, um von vornherein klarzustellen, ob eine Obstplantage unter diese Vorschrift fällt, das Wort „Waldung" definieren oder durch eine Wortverbindung mit präziserer Bedeutung ersetzen, so wären ihm allenfalls Teilerfolge möglich. Die in der Definition verwendeten

5. Rechtsanwendung

Worte wären ja ihrerseits, da der lebenden Sprache entnommen, von einer gewissen Unbestimmtheit und daher ebenfalls definitionsbedürftig. Und wenn eine völlige Klarstellung in bezug auf die Obstplantage gelänge, wäre noch längst nicht sichergestellt, daß nicht neue Zweifel in bezug auf Gehölze, Baumgruppen und Parklandschaften auftauchen. Es zeigt sich, daß die Unbestimmtheit der Alltags- und auch der juristischen Fachsprache nicht nur Nachteile, sondern auch Vorzüge hat: sie ermöglicht im Normalfall eindeutige Verständigung ohne übertriebenen Aufwand, und sie kompensiert in Zweifelsfällen die Schwäche, daß an den Randzonen der Begriffe sichere Aussagen nicht möglich sind, durch die Eignung, auch unvorhergesehene und neu auftauchende Situationen zu erfassen. Eine auf absolute Präzision angelegte Gesetzessprache wäre überkompliziert und unflexibel.

5.4.2. Die Ablösung des Gesetzes aus dem Kontext seiner Entstehung

Rechtsanwendungsprobleme entstehen aber nicht nur aus der Unbestimmtheit der einzelnen im Gesetz vorkommenden Ausdrücke, sondern auch deshalb, weil jedes Gesetz dem Rechtsanwender als ein aus dem Kontext seines Entstehungszusammenhangs losgelöster Text entgegentritt. Im täglichen Leben verstehen wir uns trotz der Ungenauigkeit unserer Sprache in der Regel erstaunlich gut. Das liegt daran, daß der Sinn unserer Rede, soweit er nicht schon aus den Worten selbst hervorgeht, anhand der Gestik und Mimik des Sprechers, anhand der Situation des Sprechers und des Adressaten und anhand dessen, was dieser Situation vorangegangen ist, sofort einleuchtet. Und wenn das einmal nicht der Fall ist, dann können wir einfach rückfragen. Beim Verstehen des Gesetzes fehlen diese Hilfen teils völlig, teils jedenfalls zunächst. Der Rechtsanwender findet im Gesetzbuch nur den nackten Text vor und kann bei Verständnisschwierigkeiten keine Rückfragen an den Gesetzgeber richten.

Wo die Unklarheit eines im Gesetz verwendeten Ausdrucks oder die Herauslösung des Gesetzes aus dem Kontext zu Verständnisschwierigkeiten führen, darf der Rechtsanwender natürlich nicht kapitulieren, indem er den Text für unverständlich oder jedes beliebige Verständnis des Textes für gleichviel wert erklärt. Der Rechtsanwender darf sich gegenüber dem Gesetz nicht primitiver verhalten, als wir uns sonst gegenüber Texten verhalten, deren Sinn uns nicht auf den ersten Blick einleuchtet. Es müssen also alle zur Verfügung stehenden intellektuellen Mittel eingesetzt werden, um zu einem richtigen Verständnis des Gesetzes zu gelangen. Dies ist die Arbeit der Gesetzesauslegung.

5.5. Gesetzesauslegung: Leisten Ehefrauen ihren Männern Dienste?

Durch Auslegung soll der Sinn des Gesetzes ermittelt werden. Was ist – allgemein gesprochen – dieser Sinn? Die Frage wird dem Nichtjuristen merkwürdig vorkommen. Wenn wir im täglichen Leben den Sinn einer unklar formulierten schriftlichen oder mündlichen Mitteilung herauszufinden versuchen, wissen wir, welches Ziel wir anstreben: Wir wollen herausfinden, was der Urheber der Mitteilung wirklich gemeint hat. Übertragen wir das auf die Gesetzesauslegung, so müßten wir deren Ziel in der Ermittlung dessen sehen, was der Gesetzgeber gewollt hat. So sieht das auch die sog. „subjektive Theorie der Gesetzesauslegung": Ziel der Auslegung sei die Ermittlung des Willens des Gesetzgebers. „Subjektiv" heißt diese Theorie nicht, weil sie die subjektive Auffassung des Auslegenden, sondern weil sie die Absichten des „Subjekts" Gesetzgeber für maßgebend hält.

Dieser Theorie steht jedoch die heute von den meisten Juristen für richtig gehaltene „objektive Theorie der Gesetzesauslegung" gegenüber: nach ihr soll Ziel der Auslegung Ermittlung des Willens des Gesetzes sein. Das ist eine bildhafte Redeweise; denn das Gesetz selbst, ein Text, „will" natürlich nichts. Gemeint ist, das Gesetz könne einen Sinn haben oder erhalten, den der Gesetzgeber gar nicht gewollt habe. Gelegentlich werden doch einem Kunstwerk vom Betrachter oder Interpreten Seiten abgewonnen, an die sein Schöpfer gar nicht gedacht hat. Ebenso kann man manchmal von einem Text sagen, er sei klüger als sein Autor. Diese Vorstellungsweise will die objektive Theorie auf die Gesetzesauslegung übertragen. Sie billigt dem Gesetzestext nach seiner Verabschiedung ein vom Willen des Gesetzgebers nicht mehr abhängendes Eigenleben zu. „Objektiv" heißt diese Theorie, weil sie die Absichten des „Subjekts" Gesetzgeber für unmaßgeblich, zumindest aber für zweitrangig erklärt.

Zur Veranschaulichung der objektiven Theorie ein praktisches Beispiel: Nach § 845 BGB kann im Falle einer vorsätzlich oder fahrlässig herbeigeführten Körperverletzung, falls der Verletzte kraft Gesetzes einem anderen zur Leistung von Diensten in dessen Hauswesen verpflichtet ist und diese Dienste nun

5. Rechtsanwendung

wegen der Verletzung nicht leisten kann, dieser andere vom Verletzer für die ihm entgangenen Dienste Schadensersatz verlangen. Diese Vorschrift stammt, wie das BGB im ganzen, aus dem Jahre 1896. Der damalige Gesetzgeber dachte in erster Linie an den Fall, daß eine Hausfrau infolge der erlittenen Verletzung keine Hausarbeit leisten oder dem Mann in seinem Erwerbsgeschäft nicht helfen kann. Denn nach § 1356 Abs. 2 BGB (wohlgemerkt in der Fassung von 1896, nicht in der heutigen), also kraft Gesetzes, war die Frau, soweit das nach den Verhältnissen, in denen die Ehegatten lebten, üblich war, „zu Arbeiten im Hauswesen und im Geschäfte des Mannes verpflichtet". Nach § 845 BGB konnte also ein Ehemann, wenn seine Frau einen Verkehrsunfall erlitten hatte, von dem für den Unfall Verantwortlichen Schadensersatz wegen entgangener Dienste seiner Ehefrau verlangen. Da der Wille des Gesetzgebers von 1896 bekannt und der § 845 BGB seitdem nicht geändert worden ist, müßte dies nach der subjektiven Auslegungstheorie auch heute noch so sein. Zwar ist § 1356 Abs. 2 BGB inzwischen zweimal geändert worden, doch besteht – unter anderen, engeren Voraussetzungen und natürlich streng paritätisch – eine Mitarbeitspflicht des einen Ehegatten im Erwerbsgeschäft des anderen auch heute noch.

Ohne Kenntnis des Entstehungszusammenhanges der Vorschrift würde man jedoch heute § 845 BGB niemals auf die geschilderte Situation anwenden. Das liegt daran, daß nach unserer Rechtsanschauung die Mitarbeit eines Ehegatten im Beruf oder Geschäft des anderen, auch wenn sie Rechtspflicht ist, nicht Dienstleistung für den anderen Ehegatten ist. § 845 BGB sagt uns also nicht dasselbe wie seinerzeit unseren Großeltern. Der „Wille des Gesetzes" hat sich geändert, obwohl die Vorschrift nicht verändert worden ist. (Natürlich kommt die neue Gesetzesauslegung nicht dem Schädiger zugute: Wir sehen die Aufhebung oder Minderung der Arbeitskraft der unfallverletzten Ehefrau nicht mehr als einen Schaden ihres Mannes, sondern als ihren eigenen Schaden an, den sie nach einer anderen Vorschrift, nämlich § 823 Abs. 1 BGB, vom Schädiger ersetzt verlangen kann.)

● *Gegen die objektive Auslegungstheorie* wird oft eingewandt, sie verkenne, daß Gesetzgebung Sache der gesetzgebenden Körperschaften sei, und verstoße daher gegen den Verfassungsgrundsatz der Gewaltenteilung, indem sie den Rechtsanwender für befugt erkläre, durch Änderung der Gesetzesauslegung neue Rechtsinhalte zu schaffen. Diese Kritik ist nicht leicht zu nehmen. Sie kann im Ergebnis aber nur zur Zurückhaltung bei der Gesetzesinterpretation, nicht etwa zur Bevorzugung der subjektiven Auslegungstheorie führen. Deren Anwendung würde häufig zu unüberwindlichen Schwierigkeiten führen: diese beginnen schon bei der Ermittlung des Mehrheitswillens in einer parlamentarischen Körperschaft. Wird ein Gesetz verabschiedet, so steht in bezug auf den Willen der Abgoerdneten nur eines wirklich fest, nämlich daß nach Meinung der Mehrheit ein Text dieses Wortlauts Gesetz werden sollte. Welcher gedankliche Inhalt mit diesem Wortlaut zu verbinden sei, wird nicht als Gesetz beschlossen. Es ist nicht nur ein gedachter Fall, sondern kommt immer wieder vor, daß verschiedene politische Richtungen, etwa Fraktionen einer Koalition, sich zwar auf einen gemeinsamen Gesetzestext einigen, aber nicht darauf, was mit dem Gesetz letztlich erreicht werden soll. Die einen meinen, das Gesetz werde eine bestimmte Entwicklung vorantreiben, während die anderen hoffen, die Gesetzesinterpretation werde schon dafür sorgen, daß alles beim alten bleibt.

So wurde beispielsweise im Rahmen der 1976 verabschiedeten Scheidungsrechtsreform, die von vielen unter dem Gesichtspunkt der Scheidungserleichterung gesehen worden ist, in den § 1353 I BGB der Satz aufgenommen: „Die Ehe wird auf Lebenszeit geschlossen." Dieser Satz wurde von den Befürwortern einer Liberalisierung des Scheidungsrechts als belanglose Deklamation angesehen, die die vom Gesetz ausdrücklich eingeräumten Möglichkeiten der Ehescheidung keinen Fingerbreit schmälern sollte. Von den Gegnern einer Liberalisierung des Scheidungsrechts wurde derselbe Satz jedoch als Garantie für eine einschränkende Auslegung der Scheidungsvorschriften durch die Gerichte betrachtet. Da im Bundestag und Bundesrat über die Motive, die zur Verabschiedung des Satzes als Gesetz geführt haben, nicht abgestimmt wurde, dürfte eine Berufung auf den Willen des Gesetzgebers insoweit nicht möglich sein.

Es kommt hinzu, daß bei der Fülle der heutzutage von der Gesetzgebungsmaschinerie produzierten Normen der einzelne Abgeordnete gar nicht in der Lage ist, sich über jeden ihm zur Abstimmung vorgelegten Paragraphen weiterreichende Gedanken zu machen. Er beschränkt sich auf die Beschäftigung mit den Themen, für die er die nötige Sachkompetenz zu haben glaubt, und vertraut im übrigen dem Urteil seiner Fraktionsexperten oder der Ministerialbürokratie. Diese werden dadurch aber nicht zu dem Gesetzgeber, auf dessen Willen es bei der Gesetzesauslegung ankommen müßte.

● *Gegen die subjektive Auslegungstheorie* spricht, wie gerade das Beispiel des § 845 BGB zeigt, auch folgendes: Ein erheblicher Teil der heute geltenden Rechtsnormen stammt aus Zeiten, in denen ganz andere Auffassungen herrschten. Die großen Kodifikationen des Privatrechts und Prozeßrechts sind Produkte aus der Zeit des Zweiten Deutschen Reiches. Das Strafgesetzbuch stammt von 1871, die Pro-

5. Rechtsanwendung

zeßgesetze von 1877, das Bürgerliche Gesetzbuch und das Handelsgesetzbuch von 1896. Diese Gesetze haben in der Zeit der Weimarer Republik, in der Zeit des Nationalsozialismus und in der Zeit nach Inkrafttreten des Grundgesetzes wichtige Änderungen und Ergänzungen erfahren, und andere wichtige Gesetze sind an ihre Seite getreten. Weshalb sollte heute, im Jahre 1985, für die Auslegung des § 211 StGB, des Mordparagraphen, nationalsozialistisches Gedankengut maßgebend sein, nur weil diese Vorschrift im Jahre 1941 vom damaligen Gesetzgeber neu gefaßt wurde, während der unmittelbar benachbarte § 212 StGB, der Totschlagsparagraph, dessen Tatbestand seit 1871 unverändert so lautet wie heute, nach Vorstellungen des Gesetzgebers von 1871 ausgelegt werden müßte? Die subjektive Auslegungstheorie würde dazu führen, unsere Rechtsordnung teils so, teils so, niemals aber als harmonische Einheit zu interpretieren. Letztlich muß sie als verfehlt angesehen werden, weil die heutige Geltung eines Gesetzes von 1871 oder 1896 oder 1941 nicht auf dem Willen der damaligen Gesetzgeber beruht, sondern auf dem Willen der heutigen Rechtsordnung, das heißt auf unser aller Willen. Deshalb muß unser heutiges Verständnis der Rechtsnormen und nicht der Wille eines historischen Gesetzgebers Richtschnur der Auslegung sein.

Woran aber soll sich die Auslegung halten? In einer bald zweieinhalbtausendjährigen Tradition, die mit griechischen Rhetoren beginnt und sich über die römischen Juristen des Altertums und die italienischen Juristen des Mittelalters bis in die Gegenwart fortsetzt, ist hierzu eine Fülle von Ideen entwickelt worden. Seit dem Beginn des vorigen Jahrhunderts hat es sich eingebürgert und bewährt, die Gesichtspunkte der Gesetzesauslegung in *4 Gruppen* einzuteilen: Danach geht es bei der Auslegung um Beachtung

- des Wortlauts des Gesetzes – sog. *grammatische Auslegung,*
- des Zusammenhangs des auszulegenden Gesetzes mit anderen Gesetzen – sog. *systematische Auslegung,*
- seiner Entstehungsgeschichte – sog. *historische Auslegung,*
- des Gesetzeszweckes – sog. *teleologische Auslegung.*

● Die *grammatische Auslegung* fragt nach der Bedeutung des einzelnen interpretationsbedürftigen Wortes. Hat es nur eine umgangssprachliche oder auch eine fachspezifische Bedeutung? Ist das Wort mehrdeutig? Ein grammatisches Argument für die Auslegung von § 845 BGB ist es, wenn darauf hingewiesen wird, daß Mitarbeit von Ehegatten heute nicht mehr als Dienstleistung bezeichnet wird.

● Die *systematische Auslegung* betrachtet den Zusammenhang des auszulegenden Gesetzes mit den übrigen Normen. Manchmal kann die Anordnung der betreffenden Vorschrift in einem bestimmten Abschnitt des Gesetzes durchaus ein Fingerzeig für die Auslegung sein. Wichtig ist aber vor allem die inhaltliche Übereinstimmung oder Nichtübereinstimmung mit anderen Vorschriften: Würde eine bestimmte Auslegung das Gesetz als Fremdkörper in der Rechtsordnung erscheinen lassen oder zu anderen Ungereimtheiten führen, die entgegengesetzte es aber harmonisch in das Gesamtgefüge der Rechtsordnung einpassen, so spricht systematische Auslegung für letztere. Ein besonders wichtiger Fall der systematischen Auslegung ist die „verfassungskonforme" Auslegung, die unter mehreren Auslegungsmöglichkeiten diejenige wählt, die das Gesetz nicht in Widerspruch zum Inhalt der Verfassung, also des höherrangigen Gesetzes, bringt. Da Art. 3 Abs. 2 des Grundgesetzes die Gleichberechtigung von Mann und Frau zur Verfassungsnorm erhoben hat, ist es zwar nicht schlechthin ausgeschlossen, daß ein Ehegatte in die Dienste des anderen tritt, doch spricht systematische Auslegung dafür, Mitarbeit eines Ehegatten nicht als Ausdruck einer Unterordnung und folglich nicht als Dienstleistung anzusehen, § 845 BGB also auf sie nicht anzuwenden.

● Die *historische Auslegung* fragt nach dem, was bei der Entstehung des auszulegenden Gesetzes war, also nach der Rechtslage vor diesem Gesetz, nach etwaigen Problemfällen, die Anlaß zur Einführung des Gesetzes waren, und vor allem nach den Ansichten derer, die das Gesetz geschaffen haben. Bei vielen wichtigen Gesetzen sind die Motive der Personen oder Kommissionen, die das Gesetz formuliert haben, nicht nur schriftlich festgehalten, sondern auch publiziert und so zu einer wichtigen Erkenntnisquelle für den Sinn des Gesetzes geworden. Historische Auslegung bedeutet kein Bekenntnis zur subjektiven Auslegungstheorie. Zur historischen Auslegung gehört nämlich auch die Berücksichtigung der Änderung der Verhältnisse und der Auffassung seit der Zeit, als das Gesetz in Kraft trat. Andererseits spricht auch die objektive Auslegungstheorie den aus den Materialien erkennbaren Absichten der an der Abfassung des Gesetzes Beteiligten nicht jede Bedeutung ab. Schließlich kann der, der ein Gesetz formuliert hat, immer noch als erster und vielleicht auch am besten sagen, was das Gesetz eigentlich soll. Außerdem wäre es ein Mißverständnis der Bedenken gegen die subjektive Auslegungstheorie, wenn die Rechtsanwender dem Gesetzgeber der Gegenwart unter Berufung auf die objektive Auslegungstheorie erklären würden, sie machten sowieso, was sie für richtig hielten. – Ein historisches Argument im Rahmen der Auslegung von § 845 BGB ist der Hinweis auf die Absicht des Gesetzgebers, mit dieser Vorschrift dem Ehemann im Falle der Verletzung seiner Frau einen eigenen Anspruch gegen den Schädiger zu geben. Die historische Auslegung wäre aber unvollständig, wenn sie nicht zugleich darauf hinwiese, daß diese Absicht des Gesetzgebers mit einem patriarchalischen Familienbild zusammenhing. Da dieses in unserer Gesellschaft im Absterben begriffen und aus der Gesetzgebung, wie sich aus einer Reihe von Reformen im Familienrecht ergibt, schon völlig verschwunden ist, wäre es unhistorisch, diesen Wandel der Verhältnisse und Anschauungen nicht zu berücksichtigen und blind an der gesetzgeberischen Absicht von 1896 festzuhalten. So spricht auch die historische Auslegung dafür, heute § 845 BGB im Fall der Verletzung einer Ehefrau nicht mehr anzuwenden.

● Die *teleologische Auslegung* geht davon aus, daß Rechtsnormen jeweils bestimmten Zwecken dienen sollen. Dabei kommen nicht nur die Zwecke in Betracht, die der Gesetzgeber im Auge gehabt hat, sondern auch, jedenfalls nach der objektiven Auslegungstheorie, Zwecke, zu deren Verfolgung sich das Gesetz unvorhergesehenerweise als geeignet erweist. Unter teleologischen Gesichtspunkten verdient diejenige Gesetzesauslegung den Vorzug, die den Gesetzeszweck am besten verwirklicht. Nun haben Gesetze meistens nicht nur die Wirkungen, die sie bezwecken, sondern auch ungewollte Nebenwirkungen. Deren Wert oder Unwert ist in die Überlegung miteinzubeziehen. Wir müssen daher die soeben getroffene Feststellung dahin ergänzen, daß unter teleologischen Gesichtspunkten diejenige Auslegung den Vorzug verdient, die den Zweck des Gesetzes am besten verwirklicht, zugleich aber negative Nebenwirkungen soweit wie möglich vermeidet. Teleologische Auslegung versucht also bei der Gesetzesanwendung den Nutzen zu maximieren und den Schaden zu minimieren.

Zweck des § 845 BGB ist es nie gewesen, der verletzten Ehefrau einen ihr zustehenden Anspruch zu nehmen und statt dessen dem Mann einen Anspruch zu gewähren, sondern sicherzustellen, daß die Familie, die durch die Verletzung der Frau eine Einbuße erleidet, auf jeden Fall einen Ersatzanspruch gegen den Schädiger hat. Nach den vor hundert Jahren und auch noch lange Zeit danach geltenden Auffassungen im Schadensrecht war es aber zumindest sehr zweifelhaft, ob die Frau, die nicht einer eigenen Erwerbstätigkeit nachgeht, sondern den Haushalt führt und dem Manne hilft, bei Verletzung ihrer Arbeitskraft einen eigenen, ihr zu ersetzenden Vermögensschaden erleidet. Deshalb schien es ratsam, durch einen eigenen Anspruch des Mannes zu verhindern, daß die Familie insgesamt einen Verlust erleidet und der Schädiger unverdientermaßen ungeschoren bleibt. Um dieses Zieles willen konnte man es wohl in Kauf nehmen, daß die Ehefrau durch die in § 845 BGB vorgesehene Regelung ein (weiteres) Stück ihrer Selbständigkeit einbüßte.

Heute haben sich die Auffassungen im Schadensrecht so weit gewandelt, daß die Anerkennung eines zu ersetzenden Vermögensschadens des Verletzten im Fall der Beeinträchtigung seiner Arbeitskraft nicht mehr davon abhängt, ob er die Arbeitskraft im Rahmen einer eigenen Erwerbstätigkeit oder im Haushalt und im Geschäft des Ehegatten einsetzt. Der Schaden ist ihm auf jeden Fall zu ersetzen. Im Hinblick auf den ursprünglich angestrebten Zweck ist daher § 845 BGB überflüssig geworden. Die durch die Norm zwar nicht bezweckte, aber in Kauf genommene Beschränkung der Frau in der selbständigen Wahrnehmung ihrer Interessen fällt nun um so stärker ins Gewicht. Teleologische Auslegung wird daher versuchen, diesen ungünstigen Effekt der Norm zu vermeiden, das heißt, sie im Fall der Verletzung einer Ehefrau nicht mehr anzuwenden.

Aufgabe 2

Versuchen Sie, ein teleologisches Argument für die Beantwortung der Frage zu finden, ob § 308 StGB auf denjenigen anzuwenden ist, der einen vor seiner Grundstückseinfahrt stehenden Baum – einen von vielen einer prächtigen Allee – mit Benzin begießt und anzündet. Bedenken Sie dabei, daß § 308 StGB für das In-Brand-Setzen von „Gebäuden, Schiffen, Hütten, Bergwerken, Magazinen, Warenvorräten, welche auf dazu bestimmten öffentlichen Plätzen lagern, Vorräten von landwirtschaftlichen Erzeugnissen oder von Bau- oder Brennmaterialien, Früchten auf dem Felde, Waldungen oder Torfmooren" eine ziemlich hohe Strafe androht, nämlich Freiheitsstrafe von einem bis zu zehn Jahren. Für die vorsätzliche Beschädigung oder Zerstörung anderer Sachen, auch durch Brand, ist hingegen in §§ 303, 304 StGB Freiheitsstrafe von höchstens drei Jahren oder Geldstrafe angedroht.

---

5. Rechtsanwendung

Nachdem die vier Auslegungskriterien – Wortbedeutung, Zusammenhang, Entstehungsgeschichte und Zweck des Gesetzes – im einzelnen erläutert worden sind, soll nun ihr Verhältnis zueinander betrachtet werden. Es ist nämlich durchaus nicht immer so wie bei der Auslegung des § 845 BGB, wo schließlich alle Auslegungskriterien in dieselbe Richtung wiesen. Sehr häufig spricht das eine Auslegungskriterium für diese, ein anderes für jene Auslegung. Dann stellt sich die Frage, welchem Kriterium der Vorrang gebührt.

Allgemein gesehen ist sicher der Gesetzeszweck das wichtigste Kriterium. Das ergibt sich daraus, daß Rechtsnormen nicht um ihrer selbst willen da sind, sondern Zwecken dienen. Dennoch kann man nicht sagen, daß die Auslegung nach dem Gesetzeszweck allemal der Auslegung nach anderen Kriterien vorgeht. Es kann ja sein, daß der Gesetzeszweck nur ganz undeutlich erkennbar ist oder daß ein mit teleologischen Argumenten nicht, wohl aber mit historischen Argumenten entscheidbarer Streit darüber besteht, was eigentlich der Normzweck ist. Gelegentlich wird auch gesagt, der Wortlaut des Gesetzes sei zwar nicht das wichtigste Kriterium, wohl aber die Grenze der Auslegung. Was überhaupt nicht mehr mit dem Wortlaut zu vereinbaren sei, könne auch durch systematische, historische und teleologische Argumente nicht als richtige Auslegung erwiesen werden. Man wird jedoch auch hier strikte Festlegungen eines Vorrangs nicht anerkennen können. Es ist ja gerade die Frage, was ein „eindeutiger" Wortlaut ist, der abweichende Interpretationen nicht duldet.

Dies sei anhand von § 1606 Abs. 3 Satz 2 BGB erläutert. Nach dieser Vorschrift erfüllt die Mutter ihre Unterhaltspflicht gegenüber ihren minderjährigen Kindern in der Regel durch Pflege und Erziehung, also nicht durch Geldverdienen. Wenn die Mutter das Kind pflegt und erzieht, besteht ein auf Geldzahlung gerichteter Unterhaltsanspruch also in der Regel nur gegen den Vater. Was gilt aber, wenn der Vater Hausmann ist und die Mutter einer Berufstätigkeit nachgeht, die genug Geld für die ganze Familie einbringt? Erfüllt er dann nicht seine Unterhaltspflicht gegenüber den Kindern durch deren Pflege und Erziehung, so daß ein Geldzahlungsanspruch gegen ihn nicht besteht? Wäre es wirklich sinnvoll, damit zu argumentieren, daß das Wort „Mutter" im Deutschen ganz eindeutig sei und Väter niemals „Mütter" genannt werden könnten? Zweck der Vorschrift ist, daß die Unterhaltspflicht gegenüber den Kindern nicht beide Elternteile zu einer Berufstätigkeit zwingen soll, mit der Folge, daß keiner von beiden tagsüber zu Hause ist. Hat es dann nicht guten Sinn, für Ehen, in denen die Rollen zwischen Mann und Frau – aus welchen Gründen auch immer – anders als üblich verteilt sind, dem Mann die Anwesenheit im Haus zu ermöglichen und das Wort „Mutter" in § 1606 Abs. 3 Satz 2 BGB nur funktional zu verstehen, das heißt auf den Elternteil zu beziehen, der die Tätigkeit ausübt, die üblicherweise von Müttern ausgeübt wird?

Eine derartige „Freiheit" gegenüber dem Buchstaben des Gesetzes wird von der Rechtsprechung zumindest im Bereich des Privatrechts in Anspruch genommen. Sie entspringt nicht der Willkür des Rechtsanwenders, sondern einer Haltung gegenüber dem Gesetz, die sehr treffend als „denkender Gehorsam" bezeichnet worden ist.

Wo es aber nicht um Interessenausgleich unter rechtlich Gleichgestellten geht, sondern um die Möglichkeiten und Grenzen des Staates, in Freiheit und Eigentum des Bürgers einzugreifen, hat der Wortlaut des Gesetzes eine besonders wichtige Funktion: Hier soll er eine durch Auslegungskünste nicht verschiebbare Grenze staatlicher Machtausübung ziehen, auf die der Bürger, der den Wortlaut des Gesetzes kennen kann, aber in Gesetzesinterpretation nicht geübt ist, vertrauen darf.

Wenn man daher im Bürgerlichen Recht unter Umständen Väter als „Mütter im Sinne des Gesetzes" ansehen kann, so darf man doch keineswegs im Steuerrecht die Halter von Katzen zur Hundesteuer heranziehen oder im Strafrecht die Vorschrift über homosexuelle Handlungen unter Männern (§ 175 StGB) auf Frauen anwenden. Diese Schranke läßt sich aber besser als mit einer angeblichen, aus dem eindeutigen Gesetzeswortlaut folgenden Grenze für die Auslegung mit dem teleologischen Argument rechtfertigen, daß bei Eingriffsgesetzen der Gesetzestext eine besondere Schutzfunktion hat, nämlich die Eingriffsmöglichkeit für den Bürger vorhersehbar machen soll.

Gibt es ein festes Rangverhältnis zwischen den Auslegungskriterien nicht, so kommt es, wenn nicht alle Kriterien einheitlich für eine bestimmte Auslegung sprechen, darauf an, welche Auslegung die stärkeren Argumente auf ihrer Seite hat. Die Argumente sind gegeneinander abzuwägen. Dies ist ein höchst subjektiver Vorgang. Er spielt sich bei dem einen so, bei dem anderen anders ab; denn es gibt kein Maß für das Gewicht von Argumenten. Sicher ist es so, daß uns bestimmte Argumente mehr und andere weniger beeindrucken. Insofern hat es einen realen Hintergrund, von der „Stärke" oder dem „Gewicht" von Argumenten zu sprechen. Aber messen kann man das

5. Rechtsanwendung

nicht. Daher kann, wenn zwei Personen das Gewicht eines Arguments unterschiedlich einschätzen, nicht gesagt werden, die eine habe recht, die andere hingegen unrecht. Die eine richtige Auslegung gibt es nur, wenn alle im Rahmen der Auslegungsbemühungen gefundenen ernsthaft diskutablen Argumente in dieselbe Richtung weisen – sonst nicht.

Aufgabe 3

Man unterscheidet im Rahmen der Gesetzesauslegung grammatische, systematische, historische und teleologische Auslegung. Geben Sie – jeweils nur mit einem Stichwort – an, worauf sich diese Auslegungsargumente stützen.

5.6. Die Ausfüllung von Gesetzeslücken

Nicht nur die Unklarheit der Gesetze, sondern auch ihre Lückenhaftigkeit stellt die Rechtsanwendung vor Fragen, die nicht immer eindeutig zu beantworten sind. Gesetze sind lückenhaft; denn sie regeln nie alle Punkte, für die eine Regelung erforderlich werden kann. Zum Teil beruht das darauf, daß der Gesetzgeber nicht alle Probleme vorausgesehen hat, die die Praxis stellt. Zum Teil beruht es auch darauf, daß der Gesetzgeber die Lösung von Problemen bewußt der Rechtsprechung und Rechtswissenschaft überlassen hat.

Lückenhaftigkeit des Gesetzes kann nicht durch noch so kasuistische, um Erfassung aller speziellen Situationen bemühte Gesetzgebung vermieden werden; denn das Leben hat sich bislang in der Erfindung neuer Fallvarianten stets einfallsreicher erwiesen als jeder Gesetzgeber.

Das preußische Allgemeine Landrecht von 1794 war bekanntlich von einer geradezu pedantischen Kasuistik. Zu den besonders belächelten Beispielen gehören die Paragraphen – immerhin vier an der Zahl – über die Anbringung von Planken (Bretterzäunen) an der Grenze zum Nachbarn[3]. Und damit die gesetzliche Regelung nur ja nicht wegen Übergehung der Lattenzäune (Stake-

---

3 Preußisches Allgemeines Landrecht. Teil I, 8. Titel, §§ 154 ff.

ten) unvollständig sei, fügte der nächste Paragraph hinzu: „Was von Planken verordnet ist, gilt in der Regel auch von Staketen." Doch als im 19. Jahrhundert der Walzdraht Massenware wurde, wurden Zäune aus Maschendraht üblich, und schon hatte das Gesetz eine neue Lücke.

Lückenhaftigkeit kann aber auch nicht durch das Gegenteil von Kasuistik, nämlich durch Aufstellung sehr allgemeiner Regelungen, vermieden werden; denn Gesetze, die alles über einen Leisten schlagen, sind lückenhaft, weil sie notwendige Differenzierungen vermissen lassen.

Lücken des Gesetzes müssen im Rahmen der Rechtsanwendung ausgefüllt werden; denn die Rechtsprechung steht unter Entscheidungszwang. Sie darf ihre Dienste den Rechtsuchenden nicht mit der Begründung versagen, es lasse sich für den konkreten Fall keine passende Norm finden.

Die Lückenfüllung hat nicht nach dem Belieben des Rechtsanwenders zu geschehen, sondern größtmögliche Nähe zu den vorhandenen gesetzlichen Regelungen anzustreben. Wir sprechen von Lückenfüllung durch Analogie.

Dies sei an dem Fall erläutert, daß jemand sich durch die bevorstehende Veröffentlichung eines Romans, in welchem er – zumindest für seine Freunde und Bekannten erkennbar – vorkommt, in seiner Ehre bedroht fühlt. Das BGB enthält Regelungen, die dem Verletzten im Falle eingetretener vorsätzlicher Ehrverletzungen einen Schadensersatzanspruch gewähren. Es enthält jedoch keinen vorbeugenden Unterlassungsanspruch zur Verhinderung drohender Ehrverletzungen. Hingegen gibt es Vorschriften, die bei drohenden Eigentums-, Besitz- oder Namensrechtsverletzungen einen vorbeugenden Unterlassungsanspruch gewähren. Diese Regelungen werden auf den ähnlich liegenden Fall der drohenden Ehrverletzung entsprechend *(analog)* angewandt. Falls wirklich eine widerrechtliche Ehrverletzung droht, kann also auf Unterlassung der Veröffentlichung des Romans geklagt werden.

Analoge Rechtsanwendung bildet für den vom Gesetz nicht geregelten Fall eine neue Regel in Anlehnung an die im Gesetz enthaltenen Regelungen ähnlicher Fälle. Die Analogie ist ebenso wie die Gesetzesauslegung kein mathematisches Verfahren, bei dem jeder, der richtig vorgeht, zu demselben Ergebnis gelangt. Auch hier spielt nämlich das Abwägen wieder die entscheidende Rolle. Ob ein Fall einem im Gesetz geregelten so ähnlich ist, daß die Übertragung der für den im Gesetz geregelten Fall vorgesehenen Rechtsfolge auf den nicht geregelten Fall gerechtfertigt ist, ist eine Frage der Wertung. Ähnlichkeit kann man nicht messen, sondern nur schätzen. Da Ähnlichkeit nicht vollständige, sondern nur partielle Gleichheit ist, ist sie immer zugleich teilweise Unähnlichkeit. Überwiegt die Unähnlichkeit des zu entscheidenden mit dem zum Vergleich herangezogenen gesetzlich geregelten Fall, so ist nicht Analogie geboten, sondern ein sog. „Umkehrschluß", der für den gesetzlich nicht geregelten Fall zu der entgegengesetzten Rechtsfolge führt.

5.7. Rechtsanwendung – eine Rechenaufgabe?

Die Überlegungen zur Gesetzesauslegung und zur Lückenfüllung zeigen, daß die Gerichte bei der Rechtsanwendung doch in vielen Fragen einen nicht unbeträchtlichen Spielraum haben. Einen Spielraum, der womöglich noch größer ist, haben sie auch bei der Feststellung des relevanten Sachverhalts. Wertungen können bei der Interpretation dessen, was die Prozeßbeteiligten vorbringen, mitspielen; Wertungen bestimmen weitgehend auch, wie weit das Gericht die Sachverhaltsermittlung selbst in die Hand nimmt oder sich auf die von den Parteien vorgetragenen Tatsachen und Beweismittel beschränkt; Wertungen spielen vor allem bei der Beweiswürdigung eine Rolle, wenn es etwa darum geht, die Glaubwürdigkeit eines Zeugen oder die Schlüssigkeit von Indizien zu beurteilen. § 286 I ZPO sagt, das Gericht habe „unter Berücksichtigung des gesamten Inhalts der Verhandlungen und des Ergebnisses einer etwaigen Beweisaufnahme *nach freier Überzeugung zu entscheiden,* ob eine tatsächliche Behauptung für wahr oder für nicht wahr zu erachten sei" (Grundsatz der freien Beweiswürdigung).

Rechtsanwendung kann also nicht als ein automatisch ablaufender Vorgang verstanden werden, der gegebenenfalls auch durch Maschinen erledigt werden könnte. Die immer wieder – meist allerdings nur bei Nichtjuristen – anzutreffende Vorstellung, Rechtsprechung müsse doch eigentlich völlig berechenbar sein, muß fallengelassen werden. Sie verkennt die Unmöglichkeit, die Entscheidung von Einzelfällen durch generelle Normen im vorhinein bis in die letzte Einzelheit festzulegen: eine Unmöglichkeit, die noch größer sein muß, wenn man von der Entscheidung erwartet, daß sie nicht pauschal, sondern unter Berücksichtigung der Besonderheiten des jeweiligen Einzelfalles getroffen wird. Die Vorstellung von einer völligen Berechenbarkeit der

Rechtsprechung verkennt aber auch, daß die Rechtsanwendung immer eine richterliche Überzeugungsbildung von einem bestimmten Sachverhalt voraussetzt und daß dieser Sachverhalt durch die Behauptungen der Parteien und die Beweisaufnahme oft nur bruchstückhaft und widersprüchlich dargestellt wird, so daß das Gericht gewissermaßen nur durch Interpolation, also gewissermaßen durch die Einschaltung von Zwischenwerten, zu einer Überzeugung von dem, was wirklich war, gelangen kann. Sicher könnten Gesetze häufig besser gemacht sein, und sicher könnten Gerichte die Gesetze häufig genauer anwenden und den Sachverhalt sorgfältiger feststellen. Aber auch die besten Gesetze und die besten Gerichte schaffen keine völlig einheitliche und in allen Entscheidungen vorhersehbare Rechtsprechung. Ein gewisses Manko an Rechtssicherheit muß insoweit einfach hingenommen werden.

Wenn das so ist, dann drängt sich aber doch der Gedanke an die eingangs erwähnte Urteilsfindung durch Würfeln auf, wie sie *Rabelais'* Richter praktizierte. Besteht nicht zumindest für die Prozeßparteien kein Unterschied zwischen den Resultaten einer Rechtsprechung, die sich des Würfels für die Entscheidungsfindung bedient, und einer Rechtsprechung, die sowohl bei der Sachverhaltsfeststellung als auch bei der Rechtsanwendung nicht unerhebliche Freiheiten hat? Die Frage stellen heißt, sie verneinen. Der Unterschied ist sehr groß:

● Einmal gibt es sicher eine bedeutende Anzahl von Fällen, in denen die Entscheidung eindeutig ist. Der ausführlich erörterte Prozeß um das Eigentum an dem Betriebsgrundstück gehörte zu diesen Fällen. Umsichtige Rechtsanwendung bietet in solchen Fällen eine hundertprozentige Gewähr für die richtige Entscheidung; Würfeln, Losen oder ähnliches dagegen höchstens eine fünfzigprozentige.

● Aber auch in den Fällen, in denen die Entscheidung von Fragen abhängt, die man in vertretbarer Weise auch anders hätte beantworten können, ist Rechtsanwendung nach den hier erörterten Grundsätzen einer Überantwortung der Entscheidung an den Zufall haushoch überlegen. Rechtsanwendung im hier geschilderten Sinne hat nämlich für jede Entscheidung, zu der sie gelangt, Gründe und ist verpflichtet, diese Gründe in den „Entscheidungsgründen" des Urteils darzulegen. Beim Würfeln gibt es hingegen keine angebbaren Gründe dafür, daß im konkreten Fall eine bestimmte Zahl und keine andere geworfen wurde. Die Urteilsbegründung macht die Urteilsfindung nachvollziehbar, und zwar auch für den, der die bei der Entscheidungsfindung bestehenden Spielräume in anderem Sinne ausgefüllt hätte und zu einem anderen Ergebnis gelangt wäre. Die Urteilsbegründung zeigt zugleich, wo etwaige Kritik anzusetzen hätte. Dies ist für die Einlegung eines Rechtsmittels wichtig, aber auch für die Auseinandersetzung mit dem Urteil in der Fachpresse oder den allgemeinen Medien. Daß die Würfel so oder so fallen, kann man hingegen nicht kritisieren.

5.8. Richterliche Rechtsfortbildung

Wo die generellen Normen, insbesondere die Gesetze, die Entscheidung des Einzelfalles nicht vollständig im vorhinein festlegen, ist die Tätigkeit der Gerichte eigentlich mehr als bloße Rechtsanwendung. Die Gerichte präzisieren oder ergänzen hier ja die generellen Rechtsnormen. Die Gerichte entscheiden zwar nur über den ihnen vorliegenden Einzelfall. Ihre Entscheidung hat jedoch eine über den Einzelfall hinausgehende Bedeutung. Einmal wird das Gericht, sobald sich ein entsprechender Fall wieder ereignet, wahrscheinlich im gleichen Sinne entscheiden, und außerdem werden andere Gerichte, die von der Entscheidung Kenntnis erhalten haben, sie als Orientierungshilfe benutzen. Wenn eine richterliche Gesetzesauslegung oder Lückenergänzung nicht Einzelfall bleibt, sondern in anderen Entscheidungen Anklang findet, bildet sich sog. „Richterrecht"; von ihm war schon im 2. Kapitel die Rede. Es handelt sich um Rechtssätze, die aus der Verallgemeinerung richterlicher Fallentscheidungen entstehen. Mit der Bildung von Richterrecht greift die Rechtsprechung über die Entscheidung von Einzelfällen hinaus und wirkt bei der Setzung genereller Rechtsnormen mit. Wir sprechen von richterlicher „Rechtsfortbildung".

Rechtsfortbildung findet genaugenommen schon überall da statt, wo die Gerichte eine unklare Norm in bestimmtem Sinne auslegen oder eine Gesetzeslücke ausfüllen. Besonders deutlich wird die rechtsfortbildende Tätigkeit der Gerichte aber da, wo von einer bisherigen Auslegung abgewichen oder wo eine Gesetzeslücke „neu entdeckt" wird. Die Gründe dafür können vielfältig sein:

● Es können andere, insbesondere höherrangige Normen in Kraft getreten sein, die eine Anpassung der bisherigen Auslegung nahelegen oder gar erzwingen (Stichwort: verfassungskonforme Auslegung).

● Es können sich auch die Wertvorstellungen in der Gesellschaft geändert haben. Am Beispiel der Auslegung des § 845 BGB ist schon gezeigt worden, wie beides zusammenwirkt und eine veränderte Gesetzesauslegung herbeiführt.

● Neben dem Wandel der Gesetze und der Anschauungen kommt auch der Wandel der tatsächlichen Verhältnisse als Anlaß für die Neuinterpretation von Gesetzen in Betracht. Nach § 811 Nr. 1 ZPO dürfen einem Schuldner unter anderem Sachen, deren er zu einer „seiner Verschuldung angemessenen, bescheidenen Lebens- und Haushaltsführung bedarf", nicht gepfändet werden. Anfang der fünfziger Jahre war noch umstritten, ob ein Radiogerät zu diesen Sachen gehört. Heute besteht in der Rechtsprechung völlige Einigkeit darüber, daß dem Schuldner *ein* Radio belassen werden muß. Diskutiert wird allenfalls noch darüber, ob ein Schwarzweißfernsehgerät pfändbar ist, wenn der Schuldner nicht zusätzlich ein Radio besitzt.

Vor allem aber gibt es Rechtsfortbildung durch die Gerichte da, wo die Gesetze keine bestimmten Tatbestandsmerkmale verwenden, sondern auf ausfüllungsbedürftige Wertmaßstäbe verweisen. Man nennt solche Gesetze „Generalklauseln". Beispiele sind der § 138 BGB mit der Bezugnahme auf die „guten Sitten" oder die §§ 157 und 242 BGB, die auf die Anforderungen von „Treu und Glauben" abstellen. Den Generalklauseln verwandt sind Rechtsnormen, die zwar einen präzisen Tatbestand haben, die Rechtsfolge aber verhältnismäßig unbestimmt lassen, wie etwa § 847 I BGB, der als Ersatz für einen Nichtvermögensschaden (Schmerzensgeld) eine „billige Entschädigung in Geld" vorsieht, oder § 1610 I BGB, wonach sich das Maß des Unterhalts „nach der Lebensstellung des Bedürftigen (angemessener Unterhalt)" bestimmt. Generalklauseln und unbestimmte Rechtsbegriffe verweisen für ihre Ausfüllung auf außerhalb des Gesetzes liegende Maßstäbe, die wandelbar sind. Die Präzisierung der Generalklauseln durch die Rechtsprechung paßt das Recht diesen Maßstäben an. Derartige Normen darf man nicht als Produkt des gesetzgeberischen Unvermögens, sich präzise zu fassen, deuten. Vielmehr geht das Gesetz ganz zu Recht davon aus, daß es feinere und flexiblere Maßstäbe gibt, als ein Gesetzgeber sie in Paragraphen fassen könnte. Durch bewußten Verzicht auf vollständige Vorprogrammierung der Rechtsanwendung will die Gesetzgebung in diesen Fällen die Chance eröffnen, daß die Rechtsanwendung dem Einzelfall und der künftigen Entwicklung in höherem Maße gerecht wird. Die Generalklauseln sind also gewis-

5. Rechtsanwendung

sermaßen ein Trick, durch den ein immer älter werdendes Gesetz sich jung erhält, das heißt in Übereinstimmung mit den sich wandelnden Auffassungen von dem, was richtig ist.

Aufgabe 4

Der französische Staatsphilosoph *Montesquieu* hat in seinem 1748 erschienenen Buch „*De l'Esprit des loix*" (Vom Geist der Gesetze) die Rechtsprechung einmal beiläufig als „*bouche de la loi*" („Mund des Gesetzes") bezeichnet. Dieses Wort ist zur Chiffre für die Vorstellung geworden, daß die Gerichte für den konkreten Fall eigentlich nur das „auszusprechen" hätten, was die Gesetzgebung zuvor schon für alle Fälle der betreffenden Art „gedacht" habe. Ist das Verhältnis von Gesetzgebung und Rechtsprechung durch den Vergleich „Gedanke" – „gesprochenes Wort" zutreffend beschrieben?

Die rechtsfortbildende Tätigkeit der Gerichte wirft die kritische Frage auf, ob hier nicht eine unzulässige Einmischung in die Gesetzgebung vorliegt. Ist es nicht deren Aufgabe zu entscheiden, ob die bestehenden Gesetze einem Wandel der Verhältnisse oder der Anschauungen angepaßt werden sollen? Die Kritik müßte sich aber eher an den Gesetzgeber als an die Rechtsprechung wenden. Vergleicht man die Gesetzgebung der letzten Jahrzehnte mit derjenigen am Ende des vergangenen Jahrhunderts, so kann man feststellen, daß die Verwendung von Generalklauseln und unbestimmten Rechtsbegriffen deutlich zugenommen hat. Dadurch wird der Rechtsprechung von der Gesetzgebung ganz bewußt mehr und mehr die Aufgabe zugewiesen, generelle Rechtsfragen zu entscheiden. Darüber hinaus wird der Rechtsprechung in vielen wichtigen Fragen die Entscheidung stillschweigend dadurch zugeschoben, daß die Gesetzgebung untätig bleibt. Als Beispiel sei das gesetzlich weitgehend ungeregelte Arbeitskampfrecht genannt. Die Fragen nach Zulässigkeit und Grenzen gewerkschaftlicher und unternehmerischer Kampfmaßnahmen (Stichworte: Aussperrung, Schwerpunktstreik, politischer Streik) können nicht offenbleiben. Wenn die Gesetzgebung sie nicht beantwortet, kann die Antwort nur von den Gerichten kommen. Unsere Gerichte pflegen in solchen Situationen die Antwort so zu geben, als seien sie selbst Gesetzgeber; sie beschränken sich also nicht auf die Feststellung, mangels entgegenstehender Gesetze sei nichts verboten und daher alles erlaubt.

Ein Blick über die Grenzen zeigt übrigens, daß man mit einer Rechtsprechung, die die Rolle der Gesetzgebung weithin mitübernimmt, durchaus nicht schlecht fahren muß. Im anglo-amerikanischen Rechtskreis ist die Tätigkeit des Gesetzgebers sehr viel zurückhaltender als bei uns. Große Rechtsgebiete, vor allem des Privatrechts, werden nur durch Richterrecht geregelt. (Rechtsanwendung kann dort demnach nicht mit dem Versuch beginnen, unter gesetzliche Regeln zu subsumieren, sondern setzt mit der Suche nach dem für den zu entscheidenden Fall passenden Präjudiz ein.) Unserem Rechtssystem entspräche das nicht. Wir gehen von einem Vorrang des Gesetzes vor den anderen Rechtsquellen aus, der für die Gesetzgebung – wie schon im 2. Kapitel in Abschnitt 2.4.2 ausgeführt worden ist – die Verpflichtung beinhaltet, alle wesentlichen Fragen selbst zu entscheiden. Wo die Gesetzgebung dieser Pflicht nicht rechtzeitig oder vollständig nachgekommen ist, verlangt unsere Vorstellung vom Vorrang des Gesetzes wenigstens, daß der Inhalt von Leitentscheidungen der Rechtsprechung nachträglich in Gesetzesform beschlossen wird. So war es zum Beispiel bei dem Gesetz zur Regelung des Rechts der Allgemeinen Geschäftsbedingungen (AGB-Gesetz), das 1976 verabschiedet worden ist und weithin nur die Ergebnisse der Rechtsprechung zum Schutz des Verbrauchers vor dem „Kleingedruckten" zusammenfaßt.

Im großen und ganzen stellt sich das Verhältnis von Richterrecht und Gesetzgebung wohl so dar, daß eine etwas unbeweglich gewordene, auch unter der Vielzahl der ihr zugemuteten Aufgaben leidende Gesetzgebungsmaschinerie dankbar zur Kenntnis nimmt, daß die Rechtsprechung überall schnell bei der Hand ist, Regelungslücken zu schließen. Eine genaue Grenze, die der richterlichen Rechtsfortbildung hierbei gezogen wäre, gibt es freilich nicht. Im äußersten, glücklicherweise selten vorkommenden Fall erweist sich die Rechtsfortbildung durch die Gerichte als mehr oder weniger offene Auflehnung gegen den Gesetzgeber.

Das aufsehenerregendste Beispiel hierfür war die Aufwertungs-Rechtsprechung des Reichsgerichts. Es ging hierbei um folgendes: Die unvorstellbare Inflation nach dem Ersten Weltkrieg und der radikale Währungsschnitt, mit dem im Spätherbst 1923 diesem Spuk ein Ende bereitet wurde, trafen die Deutschen sehr ungleich. Besitzer von Sachwerten waren mehr oder weniger heil über die Runden gekommen. Wer gar kein Vermögen hatte, aber in Arbeit stand oder eine Rente aus der Sozialversicherung bezog, sah den Währungsumschwung vor allem von der Seite, daß ihm nunmehr zwar nominell wenig, dafür aber gutes Geld in die Hand gedrückt wurde. Hart getroffen wurden hingegen die kleinen Sparer und unter ihnen besonders die, die ihre Alterssischerung auf Ersparnissen in Form von privaten Lebensversicherungen oder Hypotheken aufgebaut hatten. Die Hände rieben sich hingegen die Schuldner, die vor dem Krieg Schulden in gutem Geld gemacht und auf dem Höhepunkt der Inflation mit wertlosem Papiergeld getilgt hatten. Daß die Folgen der Inflation nicht alle in gleicher Weise trafen, war natürlich bekannt. Aus finanz- und wirtschaftspolitischen Gründen glaubten jedoch Regierung und Parlament, Härten für bestimmte Gruppen der Bevölkerung in Kauf nehmen zu müssen, um die wirtschaftliche Gesundung des Ganzen nicht in Frage zu stellen. Das damals höchste deutsche Gericht, das Reichsgericht, war hier anderer Meinung: Unter Berufung auf den Gedanken von Treu und Glauben, der das ganze Rechtsleben beherrsche und außerhalb, ja über dem einzelnen Gesetze stehe, schritt es zunächst zögernd, dann immer grundsätzlicher zur „Aufwertung" alter, in gutem Gelde begründeter Forderungen. Als Pläne der Reichsregierung bekanntwurden, die Aufwertungs-Rechtsprechung durch ein Gesetz zu unterbinden, erklärten die Richter in einer Eingabe an die Regierung[4], sie würden notfalls denjenigen, der sich in einem Rechtsstreit auf diese neue gesetzliche Vorschrift beriefe, mit der Begründung abweisen, seine Berufung auf das Gesetz verstoße gegen Treu und Glauben. So weit kam es jedoch nicht, denn die Gesetzgebung schloß sich im weiteren Verlauf in wesentlichen Punkten der Aufwertungs-Rechtsprechung des Reichsgerichts an.

Betrachtet man diesen Vorgang nur unter dem Gesichtspunkt des Verhältnisses von Richter und Gesetz, so kann man zum Ergebnis kommen, daß die zu den Grundfesten unseres Rechtssystems gehörende Verhältnisbestimmung der beiden Gewalten – Bindung der Rechtsprechung an das Gesetz – in ihr Gegenteil verkehrt und das Rechtssystem insgesamt erschüttert wurde. Man darf jedoch nicht vergessen, daß der Vorgang von einer durch Währungsverfall und Währungsschnitt ausgelösten Störung der normalen Rechtsbeziehungen von Gläubiger und Schuldner ausgelöst wurde, deren Hinnahme man nur als äußerste Ungerechtigkeit empfinden konnte. Den verfas-

---

4 Eingabe des Vorstandes des Richtervereins beim Reichsgericht an die Reichsregierung vom 8. 1. 1924. In: *Hattenhauer-Buschmann:* Textbuch zur Privatrechtsgeschichte der Neuzeit. München 1967, S. 308 ff.

sungsrechtlichen Bedenken gegen eine Kompetenzüberschreitung der Gerichte standen also noch stärkere Bedenken gegen die materielle Gerechtigkeit einer bestimmten Gesetzgebung gegenüber. Wenn man eine Lehre aus dem Vorgang ziehen kann, dann die, daß der Gesetzgeber es zu solchen Zuspitzungen möglichst nicht kommen lassen sollte.

5.9. Außergesetzliche Bindungen der Rechtsanwendung

Soweit das Gesetz die richterliche Entscheidung nicht streng vorprogrammiert, sind immer verschiedene Urteile möglich. Man darf sich das jedoch nicht so vorstellen, daß das Urteil, das im konkreten Fall dann wirklich gefällt wird, das Produkt der Zufallsauswahl unter den gegebenen Möglichkeiten oder der Beliebigkeit ist. Es gibt nämlich eine Reihe von außergesetzlichen Faktoren, die die Ausfüllung der Freiräume bei der Rechtsanwendung in ziemlich geregelte Bahnen lenken.

● Zunächst sorgt schon einmal das Prozeßrecht durch die Einrichtung des *Kollegialgerichtes* dafür, daß die Urteile in wichtigeren Sachen in der Regel nicht auf den Vorstellungen eines einzelnen Richters beruhen, sondern sich aus einer Beratung unter mehreren Richtern ergeben. Höhere Instanzen entscheiden immer, die erste Instanz wenigstens teilweise als Kollegialgericht, das heißt als Spruchkörper von drei oder mehr Berufsrichtern. Berufliche Erfahrungen und Ideen der einzelnen Richter können sich hier ergänzen. Die Gefahr, Wichtiges zu übersehen, verringert sich. Die Rechtsprechung des einzelnen Spruchkörpers wird stabilisiert.

● Ganz wesentlich zur Vereinheitlichung der Rechtsprechung trägt auch der *Instanzenzug* bei, den es in fast allen wichtigeren Rechtssachen gibt. Gegen die Entscheidung des zunächst angerufenen Gerichts kann an eine zweite Instanz, unter Umständen auch noch an eine dritte Instanz appelliert werden. Die Rechtsprechung der höheren Instanzen wirkt über die Einzelfälle, in denen sie angerufen werden und die Urteile der vorangegangenen Instanzen aufheben oder bestätigen, weit hinaus. Sie bedeutet nämlich für die untergeordneten Gerichte eine wichtige Orientierungshilfe. Es wird schließlich kein Richter Urteile fällen ohne die Hoffnung, daß die höhere Instanz sie bestätigen wird. Das hindert ihn natürlich nicht schlechthin, von einer ihm bekannten Rechtsprechung der höheren Gerichte abzuweichen;

5. Rechtsanwendung

er wird dies aber nicht zur Regel werden lassen und immer um besonders sorgfältige Begründung seiner abweichenden Auffassung bemüht sein.

● Unabhängig vom Instanzenzug führen die *Veröffentlichung* und – zum Teil kritische – *Besprechung von Entscheidungen* vor allem der höheren Gerichte in Fachzeitschriften und zum Teil auch in der Tagespresse tendenziell zu einer Vereinheitlichung der Rechtsanwendung. In diesem Zusammenhang ist ein Wort zur juristischen Literatur erforderlich: sie ist von einer kaum überschaubaren Vielfalt. Zu allen wichtigeren Gesetzen gibt es umfangreiche Kommentare, die die Rechtsprechung und die wissenschaftlichen Meinungsäußerungen zu umstrittenen Rechtsfragen dokumentieren. Zu allen Rechtsgebieten gibt es mehr oder weniger umfangreiche Lehrbücher, die – jedenfalls die größeren von ihnen – durchaus nicht nur Studienzwecken dienen, sondern auch in der Berufspraxis Hilfe leisten. Außerdem gibt es zu neu auftauchenden, aber auch zu alten und schon viel diskutierten Rechtsproblemen wissenschaftliche Monographien, die das Ziel haben, neue Problemlösungen plausibel zu machen. Schließlich erscheint in den zahlreichen Fachzeitschriften ständig eine Fülle von Aufsätzen zu einzelnen Rechtsproblemen. Das Resultat ist zunächst einmal eine für den Außenstehenden verwirrend wirkende und auch für den Fachmann nicht leicht zu überschauende Vielfalt von juristischen Meinungsäußerungen, die sich auch darin dokumentiert, daß es nicht genügen kann, zu einem Gesetz jeweils nur *einen* Kommentar zu Rate zu ziehen; denn jeder Verfasser eines Kommentars setzt die Akzente verschieden und beurteilt unter Umständen auch die Probleme verschieden. Die Meinungsvielfalt ergibt sich daraus, daß bei uns – anders als in totalitären Staaten – die Jurisprudenz eine weder staatlich noch parteilich gelenkte Wissenschaft ist. Zu den Standards dieser Wissenschaft gehört es, daß Meinungsäußerungen zu irgendeiner Frage nur dann ernst zu nehmen sind, wenn sie sich mit den bisherigen Meinungsäußerungen auseinandersetzen. Daher ist die juristische Literatur als ein großes Diskussionsforum zu verstehen. In ihm können sich bei aller Vielfalt der neu vorgetragenen Ideen vorherrschende Meinungen zu ganz bestimmten Punkten bilden. Diese werden dann in den Kommentaren als solche gekennzeichnet, was es wiederum den Gerichten leicht macht, sich solchen Auffassungen anzuschließen, die bislang die stärkste Zustimmung gefunden haben.

Der Richter ist bei der Urteilsfindung also eingebunden in einen Zusammenhang

– mit den anderen Richtern seines Spruchkörpers,
– mit den Gerichten des Instanzenzuges und
– mit der juristischen Öffentlichkeit insgesamt.

Natürlich können diese Faktoren keine strenge, gleichsam mathematische Bindung der Rechtsprechung herbeiführen. Daher leuchtet es ein, daß sich auch die subjektiven Vorstellungen des Richters, seine Einstellungen und Vorurteile, seine schichtspezifischen und weltanschaulichen, politischen und lebensgeschichtlichen Prägungen in der Rechtsprechung auswirken. Es lassen sich wohl keine zutreffenden generellen Aussagen darüber machen, welche dieser Komponenten der Entscheidungsfindung das größte Gewicht hat. In der Rechtssoziologie ist eine Zeitlang der Herkunft der Richter, die sich in der Vergangenheit vor allem aus der oberen Mittelschicht rekrutierten, besondere Bedeutung beigemessen worden. Wahrscheinlich üben aber juristische Ausbildung und vor allem juristische Berufspraxis einen stärker prägenden, Unterschiede in der Herkunft der Richter nivellierenden Einfluß aus. Dies muß auch gegenüber der Personalpolitik sozialistischer Staaten hervorgehoben werden; dort wird zum Teil ganz gezielt bei der Auswahl der Richter auf die Herkunft aus dem Arbeitermilieu abgestellt. Dadurch soll der Einfluß „bürgerlicher Vorurteile" auf die Rechtsprechung ausgeschlossen werden. Man kann das natürlich auch unter dem Gesichtspunkt der gezielten staatlichen Förderung von Berufskarrieren sehen, die den Geförderten im Zweifel nicht gerade zum Kritiker des ihn fördernden Systems macht.

In der Bundesrepublik gibt es seit vielen Jahren eine Diskussion darüber, ob die Auswahl der Richter nicht allgemein in die Hände von Richterwahlausschüssen gelegt werden solle, wie das bei den Obersten Bundesgerichten schon der Fall ist. In Richterwahlausschüssen, die von den gesetzgebenden Körperschaften gebildet werden, würden die Parteien entsprechend ihrem sich aus den jeweils letzten Parlamentswahlen ergebenden Stärkeverhältnis über die Besetzung von Richterstellen befinden. Begründet wird diese politische Forderung damit, daß ein demokratischer Staat auch eine demokratisch zusammengesetzte Richterschaft benötige. Es sei unerträglich, wenn in der Rechtsprechung eine andere politische Orientierung vorherrsche als in der Gesellschaft insgesamt; dies führe nämlich dazu, daß die demokratisch legitimierte Willensbildung in Form der Gesetzgebung durch eine nicht in gleicher Weise legitimierte richterliche Interpretation der Gesetze unterlaufen werde.

Die Bedenken gegen eine derartige Richterwahl liegen auf der Hand. Sie mag bei der Besetzung unserer Obersten Bundesgerichte vertretbar sein, weil für diese verhältnismäßig kleine Anzahl von Stellen stets ein ausreichendes Reservoir fachlich besonders qualifizierter Juristen zur Verfügung steht, so daß die Berücksichtigung politischer Gesichtspunkte bei der Auswahl der Richter nicht zu Lasten der fachlichen Qualität der Rechtsprechung gehen muß. Würde man jedoch alle Richterstellen unter politischen Gesichtspunkten besetzen, dann müßte zwangsläufig die Parteizugehörigkeit vor der fachlichen Qualifikation berücksichtigt werden. Ein Bewerber, der keiner Partei, zumindest aber keiner etablierten Partei, angehört oder wenigstens nahesteht, hätte auch bei hervorragender fachlicher Qualifikation keine Chance, Vorsitzender einer Kammer oder eines Senates zu werden. Ist aber erst einmal sichergestellt, daß die Gerichte mehrheitlich mit Richtern besetzt sind, die ihr Amt den Mehrheitsparteien verdanken, dann darf man von den Richtern nicht erwarten, daß sie die Loyalität gegenüber ihrer Partei zurückstellen und etwa als Verwaltungsrichter behördliche Entscheidungen von politischer Tragweite noch kritisch prüfen. Das derzeit bei uns für die Besetzung der meisten Richterstellen praktizierte Auswahlsystem überläßt hingegen die Entscheidung den Justizministerien, wobei die Mitwirkung von Richtervertretungen institutionell gesichert ist. Gewiß entstehen auch hieraus Abhängigkeiten; sie sind jedoch weniger bedenklich als parteipolitische Abhängigkeiten.

Aufgabe 5

Nennen Sie Faktoren, die die Rechtsprechung bei der Ausfüllung der Freiräume, die ihr die Gesetze lassen, beeinflussen.

5.10. Von der Notwendigkeit des Berufsjuristen und der Gerichte

Jede intensivere Beschäftigung mit dem Vorgang der Rechtsanwendung muß zu dem Ergebnis kommen, daß die richterliche Tätigkeit beträchtliche fachliche Vorkenntnisse erfordert. Das schließt die Mitwirkung von Laienrichtern in der Rechtsprechung keineswegs aus. Unsere Gerichtsverfassung sieht daher in großem Umfang die Mitwirkung von Laien als „Schöffen" in der Strafjustiz vor. Und: Weshalb sollte etwa die besondere berufliche Sachkunde in bestimmten Lebensgebieten für die Rechtsfindung nicht äußerst nützlich sein? Unsere Gerichtsverfassung überläßt daher die erstinstanzliche Entscheidung von handelsrechtlichen Streitigkeiten bei den Landgerichten den mit einem Berufsrichter und zwei aus dem kaufmännischen Bereich stammenden Laienrichtern („Handelsrichtern") besetzten „Kammern für Handelssachen". Die Mitwirkung von Berufsjuristen ist jedoch bei allen Urteilen unverzichtbar.

Die fachlich-juristische Schwierigkeit der Rechtsanwendung liegt noch zum geringsten Teil an dem komplizierten Aufbau der Gesetze und ihrer von der Alltagssprache zum Teil weit entfernten Ausdrucksweise. Systematik und Sprache der Gesetze bekommt man nämlich verhältnismäßig schnell in den Griff. Der Fachjurist wird vor allem deswegen gebraucht, weil nur er die nötige Orientierung im „Wald" der juristischen Meinungen haben kann. Der juristische Laie ist viel zu leicht in der Gefahr, dem erstbesten plausiblen juristischen Argument zu folgen, weil er nicht sieht, daß in der Regel noch sehr viel mehr zu dem jeweiligen Problem zu sagen wäre. Die nur relative Bedeutung jedes einzelnen Arguments, das bei der Auslegung und Ergänzung der Gesetze Verwendung finden kann, weiß man erst nach langer Einübung in juristische Problemlösungen ungefähr abzuschätzen.

Man könnte dem entgegenhalten, die Rechtsanwendung sei erst durch die Fachjuristen unnötig verkompliziert worden. Es sei wünschenswert, die ganze juristische Meinungslandschaft einfach zu vergessen. Nichtjuristen würden das Gesetz „einfach" anwenden. Diese Einwände übersehen jedoch, daß die Alternative zu einem Verzicht auf umfangreiche juristische Argumentation nur die sein kann, die Rechtsanwendung entweder blind an die Buchstaben des Gesetzes zu binden oder außerjuristischen, insbesondere politischen Weisungen zu unterwerfen.

Aufgrund der Überlegungen zur Rechtsanwendung kann jetzt auch die in den vorangegangenen Kapiteln schon immer wieder berührte Frage nach der Notwendigkeit von Gerichten für eine jede Rechtsordnung abschließend beantwortet werden. Recht ist ja nicht einfach aufgrund der geltenden Rechtsnormen schon Wirklichkeit. Rechtsnormen werden immer wieder verletzt. Wir brauchen dabei nicht nur an Straftaten zu denken. Viel häufiger ist die Nichterfüllung zivilrechtlicher Pflichten (z. B. Schulden werden nicht bezahlt, eine Sache wird ihrem Eigentümer vorenthalten). Und auch im Bereich des öffentlichen Rechtes deckt sich der Ist-Zustand vielfach nicht mit dem Soll-Zustand. Gerichte benötigen wir, wenn wir wollen, daß die Rechtsdurchsetzung nicht der privaten Macht überlassen bleibt. Gerichte sind notwendige Voraussetzung dafür, daß die Schwachen überhaupt ihr Recht durchsetzen können. Und für die, die glauben, ihr Recht selbst durchsetzen zu können, wird erst durch die Tätigkeit der Gerichte der Griff zur Selbstjustiz (Blutrache, Fehde) entbehrlich und verboten. Gerichte würden wir aber auch dann nötig haben, wenn niemand daran dächte, sein Recht mit Gewalt zu suchen. Es ist ja eben nicht in jedem Einzelfall und von vornherein klar, was Recht ist. Daher muß es eine über den Parteien stehende streitentscheidende Instanz geben.

Der Vorteil, den die Existenz einer rechtsprechenden Gewalt für den einzelnen und für die Allgemeinheit gegenüber einem Zustand hat, in welchem Gerichte entweder nicht bestehen oder keinen Einfluß haben, wird durch den Vergleich unserer privaten Beziehungen mit den zwischenstaatlichen Beziehungen besonders deutlich. Diesem Vorteil stehen sicher auch Nachteile gegenüber. Der wichtigste besteht im Zwang zur Unterwerfung auch unter als unrichtig empfundene gerichtliche Entscheidungen. Wer sich allerdings näher mit den Problemen der Rechtsanwendung befaßt, wird mit dem Vorwurf, ein Urteil sei ungerecht, vorsichtig umgehen. Er weiß nämlich, daß es in vielen Fragen die „allein richtige" Entscheidung nicht gibt, sondern unterschiedliche Entscheidungen vertretbar sind. Das ist gewissermaßen im Wesen der Entscheidung begründet.

Literatur

Klaus Adomeit: Rechtstheorie für Studenten. Heidelberg [2]1981, darin Teil II: „Methodenlehre".
Leicht faßliche, pointierte Hinweise auf die Problematik der Rechtsanwendung.

Karl Engisch: Einführung in das juristische Denken. Stuttgart ⁷1977.

> *Das „Standardwerk" für den Einstieg in die Fragen der juristischen Methodologie.*

Karl Larenz: Methodenlehre der Rechtswissenschaft. Berlin/Göttingen/Heidelberg ⁴1979, darin Teil II. („Systematischer Teil").

Martin Kriele: Theorie der Rechtsgewinnung. Berlin ²1976.

> *Zwei anerkannte, umfassende Darstellungen der Methode der Rechtsanwendung, die erste stärker der Tradition verhaftet, die zweite besonders auf Fragen des Richterrechts eingehend.*

Dieter Simon: Die Unabhängigkeit des Richters. Darmstadt 1975.

> *Lesenswerte, kritische, allerdings keine Alternative aufzeigende Auseinandersetzung mit dem Problem der Gesetzesbindung und der richterlichen Entscheidungsfreiheit.*

6. Recht und Rechtsverwirklichung

6.0. Allgemeine Einführung

Recht und Rechtsverwirklichung sind zweierlei Dinge, die nicht notwendig zusammentreffen. Die Rechtsposition, die jemandem durch die Rechtsordnung zugeteilt wird, kann durch das aktive oder passive Verhalten anderer gestört werden, so daß sich die Frage stellt, wie man sein zugesprochenes, aber nicht verwirklichtes Recht durchsetzt. Die Institution, die der Staat für diesen Zweck zur Verfügung stellt, ist das *Gericht:* Wenn es sich um die Durchsetzung eines privaten, gegen einen Bürger gerichteten Rechts handelt, wendet man sich an die *Zivilgerichte,* geht es um die Verwirklichung von öffentlichen, also gegen den Staat zielenden Rechten, so ist die *Verwaltungs-* oder die *Verfassungsgerichtsbarkeit* zuständig. Die *Strafgerichte* befassen sich dagegen nicht mit der Durchsetzung von Rechtspositionen des einzelnen. Das Strafrecht und das Strafprozeßrecht dienen vielmehr Interessen der Allgemeinheit. Den Opfern einer Straftat ist deshalb vom Strafrecht grundsätzlich keine Rechtsstellung eingeräumt, die es ihnen erlaubte, ihre eigenen (verletzten) Interessen gegen den Täter durchzusetzen. Es ist Sache des Staates, den Täter anzuklagen und gegebenenfalls einer Verurteilung zuzuführen.

Rechtsverwirklichung ist in dem in dieser Studieneinheit gemeinten Sinne immer davon abhängig, ob die Rechtsordnung dem einzelnen bestimmte Rechte zuteilt, deren Geltendmachung in seinem Belieben steht (subjektive Rechte). Solche Rechte gibt es im „öffentlichen" Recht (beispielsweise auf dem Gebiet des Baurechts, des Gewerberechts, des Beamtenrechts, des Fürsorgerechts), insbesondere aber im Zivilrecht, das geradezu als Summe von subjektiven Rechten bezeichnet werden kann. Beispielsweise folgt aus dem Satz des objektiven Rechts: „Der Käufer muß den Kaufpreis bezahlen" zugleich das subjektive Recht des Verkäufers, den Käufer auf Zahlung des vereinbarten Kaufpreises in Anspruch zu nehmen.

Bei der gerichtlichen Durchsetzung von Rechten können sich dem Bürger viele Hindernisse entgegenstellen, welche die Verwirklichung der von der Rechtsordnung gewährten Positionen häufig sehr erschweren, manchmal sogar unmöglich machen. Diese Problematik der Rechtsverwirklichung ist Gegenstand dieser Studieneinheit. Die Zugangshindernisse werden vorgestellt, und es wird gefragt, wer was zu unternehmen hat, um diese Hindernisse zu beseitigen oder aber ihre Auswirkungen so gering wie möglich zu halten, damit das Ideal eines für alle Bürger gleichen Zugangs zum Recht wenigstens annäherungsweise verwirklicht wird. Dabei müssen sehr verschiedenartige Bereiche angesprochen werden; denn zum Teil sind es soziale Komponenten, die sich zwischen den Bürger und sein Recht stellen, zum Teil beruhen die Schwierigkeiten bei der Durchsetzung von Rechtspositionen auf gewissen Grundstrukturen unseres Rechtssystems, und schließlich können Bestimmungen des Prozeß- und Kostenrechts als Hürden auf dem Weg zum Recht benannt werden.

Es geht daher im folgenden weniger um die Vermittlung rechtswissenschaftlicher oder -soziologischer Detailkenntnisse als um die Grundlegung eincs Problembewußtseins, das Sie in den Stand setzen soll, hinter der Fülle von zugangshindernden Einzelerscheinungen und -vorschriften die unterschiedlichen gesellschaftlichen und juristischen Dimensionen des „Zugangs zum Recht" wiederzuerkennen und vor diesem Hintergrund Problemlösungsvorschläge im jeweils richtigen systematischen Zusammenhang zu diskutieren.

Lernziele:

Nach Durcharbeitung dieses Kapitels soll es Ihnen möglich sein,

- die grundsätzliche Differenz zwischen dem subjektiven Recht eines einzelnen, das diesem von der objektiven Rechtsordnung zugeteilt ist, und der Bewährung oder Verwirklichung dieses subjektiven Rechts im (gerichtlichen) Konflikt zu beschreiben;
- die Fülle und Verschiedenartigkeit der Hindernisse, die sich zwischen den Bürger und die gerichtliche Verwirklichung seiner subjektiven Rechte stellen können, aufzuzeigen;
- die Ursachen, die den Zugang zum Recht erschweren, zu benennen; dabei haben Sie gelernt, zwischen gesellschaftlichen Vorbedingungen (Sozialisation der Parteien, sprachliche und intellektuelle Ausstattung, individual-psychologische Disposition, wirtschaftliche Potenz) und solchen Faktoren zu unterscheiden, die aus dem System des (Verfahrens-, Kosten- und Beweis-)Rechts selbst folgen;
- Lösungsversuche und Lösungsvorschläge für die verschiedenen

6. Recht und Rechtsverwirklichung

Zugangsprobleme zu referieren und dabei die Rolle anzugeben, welche der Staat und die professionellen Verfahrensbeteiligten (Richter, Rechtsanwälte) bei der Gewährleistung von Chancengleichheit im Rahmen der Rechtsverwirklichung spielen;

– im Zusammenhang mit den genannten Problemkreisen Grundzüge des Zivilprozeß- und Beweisrechts sowie der Kostenregelungen darzustellen.

6.1. Grenzen der Tauglichkeit des Justizsystems zur Lösung emotional besetzter Konflikte

Die Schwierigkeiten bei der Rechtsverwirklichung beruhen auf ganz verschiedenen Gründen. Wenn im folgenden nach Abhilfe Ausschau gehalten wird, dann schließt diese Verschiedenartigkeit der Hinderungsgründe von vornherein die Hoffnung auf ein geschlossenes Lösungskonzept aus. Es wird bei jeder Fallgruppe gesondert zu fragen sein, ob, wie und gegebenenfalls von wem Hilfestellungen geboten werden müssen, um das Feld der Rechtsverwirklichung nicht zur Domäne weniger, wie auch immer Privilegierter, werden zu lassen.

Daß sich überhaupt die Frage nach dem „ob" der Hilfeleistung stellen kann, macht der Problembereich deutlich, den wir als *emotionale Zugangssperren* kennzeichnen. Hier geht es nicht darum, daß jemand intellektuell, materiell oder aus Rechtsgründen nicht in der Lage wäre, sein Recht vor Gericht durchzusetzen, sondern er verzichtet auf die Verwirklichung seiner Ansprüche scheinbar aus freien Stücken. Wenn aber jemand, aus welchen Rücksichten auch immer, seinen Rechtsanspruch erst gar nicht vor Rechtsanwalt und Gericht bringt, können diese auch nichts dazu beitragen, die Zugangssperren abzubauen.

Die Kunststudentin, die ihren gegen die Eltern gerichteten Ausbildungsanspruch nicht geltend machen will; der Ehemann, der berechtigte Zweifel an seiner Vaterschaft in Hinblick auf ein von seiner Ehefrau zur Welt gebrachtes Kind hat, dann aber aus Angst vor der peinlichen Publizität einen Ehelichkeitsanfechtungsprozeß nicht durchsteht; die in Scheidung lebende Frau, die sich scheut, mit Hilfe des Gerichts ihre Nachfolgerin aus der noch immer gemeinsamen Ehewohnung zu verweisen – sie alle wissen um ihre Rechte meist gut Bescheid und finden doch nicht zu dem Entschluß, sie durchzusetzen.

Es ist auch sehr fraglich, ob und inwieweit sich unsere Rechtsordnung überhaupt darum kümmern soll, daß derartige Fälle vor Gericht kommen. Denn da der Anspruch auf Geltendmachung eines bestehenden Rechts eine höchst persönliche Befugnis darstellt und auch keine moralische Pflicht des Rechtsinhabers besteht, um sein Recht zu kämpfen, so könnte man es eigentlich bei dem Entschluß des Einzelnen bewenden lassen, auf seine Rechtsverfolgung zu verzichten.

Eine solche Zurückhaltung ist sicherlich angebracht, wenn es nur darum geht, eine persönliche Entscheidung zu respektieren. Sie wäre aber möglicherweise fehl am Platze, wenn die Ursache des Rechtsverzichts gerade darin läge, daß die verzichtende Partei keine Hoffnung haben konnte, ihren Konflikt durch das Gericht angemessen behandelt zu finden. Die Ausgestaltung unseres Gerichtsverfahrens läßt eine umfassende Behandlung von gefühlsmäßig stark belasteten Konflikten nicht zu. Da der ganze Verfahrensablauf auf die Rechtsfrage zugeschnitten ist, bleiben die persönlichen Motive, Leiden und Stimmungen auf der Strecke. Sie sind nicht „Thema" des Prozesses, obwohl niemand, nicht einmal Richter und Rechtsanwälte, bestreiten würde, daß sie wichtige Rahmenbedingungen des Streitverhältnisses bilden. Nur handelt es sich dabei um eine außerprozessuale Wichtigkeit, die vom Verfahren ferngehalten wird.

Durch die Beschränkung auf das „juristisch Wesentliche" wird der dem Konflikt zugrunde liegende Lebenssachverhalt verrechtlicht. Die Ebene der moralischen Argumentation, auf der die Streitenden ihren Konflikt im vorprozessualen Stadium verhandeln, macht im Gerichtsverfahren der Frage nach den rechtlichen Befugnissen und Ansprüchen Platz. Eine umfassende Erörterung der Streitentwicklung wird planmäßig verhindert. Rederechte werden zugeteilt, Emotionen durch professionelle Steuerung unterdrückt. Die Kommunikation findet zwischen Richter und Rechtsanwälten oder Richter und Parteien statt. Zuweilen reden auch die gegnerischen Anwälte miteinander, die Streitparteien dagegen kaum. Direkte Verhandlungen zwischen den Kontrahenten erscheinen fast schon als peinliche Störung des technischen Ablaufs. Daß gerade Konflikte aus Dauerbeziehungen, die oft eine jahrelange Geschichte haben, in einem solchen Rahmen nicht erschöpfend beschrieben werden können, liegt auf der Hand.

Die Tochter, die im Streit aus der elterlichen Wohnung ausgezogen ist und nun mittels einstweiliger Verfügung ihre Bücher und Möbel heraushaben will, wird (wie übrigens ihre Eltern auch) kaum begreifen, daß sich ihr elementares

6. Recht und Rechtsverwirklichung

Emanzipationsbestreben auf ein „Eigentümer-Besitzer-Verhältnis" reduziert haben soll. Wollte sie den Versuch unternehmen, den professionellen Verfahrensbeteiligten ihr Verhalten klarzumachen, so würde man ihr sehr schnell bedeuten, daß es auf das meiste, das ihr wesentlich erscheint, gar nicht ankomme. Nicht die Verletzung spielt eine Rolle, die sie empfunden hat, als ihre Mutter dem Freund das Haus verbot, sondern die Frage, ob die Stereo-Anlage, die sie jetzt herausverlangt, ihr seinerzeit geschenkt oder nur zum Gebrauch überlassen worden war. Denn nur aufgrund einer Schenkung wäre sie Eigentümerin der Stereo-Anlage geworden, und dies ist die Voraussetzung dafür, daß ihr auf Verurteilung der Eltern zur Herausgabe gerichteter Antrag Erfolg haben kann.

Wenn aber das Verfahren, in dem der Streit beigelegt werden soll, gerade die Gesichtspunkte ausblendet, die den Streitparteien wichtig sind, so verliert es für diese an Wert. „Recht" zu bekommen heißt in gefühlsmäßig besetzten Beziehungskonflikten eben keineswegs nur, einen von der Rechtsordnung gewährten Anspruch durchzusetzen. Vielmehr geht es auch, und vielleicht sogar in erster Linie, um die Bestätigung einer moralischen Position, die für die Streitparteien oft viel entscheidender ist als die reine Rechtsfrage.

Aber gerade an dieser Überlegung zeigt sich, daß es nicht Aufgabe der Rechtsordnung und des Justizsystems sein kann, Stellungnahmen dieser Art verbindlich abzugeben. Das Recht will keine moralischen Wertungen vornehmen, sondern – mit staatlicher Autorität versehen – Ansprüche und Befugnisse zuordnen und notfalls bei ihrer zwangsweisen Durchsetzung helfen. Gefühl, Moral, Anstand – dies alles sind Begriffe, die in der subjektiven Lebensgestaltung eine ganz zentrale Rolle spielen, deren Durchsetzung mittels einer vom Staat autorisierten Zwangsordnung aber zu einer unerträglichen Gleichschaltung und Bevormundung führen müßte. Der große Denker der deutschen Aufklärungsphilosophie, *Immanuel Kant,* hat – wie wir in den vorangegangenen Studieneinheiten gesehen hatten – das Recht als Freiheitsregel begriffen, welche gewährleisten soll, daß die Freiheit des einen mit der Freiheit aller anderen unter der Herrschaft allgemeiner Gesetze bestehen kann. Diese im Kern auch heute noch unserer Rechtsauffassung zugrunde liegende Idee von der größtmöglichen Freiheit jedermanns schließt die Kompetenz der staatlichen Rechtsordnung für die Entscheidung moralischer Fragen grundsätzlich aus. Insbesondere ist das mit Zwangsgewalt versehene Justizsystem nicht dazu berufen, gleichsam von oben herab (und vom Gerichtsvollzieher vollstreckbar) zu verkünden, was sittlich und moralisch ist – es sei denn, daß eine bestimmte ethische Position Eingang in die objektive Rechtsordnung gefunden hat.

An dieser Stelle schließt sich nämlich der Kreis zwischen objektiv-rechtlicher und subjektiv-moralischer Betrachtungsweise. Wo etwa der Gesetzgeber „sittenwidrige Rechtsgeschäfte" verbietet (vgl. z.B. § 138 BGB), ist der Richter befugt und verpflichtet, die Frage nach der sittlichen Qualität der zu beurteilenden Handlungen aufzuwerfen, beispielsweise darüber zu befinden, ob eine Verpflichtung zur Kinderlosigkeit im Mietvertrag die Annahme eines sittenwidrigen und damit rechtsunwirksamen Rechtsgeschäfts begründet. In diesen Fällen hat der Konflikt eine rechtliche Dimension dadurch bekommen, daß der Gesetzgeber die ethisch verwerfliche Abweichung als Störung des Rechtsfriedens qualifiziert und damit auch der richterlichen Beurteilung zugänglich gemacht hat. Im übrigen liegt in dem Verzicht der Rechtsordnung, gleichzeitig auch verbindliche Sittenordnung zu sein, der für die individuelle Lebensgestaltung unerläßliche Spielraum, ein guter oder böser, ein anständiger oder weniger anständiger, ein moralischer oder unmoralischer, jedenfalls aber ein insoweit freier Mensch zu sein.

Unter diesem Blickwinkel bekommen die oben beschriebene Verrechtlichung der emotional besetzten Konflikte und die Abstinenz in Moralfragen ihren guten Sinn. Sie beruhen nicht auf Inkompetenz oder Verweigerung, sondern auf sinnvoller Funktionsbeschränkung der staatlichen Justizorgane. Die erbitterten Debatten, welche von den verhältnismäßig wenigen Gerichtsentscheidungen mit moralischen Akzenten häufig ausgelöst werden, zeigen, welche friedensstiftende Funktion der Beschränkung auf die Rechtsfragen und der grundsätzlichen Enthaltsamkeit in Moralfragen zukommt. Dies heißt allerdings nicht, daß es der sachlichen Erörterung des Rechtsproblems schaden würde, wenn allzu abstrakt-fachliches Auftreten von Richtern und Rechtsanwälten zugunsten einer „menschlicheren", das heißt individuell-verständnisvolleren Verhandlungsatmosphäre abgebaut würde. Hier liegt tatsächlich noch ein weites Feld von Möglichkeiten, emotionale Zugangsbarrieren zu verringern. Dies soll aber weder bedeuten, daß aus den Gerichten sozialtherapeutische Anstalten werden, noch darf aus dem Richter in Rechtsfragen der Vollstrecker einer (seiner?) Tugendlehre werden.

Aufgabe 1

Wie läßt sich der Verzicht unserer Gesellschaft, mit der Rechtsordnung zugleich eine Sittenordnung zu schaffen, begründen?

6.2. Intellektuelle Zugangssperren, insbesondere Sprachbarrieren der Partei, und Richterrolle

Nicht der bekommt Recht, der es hat – so lautet ein weitverbreitetes Vorurteil –, sondern der seinen Standpunkt möglichst geschickt präsentiert. Im Prozeß spielt zunächst eine Rolle, ob man sein Anliegen in einer Weise vorbringen kann, die eine optimale Reaktion der anderen Prozeßbeteiligten bewirkt. Mit anderen Worten: Man muß sich verständlich machen können, um andere, vor allem den Richter, für seinen Standpunkt zu gewinnen. Die Sozialwissenschaften haben die Erkenntnis befördert, daß der Prozeßverlauf und letztlich auch das Ergebnis in entscheidendem Maße von der Möglichkeit der Verständigung und damit von der *Sprachkompetenz* der Beteiligten abhängen. Die Darstellung eines Problems ist der wichtigste Schritt, um seine Bewertung zu ermöglichen. Wer nicht durchschaut, worauf es ankommt, oder das, was er durchschaut, nicht ausdrücken kann, ist der Möglichkeit enthoben, seine Sicht der Dinge darzulegen und so Einfluß auf den Verlauf der Entscheidungsbildung zu nehmen. Den Parteien eines Prozesses scheint dieses Darstellungsproblem weitgehend abgenommen, wenn ein Anwalt ihre Interessen vertritt. Aber zum einen sieht unsere Prozeßordnung in einem beachtlichen Umfang, nämlich im Zuständigkeitsbereich der Amtsgerichte, die Möglichkeit vor, daß der Rechtsstreit ohne Einschaltung von Anwälten ausgetragen wird, zum anderen ist die totale Abhängigkeit des Rechtsuchenden von der Fähigkeit und Einsatzbereitschaft seines Rechtsanwalts keineswegs ein Umstand, bei dem man sich beruhigen kann.

Darstellungsschwierigkeiten, die auf mangelnde Sprachbeherrschung zurückgehen, sind bis zu einem gewissen Grade ein Schichtenproblem. Die allgemeine Handlungs- und speziell die Sprachkompetenz eines Menschen steht in engster Beziehung zu seiner *Sozialisation,* das heißt zu den Faktoren, die seinen Entwicklungsgang bestimmt haben.

Wer in einem Akademikerhaushalt aufgewachsen ist, wird in der Regel und unabhängig von seinen sonstigen Fähigkeiten oder Defiziten über eine Sprache verfügen, die derjenigen der akademisch gebildeten Berufsrichter nähersteht, als dies bei jemandem aus einer Arbeiterfamilie der Fall sein wird. Derartige soziale Vorbedingungen können dann zwar durch andere Entwicklungsfaktoren überlagert werden, aber auch diese stehen nicht selten in Beziehung zur sozialen Ausgangsposition. So ist zwar in unserem Staat der Zugang zu Bildung und Ausbildung jedermann in gleicher Weise offen, doch ist zumindest die Unterschicht in den hochqualifizierten Ausbildungsgängen nach wie vor unterrepräsentiert. Die formale Zugangschance, die entsprechend unserer Verfassung für alle gleich ist, vermag eine Gleichheit auch hinsichtlich der sonstigen materiellen Rahmenbedingungen nicht herbeizuzaubern.

Unabhängig vom Bildungsgrad und der allgemeinen Sprachkompetenz sind die Schwierigkeiten, die der juristische Laie aufgrund der im Prozeß verwendeten *Fachsprache* hat. Zum einen ist das schon durch die Fassung der Gesetze bedingt, welche im Interesse der Rechtssicherheit und entsprechend unserer Rechtsentwicklung einen hohen Abstraktionsgrad aufweisen. Zum anderen liegt es aber auch an dem Sprachverhalten der Richter, Rechts- und Staatsanwälte, die sich, wie andere Berufsgruppen auch, bevorzugt ihrer Fachterminologie bedienen. Dies läßt sich mit dem gegenseitigen Interesse an präziser Mitteilung und rascher Verständigung rechtfertigen, findet aber auch aus weniger honorigen Gründen Anwendung.

Der Richter, der eine Unsicherheit überspielen, der Staatsanwalt, der den Angeklagten einschüchtern und der Rechtsanwalt, der seinem Mandanten imponieren will – sie alle greifen schnell zu einer Sprachform, die ihre Überlegenheit bereits auf der Mitteilungsebene sichert. Ein solches Verhalten wiederum hängt sehr eng mit der Interpretation der eigenen Berufsrolle zusammen, die durch traditionelle Vorurteile mitgeprägt ist: Richter dürfen nicht unsicher sein, sondern müssen fest und wissend selbst da auftreten, wo Zweifel am Platz wären; Staatsanwälte haben den staatlichen Strafanspruch energisch und unerbittlich zur Geltung zu bringen und Rechtsanwälte sind aus der Sicht ihrer Mandanten für alles zuständig und müssen alles können.

Aber auch der Rechtsuchende trägt häufig seinen Teil dazu bei, daß die ohnehin bestehenden Verständnisschwierigkeiten nicht gerade leichter werden. Besonders im schriftlichen Verkehr mit Behörden und Gerichten sind Laien nicht selten bemüht, in komplizierter Ausdrucksweise ihre Adressaten noch zu übertreffen. Gewiß ist es Unsicherheit, die sie veranlaßt, sich statt der von ihnen beherrschten Alltagssprache einer besonders geschraubten und geradezu zeremoniellen Redeweise zu bedienen, welche im günstigsten Fall nur komisch wirkt, leider aber auch geeignet ist, Mißverständnisse zu fördern.

Wie leicht Gericht und Partei aneinander vorbeireden können, zeigt folgendes kleine Beispiel, das insofern große Wirkungen hatte, als sich der Bundesgerichtshof in Zivilsachen, also das höchste deutsche Zivilgericht, in letzter Instanz damit zu befassen hatte:

In einer „Kindschaftssache" wurde der Beklagte als Kindesvater festgestellt und im Anschluß daran zur Unterhaltszahlung verurteilt. Da er selbst in der mündlichen Verhandlung des Unterhaltsprozesses nicht anwesend war und auch keinen Anwalt mit seiner Vertretung beauftragt hatte, erging ein Versäumnisurteil, das dem Beklagten alsbald zugestellt wurde. Dieser schrieb sofort an das Amtsgericht, welches das Urteil erlassen hatte und protestierte gegen die Verurteilung. Postwendend erhielt er vom Amtsgericht folgendes Schreiben:

„Gegen das Urteil vom 7. April 1971 steht ihnen das Rechtsmittel der Berufung zu. Die Berufung ist innerhalb einer Frist von einem Monat, die mit der Zustellung des Urteils, spätestens aber mit Ablauf von fünf Monaten nach der Verkündung desselben beginnt, bei dem Oberlandesgericht Düsseldorf durch einen daselbst zugelassenen Rechtsanwalt einzulegen. Da Ihre Eingabe [. . .] diesen Erfordernissen nicht entspricht, setzen Sie sich zweckmäßigerweise, um die Frist nicht zu versäumen, unverzüglich mit einem Rechtsanwalt in Verbindung [. . .]"

Knapp drei Monate später begab sich der Mann zu einem Anwalt, um diesen mit der Berufung zu beauftragen. Er war sehr unangenehm überrascht, als ihm der Anwalt mitteilte, daß die Berufungsfrist längst, nämlich seit fast zwei Monaten, abgelaufen war. Der Mann hatte die amtsgerichtliche Belehrung so verstanden, daß die Berufungsfrist erst fünf Monate nach Urteilsverkündung ablaufe und nicht, wie es richtig gewesen wäre, einen Monat nach Urteilszustellung.

Die Sache nahm ein glückliches Ende, weil der Bundesgerichtshof – anders übrigens als das zunächst angerufene Oberlandesgericht – die Auffassung vertrat, daß der Beklagte „ohne Verschulden verhindert" war, die Berufungsfrist wahrzunehmen. Dies ist nämlich gem. § 233 Zivilprozeßordnung (ZPO) die Voraussetzung dafür, daß die versäumte Prozeßhandlung nachgeholt werden kann; man spricht dann von der „Wiedereinsetzung in den vorigen Stand".

Die Richter am Bundesgerichtshof begründeten ihre Entscheidung damit, daß die amtsgerichtliche Belehrung mißverständlich gewesen sei und in den maßgeblichen Passagen im wesentlichen nur den Gesetzestext unkommentiert wiedergegeben habe (§ 516 ZPO alte Fassung). Von einem einfachen Menschen, wie es der Beklagte offenbar sei, dürfe aber nicht zuviel Sprachverständnis erwartet werden, so daß in der Fehldeutung des Belehrungstextes keinerlei Sorgfaltspflichtverletzung und damit Verschulden im Sinne des Gesetzes gesehen werden könne.

Der Bundesgerichtshof hat in diesem Zusammenhang keine weiteren Ausführungen darüber gemacht, ob sich ein Gericht, im konkreten Fall also der Amtsrichter, allgemein darum zu bemühen habe, Verständigungsschwierigkeiten zwischen Gericht und Partei so weit wie möglich abzubauen. Das verwundert nicht, denn allgemeine Ausführungen über die *Richterrolle* wird man in Urteilen kaum finden. Sie stünden im Widerspruch zu der traditionellen Überzeugung, daß Richtersprüche Einzelentscheidungen über Rechtsfragen, nicht aber sozialpolitische Zweckmäßigkeitserwägungen zu beinhalten haben. In unserem Fall ging es demnach um die Wiedereinsetzungsfrage, nicht aber um Kommunikationsprobleme zwischen Gericht und Bürger.

In der einschlägigen Literatur, die nun allerdings zu einem beachtlichen Teil von Richtern bestritten wird, diskutiert man dagegen seit langem, was getan werden könne, um die sprachliche Vermittlung zu erleichtern. Neben sehr pragmatischen Vorschlägen, etwa der Art, den Anwaltszwang auf alle Verfahren auszudehnen, das Formularwesen abzubauen und sich, wo möglich, einer fremdwortarmen und allgemeinverständlichen Umgangssprache zu bedienen, werden sehr grundlegende Erwägungen zu der Frage angestellt, welche Aufgabe der Justiz in unserem Staat zufällt. Ginge es nämlich tatsächlich nur darum, daß der Richter die Rechtsfragen zu beantworten hätte und sich im übrigen um die Rahmenbedingungen des von ihm zu lösenden Streitfalles nicht kümmern dürfte, so würde sich seine Pflicht im wesentlichen darauf beschränken, den wie auch immer gearteten Vortrag der Parteien entgegenzunehmen und daraufhin sein Urteil zu sprechen. Dies wäre in einem formalen Sinne sicher auch gerecht, denn jeder Partei würde die gleiche neutralkorrekte Behandlung zuteil.

Eine derartige Betrachtungsweise, die das neutrale, rechtssichernde Element der richterlichen Tätigkeit ganz in den Vordergrund schiebt, ist auf Kritik gestoßen. Man hat ihr entgegengehalten, daß sie mit ihrem Ideal der formalrechtlichen Gleichheit in Wahrheit der materiellen Ungleichheit Vorschub leiste. Denn formale Gleichbehandlung sei nur da am Platze, wo nicht gewisse Benachteiligungen von vornherein für unterschiedliche Ausgangspositionen sorgten, die dann, gerade aufgrund der Gleichbehandlung, verewigt würden.

Nehmen wir den Fall[1], daß eine Textilreinigungsfirma den Sonntagsanzug eines Kunden in irgendeiner Form verdorben hatte. Der Kunde sah sich letztlich gezwungen, den Inhaber der Textilreinigung zu verklagen. Diese Klage reichte er persönlich ein und er erschien auch vor Gericht ohne Anwalt. Hier schilderte er dem Richter umständlich, was mit seinem Anzug geschehen war. Auf wiederholte Fragen des Richters, welchen Antrag er stellen wolle, erwiderte der Kläger stets, daß er den Antrag auf sein Recht stelle.

Hier ist der Kläger offenbar nicht in der Lage gewesen, sich sachgerecht zu verhalten; ihm drohte der Prozeßverlust, weil er fälschlicherweise davon ausging, mit seiner Sachverhaltsdarstellung und seinem „Antrag" („Ich will mein Recht") alles Notwendige getan zu haben. Er konnte nicht erkennen, daß man den Entschluß, sein Recht geltend zu machen, auch in eine formgerechte Klage umsetzen muß und daß es hierzu eines bestimmten Antrags bedarf. Denn der Richter darf das, was er selbst für gut und angemessen hält, dem Kläger erst dann zusprechen, wenn dieser es von ihm verlangt hat. Das erklärt sich daraus, daß es in der Regel in den Händen der Parteien (des Klägers und des Beklagten) liegt, ob sich der Richter mit ihrem Streit beschäftigt und welchen Inhalt dieser Streit vor Gericht haben soll (Dispositionsmaxime; dazu gleich im folgenden). Der Richter darf also keinesfalls etwas anderes zubilligen, als beantragt ist. Hiervon gibt es nur seltene Ausnahmefälle, wie etwa die Bewilligung einer Räumungspflicht für den zur Räumung und Herausgabe einer Mietwohnung verpflichteten Mieter, die der Richter gegebenenfalls auch ohne Antrag gewähren kann. Was aber hätte der Richter in unserem Fall auf den Antrag des Klägers hin „für Recht erkennen" sollen? Ein Urteil mit dem Tenor (Urteilsformel) „Der Kläger hat Recht" ist unzulässig. Es würde dem Kläger auch nichts nützen: Denn damit wäre noch immer nicht festgestellt, was er von dem Beklagten verlangen kann, ob er ihn beispielsweise auf „Minderung" (Herabsetzung der vereinbarten Vergütung), auf „Nachbesserung" oder gar auf „Schadensersatz" in Anspruch nehmen darf.

Der Richter hat sich also im Sinne der Zivilprozeßordnung durchaus korrekt verhalten, als er den Kläger beständig ermahnte, einen konkreten Antrag zu stellen.

---

1 Vgl.: Funkkolleg Recht, Bd. 1, Frankfurt 1985, S. 130 ff.

Er hat seiner in § 139 ZPO festgelegten Pflicht genügt, auf die Stellung eines sachgemäßen Antrags hinzuwirken. Mehr, so könnte man sagen, kann und darf kein Richter tun, der nicht in unzulässiger Weise die Interessen der einen Partei vor die der anderen stellen wollte. Da der Fall nicht erfunden ist, sondern sich in der geschilderten Weise abgespielt hat, kann hier sein Fortgang berichtet werden. Die Reinigungsfirma, die durch einen Anwalt vertreten war, stellte mangels klägerischen Antrags ihrerseits den Antrag auf Erlaß eines Versäumnisurteils. Dies ist im Normalfall die prozessuale Antwort auf das Nichterscheinen oder Nichtverhandeln einer ordnungsgemäß geladenen Partei (§§ 330 ff. ZPO) und führt zum Verlust des Prozesses, sofern nicht ein rechtzeitig eingelegter Einspruch die Aufhebung des Versäumnisurteils bewirkt (§§ 338 ff. ZPO). Der Amtsrichter erließ tatsächlich das Versäumnisurteil, obwohl der Mann leibhaftig vor ihm stand und offenbar auch verhandlungswillig war. Er konnte sich anscheinend nicht anders helfen und wollte mit dem Versäumnisurteil wohl eine Art mittelbaren Zwang ausüben, damit sich der Kläger für das weitere Verfahren einen Anwalt nähme.

Es besteht gar kein Zweifel, daß mit Hilfe eines Anwalts der Schaden zu reparieren war, der Kläger also wieder in die Stellung einrücken konnte, die vor dem Urteil bestanden hatte (§ 342 ZPO; vgl. aber auch § 344 ZPO zur Kostentragungspflicht der säumigen Partei). Andererseits läßt gerade dieser Fall die Fragwürdigkeit eines übertriebenen Neutralitätsethos auf seiten des Richters deutlich werden. Sollte es denn tatsächlich keinen anderen Weg der Verständigung gegeben haben als den Verfahrenstrick mit dem Versäumnisurteil? Natürlich hat es ein Richter leichter, wenn ihm ein Fachmann gegenübersteht; aber ist es nicht gerade auch seine Aufgabe, den Verstehens- und Wissensmangel der Parteien auszugleichen, wenn diesen kein Anwalt zur Seite steht?

Der Laie wird wohl dazu neigen, diese Fragen spontan mit „Ja" zu beantworten. Dem Juristen fallen gewichtige Gegengründe ein; er wird auf das Wesen unseres Zivilprozesses verweisen, das darin besteht, daß die Parteien den Prozeß steuern, sofern es um Tatsachen und Begehren und nicht um reine Rechtsfragen geht. Die Zivilprozeßordnung läßt es Sache des Klägers und des Beklagten sein, den Streitstoff in den Prozeß einzuführen – das Gericht kann seiner Entscheidung keine Tatsachen zugrunde legen, die nicht von einer der Parteien eingebracht sind *(Verhandlungsgrundsatz)*, und überläßt es ihnen, über die Eröffnung des Gerichtsverfahrens, seinen Gegenstand (Klaganspruch) und seine Beendigung, beispielsweise durch „Vergleich",

6. Recht und Rechtsverwirklichung

„Anerkenntnis", „Verzicht" oder „Klagerücknahme", zu bestimmen *(Dispositionsmaxime)*.

Verhandlungsgrundsatz und Dispositionsmaxime sind – so kann man gleich zu Beginn eines anerkannten ZPO-Kommentars lesen – „das prozessuale Korrelat der materiellrechtlichen Freiheit zur Ausübung eines Rechts und zur Verfügung darüber"[2]. Ein Freiheitsrecht sollte aber nicht leichtfertig beschnitten werden, und jede Erweiterung der richterlichen Pflichten und Befugnisse über die bloße Rechtsfindung hinaus wäre ja wohl ein Beschneiden der Dispositionsrechte der Parteien. Einer solchen Argumentation könnte aber entgegengehalten werden, daß die Freiheitsregel eine wichtige Voraussetzung hat, daß nämlich der freie Mensch auch in der Lage ist, sinnvoll und nutzbringend von seiner Freiheit Gebrauch zu machen. Sollten dem bereits unüberwindbare Schranken entgegenstehen, etwa weil die „autonome" Partei aus intellektuellen Gründen gar nicht fähig ist, ihre Interessen verfahrensgerecht durchzusetzen, so ist jene Freiheit ein Geschenk, das zwar Verantwortung, aber keinen Nutzen bringt.

Als weiteres Argument wird gegen eine Ausdehnung der richterlichen Fürsorgepflichten gegenüber den Parteien das *Neutralitätsgebot* in die Debatte gebracht. Wenn der Richter tatsächlich kraft Amtes berufen sein sollte, über seine allgemeine Aufklärungspflicht gem. § 139 ZPO hinaus, die Wissens- und Verstehensmängel der Parteien zu kompensieren, um so für gleiche Ausgangschancen zu sorgen, so könnte eine derartige Fürsorge, zumal wenn sie nur einer Seite zugute kommt, die neutrale Streitschlichtungsrolle des Richters fragwürdig machen.

Dieses Bedenken ist tiefgreifender als der formale Hinweis auf die Dispositionsmaxime. Denn in der Tat kann als Gericht mit letzter Entscheidungskompetenz nur eine Institution akzeptiert werden, deren absolute Unparteilichkeit zumindest angestrebt wird. Der parteiliche Richter ist ein Schreckensbild aus der älteren absolutistischen und der jüngeren totalitären Vergangenheit. Die vielleicht wesentlichste Errungenschaft der rechtsstaatlichen Bestrebungen der letzten zweihundert Jahre besteht in der Garantie einer unabhängigen, aber auch unparteilichen Justiz. Wenn also der ausgleichende Richter nur um den Preis seiner Neutralität zu haben wäre, müßte auf ihn wohl verzichtet werden.

---

2 *H. Thomas/H. Putzo:* Zivilprozeßordnung. München [13]1985, S. 1f.

Das Dilemma ist aber nicht so unabwendbar, wie Gegner der richterlichen Kompensationspflicht vorbringen. Aufklärung und Belehrung, Gewährung von Redechancen und Berücksichtigung der Aufnahmefähigkeit des Adressaten, Abbau von Einschüchterungsmechanismen und Verzicht auf Suggestivfragen – dies alles sind Hilfestellungen, welche die Verhandlungssituation nicht nur klimatisch verbessern, sondern die Voraussetzung dafür schaffen, daß auch die intellektuell unterlegene Partei befähigt wird, ihre Interessen vorzubringen und den Verfahrensablauf im Sinne der Dispositionsmaxime mitzubestimmen.

Für einen solchen ausgleichenden und fördernden Verhandlungsstil hat die Rechtssoziologie den Begriff der *kompensatorischen Prozeßleitung* geprägt. Eine Gefahr für die richterliche Neutralität wäre in dieser Art der Verhandlungsführung wohl nur dann zu erblicken, wenn sich die Fürsorgehandlungen gegenüber der einen, der schwächeren Partei als rechtsblinde Identifikation mit ihrem inhaltlichen Anliegen herausstellen würden. Dagegen gibt es natürlich keine absolute Garantie, ebensowenig wie es eine absolute Garantie gegen Parteilichkeit gibt. Die zwangsläufige Folge von kompensatorischer Verhandlung ist die unzulässige Identifikation jedoch nicht, denn es kann sehr wohl zwischen unterstützenden Verfahrenshinweisen und materieller Bevorzugung getrennt werden. Sollte aber eine Partei tatsächlich der Meinung sein, daß der Richter die Gegenseite mehr als nur kompensatorisch unterstützt, dann bleibt immer noch die Möglichkeit, diesen Richter abzulehnen. § 42 Abs. 2 ZPO sagt hierzu: „Wegen Besorgnis der Befangenheit findet die Ablehnung statt, wenn ein Grund vorliegt, der geeignet ist, Mißtrauen gegen die Unparteilichkeit eines Richters zu rechtfertigen." Es reicht also, wenn aus der vernünftig begründeten Sicht der Partei ein solches Mißtrauen besteht, und es ist nicht erforderlich, daß Befangenheit des Richters auch objektiv vorliegt.

Allerdings ist hinsichtlich der kompensatorischen Prozeßleitung vor allzu großem Optimismus zu warnen. Auch der Richter, der in gewissem Umfang die Verantwortung dafür zu übernehmen bereit ist, daß sein Urteil nicht nur in einem formalen, sondern auch in einem materiellen Sinne Gerechtigkeit verbürgt, der also im Sinne der kompensatorischen Verhandlungsführung für eine Gleichheit der Darstellungschancen beider Parteien wirkt, wird dadurch nicht zum Partner einer herrschaftsfreien Kommunikation. Auch eine auf Kompensation angelegte Gerichtsverhandlung ist nicht die von manchen Soziologen geforderte „ideale Sprechsituation", von der man dann ein von allen „Gesprächsteilnehmern" gleichermaßen „erarbeitetes" und deshalb auch akzeptiertes Ergebnis zu erwarten hätte. Das Gerichtsverfahren zielt nicht auf Konsens. Am Ende der Verhandlung steht vielmehr der autoritäre Richterspruch, der den Streit beendet, der aber nur in seltenen Ausnahmefällen beide Parteien, also auch den Verlierer, überzeugen wird. Aber auch dann, wenn das Gerichtsverfahren weder jemals dem Ideal des herrschaftsfreien Dialogs entsprechen noch unter seinen Teilnehmern Konsens herstellen wird, sollte alles getan werden, um die Startbedingungen auf dem Weg zum Recht für alle Beteiligten so zu gestalten, daß ihr Bemühen um Rechtsverwirklichung wenigstens so wenig wie möglich behindert wird.

Zusammenfassend kann gesagt werden, daß es durchaus nicht gegen die Grundprinzipien unseres Prozeßrechts verstieße, wenn der Zivilprozeß nicht nur eine formale, sondern auch eine soziale Verfahrensgerechtigkeit bereitstellte. Diese Erkenntnis ist übrigens nicht so neu, wie die lebhafte Diskussion dieser Tage glauben macht. Schon im Jahr 1928 hat *W. Kisch* zur sozialen Aufgabe des Richters folgenden Satz geprägt: Der Richter „muß die ihm von der Prozeßordnung gewährten Machtbefugnisse, namentlich die mit dem richterlichen Fragerecht verbundenen Möglichkeiten, in dem Sinne ausüben, daß er durch angemessene Belehrung, Unterstützung, Anleitung der sozial schwachen Partei ein Gegengewicht gegen etwaige soziale Übermacht des Gegners schafft".[3]

Aufgabe 2

Erläutern Sie, warum es für die Erfüllung eines materiellen Gerechtigkeitsgebotes nicht genügt, allen Menschen den formal gleichen Zugang zum Recht zu gewährleisten.

---

3 *W. Kisch:* Die soziale Bedeutung des Zivilprozesses. *Judicium* 1 (1928/29), S. 22.

6.3. Rolle der Anwaltschaft

Der traditionelle Vermittler zwischen dem Rechtsuchenden und den
Institutionen der Rechtsdurchsetzung ist aber nicht der Richter, sondern der *Rechtsanwalt.* Auf ihn ist daher bei der Analyse der die
Rechtsverwirklichung hindernden Zugangsschranken besonders zu
achten. Ausgeblendet werden hier die spezifischen Aufgaben der
Strafverteidigung, da es im Strafprozeß nicht um die Verwirklichung
subjektiver Privatrechte geht, sondern um den aus rechtsstaatlichen
Gesichtspunkten gebotenen Fachbeistand im Strafverfolgungszusam-
menhang, der ein Gegengewicht zur staatlich geleiteten Anklage darstellen soll.

Dem Rechtsanwalt kommt im deutschen Rechtsschutzsystem eine Doppelfunktion zu. Gemäß § 1 Bundesrechtsanwaltsordnung (BRAO) ist
er „unabhängiges Organ der Rechtspflege". Deshalb muß für ihn „die
Aufrechterhaltung der staatlichen Rechtsordnung die Richtschnur
seines Handelns sein. Mit dieser Aufgabe", so steht es in der amtlichen
Begründung zu § 1 BRAO zu lesen, „tritt die Rechtsanwaltschaft an
die Seite der Gerichte und Staatsanwaltschaften" und ist, so muß man
wohl folgern, damit in die staatliche Organisation der Rechtspflege
eingebunden. Andererseits übt der Rechtsanwalt gemäß § 2 BRAO
einen *freien,* also keineswegs staatlich organisierten Beruf aus und ist
zudem gemäß § 3 BRAO der Vertreter *fremder* Interessen in Rechtsangelegenheiten.

Diese Doppelstellung – Organ der Rechtspflege und freiberuflicher
Interessenvertreter – verlangt vom Rechtsanwalt, daß er einerseits die
staatliche Rechtsordnung zum Maßstab seiner Tätigkeit setzt, andererseits aber die Belange seiner Mandanten fördert, die nicht immer
mit der staatlichen Werteordnung harmonieren. Berücksichtigt man,
daß es nicht der Staat, sondern der private Klient ist, der den Anwalt
für seine Dienste bezahlt, wird die Spannungslage deutlich, in der sich
dieser Berufsstand bereits kraft Definition seiner Berufsrolle befin-
det. Die Fährnisse der Gratwanderung zwischen öffentlicher Funktion
und wirtschaftlicher Abhängigkeit vom privaten Auftraggeber werden
zwar durch das gesetzlich gesicherte Rechtsberatungsmonopol, weit-
gehenden Anwaltszwang und feste Gebührenordnungen abgemildert,
doch ändert dies alles nichts daran, daß die Anwaltschaft in ihrer
derzeitigen Organisationsform ein Dienstleistungsgewerbe vertritt,
dessen ökonomische Eigengesetzlichkeiten allzu hochfliegende Er-

wartungen in bezug auf eine soziale Kompensationsfunktion dämpfen müssen.

Andererseits ist es aber geradezu ein Strukturmerkmal unseres Rechtsschutzsystems, daß dem Anwalt im Rahmen der Rechtsgewährungsprozedur eine Schlüsselrolle zufällt. Er soll die Verstehens- und Wissensdefizite ausgleichen, die auf seiten der unterschiedlich (vor-) gebildeten Parteien auftreten können, und auf diese Weise mithelfen, das Ideal vom chancengleichen Zugang zum Recht zu realisieren. Wie wenig allerdings Idee und Wirklichkeit gerade auch in Hinblick auf die Rolle des Anwalts zusammenfallen, zeigen die (seltenen) empirischen Untersuchungen, die in diesem Zusammenhang gemacht wurden.[4]

So ergab etwa eine Auswertung der Berliner Prozeßstatistik folgendes Ergebnis: In Prozessen ohne Anwaltszwang waren vor den Amtsgerichten im Jahr 1974 anwaltlich vertreten

> 61,8 % der Kläger,
> 27,1 % der Beklagten.

Nimmt man als weiteres Datum hinzu, daß mehr als die Hälfte der Kläger Geschäftsleute und „juristische Personen" (beispielsweise Gesellschaften mit beschränkter Haftung und Aktiengesellschaften) waren, während auf der Beklagtenseite überwiegend privat handelnde Bürger standen, und unterstellt man zusätzlich, daß der gewerbetreibende Geschäftsmann grundsätzlich geübter im Umgang mit Gerichten sein dürfte als der Privatmann, so wird deutlich, daß Anwälte bevorzugt von denen in Anspruch genommen werden, die ohnehin über einen besseren Einblick in die Verfahrensabläufe verfügen, während die, die ihn am nötigsten bräuchten, offenbar eher vor der Hinzuziehung eines Anwalts zurückschrecken.

Diese Vermutung wird durch eine Untersuchung bestärkt, welche die Schichtenzugehörigkeit der Anwaltsklientel zu klären versucht. Danach hatten Kontakt mit Anwälten

> 62 % der Oberschicht,
> 45 % der Mittelschicht,
> 37 % der Unterschicht.

Selbst wenn man die Fragwürdigkeit singulärer Statistiken berücksichtigt, sind diese Zahlen recht beunruhigend. Scheinen sie doch darauf hinzudeuten, daß das bittere Wort des Richters *Theo Rasehorn* von

---

4 Zum Nachfolgenden vgl. *U. Reifner:* Das System der Rechtsberatung in der Bundesrepublik Deutschland. *Juristenzeitung* 1976, S. 504 ff.

der Justiz als eines „Dienstleistungsbetriebes der Wirtschaft" bereits in den Kanzleien der Rechtsanwälte seine Berechtigung findet. Forscht man, wie es *Reifner* getan hat, nach den Gründen für dieses Schichtenphänomen, so erscheint die Sorge vor hohen Anwaltskosten als nur *ein* Motiv, das vor allem Angehörige der Unterschicht vom Gang zum Rechtsanwalt abhält. Hinzu kommen Kontaktängste, das Gefühl, durch den als gewandt und geschäftstüchtig gedachten Anwalt möglicherweise überrumpelt zu werden, in eine Situation zu gelangen, die man nicht mehr durchschaut und aus der man sich mangels entsprechender Artikulationsfähigkeiten auch nicht mehr befreien kann. Daß derartige Vorurteile durch einen realen Anwaltskontakt keineswegs immer abgebaut, sondern häufig sogar verstärkt werden, hängt nicht zuletzt damit zusammen, daß das wirtschaftliche Volumen von Streitigkeiten, in welche Angehörige der Unterschicht typischerweise verwickelt werden (etwa kleinere Mahnsachen, Unterhalts- und Mietprozesse), kaum einmal das Ausmaß erreicht, welches bereits das (Gebühren-)Interesse des freiberuflichen Anwalts sichert. Auf dessen unermüdliche Bereitschaft zu bauen, jenseits allen Aufwands- und Ertragsdenkens allein dem Recht zu dienen, hieße, diesem Berufsstand übermenschliche Eigenschaften abzuverlangen. Zwar sind die Zeiten längst vorbei, in denen die „gewinnsüchtigen und ränkeschmiedenden Advokaten" als das Grundübel des Rechtszustands bezeichnet wurden – die Prozeßrechtsreformer des 18. und des beginnenden 19. Jahrhunderts haben hiervon manches Lied zu singen gewußt –, doch ist die wirtschaftliche Abhängigkeit der Anwaltschaft ein Wesensmerkmal unseres Rechtsschutzsystems, an dem keine Rechtspolitik vorbeikommt und das insbesondere einer staatlichen Ordnung, die nicht nur Rechts-, sondern auch Sozialstaat sein will (vgl. Art. 20 Abs. 3 GG), als ständige Herausforderung erscheinen muß, die gleichheitsverzerrenden Auswirkungen dieser Rahmenbedingung abzubauen.

Aufgabe 3

Beschreiben Sie die Doppelfunktion der Anwaltschaft, und stellen Sie die Probleme dar, die sich daraus ergeben.

6. Recht und Rechtsverwirklichung

6.4. Kostenrecht, Bagatellfälle, Rechtsschutzversicherungen und Prozeßkostenhilfe

Letztere Überlegungen leiten unmittelbar in die Materie des *Kostenrechts* über. Die Kostenschwelle nimmt in der langen Reihe der Zugangsbarrieren einen besonders prominenten Platz ein; denn wer zu Anwalt und Gericht geht, weiß, daß dies Geld kostet, und wer wenig oder kein Geld hat, ist leicht geneigt, auf die Realisierung seiner wirklichen oder vermeintlichen Rechte von vornherein zu verzichten. Da es nicht nur die tatsächliche Höhe der Kosten ist, die den Rechtsuchenden abschreckt, sondern auch die für den Laien undurchschaubare Art ihrer Berechnung, soll zunächst einmal geklärt werden, wer im Falle eines Rechtsstreits an wen wieviel Kosten zu zahlen hat.

Die Frage nach dem Kostenschuldner ist schnell beantwortet. Wer einen Rechtsanwalt aufsucht, um dessen Rechtsberatung in Anspruch zu nehmen, trägt dafür auch die Kostenlast. Kommt es allerdings zum Prozeß, so gehen die Beratungskosten in den Verfahrenskosten auf, und diese trägt allein der Verlierer des Prozesses (§ 91 ZPO). Dabei kann die Summe von gerichtlichen Gebühren und Auslagen sowie der außergerichtlichen, vor allem der Anwaltskosten, zumal im Bereich der unteren Streitwerte eine Höhe erreichen, die – angesichts des durchweg ungewissen Ausgangs jedes Verfahrens – ein Prozessieren sinnlos erscheinen läßt.

So muß zum Beispiel eine Partei, die sich wegen einer Streitigkeit um 3000 DM auf einen Zivilprozeß eingelassen und diesen dann verloren hat, nach zwei Instanzen fast die gleiche Summe (2974 DM) an das Gericht und die beiden beteiligten Anwälte zahlen. Beträgt der Streitwert 5000 DM, so sind bereits 4411 DM fällig, und bei 10000 DM Streitwert fallen 7931 DM an Verfahrenskosten an. Zeugen- und Sachverständigenauslagen, die nicht in jedem Fall entstehen, die aber auch keineswegs unüblich sind, wurden bei diesen Berechnungen noch nicht einmal mitberücksichtigt.

Dieses überproportionale Kostenrisiko stößt insbesondere beim Laien auf Unverständnis, und sehr schnell hört man in diesem Zusammenhang den Vorschlag, für die Verfahrenskosten einen bestimmten Prozentsatz des Streitwertes zu nehmen, so daß die Kostenlast verhältnismäßig und die Berechnungsart durchschaubar wird. Doch so verlockend eine solche Überlegung auch ist, so undurchführbar erweist sie sich bei näherer Betrachtung. Die Schwierigkeit eines rechtlichen Konflikts steht nun mal in keiner Beziehung zum Vermögenswert des umstrittenen Rechts, und der notwendige Arbeitsaufwand wird nicht dadurch geringer, daß um einen kleinen und nicht um einen großen Betrag prozessiert wird. Wenn man nicht von vornherein den Rechtsschutz in den unteren Streitwertzonen verdünnen will, so muß man jedenfalls dem Rechtsanwalt eine annähernd aufwandgerechte Entschädigung sichern. Dieser Überlegung tragen die gesetzlichen Gebührenordnungen Rechnung, welche für die unteren Streitwerte einen verhältnismäßig hohen Gebührensatz festlegen, der dann mit zunehmender Streitwerthöhe einen degressiven Verlauf hat.

Diese Systematik läßt sich am besten durch einen Blick auf verschiedene Gebührenzonen verdeutlichen (Tab. 1, S. 230), wobei zu berücksichtigen ist, daß in einem Verfahren mit Beweisaufnahme die Anwaltsgebühren (10/10) pro Anwalt 3mal (für zwei Anwälte also 6mal) und die Gerichtsgrundgebühren 3mal anfallen.

Die gesetzlichen *Anwaltsgebühren* können durch eine Honorarabrede erhöht werden, doch ist eine frei ausgehandelte Gebührenvereinbarung im Zivilverfahren (anders übrigens als bei der Strafverteidigung) eher die Ausnahme als die Regel. Dies ist grundsätzlich auch wünschenswert; denn für jemanden, der um 200 DM streitet, ist ein Kostenrisiko von etwa 250 DM schon ausnehmend hoch, und er wird es keinesfalls noch vergrößern wollen. Andererseits werden wenig Anwälte bereit sein, ihre Arbeit allzu häufig unterhalb der Kostendeckungsgrenze einzubringen. Setzt man nun unter Berücksichtigung einer durchschnittlichen Sach- und Personalausstattung sowie einer angemessenen Aufwandsentschädigung für die anwaltliche Tätigkeit die kostendeckende Arbeitsstunde eines Rechtsanwalts mit 200 DM an, so hätte er – unter Kostendeckungsgesichtspunkten – für den 200-DM-Fall genau eine halbe Stunde zur Verfügung, was etwa der Zeit entsprechen dürfte, die er für die Fahrt zum Gericht benötigt. Weder die Beratung noch die weitergehende Bearbeitung, noch die Zeit, die der Anwalt bei Gericht verbringt, werden entgolten, und das ist auch gut so, da sonst die Kostenlast ein Vielfaches des Streitbetrages erreichen würde. Bleibt es aber bei der gesetzlichen Gebührenregelung – und eine Alternative ist nicht sichtbar –, so besteht wenig Hoffnung, daß die Fälle mit geringen Streitwerten beim Anwalt auf die gleiche Einsatzbereitschaft treffen wie die Streitigkeiten der höheren Werteklassen.

Diese wenigen Überlegungen machen deutlich, daß das ohnehin bestehende Kostenproblem im Bereich der „Bagatellfälle" noch eine

Tab. 1: Streitwerte mit entsprechenden Rechtsanwaltsgebühren und Gerichtskosten

Wert bis DM	Rechtsanwaltsgebühren	Gerichtskosten 10/10	Wert bis DM	Rechtsanwaltsgebühren	Gerichtskosten 10/10	Wert bis DM	Rechtsanwaltsgebühren	Gerichtskosten
200	30,–	15,–	51000	1270,–	469,–	460000	3570,–	2972,–
300	40,–	15,–	52000	1270,–	476,–	490000	3690,–	3152,–
400	50,–	19,–	53000	1270,–	483,–	520000	3810,–	3332,–
500	50,–	23,–	54000	1270,–	490,–	550000	3930,–	3512,–
600	60,–	27,–	55000	1270,–	497,–	580000	4050,–	3692,–
700	60,–	30,–	56000	1305,–	504,–	610000	4170,–	3872,–
800	70,–	33,–	57000	1305,–	511,–	640000	4290,–	4052,–
900	70,–	36,–	58000	1305,–	518,–	670000	4410,–	4232,–
1000	85,–	39,–	59000	1305,–	525,–	700000	4530,–	4412,–
1100	85,–	42,–	60000	1305,–	532,–	730000	4650,–	4592,–
1200	85,–	45,–	61000	1340,–	539,–	760000	4770,–	4772,–
1300	103,–	48,–	62000	1340,–	546,–	790000	4890,–	4952,–
1400	103,–	51,–	63000	1340,–	553,–	820000	5010,–	5132,–

Nach: H. Schönfelder: Deutsche Gesetze. Textsammlung. Stand: 20. Juni 1984. Nr. 115 (Gerichtskostengesetz), Anlage 2 und Nr. 117 (Bundesgebührenordnung für Rechtsanwälte). Anlage zu § 11 BRAGO.

zusätzliche Dimension bekommt. Nicht nur, daß die Relation zwischen Streitwert und Kostenlast in diesem Bereich besonders ungünstig ist, man hat, sofern der Anwalt nicht ein großer Idealist ist, zusätzlich noch mit einer niedrigen Motivation des befaßten Rechtsanwalts zu rechnen. Das bedeutet, daß die Zugangsbarrieren besonders groß sind, wenn die Streitwerte besonders klein sind, und das heißt wiederum, daß der Teil der Rechtsuchenden benachteiligt ist, der typischerweise um Gegenstände von eher unerheblichem Vermögenswert prozessiert.

Angesichts der Kostenproblematik gewinnen Überlegungen an Bedeutung, die darauf abzielen, das Kostenrisiko der Rechtsverfolgung vom einzelnen wegzunehmen und auf die Allgemeinheit abzuwälzen. Als rechtstechnisches Mittel hierzu böte sich eine allgemeine *Rechtsschutzpflichtversicherung* an, die ähnlich wie Kranken- und Sozialversicherung organisiert und an deren Verwaltungsapparate angeschlossen werden könnte. Sie würde dann allerdings mit ihren Vorbildern auch deren Nachteile aufweisen, etwa die mangelnde Berücksichtigung der Nichtberufstätigen, vor allem der Hausfrauen; und sie würde vor allem zu einer weiteren Erhöhung der allgemeinen Sozialversicherungsbeiträge führen, eine Konsequenz, die politisch schwer durchsetzbar scheint, da die Bereitschaft, vorbeugend Rechtsverfolgungskosten aufzubringen, wohl nur dem unterstellt werden darf, der sich mit der Realität einer solchen Kostenbelastung bereits konfrontiert sah oder sieht. Zudem lassen sich die Auswirkungen, die eine „Rechtsdurchsetzung zum Nulltarif" auf Streit- und Prozessierlust haben würde, zwar nicht exakt voraussagen, doch müßte jedenfalls mit einem bedeutenden Anstieg der Verfahrensrate gerechnet werden. Im Rahmen eines in Amerika (Louisiana) durchgeführten Experiments mit Rechtsschutzpflichtversicherungen ist die Zahl der Rechtsstreitigkeiten sprunghaft um 70 % in die Höhe gegangen. Wie ein solcher Anstieg ohne (nicht finanzierbare) Erweiterungen des Justizapparates und unter Vermeidung von Qualitätsverlusten bewältigt werden könnte, ist nicht absehbar. Aus dieser Sicht stellt sich die Kostenbarriere also sogar als eine Art Korrektiv gegenüber ausufernder Prozessierwut dar, auf das vielleicht nicht leichtfertig verzichtet werden sollte. Der Rechtspolitik und -praxis hat es deshalb um die Beseitigung von gerechtigkeitsverzerrenden Ungleichgewichten und unbilligen Härten, nicht aber um die Abschaffung sämtlicher individueller Kostentragungspflichten zu gehen.

6. Recht und Rechtsverwirklichung

Einen wichtigen Schritt in diese Richtung stellen die beiden Gesetze dar, die seit dem 1. Januar 1981 das alte *Armenrecht* abgelöst haben: Das „Gesetz über die Prozeßkostenhilfe" (PKHG) sowie das „Gesetz über Rechtsberatung und Vertretung für Bürger mit geringem Einkommen" (BerHG). Wie viele Realität gewordene Reformmodelle bleiben zwar auch diese Gesetzesschöpfungen hinter den optimistischen Erwartungen zurück, welche ihre Initiatoren gehegt hatten, doch sind sie immerhin ein tauglicher Versuch, das antiquierte Armenrecht der Zivilprozeßordnung auf „rechts- und sozialstaatliche Füße zu stellen"[5].

Leitgedanke für die Neuregelung war für die Reformer die aus dem Gleichheitspostulat des Grundgesetzes (Art. 3 Abs. 1 GG) abgeleitete Pflicht des Gesetzgebers, für eine Gleichheit der Chancen vor Gericht zu sorgen. Neben dem formal gleichen Zugang sollte zusätzlich gesichert werden, daß sich jeder Bürger auch tatsächlich in die Lage gesetzt sieht, sein Recht mit Hilfe staatlicher Gerichte zu verwirklichen, daß jedenfalls Kostengründe ihn nicht daran hindern. Deshalb läßt der Staat denjenigen Bürgern materielle Hilfe zukommen, die durch die Aufbringung von Beratungs- und Verfahrenskosten unzumutbar hart getroffen würden. „Armut" soll der Rechtsverwirklichung nicht mehr im Wege stehen.

Der Weg zur Beratungs- und Prozeßkostenhilfe ist jedoch mit beträchtlichem bürokratischen Aufwand verbunden. Es muß der Nachweis erbracht werden, daß die persönlichen und wirtschaftlichen Verhältnisse des Antragstellers derart sind, daß er die für eine Beratung oder Vertretung erforderlichen Mittel nicht aufbringen kann und auch keine anderen zumutbaren Möglichkeiten für eine Hilfe hat.

Ausfüllhinweise des Bewilligungsantragsformulars für Prozeßkostenhilfe (amtliches Formular):

(A) Sollten Sie eine **Rechtsschutzversicherung** haben, prüfen Sie bitte zuerst, ob Ihre Versicherung die Kosten übernehmen muß. Fragen Sie im Zweifelsfall bei Ihrer Versicherung nach.

(B) Wenn Sie für **Angehörige** sorgen müssen, wird dies bei der Bewilligung der Prozeßkostenhilfe berücksichtigt. Deshalb liegt es in Ihrem Interesse, wenn Sie angeben, welchen Personen Sie Unterhalt gewähren und ob diese eigene Einkünfte haben. Bitte füllen Sie die letzte Spalte nur dann aus, wenn Sie den Unterhalt ausschließlich durch Geldzahlungen leisten.

---

5 *W. Grunsky:* Die neuen Gesetze über die Prozeßkosten- und die Beratungshilfe. *Neue Juristische Wochenschrift* 1980, S. 2041ff. (2048).

Ⓒ Bitte fügen Sie zur Glaubhaftmachung Ihrer Angaben **Belege** bei.

Einkünfte aus nichtselbständiger Arbeit sind zum Beispiel Lohn oder Gehalt. Anzugeben sind die Einkünfte im letzten Monat vor der Antragstellung. Bitte fügen Sie bei:

1. die **letzte Lohn- oder Gehaltsabrechnung des Arbeitgebers;**
2. falls vorhanden, den **letzten Bescheid des Finanzamts über einen Lohnsteuerjahresausgleich oder die Einkommensteuer,** sonst die **Lohnsteuerbescheinigung des Arbeitgebers, aus der die Brutto- und Nettobezüge des Vorjahres ersichtlich sind.**

Werbungskosten bis 47 DM monatlich brauchen Sie nicht zu belegen.

Haben Sie oder Ihr Ehegatte **Einkünfte aus selbständiger Arbeit,** aus Gewerbebetrieb oder aus Land- und Forstwirtschaft, erläutern Sie diese bitte auf einem besonderen Blatt und tragen Sie im Vordruck als Monatsbetrag der Einkünfte **ein Zwölftel des** voraussichtlichen **Jahresgewinns** ein. Fügen Sie bitte den letzten Bescheid über den durch das Finanzamt festgestellten Gewinn bei.

Bei **Einkünften aus Vermietung und Verpachtung** und aus **Kapitalvermögen** in der Spalte „Monatsbetrag in DM" bitte **ein Zwölftel der** voraussichtlichen **Jahreseinnahmen** eintragen. Der Nutzungswert der Wohnung im eigenen Haus ist nicht anzugeben. Bitte geben Sie die mit der Erzielung des Einkommens verbundenen notwendigen Ausgaben unter 4 Werbungskosten an.

Wenn Sie eine **besondere Belastung** geltend machen, geben Sie bitte den Monatsbetrag an, der von Ihren Einkünften abgesetzt werden soll. Erläutern Sie Ihre Angabe bitte auf einem besonderen Blatt.

Im Einzelfall können auch hohe **Ratenverpflichtungen** eine besondere Belastung sein. Bitte geben Sie an, wofür, seit wann und bis wann die Ratenverpflichtung besteht.

Besonders hohe **Mietkosten** (ohne Heizung, Strom, Gas, Wasser) oder besonders hohe **Zahlungsverpflichtungen für das Familienheim** können ebenfalls im Einzelfall vom Gericht als eine besondere Belastung anerkannt werden. Bitte geben Sie diese Zahlungen vorsorglich an, wenn Sie ein Fünftel Ihres monatlichen Nettoeinkommens übersteigen.

Ⓓ Prozeßkostenhilfe kann auch dann bewilligt werden, wenn zwar **Vermögenswerte** vorhanden sind, diese aber zur Sicherung einer angemessenen Lebensgrundlage (Ausbildung, Berufsausübung, Wohnung, Hausstand) oder einer angemessenen Vorsorge dienen. Derartige Vermögenswerte, die Sie aber – abgesehen von den im Vordruck vorgesehenen Ausnahmen – angeben müssen, sind zum Beispiel:

6. Recht und Rechtsverwirklichung

> Gegenstände, die für die Berufsausbildung oder Berufsausübung benötigt werden;
>
> ein kleines Hausgrundstück (Familienheim);
>
> ein angemessener Hausrat;
>
> kleinere Barbeträge oder Geldwerte, Beträge bis insgesamt 4000 DM für den Antragsteller zuzüglich 400 DM für jede Person, der er Unterhalt gewährt, sind in der Regel als ein solcher kleinerer Barbetrag oder Geldwert anzusehen.

Sollte der Einsatz oder die Verwertung eines (anderen) Vermögensgegenstandes für Sie und Ihre Familie eine Härte bedeuten, erläutern Sie dies bitte auf einem besonderen Blatt.

(E) Bitte fügen Sie zur Glaubhaftmachung Ihrer Angaben Belege bei.

Ein Blick auf die „Ausfüllhinweise", die dem Bewilligungsantragsformular beigefügt sind, geben einen recht guten Eindruck von der Intensität der öffentlichen Neugier, welche der Antragsteller, will er seine Erfolgsaussichten nicht schmälern, zufriedenstellen muß.

Daß derartige Ausforschungen zur Vermeidung von Mißbräuchen erforderlich sind, ist plausibel, daß sie einen Teil potentiell Berechtigter von der Stellung eines Antrags nach dem PKHG und dem BerHG abhalten werden, scheint unausweichlich. Sicher aber ist jedenfalls, daß diese beiden Sozialgesetze nicht sozialer sein werden als ihre Interpreten, mit anderen Worten, daß es in der Hand der (beratenden) Anwälte und der (gewährenden) Gerichte liegt, daß das PKHG und das BerHG in die Funktion hineinwachsen, die ihnen von ihren idealistischen Schöpfern zugedacht worden ist.

Aufgabe 4

Welche Argumente sprechen gegen eine allgemeine Rechtsschutzpflichtversicherung?

6.5. Überlange Verfahrensdauer und rechtsstaatliche Verfahrensgarantien

Eine erhebliche Abschreckungswirkung geht aber nicht nur von der Kostenlast, sondern auch von der *Langwierigkeit der Verfahren* aus. Die Klage hierüber stellt einen stabilen Faktor in der Rechtsgeschichte der vergangenen Jahrhunderte dar, und sie ist heutzutage nicht weniger selten und kaum weniger berechtigt geworden. Verantwortlich für die beträchtlichen Verfahrenslängen ist dabei zuallerletzt die Arbeitsunlust des Justizpersonals; polemische Erklärungsversuche, die an diesem Punkt ansetzen, greifen daher durchweg zu kurz. Der bürokratische, genauer: stark formalisierte Ablauf des Verfahrens ist schon eher als Ursache für den Zeitaufwand anzuführen, den der Gang eines Rechtsstreits in Anspruch nimmt. Die Bindung der Gerichte an bestimmte Verfahrensregeln – Näheres hierzu in Kapitel 7 – kann in Zusammenwirken mit einer ungünstigen Personalsituation und starkem Arbeitsanfall zu Engpässen führen, die man bereits als „Rechtsverweigerung" gebrandmarkt hat.

Der Gesetzgeber hat vor diesem Problem nicht die Augen verschlossen. Im Jahr 1977 wurde die sogenannte „Vereinfachungsnovelle" verabschiedet, welche die gut hundert Jahre alte Zivilprozeßordnung in einem nie dagewesenen Ausmaß verändert und insbesondere den Versuch unternommen hat, durch eine effektivere Verfahrensorganisation den Gang der Prozesse zu beschleunigen. Anwälte und Gerichte wurden in gleicher Weise in die Pflicht genommen, durch sorgfältige Vorbereitung der Termine für einen reibungsarmen Ablauf zu sorgen. Fristen wurden verkürzt, verspätetes Vorbringen sanktioniert, die Funktionen des Einzelrichters wurden erweitert und dem Richter allgemein die Möglichkeit eröffnet, durch prozeßleitende Verfügung aktiv in das Prozeßgeschehen einzugreifen. Gleichwohl sind die Beschleunigungsauswirkungen eher bescheiden. Zwar kann nicht gesagt werden, wie sich die Entwicklung ohne die Gesetzesnovelle vollzogen hätte, doch steht fest, daß sich unter der Herrschaft jenes Reformgesetzes jedenfalls keine augenfällige Verkürzung der Verfahren abzeichnet. Der von einem Lübecker Rechtsanwalt beklagte Fall, in dem ein Landgerichtstermin nach frühestens 7 Monaten in Aussicht gestellt wurde, ist keineswegs singulär, und das von der betreffenden Kammer eingeführte Warteliste-Verfahren ist inzwischen beim Lübecker Landgericht alltäglich.

6. Recht und Rechtsverwirklichung

Es sprechen daher gute Gründe dafür, daß die zeitraubenden Prozeduren nicht einen Mangel signalisieren, der bei entsprechender Bereitschaft von Gesetzgeber und Prozeßbeteiligten einfach abgestellt werden könnte, sondern daß sich in ihnen Strukturmerkmale unseres Rechtsschutzsystems offenbaren, deren Beseitigung nicht ohne Aufgabe bestimmter Wesenszüge unseres Prozeßrechts angegangen werden kann. Würden wir etwa statt der langwierigen schriftlichen Vorbereitung des Termins, der Ladungs- und Einlassungsfristen, der mündlichen Verhandlung(en), des Instanzenzuges und der vielfältigen Möglichkeiten der Wiedereinsetzung in den vorigen Stand ein rein schriftliches Verfahren einführen oder aber eine einmalige mündliche Verhandlung, bei der Kläger und Beklagte ihren Standpunkt darlegen, ihre Beweismittel bereithalten und dann auf den (endgültigen) Richterspruch warten könnten, so wäre sicher viel Zeit gewonnen.

Wünschenswert wären solche Schnellverfahren allerdings tatsächlich nur unter dem Gesichtspunkt der schnellen Erledigung. Das Prinzip der materiellen Gerechtigkeit, dem die zeitraubenden Verfahrensgarantien zu dienen bestimmt sind, würde dagegen auf der Strecke bleiben. Denn ein Richterspruch hat nur dann die Chance, „richtig" und damit gerecht zu sein, wenn er auf einen erschöpfend ermittelten Sachverhalt angewendet wird. Wenn aus Zeitgründen auf Möglichkeiten der Tatsachenfeststellung verzichtet wird, sind Fehlerquellen von vornherein einprogrammiert. Daß dies in gewissem Umfang auch heute schon der Fall ist, versteht sich von selbst. Es gibt nicht unendlich viele Instanzen, die mündliche Verhandlung sichert nicht unbegrenztes rechtliches Gehör, das Versäumen von Fristen kann auch jetzt schon zum Prozeßverlust führen. Dennoch ist das Netz von Regeln, das den unbehinderten Parteivortrag sichert, verhältnismäßig engmaschig. Kürzungen, Straffungen, Beschneidung von Einlassungschancen würden dagegen schnell den Punkt erreichen, wo Rechtsprechen überhaupt nichts mehr mit Wahrheitsfindung, sondern nur noch etwas mit Streiterledigung zu tun hätte.

Die Tendenz dahin ist unverkennbar, muß es vielleicht sein, doch sollte in einem Staat, der sich auch den Inhalten seiner Rechtsordnung verpflichtet fühlt, der also Rechtsstaat nicht nur im formellen, sondern auch im materiellen Sinn sein will, am Ideal des materiell gerechten Urteilsspruchs auch dann noch festgehalten werden, wenn die durch notwendige Verfahrensrestriktionen immer mehr verdünnte „Prozeßwahrheit" längst die Realität im Gerichtssaal bestimmt.

Aufgabe 5

Welche Grenzen ergeben sich für den rechtsstaatlichen Gesetzgeber, wenn er die Zivilverfahren beschleunigen wollte?

6.6. Beweis und Wiederaufnahme

Während die Problematik der intellektuellen, emotionalen und auch kostenmäßigen Zugangsschranken eine unmittelbare soziale Komponente haben, sind die Hindernisse, die das *Beweisrecht* vor die Rechtsverwirklichung stellt, mehr technischer Art. Der beweispflichtigen Partei muß es gelingen, das Gericht von der Wahrheit der eigenen oder der Unwahrheit der gegnerischen Tatsachenbehauptungen zu überzeugen. Gelingt ihr das nicht, bleibt sie in bezug auf eine beweisbedürftige Tatsache beweisfällig, so verliert sie den Prozeß. Nicht beweisen muß sie dagegen die Rechtslage. Diese aufgrund des Tatsachenvortrags auszumitteln, ist allein Sache des Gerichts.

Beweisbedürftig sind alle der Gegenpartei ungünstigen, rechtserheblichen und von der Gegenpartei nicht anerkannten, sondern bestrittenen Tatsachen. Wer eine Forderung aus einem Kaufvertrag einklagt, muß demnach den Abschluß eines solchen Vertrages mit der verklagten Partei einschließlich der Kaufpreishöhe nachweisen. Will sich der Beklagte dagegen wehren, muß er entweder Tatsachen vortragen, die den Abschlußtatbestand von vornherein ausschließen (z. B. Geisteskrankheit eines Vertragsteils) oder ihn nachträglich vernichten (Anfechtung, beispielsweise bei „arglistiger Täuschung"). Er kann aber auch den Vertragsabschluß zugeben, jedoch darauf verweisen, daß die unbestrittenermaßen entstandene Kaufpreisforderung nachträglich entfallen ist, beispielsweise aufgrund eines „Erlaßvertrages" oder deshalb, weil bereits erfüllt worden ist. Geisteskrankheit, Anfechtung, Erlaßvertrag und Erfüllung müßten in diesen Fällen vom Beklagten bewiesen werden, etwa durch Vorlage von medizinischen Gutachten, Zeugenvernehmung, Einreichung einer Vertragsurkunde, einer Quittung.

Aus dem zivilprozessualen Verhandlungsgrundsatz folgt, daß die Partei von sich aus gehalten ist, ihren Tatsachenvortrag mit Beweisangeboten auszustatten und geeignete Beweisanträge zu stellen. Das Gericht ordnet durch formlosen Beschluß die Beweisaufnahme an, und nach ihrer Durchführung entscheidet es „unter Berücksichtigung des gesamten Inhalts der Verhandlungen und des Ergebnisses einer [....] Beweisaufnahme nach freier Überzeugung [....], ob eine tatsächliche Behauptung für wahr oder für nicht wahr zu erachten sei". Dieser in § 286 ZPO niedergelegte Grundsatz der freien Beweiswürdigung ermöglicht es dem Gericht, den Wert der einzelnen Beweismittel nach eigenem Ermessen einzuschätzen, also die Glaubwürdigkeit von Zeugen und das Verhalten der Parteien frei zu beurteilen, aus Indizien Schlüsse zu ziehen und persönliche Eindrücke, die im Rahmen der Verhandlung gewonnen werden konnten, in die Wahrheitsfindung miteinfließen zu lassen.

Das war keineswegs immer der Fall. Bis zur Mitte des vorigen Jahrhunderts galt in den meisten deutschen Territorialstaaten die sogenannte „objektive" oder „legale" Beweistheorie, die den Richter an starre Beweisregeln band und seinen – infolge des Dispositionsrechts der Parteien – ohnehin nur geringen Spielraum zur Verfahrenslenkung noch weiter verringerte. Das Beweisrecht bestand aus einer Summe prozessualer Individualrechte, mit deren Hilfe die Streitparteien gegeneinander operierten. Der Richter hatte keine eigenen Steuerungsaufgaben wahrzunehmen, sondern das Verfahren innerhalb fester Spielregeln abzuwickeln. An Beweismitteln konnte er nicht zulassen, was optimale Erkenntnis versprach, sondern was das Gesetz für die konkrete Klage vorsah. Das Urteil war die formale Bilanz der Beweisaufnahme und gab demjenigen Recht, der die Klaviatur der Prozeßregeln am virtuosesten beherrschte.

Vor- und Nachteile beider Modelle liegen auf der Hand: Allzu ausgedehntes richterliches Ermessen bei der Würdigung des Parteivortrages und des Ergebnisses der Beweisaufnahme enthält die Gefahr, daß dem subjektiven Beurteilungsvermögen des Richters ein zu großes Gewicht beigemessen wird. Daß aber Richtermacht nur zu schnell in Richterwillkür umschlagen kann, hat sich in der Vergangenheit oft genug gezeigt. Und selbst der gutwilligste Urteiler ist nicht dagegen gefeit, das ganz persönliche Empfinden an die Stelle einer möglichst objektiven und alle Gesichtspunkte einbeziehenden Betrachtung zu setzen, zumal dann, wenn etwa ein starker Druck der öffentlichen Meinung oder sonstiger Interessenten den Blick in eine bestimmte Richtung lenkt. Insofern haben Regeln, die den Prozeß der Wahrheitsfindung in bestimmte formale Bahnen zwingen, eine wichtige gerechtigkeitsverbürgende Funktion. Andererseits läge in der Ausschaltung jeglichen richterlichen Freiraums bei der Tatsachenermittlung der Verzicht auf Korrekturmöglichkeiten, die im Interesse einer materiellen Gerechtigkeit erforderlich scheinen. Die Regel, daß zwei Zeugen besser sind als einer, mag in vielen Fällen brauchbar sein. Zu einem starren Rechtssatz erhoben, der nicht durch den persönlichen Eindruck des Richters korrigiert werden könnte, wäre sie eine fatale Hürde auf dem Weg zur Wahrheit.

Das geltende Beweisrecht schlägt einen Mittelweg ein. Es verteilt die Beweislast nach festen Regeln und überläßt es den Parteien, die Sachverhaltsherstellung durch geeignete Beweisanträge und -angebote zu steuern, überträgt dann aber dem Richter die freie Bewertung des Verhandlungsergebnisses. Es stellt eine bestimmte Anzahl von Beweismitteln zur Verfügung (richterlicher Augenschein, Zeugen, Sachverständige, Urkunden, Parteivernehmung, amtliche Auskunft), nimmt aber keinerlei Gewichtung dieser Beweismittel vor. Dieses Zusammenspiel von Parteiinitiative und Richtertätigkeit ermöglicht eine flexible Reaktion im Einzelfall, ohne einer willkürlichen Steuerung oder Manipulation Tür und Tor zu öffnen.

Es soll nicht verschwiegen werden, daß auch auf diese Weise nur eine relative, eben eine „Prozeßwahrheit" erreicht werden kann; denn wie gut das Beweisrecht auch immer sein mag, es kann weder garantieren, daß die Parteien die Wahrheit sagen, noch kann es Irrtümer des Richters bei der Würdigung des Parteivortrags ausschließen. Ein geglückter Beweis ist daher nichts anderes als die subjektive Überzeugung des Gerichts, daß die beweisführende Partei die Wahrheit gesagt und die diesen Vortrag bestreitende Partei nicht die Wahrheit gesagt hat. Diese richterliche Überzeugung kann aber auch fehlgehen. Selbst äußerste Sorgfalt und größte Gewissenhaftigkeit – beides nicht eben selbstverständliche menschliche Eigenschaften – können den Richter nicht vor Irrtümern bewahren, zumal dann nicht, wenn es, bei sich widersprechenden Parteibehauptungen, letztlich auf die Glaubwürdigkeit der einen oder der anderen Seite ankommt.

Die Prozeßordnung hat dieser Tatsache insofern Rechnung getragen, als sie in bestimmten Fällen die *Wiederaufnahme* eines durch rechtskräftiges Endurteil geschlossenen Verfahrens entweder durch „Nichtigkeits-" oder durch „Restitutionsklage" vorsieht (§ 578 Abs. 1 ZPO). Erstere setzt einen Prozeßverstoß, etwa die fehlerhafte Besetzung des Gerichts, voraus (vgl. § 579 ZPO); Restitution findet dagegen gemäß § 580 ZPO statt, wenn das Urteil aufgrund einer strafbaren

6. Recht und Rechtsverwirklichung

Handlung eines Prozeßbeteiligten zustande gekommen ist (etwa falsche eidliche Aussage, Urkundenfälschung, strafbare Amtspflichtverletzung) oder aber wenn die restituierende Partei neue Tatsachen vorbringt, welche die Urteilsgrundlage beseitigen oder in relevanter Weise ergänzen. Geeignet sind hierfür allerdings nur bestimmte Tatsachen von besonders hohem Beweiswert, nämlich ein in derselben Sache früher erlassenes rechtskräftiges Urteil oder eine Urkunde, welche neue, prozeßrelevante Fakten enthält.

Die strenge Begrenzung der Wiederaufnahmemöglichkeiten läßt deutlich werden, daß es der Rechtsordnung nicht nur um den materiell „richtigen" Urteilsspruch, sondern auch um die Streitbeendigung als solche geht. Auch darin liegt ein Wert, daß das Gerichtsverfahren einmal abgeschlossen ist und – jedenfalls im Regelfall – nicht wieder aufgerollt werden kann. Deshalb stellt das rechtskräftige Endurteil regelmäßig den Schlußpunkt eines Gerichtsverfahrens dar, selbst wenn den Prozeßparteien später noch viel Erwähnenswertes einfällt. Nur wenn besonders schwerwiegende Gründe die Annahme rechtfertigen, daß das Urteil unter Verletzung der Gesetze oder Zugrundelegung falscher Tatsachen zustande gekommen ist, muß der formale Aspekt der Streitbeendigung dem Bedürfnis nach materiellem Rechtsfrieden weichen. Dann muß erneut – unter Beachtung der Gesetze und Berücksichtigung der neuen Tatsachen – verhandelt werden.

Aufgabe 6

Was spricht für, was spricht gegen freie richterliche Beweiswürdigung?

Versucht man, aus dem Gesagten ein Resümee zu ziehen, so ist als vielleicht auffälligstes Ergebnis die Tatsache festzuhalten, daß sich die Zugangsproblematik fast immer als Aspekt des Gleichbehandlungsgebotes erwiesen hat. Die intellektuellen, insbesondere die Sprachbarrieren, der Zugang zum Anwalt, die Kostenschwelle – dies alles sind Hindernisse, die an sich jeder Rechtsuchende zu überwinden hat, doch fällt dies dem einen leichter, dem anderen schwerer, und es ist sicher keine Übertreibung, wenn man sagt, daß es insbesondere die

Angehörigen der sozial und wirtschaftlich schwach gestellten Bevölkerungsgruppen sind, für die sich der Zugang zum Recht als besonders dornenreicher Weg darstellt. Ein Staat, der ausweislich seiner Verfassung nicht nur Rechts-, sondern auch Sozialstaat sein will, muß es sich daher zur Aufgabe machen, jene Startbedingungen, welche gleichheitsverzerrend wirken, so weit als möglich zu verringern, damit die Gleichheit vor dem Gesetz nicht nur abstraktes Postulat bleibt, sondern auch Rechtswirklichkeit werden kann.

Literatur

Gottfried Baumgärtel: Chancengleichheit vor Gericht. Utopien und Möglichkeiten. In: Festschrift für Richard Lange zum 70. Geburtstag. Berlin/New York 1976, S. 943–961.
Informative Analyse der Sprach- und Kostenbarriere.

Hans-Joachim Bull: Die Flucht vor dem Gericht. *Deutsche Richterzeitung* 55 (1977), S. 138 ff.
Betrifft den Ausbau des schriftlichen Verfahrens.

Stefan Franke: Zur Reform des Armenrechts. Berlin 1980. Schriftenreihe zur Rechtssoziologie und Rechtstatsachenforschung, Bd. 46.
Kritische Studie mit viel Tatsachenmaterial.

Peter Gilles: Die Berufung in Zivilsachen und die zivilgerichtliche Instanzenordnung. In: Ders. (Hrsg.): Humane Justiz. Kronberg/Ts. 1977.
Rechtspolitische, -theoretische und -soziologische Aspekte des Rechtsmittelrechts in der Bundesrepublik Deutschland.

Wolfgang Grunsky: Der Bürger und das gerichtliche Verfahren. *Vierteljahresschrift für Sozialrecht 1977,* S. 265 ff.

H.-D. Hoppmann: Gesetz über die Prozeßkostenhilfe. *Rechts- und Wirtschafts-Praxis,* Lfg. 1055, Juli 1980, S. 541 ff.
Vorstellung der wesentlichen Neuerungen anhand von informativen Beispielen.

Rüdiger Lautmann: Zum Zusammenhang von sozialer Machtposition und Prozeßerfolg. In: Informationsbrief. Hrsg. im Auftrag der Sektion Rechtssoziologie in der Deutschen Gesellschaft für Soziologie. Hannover 1975.
Rechtssoziologische und -politische Analyse des Zusammenhangs von Recht und (sozialer) Macht.

6. Recht und Rechtsverwirklichung

Heinz Menne: Sprachbarrieren und Rationalisierung im Zivilprozeß. *Zeitschrift für Zivilprozeß* 1975, S. 263 ff.

Zu den Grenzen und Möglichkeiten des Abbaus von Sprachbarrieren durch den Richter.

Hans Putzo: Die Vereinfachungsnovelle aus praktischer Sicht. *Anwaltsblatt* 27 (1977), S. 429 ff.

Zu den Auswirkungen der Zivilprozeßrechtsänderungen des Jahres 1977.

Udo Reifner: Das System der Rechtsberatung in der Bundesrepublik Deutschland. Probleme und Tendenzen. *Juristische Zeitschrift* 1976, S. 504 ff.

Kritische Analyse der Rolle der Anwaltschaft mit viel Faktenmaterial.

7. Der Prozeß als Mittel zur rechtlichen Konfliktlösung
Staatliche Justiz – gerichtliches Verfahren – richterliche Entscheidung

7.0. Allgemeine Einführung

Dieses Kapitel thematisiert und problematisiert den „Prozeß", das heißt das gerichtliche Verfahren als Institution der staatlichen Justiz. Der Prozeß ist eines unter vielen und oft das letzte Mittel, um Rechtsangelegenheiten durch eine richterliche Entscheidung oder auf eine sonstige rechtliche Art und Weise zu regeln oder zu lösen.

Das hier behandelte Thema weist zahlreiche Bezugs- und Berührungspunkte mit anderen Themen auf und knüpft an die bereits eingangs aufgeworfenen Fragen nach den Möglichkeiten einer Lösung sozialer oder ökonomischer Konflikte durch das Recht überhaupt an. Soweit es die richterliche Entscheidungsfindung behandelt, nimmt es Bezug auf die bereits diskutierte Gesamtproblematik der Rechtsanwendung. Schließlich verweist es auf eine ganze Anzahl verfahrensrechtlicher Einzelaspekte, wie sie das vorausgegangene Kapitel zum Thema der Rechtsverwirklichung bereits gebracht hat, und behandelt Grundlagen des gerichtlichen Rechtsschutzes, die in dem kommenden Kapitel zum Rechtsschutz gegen den Staat (Bd. 2, Kap. 6) wieder aufgegriffen und für den Verfassungs- und Verwaltungsprozeß konkretisiert werden. (Zum Strafverfahren vergleiche das Kapitel „Strafprozeßrecht" in: Roxin/Arzt/Tiedemann, Einführung in das Strafrecht und Strafprozeßrecht, Heidelberg 1983, S. 129ff.). Das gerichtliche Verfahren des Zivilprozesses wird schon in dieser Einheit ausführlicher behandelt.

Der gerichtliche Prozeß wie die staatliche Justiz überhaupt gehören zu jenen Bereichen des Rechtswesens, die dem Normalbürger besonders fremd sind und bei denen das „Unbehagen am Recht" besonders ausgeprägt ist. Diese sog. *Justiz-* oder *Prozeßfremdheit* bildet den Ausgangspunkt für die folgenden Überlegungen: Nahezu jeder ist schon mehrfach in seinem Leben als Arbeitnehmer oder Unternehmer, als Mieter oder Vermieter, als Händler oder Verbraucher, Bauherr oder Handwerker, Verkehrsteilnehmer, Erbe oder Steuerzahler oder in welcher Rolle auch immer mit Fragen konfrontiert oder in

7. Der Prozeß als Mittel zur rechtlichen Konfliktlösung

Streitigkeiten verwickelt worden, bei denen es darum ging, was rechtens ist oder wer recht hat. Deshalb hat jedoch nicht jeder – wie mancher nicht ohne Stolz bekundet – bereits mit den Gerichten zu tun gehabt. Dafür gibt es viele Gründe, zu denen auch die gerade erwähnte Justiz- oder Prozeßfremdheit gehört.

Nur ein verhältnismäßig kleiner Teil der Bevölkerung kennt deshalb auch die Justiz und ihre Verfahrenseinrichtungen aus eigener Anschauung und persönlicher Erfahrung. Die große Mehrheit ist entweder überhaupt nicht oder allenfalls einmal durch die gelegentliche Zustellung eines Bußgeld- oder vielleicht eines Mahnbescheides mit Gerichtsorganen in Berührung gekommen. Für nur wenige ist daher der Umgang mit den Justizbehörden oder die Benutzung von Prozeßinstituten vertraute Selbstverständlichkeit und für die allerwenigsten schlichte Routine. Entsprechendes gilt sicherlich auch für die Leser: Auch ihnen wird überwiegend ein unmittelbarer persönlicher Erfahrungsbezug zum Thema „Prozeß" fehlen. Aber selbst jene, die schon einmal oder mehrfach in irgendwelche Prozesse verwickelt waren, haben zumeist nur sehr vage Vorstellungen und Kenntnisse über Aufgaben, Organisation oder Einrichtungen der Justiz, über den Gerichtsprozeß (oder genauer: über die sehr verschiedenartigen gerichtlichen Verfahren) und über das, was in jenen Prozessen eigentlich im einzelnen geschieht. Manch einer weiß zum Thema „Gerichtsverfahren" nicht mehr zu sagen, als daß Prozesse lange dauern und viel Geld kosten, und nicht wenige denken beim Stichwort „Prozeß" überhaupt nur an den als Film- und Fernsehstoff beliebten Strafprozeß. Deshalb haben sie als Hauptakteure des Gerichtsverfahrens zumeist nur den Staatsanwalt als öffentlichen Ankläger oder den Anwalt des Angeklagten als Strafverteidiger vor Augen. Wie eine ganze Anzahl empirischer Untersuchungen belegt, empfinden viele Bürger die Justiz noch immer als einen anonymen, unnahbaren, Unbehagen schaffenden und Angst einflößenden Machtapparat: Die Justiz ist für sie eine „unbekannte Gewalt" und nicht ein „öffentlicher Dienstleistungsbetrieb" zur Erfüllung sozialer Rechtspflegeaufgaben. Sie verstehen und erleben das Gerichtsverfahren mit seiner eigenen Sprache und seinen Formalismen, seinen Techniken und Taktiken oft mehr als kalte Maschinerie bzw. undurchsichtiges Getriebe denn als offenes Forum des kommunikativen Austausches von Informationen und Meinungen und des gemeinsamen Bemühens um eine gerechte Entscheidung. Und endlich sehen viele Bürger in der richterlichen Entscheidung selbst nur die gerichtliche Machtbekundung, der man sich notgedrungen zu fügen hat, und nicht auch einen als vernünftig und gerecht zu akzeptierenden Rechtsspruch.

Anknüpfend an diese und ähnliche Einschätzungen, will das vorliegende Kapitel über die staatliche Justiz, das gerichtliche Verfahren und die richterliche Entscheidung einschließlich ihrer Probleme informieren, um so ein wenig mitzuhelfen, auch bei den Lesern die zuvor erwähnte Justiz- oder Prozeßfremdheit abzubauen.

Lernziele:

Nach Durcharbeiten dieses Kapitels sollte der Leser in der Lage sein,

– die gesellschaftlichen und juristischen Rahmenbedingungen des Gerichtsprozesses zu erläutern;
– die Hauptmerkmale des Justizsystems der Bundesrepublik Deutschland und die Kritik daran aufzuzeigen;
– die Bedeutung von Verfahrensgarantien zu erklären und wichtige Verfahrensleitideen des Gerichtsprozesses darzustellen;
– die Durchführung des zivilprozessualen Verfahrens in seinen Grundzügen zu beschreiben;
– die Aufgabe der richterlichen Entscheidung und Leistungsmängel des Gerichtsprozesses zu erklären.

7.1. Grundinformationen zur Konfliktlösung durch Gerichtsverfahren

Wie schon im 1. Kapitel erörtert, besteht eine der Grundfunktionen des Rechts in der Lösung sozialer oder wirtschaftlicher Konflikte.

7.1.1. Rechtskonflikte

Im zwischenmenschlichen und gesamtgesellschaftlichen Bereich sind soziale oder wirtschaftliche Streitigkeiten zwischen Individuen oder Gruppen untereinander oder zwischen diesen und dem Staat unvermeidbar. Solche Konflikte, die sich in inneren Spannungen und äußeren Auseinandersetzungen offenbaren und in denen Beteiligte oder Parteien ihre Interessen auf Kosten der Interessen des oder der Gegner zu wahren und durchzusetzen suchen, stellen sich zumindest als Dauerzustand und Massenerscheinung als unerwünschte Störungen des Zusammenlebens dar, die „um des guten Friedens willen" nach einer Beilegung oder Bereinigung drängen. Soweit sich in diesen Konflikten die Frage nach dem Recht stellt und eine Lösung mit Mitteln des Rechts gesucht wird, sprechen wir von „Rechtskonflikten". Die Justiz- und Verfahrensgesetze selbst nennen diese Konflikte (sofern sie zwischen Privatpersonen bestehen) „bürgerliche Rechtsstreitigkeiten" und (sofern es sich um solche zwischen Privatpersonen und dem Staat bzw. seinen Organen handelt) „öffentlich-rechtliche Streitigkeiten". Zumeist ist im Gesetz allerdings ganz allgemein von „Angelegenheiten" oder schlicht von „Sachen" die Rede.

Rechtsangelegenheiten:

§ 13 GVG: Vor die ordentlichen Gerichte gehören alle bürgerlichen Rechtsstreitigkeiten und Strafsachen, . . .

§ 40 Abs. 1 VwGO: Der Verwaltungsrechtsweg ist in allen öffentlich-rechtlichen Streitigkeiten nichtverfassungsrechtlicher Art gegeben . . .

§ 1 FGG: Für diejenigen Angelegenheiten der freiwilligen Gerichtsbarkeit, welche durch Reichsgesetz den Gerichten übertragen sind, gelten . . .

§ 1 ArbGG: Die Gerichtsbarkeit in Arbeitssachen [. . .] wird ausgeübt durch die Arbeitsgerichte . . .

Diese rechtlichen Angelegenheiten bzw. Sachen werden jedoch nicht nur durch Einschaltung eines Gerichts erledigt. Ein Großteil der Rechtsstreitigkeiten wird bereits im Vorfeld staatlicher Justiz bereinigt: durch *außergerichtliche Mittel[1]*. Zu diesen gehören etwa die beratende und vermittelnde Tätigkeit neutraler Dritter oder die Zuhilfenahme privater, gesellschaftlicher oder auch „halbstaatlicher" Beratungs-, Vergleichs-, Einigungs-, Schlichtungs-, Güte- oder Schiedsstellen.

7.1.2. Allgemeine Merkmale des Gerichtsprozesses

Spricht man ganz allgemein von einem „Prozeß", so versteht man darunter einen dynamischen, sich fortentwickelnden Vorgang, ein

---

1 Vgl. *S. Röhl/K. Röhl:* Alternativen zur Justiz? *Deutsche Richterzeitung* 1979, S. 33 ff.; *H. Prütting:* Schlichten statt Richten?, *Juristenzeitung* 1985, S. 261 ff.

reguliertes und formalisiertes Vorgehen, ein Voranschreiten oder „Procedere", eine zweckgerichtete Handlungs- oder Situationsabfolge bzw. ein Verfahren, das einem bestimmten Ziel zusteuert. Ist im juristischen Sinn vom „Prozeß" die Rede, meint man damit zumeist ein geregeltes Verfahren vor einem staatlichen Gericht. Dabei steht der Ausdruck „Prozeß" als Inbegriff für die Vielzahl der nach Aufgabe und Inhalt, Form und Ausgestaltung sehr verschiedenartigen *gerichtlichen Verfahren,* die unser Gemeinwesen heute kennt und die in verschiedenen Verfahrensgesetzen und Prozeßordnungen näher geregelt sind:

Zivilprozeßordnung (ZPO)	vom 30. 1. 1877 in der Fassung (i.d.F.) vom 12. 9. 1950
Gesetz über die Angelegenheiten der freiwilligen Gerichtsbarkeit (FGG)	vom 17. 5. 1898 i.d.F. vom 20. 5. 1898
Strafprozeßordnung (StPO)	vom 1. 2. 1877 i.d.F. vom 7. 1. 1975
Jugendgerichtsgesetz (JGG)	vom 4. 8. 1953 i.d.F. vom 11. 12. 1974
Arbeitsgerichtsgesetz (ArbGG)	vom 3. 9. 1953 i.d.F. vom 2. 7. 1979
Verwaltungsgerichtsordnung (VwGO)	vom 21. 1. 1960
Finanzgerichtsordnung (FGO)	vom 6. 10. 1965
Sozialgerichtsgesetz (SGG)	vom 23. 8. 1958 i.d.F. vom 23. 9. 1975

Den Prozeß oder das Gerichtsverfahren schlechthin gibt es also in der Rechtswirklichkeit nicht, ja nicht einmal *den* „Zivilprozeß", *den* „Strafprozeß" oder *den* „Verwaltungsprozeß", sondern nur viele und sehr unterschiedliche Arten von zivil-, straf-, verwaltungsprozessualen oder sonstigen Gerichtsverfahren.

Diese Gerichtsverfahren zielen als „Erkenntnisverfahren" im Gegensatz zu den „Vollstreckungs"- oder „Vollzugsverfahren" regelmäßig auf eine *richterliche Entscheidung* der Rechtsangelegenheit ab. Dies heißt freilich nicht, daß jedes Erkenntnisverfahren mit einem Richterspruch enden würde oder müßte. In der gerichtlichen Praxis ist es vielmehr so, daß ein großer Prozentsatz aller Sachen nicht durch „streitiges" Urteil entschieden, sondern durch Einstellung des Verfahrens, Ablehnung der Verfahrenseröffnung, Zurücknahme von Gesuchen, Vergleiche, Versäumnis-, Anerkenntnis- oder Verzichtsentscheidungen ihre Erledigung findet. Das zeigt schon ein Blick in die Justizstatistik zur Erledigung der erstinstanzlichen Zivil- und Strafsachen im Jahre 1981.

Erledigung der Zivil- und Strafsachen (1. Instanz) im Jahre 1981

Zivilgerichte
Zivilgerichte ohne Familiengerichte

Amtsgerichte	**Landgerichte**
	1. Instanz
Amtsgericht nur als Prozeßgericht und ohne Mahnsachen	
Erledigte Verfahren	
977064	350750
Nach der Art der Erledigung	
Streitiges Urteil	284799	106538
Sonstiges Urteil	244019	69588
Beschluß	53110	19589
Vergleich	90632	56096
Zurücknahme	158541	42676
Anderweitige Erledigung	145963	56263

Strafgerichte

Amtsgerichte	**Landgerichte**
	1. Instanz
Erledigte Verfahren	1443574	12044
Nach Art der Erledigung		
Urteil wegen Straftat	431717	8793
Urteil wegen Ordnungswidrigkeit	131847	
Beschluß nach §§ 70, 72 OWiG	73433	
Beschluß nach § 441 Abs. 2 StPO	803	27
Einstellung	308970	808
Ablehnung/Zurückweisung	7281	175
Zurücknahme	173474	195
Anderweitige Erledigung	316049	2046

Nach: Statistisches Bundesamt (Hrsg.): Statistisches Jahrbuch 1984 für die Bundesrepublik Deutschland, Stuttgart/Mainz 1984, S. 339, 341.

Von den Gesetzesregelungen her ist jedoch die richterliche Entscheidung gleichwohl das erklärte Ziel aller gerichtlichen Erkenntnisverfahren, um derentwillen die meisten gesetzlichen Vorkehrungen getroffen und aus dem heraus die meisten verfahrensrechtlichen Einzelerscheinungen überhaupt nur erklärlich sind. Das Kernstück eines jeden gerichtlichen und deshalb so genannten Erkenntnisverfahrens, sein gesetzlich beabsichtigter Höhe- und Schlußpunkt, ist also der Richterspruch. Die richterliche Entscheidung macht das eigentliche richterliche Handeln aus. Sie ist das Zentralphänomen der deshalb so genannten „Rechtsprechung" oder „richterlichen Gewalt". Beim Thema „Prozeß" verdient die richterliche Entscheidung aus diesem Grund ganz besondere Aufmerksamkeit.

Schon hier ist damit eine Grundidee oder Grundeinsicht unserer Rechts- und Gesellschaftsordnung angesprochen: Sie teilt nicht jene idealistisch-utopischen Vorstellungen und Konzeptionen, nach denen sich angeblich nahezu jede Rechtsstreitigkeit durch eine herrschaftsfreie Interaktion zwischen den Betroffenen, durch Rede und Gegenrede, Diskussion oder Palaver, Konsensbildung und Einigung bereinigen läßt, weshalb ein autoritativer Machtspruch des Richters und seine zwangsweise Durchsetzung entbehrlich seien oder die Ausnahme bleiben müßten. Unsere Gemeinschaft sieht demgegenüber die im Gerichtsurteil zum Ausdruck kommende „rechtsprechende Gewalt" als ein unverzichtbares Regelerfordernis an, – was allerdings nicht heißt, daß in Verfahren, zumal wenn es um Privatangelegenheiten geht, der Richter sich nicht um deren „gütliche Beilegung" bemühen müßte. Dies schreiben einzelne Verfahrensgesetze wie etwa die §§ 279 ZPO und 54 ArbGG ausdrücklich vor:

Regelungen zur gütlichen Beilegung des Rechtsstreits

§ 279 Abs. 1 ZPO: Das Gericht soll in jeder Lage des Verfahrens auf eine gütliche Beilegung des Rechtsstreits oder einzelner Streitpunkte bedacht sein. Es kann die Parteien für einen Güteversuch vor einen beauftragten oder ersuchten Richter verweisen.

§ 54 Abs. 1 Satz 1 ArbGG: Die mündliche Verhandlung beginnt mit einer Verhandlung vor dem Vorsitzenden zum Zwecke der gütlichen Einigung der Parteien (Güteverhandlung).

7. Der Prozeß als Mittel zur rechtlichen Konfliktlösung

7.1.3. Geschäftsanfall bei den Gerichten

Kommt auch nur ein Bruchteil der Rechtsangelegenheiten oder -streitigkeiten vor die staatlichen Gerichte, so ist dieser Anteil doch noch immer groß genug. Der Geschäftsanfall bei den Gerichten hat nämlich trotz vieler Anstrengungen zur Entlastung inzwischen einen derartigen Umfang (mit weiter wachsender Tendenz), daß nicht nur eine ständige „Gerichtsüberlastung" zu beklagen, sondern auch zu befürchten ist, daß die Zukunftsvision eines „Stillstands der Rechtspflege durch Verstopfung der Rechtswege" eines Tages Wirklichkeit wird.

Wie viele Sachen im einzelnen vor welchen Gerichten im Jahre 1981 anhängig waren, zeigt wiederum ein Blick in die Justizstatistik:

Den rapiden Geschäftsanstieg in den einzelnen Gerichtsbarkeiten allein in den siebziger Jahren belegt die folgende Tabelle über die jährlichen Neuzugänge in jenem Zeitraum:

Geschäftsentwicklung in einzelnen Gerichtsbarkeiten

| | Neueingänge | | |
Gericht	1971	1977	Zuwachs (%)
Amtsgerichte	1 603 212	2 338 114[1]	45,8
Landgerichte	548 469	525 145[2]	–4,3
Arbeitsgerichte	218 726	269 376	23,1
Sozialgerichte	133 892	141 166	5,4
Verwaltungsgerichte	57 227	152 341	166,2

1 Ohne Familiensachen.
2 Rückgänge sind bedingt durch die Streitwertänderung der ZPO-Novelle 1975 und neuerdings durch den Wegfall der Zuständigkeit für Ehesachen im 2. Halbjahr 1977.
Aus: E. Blankenburg/H. Morasch: Zur neueren Entwicklung der Justiz. Deutsche Richterzeitung 1979, S. 197 ff. (198).

Aufgabe 1

Charakterisieren Sie allgemeine Merkmale des Gerichtsprozesses als Mittel zur Konfliktlösung.

Geschäftsanfall bei den Gerichten

Anhängige Sachen im Jahre 1981:

Zivilgerichte:

Amtsgerichte (1. Instanz, nur als Prozeßgerichte und ohne Mahnsachen)	1 400 732
Landgerichte (1. Instanz)	574 860
Landgerichte (Berufungsinstanz)	92 303
Oberlandesgerichte (Berufungsinstanz)	85 021
Bundesgerichtshof (Revisionsinstanz)	6 859

Familiengerichte:

Amtsgerichte	582 680
Oberlandesgerichte (Berufungsverfahren und Beschwerden gegen Endentscheidungen)	27 374
Oberlandesgerichte (Beschwerdeinstanz gegen sonstige Entscheidungen)	17 319

Strafgerichte:

Amtsgerichte (1. Instanz)	1 856 325
Landgerichte (1. Instanz)	18 639
Landgerichte (Berufungsinstanz)	85 657
Oberlandesgerichte (1. Instanz)	126
Oberlandesgerichte (Rechtsmittelinstanz)	18 449
Bundesgerichtshof (Revisionsinstanz)	4 570

Arbeitsgerichte:

Arbeitsgerichte (1. Instanz)	451 658
Landesarbeitsgerichte (Berufungsinstanz)	19 853
Bundesarbeitsgericht (Revisionsinstanz)	2 205

Sozialgerichte:

Sozialgerichte (1. Instanz)	308 365
Landessozialgerichte (Berufungsinstanz)	33 612
Bundessozialgericht (Revisionsinstanz)	1 579

Verwaltungsgerichte:

Verwaltungsgerichte (1. Instanz)	274 644
Oberverwaltungsgerichte (Berufungsinstanz)	36 356
Bundesverwaltungsgericht (Revisionsinstanz)	3 777

Finanzgerichte:

Finanzgerichte (1. Instanz)	130 394
Bundesfinanzhof (Rechtsmittelinstanz)	6 247

Bundesverfassungsgericht:

1. Senat	2 433
2. Senat	2 002

Nach: Statistisches Bundesamt (Hrsg.): Statistisches Jahrbuch 1984 für die Bundesrepublik Deutschland. Stuttgart/Mainz 1984, S. 339–344.

7.2. Die staatliche Justiz

Nach den vorangegangenen allgemeinen Informationen zum Prozeß
als Mittel zur rechtlichen Konfliktlösung widmen sich die folgenden
Ausführungen der staatlichen Justiz, die den Rahmen für das gerichtliche Verfahren bildet. Dabei wird unter „Justiz" nicht nur das Gerichtswesen in seinem äußeren Erscheinungsbild verstanden, sondern
im Sinne jenes Bereichs staatlicher Tätigkeit, den die Verfassung und
die Gesetze mit „Rechtsprechung" oder „Rechtspflege" umreißen.
Die Rechtsprechung wird in unserer Rechtsordnung zwar vornehmlich als staatliche Gewalt herausgestellt, als richterliche Machtausübung oder gerichtlich-hoheitliche Befugnis (was die Unterworfenheit
des Bürgers unter die Gerichtsbarkeit mitenthält), sie ist jedoch
gleichermaßen staatliche Aufgabe und Verpflichtung im Dienste des
einzelnen und der Allgemeinheit. Diese Aussage soll im folgenden
Abschnitt näher erläutert werden.

7.2.1. Der Justizgewährungsanspruch

Wo der Staat jede private Selbsthilfe oder jede Art von Privatjustiz
grundsätzlich verbietet und damit – wie im 4. Kapitel bereits diskutiert
– das „Gewaltmonopol" für sich in Anspruch nimmt, hat er die Pflicht,
dem einzelnen bei der Verwirklichung seiner Rechte zu helfen und ihn
vor Rechtsverletzungen durch andere oder den Staat selbst zu schützen. Dazu hat er die hierfür notwendigen Rechtspflege- oder Rechtsprechungseinrichtungen zur Verfügung zu stellen. Dieser staatlichen
Verpflichtung entspricht ein subjektiver Anspruch eines jeden gegen
den Staat auf Bereitstellung gerichtlicher Verfahren und auf Gewährleistung einer fairen Behandlung und Entscheidung der dort eingebrachten Angelegenheiten durch eine hierzu befähigte und befugte
neutrale Instanz. Dieser *Justizgewährungsanspruch* wird heute weithin als ein jedem Menschen zustehendes Recht, also als Menschenrecht, anerkannt, wie es in Art. 6 Abs. 1 der Menschenrechtskonven-
tion (MRK) näher präzisiert ist:

Art. 6 Abs. 1 Satz 1 MRK: Jedermann hat Anspruch darauf, daß seine Sache
in billiger Weise öffentlich und in angemessener Frist gehört wird, und zwar vor
einem unabhängigen und unparteiischen, auf Gesetz beruhenden Gericht, das

über zivilrechtliche Ansprüche und Verpflichtungen oder über die Stichhaltigkeit der gegen ihn erhobenen strafrechtlichen Anklage zu entscheiden hat.

Zudem wird dieser Justizgewährungsanspruch von der großen Mehrheit der Juristen als ein in der Verfassung zwar nirgends als solches ausformuliertes, dem Grundgesetz aber gleichwohl immanentes Grundrecht angesehen, dessen Verletzung zu einer Verfassungsbeschwerde beim Bundesverfassungsgericht berechtigten kann.

Im Grundgesetz zum Ausdruck kommt der Justizgewährungsanspruch etwa im Anspruch eines jeden auf lückenlosen Rechtsschutz für den Fall der Verletzung durch die öffentliche Gewalt (Art. 19 Abs. 4 GG), im Rechts- und Sozialstaatsprinzip (Art. 20 Abs. 1 GG), das den Anspruch auf einen rechts- und sozialstaatlichen Gerichtsschutz beinhaltet, in dem in Art. 101 Abs. 1 GG verankerten Recht eines jeden auf seinen gesetzlichen Richter und insbesondere auch in Art. 103 Abs. 1 GG, der vor Gericht jedermann einen Anspruch auf rechtliches Gehör garantiert.

Wie das Bundesverfassungsgericht jetzt schon mehrfach und erst unlängst wieder aufgrund von – als unfair und verfassungswidrig gerügten – Prozeßpraktiken ausgesprochen hat, läßt sich als eine besondere Ausprägung des Justizgewährungsanspruchs unmittelbar aus dem Rechts- und Sozialstaatsprinzip zudem das *Recht eines jeden auf ein „faires Verfahren"* ableiten[2]. So hat das Bundesverfassungsgericht auf eine die Beweislastverteilung im zivilprozessualen Arzthaftungsprozeß betreffende Verfassungsbeschwerde hin wörtlich ausgeführt:

Beschluß des Bundesverfassungsgerichts vom 25. Juli 1979

„.... Das Rechtsstaatsprinzip gehört zu den allgemeinen Grundsätzen und Leitlinien, die das Grundgesetz nicht zu einem besonderen Rechtssatz verdichtet hat (*BVerfGE* 2, 380 [403] = NJW 1953, 1137). Es enthält – soweit es nicht in einzelnen Sätzen der geschriebenen Verfassung für bestimmte Sachgebiete ausgeformt und präzisiert ist – keine in allen Einzelheiten eindeutig bestimmten Gebote und Verbote von Verfassungsrang, sondern ist ein Verfassungsgrundsatz, der der Konkretisierung je nach den sachlichen Gegebenheiten bedarf (*BVerfGE* 7, 89 [92ff.] = NJW 1957, 1395). Das Rechtsstaatsprinzip enthält eine materielle Komponente. Sie zielt auf die „Erlangung und Erhal-

---

2 Vgl. etwa Beschluß des Bundesverfassungsgerichts vom 27. September 1978. *Neue Juristische Wochenschrift* 1979, S. 534 ff.; Beschluß des Bundesverfassungsgerichts vom 25. Juli 1979, a.a.O., S. 1925 ff.

tung materieller Gerechtigkeit im staatlichen und staatlich beeinflußbaren Bereich" (*Maunz-Dürig*, Art. 20 Rdnr. 59). Hierzu gehört auch der Zivilprozeß; das verfassungsrechtliche Gebot erstreckt sich deshalb auch auf ihn. Auch im Zivilverfahren hat der Richter durch eine entsprechende Verfahrensgestaltung den materiellen Inhalten der Verfassung, insbesondere den Grundrechten, Geltung zu verschaffen (*BVerfGE* 42, 64 [73] = NJW 1976, 1391). Im Rahmen dieser Verpflichtung hat er für ein gehöriges, faires Verfahren Sorge zu tragen (*BVerfGE* 49, 220 [225] = NJW 1979, 534; Beschl. v. 24. 4. 1979 – 1 BvR 787/78). ....."

Aus: Neue Juristische Wochenschrift 1979, S. 1925.

Im Lichte dieses Justizgewährungsanspruchs gesehen, ist die staatliche Justiz daher nicht nur eine – dem Bürger zumeist unbekannte – Gewalt, sondern ein öffentlicher „Dienstleistungsbetrieb" zur Versorgung der Bevölkerung mit gerichtlicher Hilfe und richterlichem Schutz, mag sie auch von vielen Bürgern nicht so, sondern eher als „Machtapparat" empfunden werden. Ein gewaltiger Machtapparat ist die Justiz in der Tat – was im folgenden Kapitel aufgezeigt werden soll.

Aufgabe 2

Welche Bedeutung hat der Justizgewährungsanspruch für den einzelnen?

7.2.2. Die rechtsprechende Gewalt in ihren Untergliederungen

Im Vergleich der Industrieländer untereinander hat kaum ein Land eine ähnlich starke, aufgefächerte und aufwendige Justiz wie die Bundesrepublik Deutschland, und zwar sowohl nach der geschriebenen Verfassung als auch in der gesellschaftlichen Wirklichkeit[3].

Die Rechtsprechung oder rechtsprechende Gewalt, der das Grundgesetz neben einer ganzen Reihe von Einzelbestimmungen einen eigenen, nämlich den 9. Abschnitt (Art. 92–104 GG) widmet, ist als eine

---

3 Vgl. dazu *E. Blankenburg/H. Morasch:* Zur neueren Entwicklung der Justiz. *Deutsche Richterzeitung* 1979, S. 197 ff.

eigenständige Staatsgewalt konstituiert und der Gesetzgebung und Verwaltung als „Dritte Staatsgewalt" gleichgestellt. Wie alle Staatsgewalt geht auch die rechtsprechende vom Volke aus, – weshalb Urteile bekanntlich „Im Namen des Volkes" ergehen. Damit ist allerdings nicht eine direkte demokratische Legitimation der Richter durch das Volk oder gar eine unmittelbare Rechtsprechung durch das Volk als solches gemeint; für die Ausübung der dritten Gewalt sind vielmehr besondere Organe vorgesehen – nämlich das Bundesverfassungsgericht und die Gerichte des Bundes und der Länder. Die Rechtsprechung ist mit anderen Worten „den Richtern anvertraut", und zwar unabhängigen, prinzipiell unabsetzbaren und unversetzbaren Richtern, die bei der Wahrnehmung ihrer Rechtsprechungsaufgaben an „Gesetz und Recht gebunden" sind.

Folgende Bestimmungen des Grundgesetzes sind für die Justiz und die gerichtlichen Verfahren von besonderer Bedeutung:

Justiz- und prozeßrelevante Grundgesetzregeln

Art. 1 *Abs. 1:* Die Würde des Menschen ist unantastbar. Sie zu achten und zu schützen ist Verpflichtung aller staatlichen Gewalt.

  Abs. 3: Die nachfolgenden Grundrechte binden Gesetzgebung, vollziehende Gewalt und Rechtsprechung als unmittelbar geltendes Recht.

Art. 2 *Abs. 1:* Jeder hat das Recht auf freie Entfaltung seiner Persönlichkeit, soweit er nicht die Rechte anderer verletzt und nicht gegen die verfassungsmäßige Ordnung oder das Sittengesetz verstößt.

Art. 3 *Abs. 1:* Alle Menschen sind vor dem Gesetz gleich.

Art. 19 *Abs. 4:* Wird jemand durch die öffentliche Gewalt in seinen Rechten verletzt, so steht ihm der Rechtsweg offen ...

Art. 20 *Abs. 1:* Die Bundesrepublik Deutschland ist ein demokratischer und sozialer Bundesstaat.

  Abs. 2: Alle Staatsgewalt geht vom Volke aus. Sie wird vom Volke in Wahlen und Abstimmungen und durch besondere Organe der Gesetzgebung, der vollziehenden Gewalt und der Rechtsprechung ausgeübt.

  Abs. 3: Die Gesetzgebung ist an die verfassungsmäßige Ordnung, die vollziehende Gewalt und die Rechtsprechung sind an Gesetz und Recht gebunden.

7. Der Prozeß als Mittel zur rechtlichen Konfliktlösung

Art. 92   Die rechtsprechende Gewalt ist den Richtern anvertraut;
                   sie wird durch das Bundesverfassungsgericht, durch die in
                   diesem Grundgesetze vorgesehenen Bundesgerichte und
                   durch die Gerichte der Länder ausgeübt.

Art. 95 Abs. 1: Für die Gebiete der ordentlichen, der Verwaltungs-, der
                   Finanz-, der Arbeits- und der Sozialgerichtsbarkeit errich-
                   tet der Bund als oberste Gerichtshöfe den Bundesgerichts-
                   hof, das Bundesverwaltungsgericht, den Bundesfinanzhof,
                   das Bundesarbeitsgericht und das Bundessozialgericht.

Art. 97 Abs. 1: Die Richter sind unabhängig und nur dem Gesetze unter-
                   worfen.

Art. 101 Abs. 1: Ausnahmegerichte sind unzulässig. Niemand darf seinem
                   gesetzlichen Richter entzogen werden.

Art. 103 Abs. 1: Vor Gericht hat jedermann Anspruch auf rechtliches
                   Gehör.

Was die Aufgaben und Tätigkeitsbereiche der einzelnen Rechtsprechungsorgane angeht, sieht bereits das Grundgesetz neben der Verfassungsgerichtsbarkeit des Bundes (vgl. dazu Art. 93, 94 GG) und der in
den einzelnen Landesverfassungen verankerten Verfassungsgerichtsbarkeit der Länder eigene Gerichtsbarkeiten für die Gebiete der
allgemeinen oder ordentlichen Gerichtsbarkeit, der Verwaltungs-,
der Finanz-, der Arbeits- und der Sozialgerichtsbarkeit vor. Diese
Gerichtsbarkeiten beinhalten eigene Gerichts- bzw. Rechtswege zu
den jeweils „obersten Bundesgerichten" des Bundesgerichtshofs, des
Bundesverwaltungsgerichts, des Bundesfinanzhofs, des Bundesarbeitsgerichts und des Bundessozialgerichts (Art. 95 GG); dazu kommen noch einige weitere, aber weniger wichtige besondere Gerichtsbarkeiten.

Diese durch die Verfassung vorgezeichneten Rechtswege sind inzwischen sämtlich eingerichtet und innerhalb der einzelnen Gerichtsbarkeiten zu eigenen und untereinander stark abweichenden Gerichts-,
Instanzen- bzw. Rechtszügen ausgebaut.

Welche Rechtsangelegenheiten welcher Gerichtsbarkeit unterfallen, welcher
Rechtsweg für welche Sache offensteht und einzuschlagen ist, richtet sich nach
der Art der Sachen oder Streitigkeiten, die es vor Gericht zu verhandeln und zu
entscheiden gilt: so gehören vor die ordentlichen Gerichte bzw. in die ordentliche Gerichtsbarkeit (die sich wiederum in die streitige Zivilgerichtsbarkeit, die
freiwillige Gerichtsbarkeit und die Strafgerichtsbarkeit untergliedert) alle

„bürgerlichen Rechtsstreitigkeiten", die gesetzlich näher bestimmten „freiwilligen Angelegenheiten" und die „Strafsachen" (§§ 13 GVG, 1 FGG). Für die „Arbeitssachen" (§§ 2, 3 ArbGG) stehen die Arbeitsgerichte und für die „öffentlich-rechtlichen Streitigkeiten" oder „Sachen" im allgemeinen die Verwaltungsgerichte (§ 40 VwGO) und im besonderen die Finanz- und Sozialgerichte §§ 33 FGO, 51 SGG) zur Verfügung. Hierzu wird auf das Schaubild S. 258 verwiesen, das über die einzelnen Zweige der Gerichtsbarkeit mit ihren eigenen Rechtswegen zu den jeweils obersten Gerichten und ihren eigenen Instanzenzügen informiert.

Die vor Gericht gebrachten Angelegenheiten können in den jeweiligen Rechtswegen regelmäßig zwei- oder dreistufige Rechts- bzw. Instanzenzüge durchlaufen, die nicht nur von Rechtsweg zu Rechtsweg sehr verschieden, sondern auch innerhalb eines Rechtsweges oftmals reichlich kompliziert sind. Das zeigt schon ein Blick auf das Schaubild S. 259 zum Instanzenzug der streitigen Zivilgerichtsbarkeit.

Besetzt sind die hier erwähnten Zivilgerichte wie folgt:

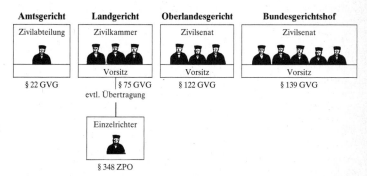

Besetzung der Zivilgerichte

Amtsgericht	Landgericht	Oberlandesgericht	Bundesgerichtshof
Zivilabteilung	Zivilkammer	Zivilsenat	Zivilsenat
	Vorsitz	Vorsitz	Vorsitz
§ 22 GVG	§ 75 GVG evtl. Übertragung	§ 122 GVG	§ 139 GVG

Einzelrichter

§ 348 ZPO

Nach: Götz v. Craushaar: Zivilprozeß und Zwangsvollstreckung. Stuttgart/Berlin/Köln/Mainz 1979, S. 39.

Damit ist allerdings bislang kaum mehr als die Grobstruktur unseres gegenwärtigen Justizsystems skizziert: Denn jeder der vom Gesetz streng unterschiedenen, in der Praxis aber nicht immer leicht zu unterscheidenden Rechtswege beinhaltet höchst detaillierte und komplizierte *Zuständigkeiten* der ihm zugehörenden Gerichte.

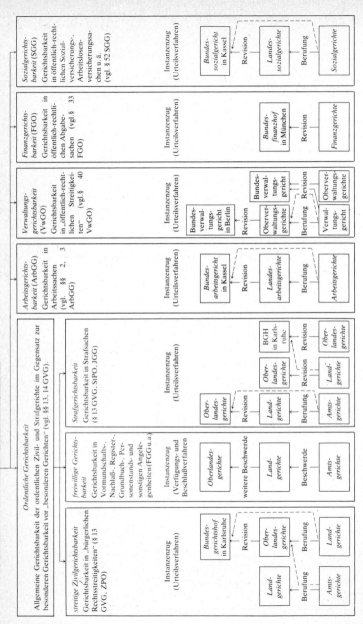

Rechtswege und Rechtszüge der wichtigsten Gerichtsbarkeiten

Ordentliche Gerichtsbarkeit

Allgemeine Gerichtsbarkeit der ordentlichen Zivil- und Strafgerichte im Gegensatz zur besonderen Gerichtsbarkeit vor „besonderen Gerichten" (vgl. §§ 13, 14 GVG).

streitige Zivilgerichtsbarkeit
Gerichtsbarkeit in „bürgerlichen Rechtsstreitigkeiten" (§ 13 GVG, ZPO)

Instanzenzug (Urteilsverfahren)

Bundesgerichtshof in Karlsruhe
Revision
Oberlandesgerichte
Berufung
Landgerichte
Berufung
Amtsgerichte

freiwillige Gerichtsbarkeit
Gerichtsbarkeit in Vormundschafts-, Nachlaß-, Register-, Grundbuch-, Personenstands- und sonstigen Angelegenheiten (FGG u. a)

Instanzenzug (Verfügungs- und Beschlußverfahren)

Oberlandesgerichte
weitere Beschwerde
Landgerichte
Beschwerde
Amtsgerichte

Strafgerichtsbarkeit
Gerichtsbarkeit in Strafsachen (§ 13 GVG, StPO, JGG)

Instanzenzug (Urteilsverfahren)

Oberlandesgerichte
Revision
Landgerichte
Berufung
Amtsgerichte

BGH in Karlsruhe
Revision
Oberlandesgerichte
Revision
Landgerichte

Arbeitsgerichtsbarkeit (ArbGG)
Gerichtsbarkeit in Arbeitssachen (vgl. §§ 2, 3 ArbGG)

Instanzenzug (Urteilsverfahren)

Bundesarbeitsgericht in Kassel
Revision
Landesarbeitsgerichte
Berufung
Arbeitsgerichte

Verwaltungsgerichtsbarkeit (VwGO)
Gerichtsbarkeit in „öffentlich-rechtlichen Streitigkeiten" (vgl. § 40 VwGO)

Instanzenzug (Urteilsverfahren)

Bundesverwaltungsgericht in Berlin
Revision
Oberverwaltungsgerichte
Berufung
Verwaltungsgerichte

Bundesverwaltungsgericht
Revision
Oberverwaltungsgerichte

Finanzgerichtsbarkeit (FGO)
Gerichtsbarkeit in öffentlich-rechtlichen Abgabesachen (vgl. § 33 FGO)

Instanzenzug (Urteilsverfahren)

Bundesfinanzhof in München
Revision
Finanzgerichte

Sozialgerichtsbarkeit (SGG)
Gerichtsbarkeit in öffentlich-rechtlichen Sozialversicherungs-, Arbeitslosenversicherungssachen u. ä. (vgl. § 52 SGG)

Instanzenzug (Urteilsverfahren)

Bundessozialgericht in Kassel
Revision
Landessozialgerichte
Berufung
Sozialgerichte

Quelle: *Gilles (Hrsg.):* Humane Justiz. 1977. Anlage II.

Instanzenzug in Zivilsachen (Urteilsverfahren)

Bundesgerichtshof (BGH).
Zivilsenat als
Revisionsgericht
Funktionell zuständig
– für Revisionen gegen ober-
  landesgerichtliche End-
  urteile
– für Sprungrevisionen
  gegen landgerichtliche
  Endurteile

3. Instanz

Keine Revision
Ausnahmsweise
Vorlage zwecks Rechtsentscheids
durch LG an OLG oder durch OLG
an BGH in Mietsachen

Revision
nur bei
Zulassung oder Be-
schwerdewert über
40 000 DM

Ausnahmsweise
Sprungrevision

2. Instanz

Landgericht (LG).
Zivilkammer oder Kammer
für Handelssachen,
als *Berufungsgericht*
Funktionell zuständig
– für Berufungen gegen
  amtsgerichtliche Endurteile mit Ausnahme solcher
  in Kindschafts- und Familiensachen

Oberlandesgericht (OLG).
Zivilsenat, als
Berufungsgericht
Funktionell zuständig
– für Berufungen gegen landgerichtliche Urteile
– für Berufungen gegen
  amtsgerichtliche Endurteile in Kindschafts- und Familiensachen

Berufung
bei Beschwerde-
wert über 700 DM

Ausnahmsweise
Berufung
an das
OLG bei
Kindschafts-
und Familien-
sachen

Berufung

1. Instanz

Amtsgericht (AG)
Sachlich zuständig
– für vermögensrechtliche
  Streitigkeiten bis 5000 DM
– ohne Rücksicht auf den
  Streitwert für bestimmte
  Streitigkeiten, insbesondere Mietsachen
– für bestimmte Kind-
  schafts-, Unterhalts-, Ehe-
  und Güterrechtssachen
– als Familiengericht für Familiensachen

Landgericht (LG).
Zivilkammer oder Kammer
für Handelssachen
Sachlich zuständig
– für alle nicht den Amtsgerichten zugewiesenen
  Streitigkeiten
– für Amtshaftungssachen
– ausschließlich für zahlreiche weitere bestimmte
  Streitigkeiten

Nach: Peter Gilles (Hrsg.): Humane Justiz. Kronberg 1977. Anlage IV.

7. Der Prozeß als Mittel zur rechtlichen Konfliktlösung

Die Zuständigkeiten bestimmen darüber,

- welche Kategorie von Rechtsangelegenheiten überhaupt in den besonderen Funktions- oder Aufgabenbereich welcher Gerichte fällt *(funktionelle Zuständigkeit);*
- welches Gericht als „Eingangsgericht" im ersten Rechtszug in Betracht kommt, was sich nach Art und Wert der Sache richtet *(sachliche Zuständigkeit);*
- welches der in Frage stehenden Eingangsgerichte nun tatsächlich über die Sache zu befinden hat, was sich nach räumlichen Beziehungen der Angelegenheit zum örtlichen Wirkungskreis eines Gerichtes oder Gerichtsbezirkes richtet *(örtliche Zuständigkeit).*

Diese Zuständigkeitsregelungen setzen sich fort in diffizilen *Geschäftsverteilungsplänen,* die im Rahmen der gerichtlichen Selbstverwaltung die bei dem zuständigen Gericht anfallenden Sachen nach unterschiedlichen Schlüsseln auf die einzelnen gerichtsinternen Abteilungen oder Spruchkörper, also auf die einzelnen Dezernate, Kammern oder Senate, verteilen. Diese gesamte Kompetenzordnung ist bis hin zu den einzelnen Geschäftsverteilungsregeln strikt zu beachten, weil zum Schutze vor Zuständigkeitsmanipulationen zu Lasten einzelner Verfahrensbeteiligter nach dem Grundgesetz niemand seinem gesetzlichen Richter entzogen werden darf, einem Richter also, dessen Zuständigkeit von vornherein ins einzelne gehend feststeht (Art. 101 Abs. 1 GG).

Bei den Feinheiten des Justizsystems sind wir auch damit noch längst nicht angelangt: Jede Gerichtsbarkeit kennt nämlich innerhalb ihrer Rechtswege und Rechtszüge nicht nur ein bestimmtes Verfahren vor dem jeweils zuständigen Gericht, also etwa den „Zivil-", „Straf-" oder „Verwaltungsprozeß", oder wenigstens ein bestimmtes Verfahren erster, zweiter oder dritter Instanz, sondern eine verwirrende Vielzahl von Amts-, Antrags- oder Klageverfahren, von Entscheidungs- und Vollstreckungs-, Rechtsmittel- und Rechtsbehelfsverfahren unterschiedlichster Strukturen und Prozeduren.

Sieht man sich – um nur ein Beispiel herauszugreifen – einfach einmal die Inhaltsübersicht der Zivilprozeßordnung an, so wird man vergeblich nach einer einheitlichen Regelung zu dem oder einem „Zivilprozeß" suchen. Was sich hier findet, sind hingegen Vorschriften zum Prototyp eines erstinstanzlichen Klageverfahrens bzw. einer erstinstanzlichen Leistungs-, Feststellungs- oder Gestaltungsklage vor den Landgerichten; alsdann: abweichende Spezialregelungen für das amtsgerichtliche Verfahren; ferner: Bestimmungen über die Rechtsmittelverfahren der Berufung, der Revision und Beschwerde und die verschiedenen Wiederaufnahmeverfahren; des weiteren: Regelungen über den Urkunds- und Wechselprozeß, die verschiedenen Verfahren in Familien-, Kindschafts-, Unterhalts- und Entmündigungssachen, das Mahnverfahren und die zahlreichen Zwangsvollstreckungsverfahren einschließlich der verschiedenen Verfahren des einstweiligen Rechtsschutzes; diesen folgen noch: Bestimmungen über das Aufgebots- und Schiedsgerichtsverfahren.

Inhaltsverzeichnis der Zivilprozeßordnung

Aus: Deutsche Gesetze. Sammlung des Zivil-, Straf- und Verfahrensrechts. Begründet von *Heinrich Schönfelder.* München 1984. Stand: Juni 1984 Nr. 100, S. 6/7.

Welchen Wirrwarr allein an Rechtsmitteln und Rechtsbehelfen die Zivilprozeßordnung enthält, macht bereits eine schlichte Aufzählung deutlich: Da gibt es neben den „ordentlichen Rechtsmitteln" der Berufung und der Revision einschließlich der Sprungrevision und der einfachen, sofortigen und weiteren Beschwerde mit den Sonderformen der Anschlußberufung, Anschlußrevision und Anschlußbeschwerde, die „außerordentlichen Rechtsbehelfe" der Wiedereinsetzung in den vorigen Stand und der in Nichtigkeitsklagen und Restitutionsklagen unterteilten Wiederaufnahme des Verfahrens, Einsprüche gegen Versäumnisurteile und Vollstreckungsbescheide, sowie Widersprüche gegen Mahnbescheide, Arreste oder einstweilige Verfügungen und andere Maßnahmen; des weiteren die Erinnerung gegen Kostenfestsetzungsbeschlüsse und die verschiedensten Abänderungs-, Anfechtungs- und Aufhebungsklagen, zu denen noch zahlreiche Rechtsbehelfe des Zwangsvollstreckungsrechts wie etwa die Vollstreckungserinnerung, die Klauselerinnerung, Vollstreckungsgegenklagen verschiedenster Prägung, die Drittwiderspruchsklage, die Klage auf vorzugsweise Befriedigung und die unterschiedlichsten allgemeinen und besonderen Vollstreckungsschutzanträge hinzukommen.

Dies alles findet sich, wie gesagt, allein in der Zivilprozeßordnung und ist nur ein kleiner Ausschnitt aus der Verfahrensvielfalt des justiziellen Gesamtsystems. Einige der Gründe, die dafür maßgebend sind, werden später noch behandelt werden.

Aufgabe 3

(1) Welche Zuständigkeiten sind zu unterscheiden?
(2) Welcher grundgesetzlichen Forderung wollen unter anderem die Zuständigkeitsregelungen einschließlich der Geschäftsverteilungspläne Rechnung tragen?

7.2.3. Die Organisation der Justiz

Ein derart ausdifferenziertes System der Rechtspflege erfordert einen mächtigen Personal- und Sachaufwand und verlangt nach einer riesigen Behördenorganisation und Großbürokratie.

Auch hierzu einige Zahlen: In der Bundesrepublik Deutschland sind inzwischen fast 17000 Berufsrichter beschäftigt, wovon allein in der ordentlichen Gerichtsbarkeit mehr als 13000 tätig sind. Dazu kommt ein umfangreiches Hilfspersonal aus Urkundsbeamten, Schreibkräften, Justizwachtmeistern und Gerichtsvollziehern, eine große Zahl von Rechtspflegern als sogenannte Richtergehilfen für besondere Aufgaben der Rechtspflege (§ 1 Rechtspflegergesetz) und andere rechtsberatende oder rechtspflegende Berufsgruppen sowie rund 3700 Staatsanwälte ohne die sonstigen „Vertreter des öffentlichen Interesses". Und auch die mehr als 34500 Rechtsanwälte in ihrer konfliktträchtigen Doppelrolle als unabhängiges Organ der Rechtspflege und zugleich als unabhängige Berater und Vertreter ihrer Mandanten (§§ 1,3 Bundesrechtsanwaltsordnung) wie die 6900 Anwaltsnotare und 960 Nur-Notare als unabhängige Träger eines öffentlichen Amtes für Aufgaben auf dem Gebiet der vorsorgenden Rechtspflege sind zumindest dem personellen Umfeld der Justiz zuzurechnen[4].

---

4 Statistisches Bundesamt (Hrsg.): Statistisches Jahrbuch 1984 für die Bundesrepublik Deutschland. Stuttgart/Mainz 1984, S. 338.

Was das Behördennetz angeht, gibt es allein in der ordentlichen Gerichtsbarkeit neben dem Bundesgerichtshof mit seinen 11 Zivilsenaten, 5 Strafsenaten und 6 weiteren Senaten für besondere Angelegenheiten, 20 Oberlandesgerichte mit ihren insgesamt 382 Zivil- und 77 Strafsenaten, 93 Landgerichte mit insgesamt 1173 Zivil- und 1083 Strafkammern sowie 552 Amtsgerichte, deren Größe und Spruchkörperzahl nach den jeweiligen regionalen Bedürfnissen variieren[5]. Auch hierzu einige Übersichten und Tabellen:

Wichtige Justiz- und Justizpersonalgesetze

- Gerichtsverfassungsgesetz (GVG) vom 27. 1. 1877 i.d.F. v. 9. 5. 1975.
- *Deutsches Richtergesetz* (DRiG) Neubek. v. 8. 9. 1961, i.d.F. v. 19. 4. 1972.
- *Rechtspflegergesetz* (RPflG) vom 5. 11. 1969.
- *Gerichtskostengesetz* (GKG) vom 18. 6. 1978 i.d.F. v. 15. 12. 1975.
- *Bundesrechtsanwaltsordnung* (BRAO) vom 1. 8. 1959.
- *Bundesgebührenordnung für Rechtsanwälte* (BRAGO) vom 26. 7. 1957.
- *Bundesnotarordnung* (BNotO) vom 13. 2. 1937 i.d.F. v. 24. 2. 1961.

Spruchkörper der Zivilgerichtsbarkeit

● Berufsrichter
○ ehrenamtliche Richter

Bundesgerichtshof	*11 Zivilsenate*	*7 Fachsenate*
(Karlsruhe)	I. Zivilsenat	Fachsenat für Patent-
(§§ 124ff. GVG und	●●●●●	anwaltssachen
Sonderbestim-	II. Zivilsenat	○●●●○
mungen)	●●●●●	Fachsenat für Steuerbera-
	III. Zivilsenat	ter und Steuerbevoll-
	●●●●●	mächtigtensachen
Vereinigte Große	IV. Zivilsenat	○●●●○
Senate	●●●●●	Fachsenat für Wirt-
(§§ 132, 136 GVG)	V. Zivilsenat in Landwirt-	schaftsprüfersachen
●●●●●●●●●●	schaftssachen	○●●●○
●●●●●●●●●	○●●●○	Fachsenat für Notar-
	VI. Zivilsenat	sachen
Großer Senat für	●●●●●	○●●●○
Zivilsachen	VII. Zivilsenat	Fachsenat für Anwalts-
(§§ 132, 136, 137	●●●●●	sachen
GVG)	VIII. Zivilsenat	○○●●●○
●●●●●●●●●●	●●●●●	

5 Statistisches Bundesamt (Hrsg.): Statistisches Jahrbuch 1984 für die Bundesrepublik Deutschland, S. 338.

	IX. Zivilsenat für Entschädigungssachen ●●●●●	Fachsenat für Disziplinarsachen von Richtern = Dienstgericht des Bundes
	X. Zivilsenat in Patentsachen (Patentsenat) ○●●●○	●●●●●
		Fachsenat für Kartellsachen
	XI. Zivilsenat ●●●●●	●●●●●
Oberlandesgerichte (§§ 115 ff. GVG und Sonderbestimmungen)	*Zivilsenate* ●●● *Senate für Baulandsachen* ●●●●● *Entschädigungssenate* ●●● *Wiedergutmachungssenate* (Teil III Art. 6 Vertr. z. Reg. v. Kriegs- u. Besatz.Fragen ●●● *Schiffahrtsobergerichte* (BinnSchVerfG) ●●● *Landwirtschaftssenate* ○●●●○	*Fachsenate* Fachsenate für Patentsachen beim OLG München ○●●●○ Fachsenat für Steuerberater und Steuerbevollmächtigtensachen ○●●●○ Fachsenate für Wirtschaftsprüfersachen beim OLG Düsseldorf ○●●●○ Fachsenate für Notarsachen ●●● Fachsenate für Kartellsachen ●●●
Landgerichte (§§ 59 ff. GVG und Sonderbestimmungen)	*Zivilkammern* ●●● *Kammern für Handelssachen* ○●○ *Kammern für Baulandsachen* ●●●●● *Entschädigungskammern* ●●● *Wiedergutmachungskammern* ●●●	*Besondere Kammern* Kammern für Patentanwaltssachen beim LG München ○●○ Kammern für Steuerberater und Steuerbevollmächtigtensachen ○●○ Kammern für Wirtschaftsprüfersachen beim LG Düsseldorf ○●○

Amtsgerichte	*Amtsrichter*
(§§ 22 ff. GVG und	●
Sonderbestim-	Landwirtschaftsgericht
mungen)	○●○
	Vormundschafts-, Nachlaß-, Register-, Konkurs-,
	Vergleichsgericht, Grundbuchamt u. a.
	● (oder Rechtspfleger)
	Schiffahrtsgericht
	●

Quelle: Gilles (Hrsg.): Humane Justiz, Anlage V; näher: *Laubinger:* JA-Studienbogen Nr. 1: Gerichtsorganisation in der Bundesrepublik Deutschland, 3. Aufl. 1980.

7. Der Prozeß als Mittel zur rechtlichen Konfliktlösung

Anzahl der Gerichte am 1. Januar 1984*

Land	Amtsgerichte	Landgerichte			Oberlandesgerichte			Arbeitsgerichte		Verwaltungsgerichte		Sozialgerichte		Finanzgerichte	
		Gerichte	mit Zivil-[1]/	Straf-[2] kammern	Gerichte	mit Zivil-[1]/	Straf senaten	Gerichte[3]	Kammern bei den Landesarbeitsgerichten	Gerichte[3]	Senate bei den Oberverwaltungsgerichten[4]	Gerichte[3]	Senate bei den Landessozialgerichten	Gerichte[3]	mit Senaten
Schleswig-Holstein	30	4	44	31	1	20	4	6	5	1	—	4	6	1	5
Hamburg	6	11	50	38	1	15	4	1	7	1	7	1	6	1	7
Niedersachsen	79	11	129	124	3	43	9	15	14	4	21	8	10	1	11
Bremen	3	1	18	23	1	10	3	2	4	1	3	1	5	1	2
Nordrhein-Westfalen	130	19	323	246	3	98	15	30	41	7	20	8	18	3	40
Hessen	58	9	118	98	1	33	8	12	13	4	11	7	12	1	11
Rheinland-Pfalz	47	8	74	55	2	25	4	5	7	4	12	4	6	1	6
Baden-Württemberg	108	17	159	223	2	38	9	9	11	4	16	8	12	1	11
Bayern	72	21	186	198	4[5]	64[5]	13[5]	11	16	6	26	7	15	2	19
Saarland	11	1	20	15	1	9	2	3	2	1	6	1	2	1	2
Berlin (West)	7	1	63	45	1	30	5	1	13	1	8	1	16	1	7
Bundesgebiet	**551**	**93**	**1184**	**1096**	**20**	**385**	**76**	**95**	**133**	**34**	**130**	**50**	**108**	**14**	**121**

* Gerichte der Länder. – Senate bei den obersten Bundesgerichten: Bundesverfassungsgericht 2. Bundesgerichtshof in Zivilsachen 11, in Strafsachen 5 (außerdem für beide Rechtsgebiete: 1 Kartellsenat, 1 Senat für Anwaltssachen, 1 Senat für Notarsachen, 1 Senat für Patentanwaltssachen, 1 Senat für Wirtschaftsprüfersachen, 1 Senat für Steuerberater- und Steuerbevollmächtigtensachen), Bundesarbeitsgericht 7. Bundesverwaltungsgericht 9 (außerdem 2 Disziplinar- und 2 Wehrdienstsenate), Bundesfinanzhof 12, Bundessozialgericht 12.

1 Einschl. der Kammern bzw. Senate für Handelssachen, Wiedergutmachungssachen, Entschädigungssachen u. dgl.
2 Einschl. der Strafvollstreckungskammern.
3 Nur erstinstanzliche Gerichte.
4 In Hessen, Baden-Württemberg und Bayern: Verwaltungsgerichtshof. Schleswig-Holstein und Niedersachsen haben ein gemeinsames Oberverwaltungsgericht mit Sitz in Lüneburg.
5 Einschl. Bayerisches Oberstes Landesgericht mit 3 Zivilsenaten, 1 Fideikommißsenat, 6 Strafsenaten und 3 Senaten für Bußgeldsachen.

Aus: Statistisches Bundesamt(Hrsg.): Statistisches Jahrbuch 1984 für die Bundesrepublik Deutschland. Stuttgart/Mainz 1984, S. 338.

Geographische Verteilung der ordentlichen Gerichte in der Bundesrepublik Deutschland

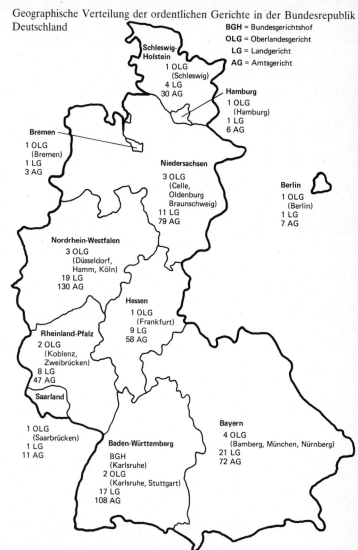

BGH = Bundesgerichtshof
OLG = Oberlandesgericht
LG = Landgericht
AG = Amtsgericht

Schleswig-Holstein
1 OLG
(Schleswig)
4 LG
30 AG

Hamburg
1 OLG
(Hamburg)
1 LG
6 AG

Bremen
1 OLG
(Bremen)
1 LG
3 AG

Niedersachsen
3 OLG
(Celle,
Oldenburg
Braunschweig)
11 LG
79 AG

Berlin
1 OLG
(Berlin)
1 LG
7 AG

Nordrhein-Westfalen
3 OLG
(Düsseldorf,
Hamm, Köln)
19 LG
130 AG

Hessen
1 OLG
(Frankfurt)
9 LG
58 AG

Rheinland-Pfalz
2 OLG
(Koblenz,
Zweibrücken)
8 LG
47 AG

Saarland
1 OLG
(Saarbrücken)
1 LG
11 AG

Baden-Württemberg
BGH
(Karlsruhe)
2 OLG
(Karlsruhe, Stuttgart)
17 LG
108 AG

Bayern
4 OLG
(Bamberg, München, Nürnberg)
21 LG
72 AG

Vgl. näher: Statistisches Bundesamt (Hrsg.): Statistisches Jahrbuch für die Bundesrepublik Deutschland 1984, S. 338.

Quelle: Gilles (Hrsg.), Humane Justiz, Anlage VI.

7. Der Prozeß als Mittel zur rechtlichen Konfliktlösung

Ein solcher Apparat verschlingt selbstverständlich auch beträchtliche Geldsummen, die zum Teil von der Allgemeinheit, also dem Steuerzahler, aufzubringen sind, zum Teil von den unmittelbar am Prozeß Beteiligten durch Gerichtskosten –, Bußgeldzahlungen u. a.

Der Haushalt des Bundes wies für das Jahr 1984 bei einem Gesamthaushalt von mehr als 257 Mrd. DM für den Bundesjustizhaushalt Gesamtausgaben in Höhe von etwa 371 Mio. DM aus[6]. Der Landeshaushaltsplan für Hessen – um ein Beispiel für die Justizkosten der Länder herauszugreifen – sah als Gesamtausgaben der Justiz für das Haushaltsjahr 1984 bei einem Gesamtetat von mehr als 21 Mrd. DM immerhin fast 800 Mio. DM vor[7].

7.2.4. Justizkritik und Justizreform

Dieser gewaltige Justizapparat mit seiner schon aus der bloßen Größe ablesbaren Machtfülle hat der Bundesrepublik Deutschland schon vor Jahren die kritisch bis abschätzig gemeinten Bezeichnungen eines „Rechtsprechungs-", „Rechtswege-" und eines „Rechtsmittelstaats" eingebracht[8], zu denen neuerdings noch die Vokabel vom „Prozeßstaat" hinzugekommen ist. Diese Etiketten zielen auf die neuralgischen Punkte unseres Gerichtswesens; sie markieren zugleich die großen Gegenwartsprobleme der Justiz und die Hauptstreitpunkte in der Diskussion um ihre Reform.

Das Etikett „Rechtsprechungsstaat", auch „Justiz-" oder „Richterstaat", zielt ab auf die starke Position der Rechtsprechung sowohl in der geschriebenen Verfassung als auch in der gesellschaftlichen Wirklichkeit, – eine Machtstellung, wie sie die Justiz in ihrer seitherigen Geschichte nicht gehabt hat. In Reaktion auf die Schwächen der Justiz in der Weimarer Republik und auf ihre Entmachtung und Ohnmacht, aber auch auf ihre verschiedentliche Willfährigkeit und Botmäßigkeit gegenüber den politischen Machthabern in der nationalsozialistischen Zeit haben die Väter des Grundgesetzes die Justiz als eine eigene

---

6 Haushaltsgesetz 1984 vom 22. Dezember 1983. *Bundesgesetzblatt* 1983 I, S. 1516ff.

7 Haushaltsgesetz 1984 vom 7. Juni 1984. *Gesetz- und Verordnungsblatt* 1984 I, S. 145ff.

8 *E. Schumann:* Grundbegriffe des Gerichtsverfassungsrechts der Bundesrepublik. (Teil I–III). *Juristische Arbeitsblätter* 1974, S. 283ff., 431ff., 575ff.

„Dritte Gewalt" konstituiert. Sie haben gesetzgebende, vollziehende und rechtsprechende Gewalt gleichgestellt – wenn nicht, wie Kritiker behaupten, Gesetzgebung *(Legislative)* und Verwaltung *(Exekutive)* der Rechtsprechung *(Judikative)* unterstellt und damit statt einer ausbalancierten Gewaltenteilung eine Vorherrschaft der Rechtsprechung geschaffen.

In der Tat läßt sich eine gewisse Vorzugs-, wenn auch nicht Vormachtstellung der rechtsprechenden Gewalt nur schwerlich leugnen. Dazu genügt es, sich nur einmal zu vergegenwärtigen, welche herausragende Stellung, weitreichende Entscheidungskompetenzen und Kontrollbefugnisse (Art. 93 GG) allein das Bundesverfassungsgericht als ein „allen übrigen Verfassungsorganen gegenüber selbständiges und unabhängiges Gericht" (§ 1 BVerfGG) hat.

Welches Gewicht – oder nach Kritikeransicht: Übergewicht – die Justiz hat, kommt auch in folgenden Verfassungsregelungen zum Ausdruck: Die Verwaltungsgerichtsbarkeit ist gemäß Art. 95 GG aus der vollziehenden Gewalt herausgelöst; durch den schon als „Krönung des Rechtsstaats" bezeichneten Art. 19 Abs. 4 GG wird ein lückenloser Rechtsschutz bei Verletzungen des einzelnen durch die öffentliche, also insbesondere durch die vollziehende Gewalt garantiert; nach Art. 100 GG haben die Gerichte eine weitreichende Prüfungskompetenz hinsichtlich der Verfassungsmäßigkeit von Gesetzen. Diese Vorschriften machen die Judikative zum Kontrolleur der Exekutive und Legislative. Den Titel „Rechtsprechungsstaat" hat sich die Bundesrepublik jedoch vor allen Dingen aufgrund des Macht- und Bedeutungszuwachses eingehandelt, den die Justiz seit Inkrafttreten des Grundgesetzes und unter dem Grundgesetz seither erfahren hat. In zunehmendem Maße haben die Gerichte in unserer Gesellschaft Aufgaben übernommen und übernehmen müssen, die über ihre herkömmlichen Funktionen einer schlichten Rechts- und Gesetzesanwendung weit hinausreichen und vielfach in die traditionellen Kompetenzbereiche der Legislative oder Exekutive fallen. Hält man sich vor Augen, in welchem Umfang Richter heute politisch judizieren, sozial gestalten, wirtschaftlich lenken oder staatlich verwalten, wenn sie über Kernkraft und Energieversorgung, Flughafenausbau und Naturschutz, Arbeitskämpfe und Radikale im öffentlichen Dienst, Umweltschutz und Hausbesetzungen, Unternehmensfusionen und Wettbewerbspraktiken, Asylrecht und Ausländerprobleme, Drogenmißbrauch und Datenschutz entscheiden und entscheiden müssen, so wird schnell deutlich, welche herausragende Rolle die Justiz in unserer Gesellschaft heutzutage spielt.

Angesichts dieser Entwicklungen wäre es zwar sicherlich übertrieben, bereits das Schreckbild einer „entfesselten dritten Gewalt als demokratisch nicht legitimierter und politisch unverantwortlicher Obergewalt" an die Wand zu malen, jedoch besteht fraglos Anlaß genug, über die Gefahren von Machtverschiebungen zwischen den Staatsgewalten zugunsten oder besser zu Lasten der Justiz nachzudenken[9].

Ist von der Bundesrepublik als „Rechtswegestaat" die Rede, so ist damit die breite Auffächerung des bundesdeutschen Justizsystems in die einzelnen Rechtswege mit ihren unterschiedlichen Rechtszügen und verwirrenden Gerichtszuständigkeiten und Verfahrensarten angesprochen. Zugleich wird gefragt, ob unser Gerichtswesen nicht viel zu differenziert und kompliziert und deshalb viel zu unübersichtlich und unzugänglich ist. In der Tat hat die Kompetenz- und Verfahrensaufsplitterung innerhalb der Justiz inzwischen einen Grad erreicht, daß sich diese bereits als echte Zugangsbarriere oder echte Prozeßerschwernis erweist, zumal die Verfahrensgesetze den Rechtsschutzsuchenden im allgemeinen mit den nachteiligen Folgen belasten, wenn dieser den falschen Rechtsweg eingeschlagen hat oder mit seiner Sache an ein unzuständiges Gericht geraten ist.

Nun kann eine hochkomplexe Gesellschaft gewiß nicht mit einer simplen Justiz auskommen, weshalb es auch abwegig wäre, unter dem Motto einer besseren Zugänglichkeit oder größeren Verständlichkeit der Justiz so etwas wie eine „Eintopfgerichtsbarkeit" bzw. eine „Einbahnstraße" für Justiz anzustreben. Was jedoch zu fordern ist und von der Wissenschaft seit langem zu Recht gefordert wird, ist sowohl eine Erleichterung des Übergangs *(Transfers)* von Rechtsangelegenheiten zwischen den einzelnen Rechtswegen und Gerichten als auch eine vereinheitlichende und vereinfachende Angleichung der Instanzen und Kompetenzen der Rechtswege untereinander.

Das Etikett „Rechtsmittelstaat" kritisiert demgegenüber die weithin historisch bedingte Vielfalt von Rechtsmitteln und Rechtsbehelfen innerhalb der einzelnen Rechtswege mit ihren zwei-, drei- oder sogar

---

9 Vgl. *T. Rasehorn:* Justiz. In: *Axel Görlitz (Hrsg.):* Handlexikon zur Rechtswissenschaft. München 1972, S. 227 ff.; *R. Wassermann:* Justizstaat, ebenda, S. 239 ff.

vierstufigen Instanzenzügen zur nochmaligen und abermaligen Überprüfung einmal getroffener Gerichtsentscheidungen. Sie hat die „erste Instanz" in den Augen der Bevölkerung zu einer provisorischen Durchgangsstation minderer Qualität zu den Sphären eines höheren und deshalb vermeintlich besseren Gerichtsschutzes werden lassen und mit dieser Instanzenmentalität in manchen Bereichen geradezu eine „Rechtsmittelsucht" ausgelöst[10]. Eine Bereinigung, aber auch Beschneidung des Rechtsmittel- und Rechtsbehelfsgestrüpps scheint deshalb dringend geboten, zumal auch das Bundesverfassungsgericht schon mehrfach betont hat, daß es keineswegs gegen jede richterliche Entscheidung immer und überall einen oder gar mehrere Rechtsbehelfe geben müsse[11].

Die bedenklichste Vokabel, die zur Zeit kursiert, ist die vom „Prozeßstaat", – bedenklich deshalb, weil sich hinter ihr nicht selten die gegen den Justizgewährungsanspruch eines jeden gerichtete, wenig demokratische Ansicht verbirgt, der Staat biete dem einzelnen Bürger überhaupt zu viele prozessuale Möglichkeiten, sein Recht zu fordern oder sich zu wehren. Diese Auffassung wird insbesondere mit Blick auf die sprunghaft angestiegenen Verwaltungsgerichtsverfahren vertreten, weil dadurch Maßnahmen der Exekutive einstweilen verzögert oder sogar endgültig verhindert werden. Hier sind beispielsweise manche Diskussionen zu Prozessen um den Bau von Kernkraftwerken, den Ausbau der „Startbahn West" des Frankfurter Flughafens oder auch zu den Asylrechtsverfahren einzuordnen.

Aufgabe 4

Welche Kritik verbindet sich mit der Bezeichnung der Bundesrepublik als „Rechtsprechungsstaat?

---

10 Vgl. *P. Gilles:* Die Berufung in Zivilsachen und die zivilgerichtliche Instanzenordnung. in: *Ders. (Hrsg.):* Humane Justiz. Kronberg 1977, S. 147 ff.
11 Vgl. etwa Beschluß des Bundesverfassungsgerichts vom 21. Oktober 1954. In: Amtliche Entscheidungssammlung des Bundesverfassungsgerichts (BVerfGE), Bd. 4, S. 74 ff.; Beschluß des Bundesverfassungsgerichts vom 8. Oktober 1956, a.a.O., Bd. 6, S. 7 ff.

7.3. Das gerichtliche Verfahren

War zunächst von der Justiz und in diesem Zusammenhang bereits von manchen gesellschaftlichen und politischen, verfassungsrechtlichen und justiziellen Rahmenbedingungen und Bestimmungsfaktoren heutiger Gerichtsprozesse die Rede, soll jetzt das *gerichtliche Verfahren* als solches im Mittelpunkt der Betrachtung stehen.

7.3.1. Funktionen, Aufgaben und Wirkungen des Prozesses

Wie jede Einrichtung zur Konfliktregelung dient der Gerichtsprozeß der Kanalisierung, Isolierung, Neutralisierung und nach Möglichkeit der völligen *Erledigung von Konflikten.* Der Gerichtsprozeß soll ausufernde Streitigkeiten formal befestigen und begrenzen, komplexe Streitmaterien durchsichtiger machen, verhärtete Fronten aufweichen und verfestigte Standpunkte lockern. Was von den in das Verfahren rollenhaft verstrickten Beteiligten dabei erhofft und gefordert wird, ist, daß sie Informationen und Meinungen austauschen, gegenseitig hinzulernen, Erwartungen herunterschrauben, Enttäuschungen einstecken, Unzufriedenheiten verarbeiten oder Proteste unterdrücken und den abschließenden Richterspruch kraft innerer Überzeugung von seiner Richtigkeit, kraft der Einsicht in seine Notwendigkeit oder auch einfach als pure Selbstverständlichkeit akzeptieren, damit unter den streitenden Parteien wieder Frieden herrscht und die Gesellschaft als Ganzes stabil bleibt. So jedenfalls umschreiben Soziologen, Psychologen und andere Sozialwissenschaftler die Funktionen oder Leistungen gerichtlicher Verfahren aus ihrer Sicht.

Was Juristen demgegenüber als Aufgaben und Wirkungen gerichtlicher Verfahren ansehen, ist die Verwirklichung des materiellen Rechts im konkreten Einzelfall durch seine autoritative Feststellung und notfalls zwangsweise Durchsetzung. Dies, damit sich das Recht insgesamt und auch außerhalb von Prozessen bewährt und der Prozeß auf diese Weise nicht nur zur Befriedung der Parteien oder ihrer Rechtsvergewisserung, sondern auch zur Rechtssicherheit und zum Rechtsfrieden im ganzen Land beiträgt.

Diese „Prozeßzwecke" gilt es nach Juristenmeinung durch eine möglichst gerechte Entscheidung zu erreichen, das heißt durch einen Richterspruch, der möglichst auf einem wahren Sachverhalt beruht, dessen

Rechtsfindungsvorgang möglichst den Regeln juristischer Kunst entspricht und dessen Ergebnis möglichst mit der materiellen Rechtslage in Einklang steht. Stark vereinfacht meint dies der Titel dieser Studieneinheit, wenn von der „rechtlichen Konfliktlösung" als dem Zweck eines Prozesses die Rede ist.

7.3.2. Verfahrenspostulate, Verfahrensgarantien und Verfahrenskautelen

Damit der Prozeß bzw. ein einzelnes Gerichtsverfahren die ihm gesteckten Ziele erreicht, enthalten das Grundgesetz ebenso wie die einzelnen Verfahrensordnungen und ihre Nebengesetze zahleiche Anforderungen, Maßnahmen und Vorkehrungen in bezug auf das Verfahren, die einen möglichst gerechten Prozeßausgang gewährleisten sollen; hier können lediglich einige der wichtigsten dieser *Verfahrenspostulate, Verfahrensgarantien und Verfahrenskautelen* herausgegriffen und stichwortartig aufgeführt werden:

– Die Ausübung der Rechtsprechung durch hierzu besonders ausgebildete und unabhängige Richter (Art. 97 GG) mit den Möglichkeiten eines Richterausschlusses oder einer Richterablehnung bei Zweifeln an ihrer Objektivität oder Neutralität.

– Die Bindung der Richter an Gesetz und Recht (Art. 1 Abs. 3; 20 Abs. 3; 97 Abs. 1 GG), das heißt an die anzuwendenden Normen des materiellen Rechts ebenso wie an die formellen Regelungen über die Sachverhandlung, die Tatsachenermittlung und die Entscheidungsfindung, die einen Regelverlauf von Prozessen und eine Gleichbehandlung von Parteien und Sachen sichern sollen.

– Die Gewährleistung richterlicher Fachkompetenzen und Spezialisierungen durch Schaffung bestimmter Rechtswege, Zuständigkeiten und Entscheidungsgremien.

– Die Einräumung von Möglichkeiten zur Anfechtung und Überprüfung richterlicher Entscheidungen innerhalb eines hierarchischen Gerichtsaufbaus.

– Die Gebote einer Einhaltung bestimmter Handlungs-, Entscheidungs-, Publizierungs- und Begründungsformen aus Rationalisierungs-, Nachweis- und Kontrollgründen.

– Der Anspruch eines jeden auf Justizgewährung, der das Recht auf einen lückenlosen Gerichtsschutz (Art. 19 Abs. 4 GG), auf ein rechts-

7. Der Prozeß als Mittel zur rechtlichen Konfliktlösung

und sozialstaatliches Verfahren und einen „fairen Prozeß" (Art. 20 Abs. 1 GG), auf den nach der Kompetenzordnung gesetzlich zuständigen Richter (Art. 101 Abs. 1 GG) und endlich den Anspruch auf rechtliches Gehör (Art. 103 Abs. 1 GG) beinhaltet, der den Richter nicht nur dazu verpflichtet, vor Gericht jedem Gelegenheit zur Stellungnahme zu geben, sondern ein offenes Sach- und Rechtsgespräch zu führen und notfalls Artikulationshilfen zu leisten.

– Das Recht eines jeden, vor Gericht und im Prozeß als „Subjekt" des Verfahrens ernst genommen und in seiner Würde geachtet zu werden (Art. 1 Abs. 1 GG).

– Die Einräumung von Partizipationschancen, aber auch von Mitwirkungs- und Zusammenarbeitspflichten (Art. 2 Abs. 1 GG), um vor Gericht eine offene Kommunikation und sachgerechte Kooperation zu ermöglichen.

– Das Postulat der Gleichheit aller vor dem Gesetz (Art. 3 Abs. 1 GG) im Sinne einer Chancengleichheit aller beim Zugang zum Gericht und ihrer rollenspezifischen Gleichbehandlung im Prozeß sowie die Verpflichtung des Richters, ungleiche Verhandlungspositionen unter Wahrung seiner Neutralität und Objektivität notfalls kompensieren zu helfen.

Wie Verfahrensforderungen oder -garantien im konkreten Fall miteinander kollidieren können und welche Rechtsprechungskontroversen dies nach sich zieht, wenn etwa der Richter zur Herstellung des Verhandlungsgleichgewichts im Dienste der materiellen Gerechtigkeit einer rechtsunkundigen Partei Hinweise auf bestimmte rechtliche Verteidigungsmöglichkeiten gibt, belegen die beiden kontroversen Entscheidungen im folgenden:

Beschluß des Oberlandesgerichts Bremen vom 14. August 1979 und Beschluß des Landgerichts Braunschweig vom 20. März 1979

ZPO § 42 (Richterablehnung wegen Hinweis auf Möglichkeit der Verjährungseinrede)

Der Hinweis eines Richters auf die Möglichkeit, die Einrede der Verjährung zu erheben, begründet in der Regel die Besorgnis der Befangenheit.
OLG Bremen, Beschl. v. 14. 8. 1979 – 1 W 28/79

Zum Sachverhalt: Die Kl. macht gegen den Bekl. Schadensersatzansprüche geltend. Der Amtsrichter hat durch schriftliche Verfügung die Parteien darauf hingewiesen, daß der geltend gemachte Anspruch nach dem bisherigen Parteivorbringen verjährt sein dürfte. Der Beklagte hat daraufhin die Einrede der Verjährung erhoben. Die Kl. lehnt den Amtsrichter wegen dieser Vorgänge wegen Besorgnis der Befangenheit ab. Das *LG* hat das Ablehnungsgesuch für unbegründet erklärt. Die sofortige Beschwerde der Kl. hatte Erfolg.

Aus den Gründen: Der Amtsrichter hat der Kl. Anlaß gegeben, an seiner Unbefangenheit zu zweifeln. Ein Richter, der in dieser Form einer Partei Hinweise zur zweckmäßigen Rechtsverteidigung gibt, setzt sich in den Augen auch einer besonnenen Gegenpartei dem Verdacht aus, den Parteien nicht unvoreingenommen und neutral gegenüberzustehen. Auch wenn der Hinweis des Amtsrichters formal an beide Parteien gerichtet war, war er der Sache nach nur für den Bekl. bestimmt und hat auch prompt zur Erhebung der Verjährungseinrede geführt. Dieser Hinweis des Amtsrichters war durch die in den §§ 278 und 139 ZPO statuierte Hinweispflicht weder geboten noch gestattet (vgl. *v. Feldmann,* in: MünchKomm, § 222 Rdnr. 2; *Franzki,* NJW 1979, 12; *Wieczorek,* ZPO, 2. Aufl., § 139 B IIb; *Zöllner-Stephan,* ZPO, 12. Aufl., § 138 Anm. 12; *Rosenberg-Schwab,* ZPR, 12. Aufl. § 78 III 1b). Soweit unter Hinweis auf sozialstaatliche Prinzipien, wie auch das *LG* es tut, ein erweitertes Hinweisrecht des Gerichts befürwortet wird (*LG Braunschweig,* NdsRpfl 1979, 146f.; *Schneider,* MDR 1977, 885, 974; *Wassermann,* Der soziale Zivilprozeß, S. 117 bis 119; *Bender-Belz-Wax,* Das Verfahren nach der Vereinfachungsnovelle etc., S. 8; *Zöllner-Vollkommer,* § 42 Anm. III 3a; vgl. auch *Koch,* NJW 1966, 1648; *Rogge,* DRiZ 1978, 266), kann dem nicht gefolgt werden. Wenn dieser Hinweis auf sozialstaatliche Prinzipien besagen soll, daß es Aufgabe aller Staatsgewalt und damit auch des Richters sei, dem Bürger Schutz und Hilfe zu gewähren, so muß eine derartige Fürsorgepflicht des Richters ihre Grenze in seiner Pflicht zur Neutralität finden und nicht umgekehrt. Mit dieser Neutralitätspflicht ist es jedoch nicht vereinbar, einer Partei rechtliche Hinweise zu geben, die sich zum Nachteil des Gegners auswirken können und in aller Regel auch auswirken werden. Es ist Sache der Partei selbst, sich von berufener Seite rechtlich beraten zu lassen. Ob in extremen Ausnahmefällen, wie *Koch* (NJW 1966, 1648) meint, eine andere Beurteilung am Platze ist, kann dahinstehen, da dieser Fall hier nicht vorliegt. Überdies unterstellt die Berufung auf sozialstaatliche Prinzipien, daß der Schuldner einer verjährten Forderung schutzbedürftiger und schutzwürdiger ist als der Gläubiger. Eine solche Wertung ist bereits im Hinblick auf die gesetzliche Regelung, wonach die eingetretene Verjährung nicht von Amts wegen, sondern nur auf Einrede hin zu beachten ist und dem Schuldner, der in Unkenntnis der Verjährung geleistet hat, ein Rückforderungsrecht nicht zusteht (§ 222 II 1 BGB), zweifelhaft. Daß in der Praxis die sozialen Belange des Gläubigers oftmals ebenso schutzwürdig und schutzbedürftig sind wie die des Schuldners, bedarf keiner näheren Darlegung. Nach alledem bleibt der *Senat* dabei, daß ein ohne Aufforderung gegebener und nicht durch besondere Umstände gebotener Hinweis des Richters auf eingetretene Verjährung mit der Verpflichtung des Richters zur Objektivität nicht vereinbar ist. Das Ablehnungsgesuch mußte daher Erfolg haben.

(Mitgeteilt von Richter am OLG B. v. Feldmann, Bremen)

Zu der Frage, ob ein Richter von sich aus auf die Verjährung aufmerksam machen darf, ohne die Besorgnis der Befangenheit zu begründen.

Beschluß des LG Braunschweig vom 20. 3. 1979 – 8 AR 10/79.

Aus den Gründen: Die Klägerin, eine Bank, macht gegen den Beklagten Ansprüche aus abgetretenem Recht für Warenlieferungen geltend. In der Terminsladung wies der Amtsrichter die Klägerin darauf hin, daß er sich verpflichtet sehe, den Beklagten auf die Möglichkeit der Verjährungseinrede hinzuweisen. Im Protokoll der mündlichen Verhandlung heißt es dann, daß das Gericht die bislang lediglich in der Ladung der Klägerin aufgeworfene Belehrungsfrage anschneide, ohne zunächst zu erläutern, worum es hierbei gehe. Im Rahmen dieser Erörterung lehnte der Klägervertreter den Amtsrichter als befangen ab. Er hat sein Ablehnungsgesuch schriftsätzlich damit begründet, daß der Amtsrichter den Beklagten auf die Möglichkeit der Einrede der Verjährung aufmerksam gemacht habe.

Das Ablehnungsgesuch der Klägerin ist unbegründet. Nach § 42 Abs. 2 ZPO kann ein Richter wegen Besorgnis der Befangenheit abgelehnt werden, wenn ein Grund vorliegt, der geeignet ist, Mißtrauen gegen die Unparteilichkeit des Richters zu rechtfertigen. Ein solcher Grund liegt nicht vor, denn der Richter ist mit dem Hinweis auf die Möglichkeit einer Verjährungseinrede einer Amtspflicht aus § 139 ZPO nachgekommen. Die Beachtung einer Amtspflicht gibt aber keinen Grund ab, Mißtrauen gegen die Unparteilichkeit eines Richters zu rechtfertigen. Nach § 139 ZPO hat der Richter dahinzuwirken, daß sich die Parteien vollständig erklären und sachdienliche Anträge stellen und hat zu diesem Zwecke, soweit erforderlich, das Sach- und Streitverhältnis nach der tatsächlichen und rechtlichen Seite zu erörtern. Der Umfang der so umschriebenen richterlichen Aufklärungspflicht wird von der Pflicht zur richterlichen Unparteilichkeit begrenzt. Dabei ist zu beachten, daß die richterliche Unparteilichkeit kein wertfreies Prinzip ist, sondern sich an den Grundwerten der Verfassung orientiert (vgl. BVerfG in NJW 76, 1391, 1392; NJW 78, 368, 350). Der § 139 ZPO ist deshalb so auszulegen, daß der Verfassungsgrundsatz des sozialen Rechtsstaats (Art. 28 Abs. 1 S. 1 GG) zur Geltung kommt. Das Bundesverfassungsgericht hat als eine wesentliche Ausprägung des Rechtsstaatsprinzips die „faire Verfahrensführung" verlangt (NJW 78, 363, 369; 79, 534, 535). Demgemäß geht der Umfang der richterlichen Aufklärungspflicht so weit, wie es eine faire Verfahrensführung verlangt. Bei einer rechtsunkundigen Partei wird sie infolgedessen zu einer allgemeinen prozessualen Fürsorgepflicht (vgl. Schneider in MDR 353, 355). Die rechtsunkundige Partei kann vom Richter rechtliche Aufklärung in der Weise verlangen, daß sie in den Stand gesetzt wird, sich im Prozeß sachgemäß zu verhalten. Infolgedessen ist nur ein Verfahren „fair" geführt, das die rechtsunkundige Partei über vorhandene Rechte aufklärt, damit sie anschließend entscheiden kann, ob sie davon Gebrauch machen will.

Ihre Grenze findet die richterliche Aufklärungspflicht in der Freiheit der Partei, selbst zu entscheiden, welche Rechte sie im Prozeß verfolgen will (vgl. Wassermann, Der soziale Zivilprozeß, Luchterhand 1978, S. 118 ff.). Dies setzt voraus, daß sie zuvor darüber informiert wird, darf aber bei der Verjährungseinrede nicht dazu führen, daß der Richter auffordert, von ihr Gebrauch zu machen.

Da sich der Amtsrichter innerhalb dieser Grenzen gehalten hat, mußte das Ablehnungsgesuch der Klägerin als unbegründet zurückgewiesen werden.

Einsender: RiLG Dedié, Braunschweig.

Aus: Neue Juristische Wochenschrift 1979, S. 2215 und *Niedersächsische Rechtspflege* 1979, S. 146/147.

7.3.3. Verfahrensmaximen

Neben den bisher behandelten Postulaten und Vorkehrungen gibt es für die einzelnen Gerichtsverfahren bestimmte *Verfahrensmaximen,* das heißt oberste Grundsätze und Leitideen, die zum Teil für alle Prozeßarten die gleichen, teils aber auch für die verschiedenen Prozeßarten mit Rücksicht auf die Unterschiedlichkeit der dort behandelten Sachen verschieden sind. Diese Grundsätze haben zumeist eine wechselvolle Geschichte, sind oft hart erkämpft und teilweise noch immer umkämpft. Sie spiegeln in besonderer Deutlichkeit politische Grundvorstellungen einer Gesellschaft wider, sie lassen die „Ideologie" gerichtlicher Verfahren erkennen und dokumentieren, „wes Geistes Kind" diese oder jene Prozeßordnung ist. Sie dienen dem Gesetzgeber als Richtschnur, der Rechtswissenschaft als Orientierung für die Theorie- und Systembildung und der Rechtsprechung als Interpretationshilfe und Handlungsanweisung, wenn es um die Auslegung von Verfahrensnormen oder die Ausfüllung von Ermessensspielräumen geht. Sie sind es auch, die die „Leitbilder" von Prozessen prägen und ersehen lassen, ob ein Zivilprozeß als ein individualistischer Parteienzweikampf zwischen Privatleuten unter passiver Richteraufsicht, als

7. Der Prozeß als Mittel zur rechtlichen Konfliktlösung

ein richterlich-autoritäres Befriedungsinstrument oder als ein dialogisches Kommunikationsforum konzipiert ist oder verstanden wird. Auch was diese Verfahrensmaximen anbelangt, können hier nur die hervorstechendsten herausgegriffen und in einer Aufzählung vorgestellt werden. Eine ganze Anzahl dieser Maximen betreffen Verhältnis, Verteilung und Begrenzung von Parteiherrschaft und Richter- bzw. sonstiger Staatsmacht im Prozeß:

– *Dispositionsmaxime*
Dieser Grundsatz besagt, daß in Verfahren, in denen vorrangig private Interessen auf dem Spiele stehen und um subjektive Rechte gestritten wird – wie etwa im Zivil- und Verwaltungsprozeß –, der Beginn, die Gegenstandsbestimmung, die Durchführung und die Beendigung des Prozesses weitgehend in der Macht der betroffenen Privatpersonen selbst liegen.

– *Offizialmaxime*
Wo es dagegen im Prozeß vornehmlich um öffentliche Interessen oder das objektive Recht geht und am Prozeß selbst ein öffentliches Interesse besteht – wie beim Strafprozeß –, gilt der Grundsatz, daß das Verfahren „von Amts wegen", sei es durch das Gericht, sei es durch den Staatsanwalt als „öffentlichen Ankläger" oder eine sonstige öffentliche Behörde, einzuleiten und inhaltlich festzulegen, einzustellen oder durchzuführen und abzuschließen ist.

– *Verhandlungsmaxime (Beibringungsgrundsatz)*
Sind Staat oder Allgemeinheit am Prozeß und seinem gerechten Ausgang desinteressiert, so mag man – wie man es im Gegensatz zu früher heute nur noch mit Vorbehalten für den Zivilprozeß gutheißt – auch die Beibringung des wahrheitsgemäßen und vollständigen Tatsachenstoffs sowie die Beschaffung der erforderlichen Beweismittel ausschließlich in die Hände privater Parteien legen. Dem Gericht oder einem staatlichen Ermittlungsorgan ist es dann nicht erlaubt, von sich aus Tatsachen in den Prozeß einzubringen, privates Wissen um den Sachverhalt zu verwerten oder von sich aus Beweise zu erheben.

– *Untersuchungsgrundsatz (Inquisitionsmaxime)*
Besteht dagegen ein öffentliches Interesse an der Ermittlung des wahren und vollständigen Sachverhalts und damit zugleich an einer möglichst richtigen und rechtmäßigen Entscheidung – wie es beispiels-

weise für den Straf- und Verwaltungsprozeß und das Verfahren der freiwilligen Gerichtsbarkeit ausdrücklich festgelegt ist –, dann gilt im Prozeß der Grundsatz der Ermittlung, Untersuchung und des Beweises des Sachverhalts von Amts wegen.

– *Kooperationsgrundsatz*
Die beiden zuletzt genannten Maximen haben im Verlauf ihrer Entwicklung in allen Prozeßarten inzwischen mehr oder minder starke Auflockerungen und damit zugleich Annäherungen erfahren. Im Zivilprozeß wird dies am deutlichsten. Dort wurde der anfangs uneingeschränkt geltende Verhandlungsgrundsatz bereits mit den Neuerungen zur richterlichen Aufklärungspflicht nach § 139 ZPO und der Wahrheitspflicht für die Parteien nach § 138 ZPO durch die Novellen von 1924 und 1933 merklich abgeschwächt. Mit der neuerlichen Ausweitung richterlicher Ermittlungsbefugnisse durch die „Vereinfachungsnovelle" von 1976 – mit ihrer Betonung der gemeinschaftlichen Verantwortung aller Prozeßbeteiligten für die Beschaffung und den Beweis der entscheidungsrelevanten Tatsachen – ist der Verhandlungsgrundsatz so weitgehend durchbrochen, daß man hier treffender heute von einer „Kooperationsmaxime" spricht.

– *Öffentlichkeitsgrundsatz*
Für alle gerichtlichen Verfahren, in denen es nicht ausnahmsweise um ganz persönliche Angelegenheiten oder besondere Geheimhaltungsinteressen geht, gilt ferner der gegen jede Geheimjustiz, Heimlichkeit und Unheimlichkeit von Prozessen gerichtete Grundsatz der Öffentlichkeit. Er ermöglicht Prozeßunbeteiligten den Zugang zu Gerichtsverfahren und gewährleistet damit eine Kontrolle des Prozeßgeschehens durch die Öffentlichkeit. Zudem hält er die Rechtsprechungsorgane zur Selbstkontrolle an, wenngleich mit ihm auch – vor allem durch die Prozeßberichterstattung der Massenmedien – mancherlei Gefahren für die richterliche Unabhängigkeit verbunden sind.

– *Mündlichkeitsgrundsatz*
Für alle Prozesse gilt im Grundsatz auch das mit dem Öffentlichkeitsprinzip unmittelbar zusammenhängende Prinzip einer mündlichen Verhandlung der Sache vor Gericht, das eine flexible und möglichst schnelle und umfassende Abklärung der Angelegenheit durch Rede und Gegenrede und durch ein unmittelbares Agieren und Reagieren auf die jeweilige Sach- und Rechtslage ermöglichen soll. Allerdings

erfährt dieser Mündlichkeitsgrundsatz erhebliche Einschränkungen sowohl durch verschiedentliche Schriftform- und Protokollierungszwänge für besonders wichtige Verfahrensereignisse und Prozeßhandlungen als auch durch die weithin erlaubten Bezugnahmen auf den Inhalt von Schriftsätzen; deshalb ist die „Aktenlage" des Prozesses trotz des Mündlichkeitsprinzips von maßgeblicher Bedeutung.

– Ökonomiegrundsatz
Erwähnt sei noch der ebenfalls in allen Verfahren geltende Grundsatz der Prozeßökonomie, der danach verlangt, im Prozeß rationell und effektiv zu verfahren, ohne mit der Sache oder den Parteien den sprichwörtlich „kurzen Prozeß" zu machen. Angesichts der nur beschränkt vorhandenen und zudem zweckentsprechend zu begrenzenden prozessualen und justiziellen Ressourcen sollen mit anderen Worten Kosten und Nutzen verfahrensmäßiger Einrichtungen in einem angemessenen Verhältnis stehen; deshalb wirken die Verfahrensgesetze unter anderem Versäumnissen und Verspätungen, Prozeßverschleppungen und sonstigen Nachlässigkeiten entgegen und verpflichten den Richter wie die Parteien zur „Prozeßförderung".

7.3.4. Verfahrensstationen, Verfahrensverlauf und Prozeßverhalten von Beteiligten

Fragen wir zum Abschluß des Kapitels über das gerichtliche Verfahren nach den einzelnen *Stationen,* die ein Gerichtsprozeß durchläuft, und danach, was sich dort im einzelnen abspielt und was die Prozeßbeteiligten in ihren verschiedenen Prozeßrollen wann zu tun haben oder tun können, so läßt sich auf diese Fragen angesichts der hohen Komplexität, Spezialität und Differenziertheit gerichtlicher Verfahren keine sämtlichen Prozessen gemeinsame Antwort geben.

Hierzu kann nur soviel gesagt werden, daß sich bei allen regulären Erkenntnisverfahren, in denen über einen streitigen oder erst noch zu ermittelnden Sachverhalt zu urteilen ist, vom Beginn eines Prozesses bis zu seinem Ende grundsätzlich vier Phasen oder Stationen unterscheiden lassen:

1. Die *Einleitungsphase,* in der durch Klage oder Antrag einer Partei, durch Anklage des Staatsanwalts oder sonstwie von Amts wegen ein Verfahren eröffnet und die Sache bei Gericht anhängig wird.

2. Die *Vorbereitungsphase,* in der das Gericht durch Auflagen und Anordnungen, durch vorgezogene Beweiserhebungen oder die Veranlassung sonstiger Maßnahmen die bevorstehende Hauptverhandlung bzw. den Haupttermin vorbereitet.

3. Die *Hauptphase,* in welcher in der „Hauptverhandlung" bzw. im „Haupttermin" die Sache unter den Beteiligten mündlich und öffentlich verhandelt wird, zur Feststellung der noch offenen Tatsachen die notwendigen Beweise erhoben werden und unmittelbar nach Schluß der mündlichen Verhandlung das Urteil verkündet bzw. die Entscheidung erlassen wird, sofern diese Urteilsverkündung bzw. der Entscheidungserlaß nicht in einem eigens anzuberaumenden Verkündungstermin erfolgt oder zu erfolgen hat.

4. Die *Beendigungsphase,* die bereits mit dem Entscheidungserlaß beginnt, dem im Kollegialgericht die Beratung und Abstimmung vorausgehen, und die mit der Unanfechtbarkeit der Entscheidung im Wege der ordentlichen Rechtsmittel („formelle Rechtskraft") und dem damit verbundenen endgültigen Eintritt ihrer sämtlichen Wirkungen („materielle Rechtskraft", endgültige Vollstreckbarkeit) ihren Abschluß findet.

Zur Veranschaulichung der oben aufgeführten Verfahrensstationen betrachten wir im folgenden den Verlauf eines *erstinstanzlichen Klageverfahrens im Zivilprozeß* einmal genauer. Das Verfahren des ersten Rechtszuges ist im zweiten Buch der Zivilprozeßordnung (§§ 253–510b) geregelt. Der 1. Abschnitt regelt das Verfahren vor den Landgerichten, und zwar das Verfahren bis zum Urteil. Im 2. Abschnitt werden die Besonderheiten des Verfahrens vor den Amtsgerichten behandelt. Der bedeutendste Unterschied besteht darin, daß sich die Parteien vor den Landgerichten und den höheren Gerichten durch einen Rechtsanwalt vertreten lassen müssen (sog. *„Anwaltszwang").*

Einen ersten Überblick über den Normalverlauf eines erstinstanzlichen Klageverfahrens vor einem Zivilgericht gibt das folgende Schema:

Normalverlauf eines erstinstanzlichen Klageverfahrens vor dem Zivilgericht in seinen wichtigsten Verfahrensstadien

Wichtige Regelungen der ZPO:

§ 253 [Klageschrift]

(1) Die Erhebung der Klage erfolgt durch Zustellung eines Schriftsatzes (Klageschrift).

(2) Die Klageschrift muß enthalten:

1. die Bezeichnung der Parteien und des Gerichts;
2. die bestimmte Angabe des Gegenstandes und des Grundes des erhobenen Anspruchs, sowie einen bestimmten Antrag.

§ 261 [Rechtshängigkeit]

(1) Durch die Erhebung der Klage wird die Rechtshängigkeit der Streitsache begründet.

§ 271 [Zustellung der Klageschrift]

(1) Die Klageschrift ist unverzüglich zuzustellen.

§ 272 [Beschleunigung des Verfahrens]

(1) Der Rechtsstreit ist in der Regel in einem umfassend vorbereiteten Termin zur mündlichen Verhandlung (Haupttermin) zu erledigen.

(2) Der Vorsitzende bestimmt entweder einen frühen ersten Termin zur mündlichen Verhandlung (§ 275) oder veranlaßt ein schriftliches Vorverfahren (§ 276).

§ 273 [Vorbereitung des Termins]

(1) Das Gericht hat erforderliche vorbereitende Maßnahmen rechtzeitig zu veranlassen. In jeder Lage des Verfahrens ist darauf hinzuwirken, daß sich die Parteien rechtzeitig und vollständig erklären.

§ 274 [Ladung der Parteien. Einlassungsfrist]

(1) Nach der Bestimmung des Termins zur mündlichen Verhandlung ist die Ladung der Parteien durch die Geschäftsstelle zu veranlassen.

Einleitungsphase

Verfahrenseinleitung

durch Klageerhebung, d. h. durch Einreichung der Klageschrift durch den Kläger bei Gericht (§ 253 I, II) und Zustellung der Klageschrift durch das Gericht an den Beklagten (§ 271 I) mit der Folge der Anhängigkeit der Sache bei Gericht bzw. der Rechtshängigkeit (§ 261 I).

Handlungsabfolge:

1. Einreichung der Klageschrift
2. Bestimmung eines Termins zur mündlichen Verhandlung durch das Gericht (§ 216 I) für den Fall eines frühen ersten Termins oder aber Veranlassung eines sog. schriftlichen Vorverfahrens (§ 272 II).
3. Veranlassung der Ladung der Parteien zum Termin (§ 274 I) durch das Gericht (§ 214).
4. Zustellung der Klageschrift durch das Gericht an den Beklagten (§§ 253 I, 271 I).

§ 275 [Früher erster Termin zur mündlichen Verhandlung]

(1) Zur Vorbereitung des frühen ersten Termins zur mündlichen Verhandlung kann der Vorsitzende oder ein von ihm bestimmtes Mitglied des Prozeßgerichts dem Beklagten eine Frist zur schriftlichen Klageerwiderung setzen. Andernfalls ist der Beklagte aufzufordern, etwa vorzubringende Verteidigungsmittel unverzüglich durch den zu bestellenden Rechtsanwalt in einem Schriftsatz dem Gericht mitzuteilen.

§ 276 [Schriftliches Vorverfahren]

(1) Bestimmt der Vorsitzende keinen frühen ersten Termin zur mündlichen Verhandlung, so fordert er den Beklagten mit der Zustellung der Klage auf, wenn er sich gegen die Klage verteidigen wolle, dies binnen einer Notfrist von zwei Wochen nach Zustellung der Klageschrift dem Gericht schriftlich anzuzeigen; der Kläger ist von der Aufforderung zu unterrichten. Zugleich ist dem Beklagten eine Frist von mindestens zwei weiteren Wochen zur schriftlichen Klageerwiderung zu setzen.

§ 128 [Grundsatz der Mündlichkeit]

(1) Die Parteien verhandeln über den Rechtsstreit vor dem erkennenden Gericht mündlich.

§ 136 [Prozeßleitung durch Vorsitzenden]

(1) Der Vorsitzende eröffnet und leitet die mündliche Verhandlung.

§ 137 [Gang der mündlichen Verhandlung]

(1) Die mündliche Verhandlung wird dadurch eingeleitet, daß die Parteien ihre Anträge stellen.

(2) Die Vorträge der Parteien sind in freier Rede zu halten; sie haben das Streitverhältnis in tatsächlicher und rechtlicher Beziehung zu umfassen.

§ 138 [Erklärungspflicht über Tatsachen]

(1) Die Parteien haben ihre Erklärungen über tatsächliche Umstände vollständig und der Wahrheit gemäß abzugeben.

Terminvorbereitung

mittels der erforderlichen Maßnahmen durch das Gericht zwecks Erledigung des Rechtsstreits in möglichst einem einzigen sog. Haupttermin (§ 272 I, § 273 I).

Handlungsabfolge:

– *entweder zur Vorbereitung des frühen ersten Termins*
(§§ 272 II, 275 I):

1. Aufforderung an den Beklagten zur Erwiderung und Verteidigung gegen die Klage (§ 275 I).
2. Einreichung der Klageerwiderungsschrift durch den Beklagten an das Gericht und deren Zustellung an den Kläger.
3. Anordnungen zur Vorbereitung des Haupttermins (§ 275 II, falls keine Erledigung der Sache bereits im frühen ersten Termin).
4. Schriftliche Stellungnahme des Klägers auf die Klageerwiderung (§ 275 IV).

– *oder zur Vorbereitung des Haupttermins Durchführung des schriftlichen Vorverfahrens* (§§ 272 II, 276 I):

1. Aufforderung zur Mitteilung der Verteidigungsabsicht und zur anschließenden Verteidigung (§ 276 I).
2. Einreichung der Klageerwiderungsschrift und deren Zustellung an den Kläger.
3. Anordnungen zur Vorbereitung des Haupttermins, falls keine Erledigung der Sache bereits im schriftlichen Vorverfahren (§ 273 I).
4. Schriftliche Stellungnahme des Klägers auf die Klageerwiderung (§ 277 IV).

Vorbereitungsphase

(3) Tatsachen, die nicht ausdrücklich bestritten werden, sind als zugestanden anzusehen, wenn nicht die Absicht, sie bestreiten zu wollen, aus den übrigen Erklärungen der Partei hervorgeht.

§ 139 [Richterliche Aufklärungspflicht]

(1) Der Vorsitzende hat dahin zu wirken, daß die Parteien über alle erheblichen Tatsachen sich vollständig erklären und die sachdienlichen Anträge stellen, insbesondere auch ungenügende Angaben der geltend gemachten Tatsachen ergänzen und die Beweismittel bezeichnen. Er hat zu diesem Zwecke, soweit erforderlich, das Sach- und Streitverhältnis mit den Parteien nach der tatsächlichen und der rechtlichen Seite zu erörtern und Fragen zu stellen.

§ 278 [Haupttermin]

(1) Im Haupttermin führt das Gericht in den Sach- und Streitstand ein. Die erschienenen Parteien sollen hierzu persönlich gehört werden.

(2) Der streitigen Verhandlung soll die Beweisaufnahme unmittelbar folgen. Im Anschluß an die Beweisaufnahme ist der Sach- und Streitstand erneut mit den Parteien zu erörtern.

§ 284 [Beweisaufnahme]

Die Beweisaufnahme und die Anordnung eines besonderen Beweisaufnahmeverfahrens durch Beweisbeschluß wird durch die Vorschriften des fünften bis elften Titels bestimmt.

§ 285 [Verhandlung nach Beweisaufnahme]

(1) Über das Ergebnis der Beweisaufnahme haben die Parteien unter Darlegung des Streitverhältnisses zu verhandeln.

Haupttermin

zur mündlichen Verhandlung und möglichst abschließenden Erledigung des Rechtsstreits (§ 272 I).

Handlungsabfolge:

1. *Mündliche Verhandlung des Rechtsstreits durch die Parteien vor Gericht* (§ 128 I) nach Eröffnung derselben durch das Gericht (§ 136 I), ihrer Einleitung durch die Antragstellung der Parteien (§ 137 I) und der Einführung in den Sach- und Streitstand durch das Gericht (§ 278 I),

in grundsätzlich freiem Parteivortrag (§ 137 II),

unter den Forderungen eines wahren und vollständigen Parteivortrags (§ 138 I), eines rechtzeitigen Vorbringens der Angriffs- und Verteidigungsmittel durch die Parteien (§ 282 I), richterlicher Hinweise, Aufklärungen und Fragen (§ 139 I, § 278 III) sowie jederzeitiger richterlicher Vergleichsbemühungen (§ 279 I).

2. *Durchführung der erforderlichen Beweisaufnahmen* bereits im Verhandlungstermin oder einem eigenen Beweisaufnahmetermin (§§ 278 II, 284, 358) mit anschließender Nachverhandlung über das Ergebnis der Beweisaufnahme (§§ 278 II, 285 I).
Schluß der mündlichen Verhandlung (§ 136 IV) und Anberaumung eines Termins zur Entscheidungsverkündung, falls keine Verkündung bereits im Verhandlungstermin (§ 310 I).

Hauptphase

3. Erlaß der richterlichen Entscheidung nach Beratung und Abstimmung des Richterkollegiums zwecks Erledigung des entscheidungsreifen Rechtsstreits (§ 300 I) durch Entscheidungsverkündung mittels eines Verlesens der Urteilsformel im anberaumten Verkündungstermin (§ 311 II).

Vollständige schriftliche Abfassung des Urteils (§§ 313 I, 315 II) und Zustellung des Urteils an die Parteien von Amts wegen (§ 317 I).

---

§ 300 [Endurteil]

(1) Ist der Rechtsstreit zur Endentscheidung reif, so hat das Gericht sie durch Endurteil zu erlassen.

§ 310 [Verkündungstermin]

(1) Das Urteil wird in dem Termin, in dem die mündliche Verhandlung geschlossen wird, oder in einem sofort anzuberaumenden Termin verkündet. Dieser wird nur dann über drei Wochen hinaus angesetzt, wenn wichtige Gründe, insbesondere der Umfang oder die Schwierigkeit der Sache, dies erfordern.

§ 317 [Urteilszustellung und -Anfertigung]

(1) Die Urteile werden den Parteien, verkündete Versäumnisurteile nur der unterliegenden Partei zugestellt. Eine Zustellung nach § 310 Abs. 3 genügt. Auf übereinstimmenden Antrag der Parteien kann der Vorsitzende die Zustellung verkündeter Urteile bis zum Ablauf von fünf Monaten nach der Verkündung hinausschieben.

§ 322 [Materielle Rechtskraft]

(1) Urteile sind der Rechtskraft nur insoweit fähig, als über den durch die Klage oder durch die Wiederklage erhobenen Anspruch entschieden ist.

§ 704 [Vollstreckbare Endurteile]

(1) Die Zwangsvollstreckung findet statt aus Endurteilen, die rechtskräftig oder für vorläufig vollstreckbar erklärt sind.

§ 705 [Formelle Rechtskraft]

Die Rechtskraft der Urteile tritt vor Ablauf der für die Einlegung des zulässigen Rechtsmittels oder des zulässigen Einspruchs bestimmten Frist nicht ein. Der Eintritt der Rechtskraft wird durch rechtzeitige Einlegung des Rechtsmittels oder des Einspruchs gehemmt.

Verfahrensbeendigung

mit dem Eintritt der Unanfechtbarkeit des Urteils im Wege ordentlicher Rechtsmittel bzw. der sog. *formellen Rechtskraft* (§ 705), mit der Folge einer verbindlichen Feststellung bzw. der sog. *materiellen Rechtskraft* der Entscheidung (§ 322 I) und einer endgültigen *Vollstreckbarkeit der* regelmäßig vorläufig vollstreckbaren Leistungsurteile (§ 704 I).

Beendigungsphase

Original: Peter Gilles.

7. Der Prozeß als Mittel zur rechtlichen Konfliktlösung

Zur weiteren Veranschaulichung der oben aufgeführten Verfahrensstationen betrachten wir im folgenden anhand eines Beispiels den
Verlauf eines *erstinstanzlichen Klageverfahrens im Zivilprozeß* einmal
genauer:

In dem im folgenden geschilderten alltäglichen Fall – einem Verkehrsunfall –
wird Rechtsanwalt Karl Klug von der Zahnarzthelferin Sibylle Kummer beauftragt, den Kraftfahrer Anton Schnell zur Zahlung von Schadensersatz zu
veranlassen. Wegen des Schadensfreiheitsrabattes hatten beide Beteiligten
ihren Kfz-Haftpflichtversicherungen den Unfall nicht gemeldet. Rechtsanwalt
Klug versucht zunächst, durch ein Mahnschreiben Herrn Schnell zur Zahlung
zu bewegen. Als dies nichts fruchtet, rät er seiner Mandantin zur Klage, die
daraufhin ein entsprechendes *Vollmachtsformular* unterschreibt. Auch wenn
sie bei einer Klage vor dem Amtsgericht, die hier in Frage kommt, nicht
anwaltlich vertreten werden muß, traut sie sich nicht zu, selbst die notwendigen
Schritte zu unternehmen.

Einleitungsphase
Das Verfahren wird mit *Einreichen der Klageschrift* durch den Kläger bzw.
durch seinen Rechtsanwalt bei Gericht eingeleitet. Der notwendige Inhalt der
Klageschrift, die Rechtsanwalt Klug abfaßt, läßt sich aus § 253 Abs. 2 ZPO
entnehmen. Danach müssen in der Klageschrift die Parteien und das Gericht
bezeichnet, ein bestimmter *Antrag* gestellt und die tatsächlichen Gründe ange-
geben werden, die den geltend gemachten Klageanspruch rechtfertigen sollen.
Auch die Unterschrift des Klägers bzw. seines Rechtsanwaltes ist erforderlich.
Unter Beachtung dieser Bestimmungen faßt Rechtsanwalt Klug folgende Klageschrift ab:

Karl Klug
Rechtsanwalt

7400 Tübingen, den 23. 8. 1981
Gerade Straße 4
Kl/fo

An das
Amtsgericht Tübingen

KLAGE

der Zahnarzthelferin Sibylle K u m m e r , Wachtelweg 4, 7400 Tübingen
– Klägerin –

Prozeßbevollmächtigter: Rechtsanwalt Karl Klug, Gerade Straße 4,
7400 Tübingen

---

gegen

den Kraftfahrer Anton Schnell, Lange Straße 77, 7400 Tübingen

– Beklagten –

wegen Schadensersatz

Namens der Klägerin und kraft anliegender Vollmacht erhebe ich hiermit Klage gegen den Beklagten vor dem Amtsgericht Tübingen. Ich werde beantragen:

1. Der Beklagte wird verurteilt, an die Klägerin DM 600,– nebst 4% Zinsen seit Rechtshängigkeit zu zahlen.
2. Der Beklagte trägt die Kosten des Rechtsstreits.
3. Das Urteil ist vorläufig vollstreckbar.

Begründung:

Die Klägerin fuhr am 17. Juni 1981 gegen 13 Uhr mit ihrem Golf, Kennzeichen TÜ–TU 111, in das Parkhaus Kaiser. Sie fuhr langsam durch die 1. Etage des Parkhauses auf der Suche nach einem freien Parkplatz, als der Beklagte mit seinem Opel Ascona, Kennzeichen TÜ–TA 333, rückwärts aus einer freien Parklücke setzte, ohne die Klägerin zu beachten. Dabei beschädigte er den rechten vorderen Kotflügel und die vordere Stoßstange des Pkws der Klägerin.

Beweis: Zeugnis der Erna Schlaf, Leise Straße 9, 7400 Tübingen.

Der Beklagte erklärte sich sofort bereit, den Schaden zu übernehmen, so daß auf ein Einschalten der Polizei verzichtet wurde. Laut beiliegenden Rechnungen belaufen sich die Kosten der Reparatur des Pkws auf DM 600,–.

Die Klägerin forderte mit Schreiben vom 8. Juli 1981 unter Übersendung der Rechnungen und mit Mahnschreiben vom 22. Juli 1981 den Beklagten zur Zahlung auf. Der Beklagte hat jedoch nicht reagiert.

Beweis: anliegende Schreiben vom 8. und 22. Juli 1981 in Kopie.

Es ist daher Klage geboten.

Klug
Rechtsanwalt

Zu dieser Klageschrift sind noch einige Bemerkungen notwendig. Daß die Klage beim Amtsgericht Tübingen eingereicht wird, ist eine Frage der sachlichen und örtlichen Zuständigkeit. Die Formulierung des Klageantrags entspricht einer gebräuchlichen Fassung. Der Antrag auf Verurteilung des Beklagten hinsichtlich der Kosten und auf Vollstreckbarerklärung des erstrebten Urteils ist nicht notwendig, aber allgemein üblich. Diese „Nebenentscheidungen" muß das Gericht von Amts wegen, also auch ohne Antrag, treffen. Welche Bedeutung der Antrag auf 4 % Zinsen nach Rechtshängigkeit hat, wird weiter unten noch behandelt. Schließlich ist noch darauf hinzuweisen, daß Rechtsanwalt Klug Kostenmarken auf die Klageschrift klebt. Diese gelten als Nachweis der Zahlung des Gerichtskostenvorschusses, ohne den das Gericht nicht tätig wird.

Die Einreichung der Klageschrift bei der Geschäftsstelle des Amtsgerichts Tübingen ist der erste Schritt der Verfahrenseinleitung. Der Rechtsstreit wird damit *anhängig*. Dieser Ausdruck hat historischen Ursprung: Früher wurden die Klagen an einer Leine in der Geschäftsstelle des Gerichts aufgehängt. Heute wird in der Geschäftsstelle für die Klageschrift eine Akte angelegt, die ein bestimmtes Aktenzeichen erhält – beispielsweise Az 2 C 335/81 –, das über das zuständige Gericht, die Art des Rechtsstreits und die Reihenfolge des Eingangs Aufschluß gibt. Anschließend wird die Akte dem Richter, der nach dem Geschäftsverteilungsplan zuständig ist, vorgelegt. In unserem Fall ist es der Amtsrichter Dr. Weise. Dieser kann jetzt einen „frühen ersten Termin" zur mündlichen Verhandlung bestimmen oder ein „schriftliches Vorverfahren" veranlassen (§§ 272, 275, 276 ZPO).

Je nachdem, wie er sich entscheidet, muß der Richter auch die Ladung der Parteien zum Termin (§ 274 Abs. 1 ZPO) veranlassen und – was das Wichtigste ist – die *Zustellung der Klageschrift* an den Beklagten verfügen. Denn erst mit Zustellung der Klageschrift ist die Klage erhoben, das heißt, *rechtshängig*. Welche Bedeutung dieser Ausdruck hat, wird in § 261 ZPO erläutert. Danach hat die Rechtshängigkeit die Wirkungen, daß während der Dauer der Rechtshängigkeit die Streitsache von keiner Partei anderweitig anhängig gemacht werden kann und daß die Zulässigkeit des beschrittenen Rechtsweges und die Zuständigkeit des Prozeßgerichts durch eine Veränderung der sie begründenden Umstände nicht berührt werden.

Außerdem hat die Rechtshängigkeit zur Folge, daß der Schuldner, also Herr Schnell, seine Geldschuld von da an in jedem Fall verzinsen muß (§ 291 BGB).

Vorbereitungsphase

Die zweite Phase dient der Terminvorbereitung. Das Gericht hat alle erforderlichen Maßnahmen zu treffen, um die Erledigung des Rechtsstreits in möglichst einem einzigen Termin, dem *Haupttermin,* zu erreichen (§ 273 ZPO).

Das Gericht hat zwei Möglichkeiten, den Haupttermin vorzubereiten: durch einen *frühen ersten Termin* oder durch ein *schriftliches Vorverfahren*. Die §§ 275 und 276 ZPO sind die dafür maßgebenden Bestimmungen.

Welche Vorgehensweise in unserem Fall Dr. Weise einschlägt, hängt davon ab, ob nach seiner Ansicht im schriftlichen Verfahren eine Klärung bestimmter

Streitpunkte schneller und besser erfolgen kann als in einem mündlichen. Als zentraler Streitpunkt zeichnet sich hier der Ablauf des Unfallgeschehens ab, wenn der Beklagte der Schilderung der Klägerin widerspricht. Damit ist zu rechnen, da der Beklagte sonst bezahlt hätte. Richter Dr. Weise entscheidet sich deshalb zu einer Terminvorbereitung durch einen frühen ersten Termin. Er setzt demgemäß dem Beklagten eine Frist, auf die Klage zu erwidern.

Inzwischen hat der Beklagte den Rechtsanwalt Josef Schlau mit seiner Verteidigung beauftragt. Das Schreiben, das dieser nach Aufforderung des Gerichts an das Amtsgericht Tübingen sendet, die *Klageerwiderungsschrift,* hat folgenden Inhalt:

Josef Schlau 7400 Tübingen, den 17. 9. 1981
Rechtsanwalt Linke Straße 9
  Sch/Di

An das

Amtsgericht Tübingen

– AZ: 2C 335/81 –

In Sachen
Kummer gegen Schnell

melde ich mich als Prozeßbevollmächtigter des Beklagten und beantrage,

die Klage kostenpflichtig abzuweisen.

Den Beklagten trifft an dem Unfall vom 17. Juni 1981 keine Schuld. Die Klägerin, die auf der Suche nach einer freien Parklücke war, hatte angehalten und dem Beklagten durch ein Handzeichen unmißverständlich zu verstehen gegeben, daß er aus seiner Parklücke fahren könne. Plötzlich startete sie jedoch wieder – wohl weil sie eine andere Parklücke entdeckt hatte. Dabei kam es zu dem von der Klägerin geschilderten Zusammenstoß.

Beweis: Zeugnis der Anna Schnell, zu laden unter der Anschrift des Beklagten.

Im übrigen bestreitet der Beklagte, sich zur Übernahme des Schadens verpflichtet zu haben.

---

7. Der Prozeß als Mittel zur rechtlichen Konfliktlösung

> Die Klägerin hat sich den Unfall also selbst zuzuschreiben und kann ihr Fehlverhalten nicht auf den Beklagten abwälzen. Der Beklagte, an dessen Pkw ebenfalls Schäden entstanden sind, verzichtet auf eine Geltendmachung, weil die Schäden gering sind.
>
> *Schlau*
> Rechtsanwalt

Nach diesem Schreiben ist der Verlauf des frühen ersten Termins für Dr. Weise unter gewöhnlichen Umständen schon vorauszusehen: Die Parteien bestreiten ihre Verantwortung für den Unfall, und der Ausgang des Rechtsstreits hängt davon ab, welcher der vorgetragenen Sachverhalte bewiesen wird. Über das Geschehen können – neben den Parteien – die von diesen benannten *Zeugen* berichten. Deshalb lädt Dr. Weise diese beiden Zeugen „vorsichtshalber" schon zum frühen ersten Termin, der am 28. September 1981 stattfinden soll. Bei dem hier bestimmten frühen ersten Termin könnte sich freilich herausstellen, daß die Zeugen nicht mehr benötigt werden, etwa weil eine Partei bzw. ihr Anwalt nicht erscheint oder weil sich die Parteien wider Erwarten doch noch außergerichtlich oder zu Beginn der Verhandlung vergleichen. Dann wären die Zeugen umsonst gekommen, und auch die Zeugengebühren wären zu zahlen (§ 401 ZPO).

In unserem Fall verläuft jedoch alles „normal": Beide Parteien erscheinen mit ihren Rechtsanwälten. Nun eröffnet Dr. Weise die *mündliche Verhandlung,* und die beiden Prozeßbevollmächtigten verlesen die Anträge. Die anschließende Erörterung des Streitfalles ergibt nichts Neues. Weder erkennt der Beklagte den Schaden an, noch sind die emotionsgeladenen Parteien bereit, einen Vergleichsvorschlag anzunehmen; sie beharren vielmehr auf ihren alten Standpunkten. Der Richter läßt deshalb die auf dem Gerichtsflur wartenden Zeugen rufen, um sie zu den Tatsachen, die zwischen den Parteien streitig und für die Entscheidung des Rechtsstreits erheblich sind (das heißt also, grob gesprochen, zum Verlauf des Unfalls), zu vernehmen. Diese *Beweisaufnahme* richtet sich nach einem streng formalisierten und komplizierten Verfahren, dem zahlreiche Vorschriften der Zivilprozeßordnung gewidmet sind. Wir wollen nur das Ergebnis der Beweisaufnahme festhalten, das Dr. Weise protokolliert bzw. auf Band diktiert hat.

Danach hat die Zeugin Erna Schlaf, die Mutter der Klägerin, ausgesagt:

„Als meine Tochter das Parkhaus erreicht hatte, war ich – nach einer langen Fahrt – etwas eingenickt. Ich bin erst von dem Knall des Zusammenstoßes aufgewacht."

Auf entsprechende Frage des Richters:

„Daß der Beklagte die Schäden bezahlen wollte, habe ich von ihm selbst nicht gehört. Ich war wegen der Aufregung sofort in ein nahegelegenes Café gegangen. In dieser Zeit muß der Beklagte wohl seine Fehler eingestanden haben."

Die Zeugin Anna Schnell, die Ehefrau des Beklagten, bestätigt voll und nahezu wörtlich dessen Behauptungen in der Klageerwiderungsschrift.

Was nach diesen Zeugenaussagen zu geschehen hat, bestimmt § 285 Abs. 1 ZPO, wonach über das Ergebnis der Beweisaufnahme die Parteien unter Darlegung des Streitverhältnisses zu verhandeln haben. Zwischen den Anwälten entsteht nun eine Meinungsverschiedenheit darüber, ob die Beweisaufnahme eindeutig ergeben habe, daß der Unfall für den Beklagten ein unabwendbares Ereignis darstelle (§ 7 Straßenverkehrsgesetz) und diesen auch keinerlei Verschulden treffe (§ 823 BGB). Für eine eingehende Erörterung dieser Fragen fehlt jedoch die Zeit, weil an diesem Verhandlungstag noch 14 weitere Sachen anstehen. Da die Anwälte zudem andeuten, mit ihren Mandanten doch noch einmal die Möglichkeit eines Vergleichs durchsprechen zu wollen, ordnet der Richter im Einverständnis beider Parteien als Haupttermin einen weiteren Termin zur mündlichen Verhandlung und abschließenden Erledigung des Rechtsstreits an (§ 272 Abs. 1 ZPO). Dieser soll am 21. Oktober 1981 stattfinden.

Hauptphase

Der *Haupttermin* gestaltet sich in unserem Fall ähnlich wie der frühe erste Termin. Beide Parteien lehnen erneut einen Vergleichsvorschlag des Richters ab. Nach nochmaliger Erörterung des Sach- und Streitstandes schließt der Richter die mündliche Verhandlung. Er hätte nun die Möglichkeit, einen eigenen „Verkündungstermin" anzuberaumen, um noch etwas Zeit zur Überlegung – bei einem Richterkollegium: zur Beratung – zu gewinnen (§ 310 ZPO).

In unserem Fall jedoch hat sich der Richter bereits eine abschließende Meinung gebildet und die Entscheidung kann schon im Haupttermin ergehen.

Dr. Weise *verkündet* deshalb seine Entscheidung zum Schluß des Haupttermins.

Diese Entscheidung wird später schriftlich abgefaßt, und Ausfertigungen dieses Urteils werden den Parteien von Amts wegen zugestellt (§§ 315, 317 ZPO).

Das Urteil fällt in unserem Fall folgendermaßen aus:

Amtsgericht
Geschäfts-Nr. 2C 335/81

Im Namen des Volkes

– Verkündet –

Urteil

am 21. 10. 1981

in dem Rechtsstreit
der Zahnarzthelferin

Alfred Klein
als Urkundsbeamter
der Geschäftsstelle

Sibylle K u m m e r
Wachtelweg 4
7400 Tübingen
Klägerin
Prozeßbevollm.: Rechtsanwalt
Karl Klug, Tübingen

gegen

den Kraftfahrer
Anton S c h n e l l
Lange Straße 77
7400 Tübingen
Beklagten
Prozeßbevollm.: Rechtsanwalt
Josef Schlau, Tübingen

hat das Amtsgericht Tübingen
durch den Richter Dr. Weise
auf die
mündliche Verhandlung vom 21. 10. 1981

für Recht erkannt:
Die Klage wird abgewiesen.
Die Klägerin trägt die Kosten des Rechtsstreits.
Das Urteil ist vorläufig vollstreckbar.

Im Anschluß an diese Urteilsformel legt der Richter im *Tatbestand* den Sachverhalt so dar, wie er ihn für objektiv gegeben hält. In den *Entscheidungsgründen* nimmt er zur materiellen Rechtslage Stellung, indem er unter anderem darlegt, warum er welche Vorschriften angewendet oder nicht angewendet hat und warum er deswegen die Klage für unbegründet hält. Diesen Urteilsinhalt legt § 313 ZPO fest. Danach muß das Urteil enthalten:

1. die Bezeichnung der Parteien, ihrer gesetzlichen Vertreter und der Prozeßbevollmächtigten;
2. die Bezeichnung des Gerichts und die Namen der Richter, die bei der Entscheidung mitgewirkt haben;
3. den Tag, an dem die mündliche Verhandlung geschlossen worden ist;
4. die Urteilsformel;
5. den Tatbestand;
6. die Entscheidungsgründe.

Ferner sollen im Tatbestand die erhobenen Ansprüche und die dazu vorgebrachten Angriffs- und Verteidigungsmittel unter Hervorhebung der gestellten Anträge nur ihrem wesentlichen Inhalt nach knapp dargestellt werden mit der Möglichkeit, wegen der Einzelheiten des Sach- und Streitstandes auf Schriftsätze, Protokolle und andere Unterlagen zu verweisen.

Des weiteren haben nach der genannten Bestimmung die Entscheidungsgründe eine kurze Zusammenfassung der Erwägungen zu enthalten, auf denen die Entscheidung in tatsächlicher und rechtlicher Hinsicht beruht.

In den Urteilsgründen legt Dr. Weise unter anderem dar, daß und weshalb der Unfall für den Beklagten ein unabwendbares Ereignis gewesen sei und den Beklagten an dem Unfall auch keinerlei Verschulden treffe.

Bereits mit der Urteilsverkündung und der sich anschließenden Ausfertigung und Zustellung tritt das Verfahren in seine Beendigungsphase ein.

Beendigungsphase

Endgültig beendet ist das Verfahren allerdings erst, wenn das ergangene Urteil wegen Fristablaufs nicht mehr mit Rechtsmitteln angefochten werden kann *(formelle Rechtskraft)*, was zur Folge hat, daß das Urteil verbindlich wird *(materielle Rechtskraft)* und nunmehr nicht nur „vorläufig" (§§ 704 Abs. 1, 708 Nr. 11, 717 ZPO), sondern jetzt endgültig *vollstreckt* werden kann.

Betrachtet man den Ausgang dieses alltäglichen Falles, mögen vielleicht beim einen oder anderen Leser Bedenken aufkommen, ob denn das vorliegende Urteil nun wirklich richtig und gerecht ist.

Selbst wenn der Richter – was hier dahingestellt bleiben soll – sämtliche prozeßrechtlichen und materiellrechtlichen Vorschriften peinlich genau beachtet und den Rechtsstreit nach allen Regeln juristischer Kunst behandelt und entschieden hat, bleibt die Frage, ob der Streit um die 600 DM Schadensersatz zwischen Frau Kummer und Herrn Schnell nun tatsächlich bereinigt oder der

7. Der Prozeß als Mittel zur rechtlichen Konfliktlösung

Konflikt wenigstens „rechtlich" gelöst worden ist. Oder konkreter gefragt: Warum konnte oder durfte der Richter von der Tatsachen- und Rechtsbehauptung des Beklagten ausgehen und warum nicht von derjenigen der Klägerin? Warum hat er diese oder jene anzuwendende Bestimmung so ausgelegt und nicht anders? Warum hat er den Zeuginnen geglaubt, und weshalb hat er ihnen als Angehörigen der Parteien überhaupt glauben dürfen? Oder: Warum hat der Richter wegen der gegensätzlichen Darstellungen den Schaden nicht einfach geteilt und der Klägerin wenigstens die Hälfte der 600 DM zugesprochen? Diesen Fragen wird auf einer abstrakteren Ebene im nächsten Abschnitt weiter nachgegangen.

Aufgabe 5

Nennen Sie die wichtigsten Verfahrensmaximen der einzelnen Gerichtsprozesse, und erläutern Sie, welche Auswirkungen sie für das Gerichtsverfahren haben.

7.4. Die richterliche Entscheidung

Wie schon erwähnt, enden allerdings keineswegs alle Gerichtsverfahren durch Richterspruch. Von den erstinstanzlichen zivilprozessualen Klageverfahren beispielsweise wird sogar kaum ein Fünftel aller Verfahren durch streitiges Urteil abgeschlossen. Dies ändert jedoch nichts daran, daß nach allen Verfahrensgesetzen und Prozeßordnungen die richterliche Entscheidung den angestrebten Schluß- und Höhepunkt gerichtlicher Erkenntnisprozesse bildet. Sie stellt die Hauptaufgabe des Richters oder Richterkollegiums dar und verdient deshalb besondere Aufmerksamkeit.

Ist das Verfahren nicht bereits wegen Fehlens von Zulässigkeitsvoraussetzungen oder Bestehens von Zulassungshindernissen durch ein „Prozeßurteil" für unzulässig zu erklären bzw. die Klage als unzulässig abzuweisen, ist auch nicht aufgrund besonderer Ereignisse – Anerkenntnis, Verzicht, Versäumnis, Erledigung und anderes – über die Sache zu befinden und liegen auch sonst keine Verfahrensbesonderheiten vor, so steht das Gericht in den Erkenntnisverfahren stets vor derselben Aufgabe: Es muß den Sachverhalt – also einen historischen Lebensvorgang – nach bestimmten Regeln juristischer Kunst, mit besonderen Methoden und mit bestimmten Beweismitteln aufklären, auf den so festgestellten Sachverhalt wiederum nach bestimmten Regeln und Methoden die materiellen Rechtsnormen anwenden oder diese gegebenenfalls fortbilden und schließlich als Ergebnis dieses Erkenntnisvorgangs eine der materiellen Rechtslage entsprechende Entscheidung aussprechen. Diese „Rechtsanwendung" war das Thema des 5. Kapitels.

7.4.1. Der Richterspruch als Rechts- und Machtspruch

Verurteilt nun das Gericht eine Partei zu einer Leistung oder den Angeklagten zu einer Strafe, spricht es diesen frei oder weist es eine Klage als unbegründet ab, stellt es eine Rechtsfolge fest oder ordnet es eine Maßnahme an, so ist dieser „Rechtsspruch", wie jeder weiß, nicht etwa nur eine bloße Rechtsauskunft, ein richterlicher Rechtsrat „ohne Gewähr" oder ein Entscheidungsvorschlag „zur Güte", sondern zugleich ein *Machtspruch* oder – um in der Terminologie des Grundgesetzes zu bleiben – ein Akt der „rechtsprechenden Gewalt". Diese „Gewalt" äußert sich als besondere gerichtliche Kraft oder Autorität in der (materiellen) *Rechtskraft* richterlicher Entscheidungen, das heißt in einer grundsätzlich für die Prozeßbeteiligten, ausnahmsweise aber auch für die Allgemeinheit, verbindlichen (autoritativen) Feststellung der ausgesprochenen Rechtsfolge. Ist eine richterliche Entscheidung erst einmal in materielle Rechtskraft erwachsen, so kann über diese Angelegenheit weder vor einem anderen Gericht noch in einem anderen Prozeß nochmals prozessiert werden. Noch deutlicher allerdings kommt jene „Gewalt" in der *Vollstreckbarkeit* richterlicher Entscheidungen zum Ausdruck, das heißt in der Durchsetzbarkeit gerichtlicher Anordnungen oder Befehle mit Hilfe staatlicher Zwangsmaßnahmen.

7.4.2. Unverzichtbarkeit richterlicher Gewalt

Diese richterliche Gewalt ist unverzichtbar. Denn weder kann die Rechtsordnung darauf bauen und vertrauen, daß jeder in jedem Fall jede Entscheidung für vernünftig und gerecht hält und sich deshalb freiwillig nach ihr richtet, noch kann sie trotz aller zur Vermeidung von Fehlentscheidungen getroffenen Maßnahmen und Vorkehrungen garantieren, daß jeder Richterspruch rechtens, plausibel, konsensfähig und damit akzeptabel ist. Könnte jeder, der – aus welchen Gründen auch immer – mit einer richterlichen Entscheidung unzufrieden ist, diese einfach negieren, oder wollte man mit Rücksicht auf unvermeidliche Fehlurteile, in denen, überspitzt formuliert, richterliche „Gewalt vor Recht" ergeht, auf eine autoritative Kraft oder zwangsweise Durchsetzung von Gerichtsentscheidungen verzichten, dann bliebe der Prozeß in vielen Fällen als Mittel zur rechtlichen Konfliktlösung untauglich. Er wäre weitgehend außerstande, seine zuvor umschriebenen Aufgaben zu erfüllen und das zu leisten, was er leisten soll: Er könnte in vielen Fällen weder Rechtspositionen schützen noch dem einzelnen zu seinem Recht verhelfen, weder Rechtssicherheit schaffen noch Rechtsfrieden stiften, weder zur Rechtsbefolgung außerhalb von Prozessen beitragen noch verbindliche Anweisungen für ein rechtliches Verhalten geben. Ohne ihn kämen Straftäter ungestraft davon und blieben Rechtsstreitigkeiten ohne Ende. Mit anderen Worten: Als Konfliktlösungsmittel „funktionieren" kann der Prozeß überhaupt nur mit Hilfe der ihm eigenen staatlichen Gewalt.

7.4.3. Unvermeidbarkeit von Funktionsverfehlungen und Leistungsmängeln des Prozesses

Würde auch ein Prozeß ohne die autoritative Verbindlichkeit seiner Entscheidungen und ihrer zwangsweisen Durchsetzbarkeit als Konfliktlösungsmittel nichts oder nur wenig taugen, so heißt dies allerdings nicht, daß dank jenes Zwangs der Prozeß nunmehr stets konfliktlösend wirkt oder seine Aufgaben erfüllt. Denn wie gerade gesehen, können zum einen Richtersprüche aus zahllosen Gründen und keineswegs nur wegen richterlicher Irrtümer unrichtig sein. Und zum anderen vermag nicht jeder die mögliche Richtigkeit einer für ihn nachteiligen Entscheidung einzusehen oder ihre mögliche Unrichtigkeit billigend in Kauf zu nehmen. Dazu nur folgende Hinweise:

Allein in Zivilsachen werden gegenwärtig von den streitigen amtsgerichtlichen Urteilen laut Statistik etwa jedes vierte und von den streitigen landgerichtlichen Urteilen sogar rund jedes zweite im Wege der Berufung angefochten[12]. Von diesen Berufungen sind nach vorliegen-

---

12 Statistisches Bundesamt (Hrsg.): Statistisches Jahrbuch 1984 für die Bundesrepublik Deutschland, S. 339.

den Statistiken nur weniger als ein Viertel ganz oder teilweise erfolgreich im Sinne einer Aufhebung oder auch noch so geringfügigen Abänderung des angefochtenen untergerichtlichen Urteils. Die Erfolgsquote differiert dabei allerdings ganz erheblich je nach der Art der Streitgegenstände. Das liegt einfach daran, daß es eben Konfliktfelder gibt, in denen Sachverhalte besonders schwer aufzuklären, Beweissituationen besonders schwierig und die Rechtslagen besonders unsicher oder umstritten sind. So hat beispielsweise eine Befragung von Klägern und Beklagten nach Abschluß von Mietprozessen, in denen es bekanntlich besonders schwer ist, die gegensätzlichen Interessen zum Ausgleich zu bringen und es beiden Parteien „recht zu machen", ergeben, daß zwar 78% der Prozeßgewinner mit dem Richterspruch durchaus zufrieden waren, hingegen 82% der Verlierer ganz und gar unzufrieden[13].

Daß ein so großer Prozentsatz namentlich der unterlegenen Parteien Gerichtsentscheidungen für falsch oder ungerecht hält, liegt nicht daran, daß die große Mehrheit der Bevölkerung böswillig oder rechthaberisch, unvernünftig oder uneinsichtig wäre, sondern einfach daran, daß angesichts der häufigen Kompliziertheit und Differenziertheit von Sach- und Rechtsfragen schlechterdings niemand selbst „beim besten Willen" in der Lage ist, stets mit anderen einer Meinung zu sein und Gerichtsentscheidungen deshalb stets als vernünftig und gerecht zu akzeptieren. Wie sollte man dies auch von einem Normalbürger verlangen können, wo doch selbst die Rechtsprechung in unzähligen Fragen bis hinauf zu den einzelnen Senaten höchster Gerichtshöfe uneins ist und selbst innerhalb eines Instanzenzuges mehrere Gerichte ein und dieselbe Sache einmal so und ein andermal so entscheiden?

Aufgabe 6

Worin äußert sich, daß eine richterliche Entscheidung *Machtspruch* ist, und warum kann hierauf nicht verzichtet werden?

---

13   *H. Koch/G. Zenz:* Erfahrungen und Einstellungen von Klägern in Mietprozessen. In: *M. Rehbinder/H. Schelsky (Hrsg.):* Jahrbuch für Rechtssoziologie und Rechtstheorie. Bd. 3. Düsseldorf 1972, S. 509 ff.

7. Der Prozeß als Mittel zur rechtlichen Konfliktlösung

Festzuhalten bleibt daher, daß in Anbetracht des höchst schwierigen Geschäfts der Wahrheitsfindung und Gerechtigkeitsverwirklichung und angesichts der Relativitäten des Rechts und der richterlichen Rechtsfindung der Gerichtsprozeß seine Aufgabe einer rechtlichen Konfliktlösung stets nur annäherungsweise zu erfüllen vermag, soweit er seine Aufgabe gelegentlich nicht sogar ganz verfehlt. Wie weit dabei die einzelnen Gerichtsverfahren heutzutage an die von ihnen erstrebten Ziele herankommen oder wie oft sie diese verfehlen, ist eine offene und mit letzter Sicherheit auch nicht beantwortbare Frage. Deshalb sei das Thema dieser Studieneinheit in eine Frage gewendet, die Anlaß geben soll, ständig über mögliche Verbesserungen des gerichtlichen Rechtsschutzes nachzudenken:

„Der Prozeß – ein Mittel zur rechtlichen Konfliktlösung?"

Literatur

Peter Arens: Zivilprozeßrecht. Erkenntnisverfahren. Zwangsvollstreckung. München [3]1984.

Jürgen Baumann: Grundbegriffe und Verfahrensprinzipien des Zivilprozeßrechts. Stuttgart/Berlin/Köln/Mainz [2]1979:

Ders.: Grundbegriffe und Verfahrensprinzipien des Strafprozeßrechts. Eine Einführung an Hand von Fällen. Stuttgart [3]1979.

Peter Gilles: Optisches Zivilprozeßrecht (Zivilverfahrensrecht – Erkenntnisverfahren). Berlin 1977.

Ders. (Hrsg.): Effektivität des Rechtsschutzes und verfassungsmäßige Ordnung. Köln/Berlin/Bonn/München 1983.

Ders. (Hrsg.): Humane Justiz. Kronberg/Ts. 1977.

Axel Görlitz (Hrsg.): Handlexikon zur Rechtswissenschaft. 2 Bde. Reinbek 1972.

Eduard Kern/Manfred Wolf: Gerichtsverfassungsrecht. München [5]1975.

Niklas Luhmann: Legitimation durch Verfahren. München [3]1978.

Leo Rosenberg/Karl Heinz Schwab: Zivilprozeßrecht. München [13]1981.

Rudolf Wassermann: Der soziale Zivilprozeß. Zur Theorie und Praxis des Zivilprozesses im sozialen Rechtsstaat. Neuwied/Darmstadt 1978.

Ders. (Hrsg.): Menschen vor Gericht. Neuwied/Darmstadt 1979.

Manfred Wolf: Gerichtliches Verfahrensrecht. Darstellung des Zivilprozesses mit vergleichender Betrachtung von Strafprozeß und Verwaltungsgerichtsprozeß. Reinbek 1978.

Anhang

Glossar der Fachausdrücke

Absolutismus: Herrschaftsform, in der der Herrscher keiner rechtlichen Bindung unterlag (lat. *legibus absolutus*) und die gesamte Staatsgewalt (rechtsetzende, vollziehende und rechtsprechende Gewalt) in seiner Person vereinte.

Allgemeines Landrecht für die preußischen Staaten (ALR): die auf Veranlassung Friedrichs des Großen ausgearbeitete, 1794 in Kraft getretene und großenteils bis 1900 geltende preußische Kodifikation; sie umfaßt mit Ausnahme des Prozeßrechts nahezu das gesamte Recht der damaligen Zeit in teils sehr detaillierten Bestimmungen (rund 19000 Paragraphen); Beispiel eines kasuistischen Gesetzbuches (s. *Gesetz, kasuistisches*).

Anthropologie (griech. *anthropos:* „Mensch", *logos:* u. a. „Lehre"): Wissenschaft vom Menschen. Man muß eine naturwissenschaftliche, kulturelle und philosophische A. unterscheiden. *Naturwissenschaftliche A.* hat den Menschen als Teil der Natur zum Gegenstand. *Kulturelle A.* erforscht (und vergleicht) die geographisch und historisch verschiedenen Ausprägungen menschlichen Lebens und Zusammenlebens. *Philosophische A.* fragt nach dem „Wesen" des Menschen, das ihm allerdings nicht bereits von Natur gegeben ist, das er vielmehr nur durch Selbstbestimmung hervorzubringen vermag. Ausgang dieser Reflexion auf den Menschen als ein sich selbst hervorbringendes Wesen sind freilich die Ergebnisse der beiden empirischen Richtungen der A.

Code civil: das 1804 unter dem Namen „Code Napoléon" in Kraft getretene französische Privatrechtsgesetzbuch; Beispiel eines abstrakten Gesetzbuchs (s. *abstraktes Gesetz*).

cuius regio eius religio (lat. „wessen Herrschaftsgebiet, dessen Religion"): reichsrechtlicher Grundsatz; der Sache nach seit 1555 in Geltung: Der Landesherr bestimmt die Konfession seiner Untertanen.

Demokratie (griech. „Volksherrschaft"): Gesetzgebung und Regierungsbildung durch Volksabstimmung oder durch vom Volk gewählte Repräsentanten – vorausgesetzt, jedes einzelne Mitglied des

Volkes genießt die bürgerlichen und politischen Rechte in einer gewaltenteilenden, den Rechtszustand sichernden Verfassung.

Demokratischer Verfassungsstaat: Staat, in dem politische Herrschaft auf der Grundlage einer Verfassung ausgeübt wird, die Gewaltenteilung, Menschenrechte und Demokratie sichert.

Dispositionsmaxime: Verfahrensgrundsatz, nach dem die privaten Prozeßbeteiligten (Parteien) über die Eröffnung, den Gegenstand, die Durchführung und die Beendigung eines Gerichtsverfahrens maßgeblich bestimmen können.

Finalprogramm: Rechtsnorm, die im Gegensatz zum *Konditionalprogramm* (s. d.) nicht für das Vorliegen bestimmter Voraussetzungen eine bestimmte Rechtsfolge anordnet, sondern nur ein Ziel verbindlich vorgibt.

Generalklauseln: Vorschriften mit sehr weitem Anwendungsbereich und höchst unbestimmten, oft auf außerrechtliche Maßstäbe verweisendem Inhalt (z. B. Treu und Glauben, Sittenwidrigkeit, Öffentliche Sicherheit und Ordnung).

Gerechtigkeitstheorien:
– *materiale Gerechtigkeitstheorien:* darauf gerichtet, konkrete Aussagen darüber, was gerecht und ungerecht ist, zu erarbeiten.
– *prozedurale Gerechtigkeistheorien:* darauf gerichtet, Verfahren zu entwickeln, deren Bedingungen und Regeln erfüllt sein müssen, wenn man gerechtes Recht erzeugen oder Gerechtigkeitsurteile rational begründen will.

Gerichtsbarkeit: Justizhoheit des Staates insgesamt oder bestimmter rechtsprechender Organe im Sinne ihrer Befugnis zur Ausübung der rechtsprechenden Gewalt bzw. Justizunterworfenheit des Bürgers unter dieser Gewalt.

Gesetz:
– *abstraktes Gesetz:* von den Besonderheiten der tatsächlich vorkommenden Lebenssachverhalte absehende und auf die ihnen gemeinsamen Wesensmerkmale abstellende Regelung;
– *generelles Gesetz:* nicht für eine Einzelperson oder einen individualisierten, sondern für einen allgemeinen, nach überindividuellen Merkmalen bestimmten Personenkreis geltendes Gesetz;
– *kasuistisches Gesetz:* von der Vielfalt der tatsächlichen Lebenssachverhalte wenig absehendes und für alle erdenklichen Fälle (lat. *casus*) besondere Regelungen treffendes Gesetz.

Gewaltenteilung: Gesetzgebung, ausführende Staatsgewalt und Rechtsprechung obliegen verschiedenen, voneinander unabhängigen Organen. Die ausführende Staatsgewalt ist an Verfassung und Gesetze gebunden, die sie nicht selbst aufheben und durchbrechen kann, und unabhängige Richter kontrollieren die Beachtung der Gesetze.

Gewaltmonopol (des Staates): in modernen Gesellschaften Anspruch des Staates, als einziger (durch eigens dafür eingesetzte Organe) rechtmäßig physische Gewalt auszuüben; daher ist den Staatsbürgern Gewaltanwendung nur in wenigen Ausnahmefällen (z. B. in einer Notwehrsituation) gestattet.

Gewohnheitsrecht: Regeln, die nicht durch Entscheidung eines staatlichen Gesetzgebers, sondern durch tatsächliche, langdauernde Übung in der Gesellschaft entstanden sind und in der Überzeugung befolgt werden, daß es sich um Rechtsregeln handelt.

Instinkt: angeborene, das heißt nicht erlernte, artspezifische Verhaltensweise, die durch besondere Reizbedingungen („Instinktauslöser") in Gang gesetzt wir und vorwiegend der Lebens- und Arterhaltung dient (z. B. Fluchtreaktion, aber auch Nestbau, Brutpflege usw.). Nach *A. Gehlen* ist beim Menschen eine Instinktreduktion eingetreten, das heißt, die bei allen Tierarten angeborenen und mehr oder minder starren instinktiven Verhaltensformen sind im Verlaufe der Entwicklung der menschlichen Gattung weitgehend abgebaut worden.

juristischer Positivismus: Oberbegriff für eine Reihe von Rechtstheorien, deren gemeinsame Hauptthese besagt, daß kein notwendiger (begrifflicher) Zusammenhang zwischen Recht und Moral bzw. zwischen positivem Recht und Gerechtigkeit besteht.

iustitia commutativa: ausgleichende Gerechtigkeit bzw. Tauschgerechtigkeit.

iustitia distributiva: austeilende Gerechtigkeit bzw. Verteilungsgerechtigkeit.

Justizgewährungsanspruch: Grundrecht eines jeden auf Zurverfügungstellung von Rechtsprechungseinrichtungen und auf Behandlung und Entscheidung der dort vorgebrachten Angelegenheiten in einem fairen Verfahren, das rechts- und sozialstaatlichen Anforderungen genügt.

Kodifikation: umfassende und systematische rechtliche Regelung großer Komplexe (z. B. des gesamten Privatrechts oder des gesamten Strafrechts) im Gegensatz zur rechtlichen Regelung einzelner Probleme oder kleinerer Problemkreise.

Konditionalprogramm: Rechtsnorm, die im Gegensatz zum *Finalpro-*

gramm (s. d.) an bestimmte, im Gesetz aufgeführte Voraussetzungen (Tatbestandsmerkmale) bestimmte Rechtsfolgen knüpft („Wenn-Dann-Schema").

Kooperationsmaxime: Verfahrensgrundsatz, nach dem sämtliche Prozeßbeteiligten (Richter, Parteien und sonstige) gemeinsam für die Beibringung und den Beweis der entscheidungsrelevanten Tatsachen verantwortlich und zur Zusammenarbeit bei der Sachverhaltsermittlung verpflichtet sind.

Legitimität: Anerkennung durch die Bürger, daß das *positive Recht* (s. d.) im großen und ganzen dem Recht dient und die Staatsgewalt deshalb gerechtfertigt ist.

Menschenrechte
– *bürgerliche Menschenrechte:* naturrechtlich begründete Rechte jedes Menschen, beispielsweise das Recht, nicht versklavt, willkürlich verhaftet, ungerecht bestraft, diskriminiert, in der Privatsphäre beeinträchtigt oder der freien Religionsausübung und Meinungsäußerung unterdrückt zu werden.
– *politische Menschenrechte:* auf den bürgerlichen Menschenrechten basierende Rechte auf demokratische Mitwirkung, beispielsweise Wahlrecht, Wählbarkeit, Zugang zu öffentlichen Ämtern, Petitionsrecht, Versammlungsfreiheit, Chancengleichheit der Parteien, Recht auf Opposition und Pressefreiheit.
– *wirtschaftliche, soziale und kulturelle Menschenrechte:* Pflicht des Staates, allen Bürgern die Teilhabe an den Errungenschaften der Zivilisation zu gewährleisten, insbesondere: Maßnahmen gegen Hunger, Not und Analphabetentum zu treffen.

Mündlichkeitsprinzip: Verfahrensgrundsatz, nach dem vor Gericht mündlich verhandelt werden muß und nur das mündlich Verhandelte der Entscheidung zugrunde gelegt werden darf.

Naturrecht (überpositives Recht): Recht, das nicht durch eine menschliche Instanz gesetzt ist, sondern unabhängig vom menschlichen Willen besteht und auf der Natur des Menschen oder der menschlichen Gesellschaft beruht; im engeren Sinne: Recht, das der Natur als einer sinnvoll-werthaft-vernünftigen Seinsordnung oder als göttlicher Schöpfungsordnung immanent („enthalten") gedacht wird.

naturrechtliches Rechtsprinzip: Jeder Mensch hat gleichen Anspruch auf Freiheit und Würde.

Narurrechtslehre: Lehre vom überpositiven Recht, das als Maßstab *positiven Rechts* (s. d.) dient; Annahme, daß positives Recht auch Unrecht sein könne.

Öffentlichkeitsprinzip: Verfahrensgrundsatz, nach dem die Gerichtsverhandlung auch unbeteiligten Personen zugänglich sein muß, die jedoch als sog. „Öffentlichkeit" in bestimmten Fällen gesetzlich ausgeschlossen sind oder vom Gericht ausgeschlossen werden können.

Ökonomieprinzip: Verfahrensgrundsatz, nach dem der Personal-, Sach-, Finanz-, Zeit- und sonstige Aufwand (Kosten) prozessualer Mittel zu seinem jeweils erstrebten Zweck (Nutzen) in einem angemessenen Verhältnis stehen soll.

Offizialmaxime: Verfahrensgrundsatz, nach dem allein von Amts wegen, also durch eine gerichtliche oder sonstige öffentliche Behörde, über die Eröffnung, den Gegenstand, die Durchführung und die Beendigung eines Verfahrens zu bestimmen ist.

Positives Recht: Recht, das durch eine menschliche (staatliche) Instanz gesetzt ist (lat. *ponere, posui, positum*), Gegensatz: Naturrecht.

Positivierung des Rechts: Entwicklung, die dazu geführt hat, daß das Recht heute überwiegend staatlich gesetztes (positives) Recht ist.

Recht:

– *formelles Recht:* Recht, das, anders als das *materielle Recht* (s. d.), den Weg der Rechtsdurchsetzung regelt. Es besteht insbesondere aus den einzelnen Verfahrensordnungen (Zivilprozeßordnung, Strafprozeßordnung, Verwaltungsgerichtsordnung usw.) und regelt die Aufgaben der einzelnen Rechtspflegeorgane (Richter, Staatsanwalt, Rechtsanwalt) sowie die Rechte und Pflichten der sonstigen Verfahrensbeteiligten (Parteien des Zivilprozesses, Angeklagter im Strafverfahren, Zeugen usw.).

– *materielles Recht:* Rechtsvorschriften, die unmittelbar Anforderungen an die Bürger oder an Staatsorgane richten (soweit diese nicht Rechtspflegeorgane sind) und die Rechte und Pflichten in den einzelnen Lebensbereichen regeln (z. B. Rechte und Pflichten von Käufer und Verkäufer aus einem Kaufvertrag, Voraussetzungen und Folgen einer strafbaren Handlung, Voraussetzungen für die Zulässigkeit eines Bauvorhabens).

Rechtskraft: Unanfechtbarkeit einer richterlichen Entscheidung im Wege ordentlicher Rechtsmittel („formelle Rechtskraft") oder autoritative Feststellungswirkung einer richterlichen Entscheidung in bezug auf die ausgesprochene Rechtsfolge („materielle Rechtskraft").

Rechtspositivismus: Lehre, daß nur vom Machthaber garantiertes

Recht Recht sei, und nur, was er als Unrecht bestimmt habe, Unrecht sei.

Rechtsprechung: durch besondere Rechtsprechungsorgane (Gerichte) ausgeübte und den Richtern anvertraute Staatsgewalt (auch: rechtsprechende Gewalt, richterliche Gewalt, Dritte Gewalt, Gerichtsbarkeit).

Rechtsstaat: Hauptmerkmale: Grundrechte, Gewaltenteilung, Gesetzmäßigkeit der Verwaltung, Unabhängigkeit der Gerichte, Voraussehbarkeit und Berechenbarkeit staatlicher Machtäußerungen.

Rechtsweg: Weg zu den Gerichten einer bestimmten *Gerichtsbarkeit* (s. d.) oder Weg, den eine Sache innerhalb einer bestimmten Gerichtsbarkeit vom Eingangsgericht über höhere Gerichte bis hin zum jeweils obersten Gericht (Instanzen) durchläuft.

Rechtszug: Verfahrensabschnitt, den eine Sache innerhalb einer Instanz bzw. vor einem Instanzgericht durchläuft, oder auch der gesamte Instanzenzug innerhalb eines Rechtswegs.

Rechtszustand: staatlich garantierter Zustand, in dem das *naturrechtliche Rechtsprinzip* s. d.) als Prinzip des *positiven Rechts* (s. d.)gilt.

Richterrecht: Rechtssätze, die aus der Verallgemeinerung von richterlichen Fallentscheidungen entstanden sind.

rule of law (engl. „Herrschaft des Rechts"): Der Inhaber der Staatsmacht steht unter dem Recht und ist durch Recht gebunden.

Sanktionen: gesellschaftliche Reaktion auf das Abweichen einer Person von einer *sozialen Norm* (s. d.), das heißt die Nachteile, die die soziale Gruppe oder beim Recht die eigens dafür eingesetzten Instanzen (Gericht, Verwaltungsbehörde) dem Normübertreter zufügen. Teils werden diese Nachteile auch ausdrücklich als *negative Sanktionen* bezeichnet und davon als *positive Sanktionen* die Belohnung unterschieden, die für normgemäßes Verhalten gewährt werden (Lob, Beförderung, Ordensverleihung).

Souveränität: höchste, keiner anderen mehr unterstehenden Staatsgewalt (wichtigste Formen: Fürstensouveränität und Volkssouver.).

Souveränität des Staates: Durchsetzungsmacht des Staates gegenüber der Gesellschaft; Fähigkeit, *positives Recht* (s. d.) zu garantieren.

Souveränität eines Souveräns: über dem Recht stehende, nicht durch rechtliche Kompetenzzuweisung begründete und begrenzte Macht, *positives Recht* (s. d.) zu setzen, aufzuheben, zu ändern oder zu durchbrechen (s. *Absolutismus*). Innerhalb des demokratischen Verfassungsstaates gibt es keinen Souverän.

soziale Norm: an die Mitglieder einzelner Gruppen oder ganzer Gesellschaften gerichtete Forderung bzw. Erwartung eines bestimmten Verhaltens. Abweichungen von einer sozialen Norm können negative Folgen nach sich ziehen; ihr Befolgen kann mit gewissen Belohnungen bedacht werden. (vgl. *Sanktion*). Man unterscheidet außerrechtliche (informelle) Normen wie Brauch, Sitte usw. und die (formellen) Normen des Rechts (s. *formelles Recht* und *materielles Recht*).

Totalitarismus: Staatstypus, der durch mangelnde Rechtsstaatlichkeit, staatlich verwaltete Ideologie und Einparteienherrschaft gekennzeichnet ist.

Trennung von Staat und Gesellschaft: Sozialordnung, in der die Gesellschaft, insbesondere auch die Wirtschaft, sich selbst überlassen ist, während der Staat nur noch die Aufgabe der Gefahrenabwehr hat („Nachtwächterstaat").

Untersuchungsmaxime: Verfahrensgrundsatz, nach dem die Beibringung und der Beweis der entscheidungsrelevanten Tatsachen bzw. die Untersuchung eines Sachverhalts allein dem Gericht oder einer sonstigen öffentlichen Behörde obliegt.

Verallgemeinerungsprinzip: ethisches Prinzip, nach welchem das Kriterium der moralischen Richtigkeit einer Norm oder Handlungsmaxime in ihrer Verallgemeinerungsfähigkeit liegt (als Formulierung vgl. den Kategorischen Imperativ *Kants*: „Handle so, daß die Maxime deines Willens jederzeit zugleich als Prinzip einer allgemeinen Gesetzgebung gelten könne.")

Verhandlungsmaxime: Verfahrensgrundsatz, nach dem allein die privaten Prozeßbeteiligten (Parteien) für die Beibringung und den Beweis der entscheidungserhebl. Tatsachen verantwortlich sind.

Vernunftrecht: Gesamtheit der Vernunftgebote für menschliches Zusammenleben.

Vollstreckbarkeit: Durchsetzbarkeit von richterlichen Verurteilungen mit Hilfe staatlicher Zwangsmittel.

Wertrelativismus: Auffassung, daß Werturteile rational unentscheidbar sind.

Zuständigkeit: Kompetenzregelung, nach welcher die anfallenden Sachen entweder anhand der dem Gericht jeweils zugewiesenen Aufgaben („funktionelle Zuständigkeit"), nach Art und Wert der Sache („sächliche Zuständigkeit") oder aber nach räumlichen Beziehungen der Angelegenheiten zur Gerichtsort und Gerichtsbezirk („örtliche Zuständigkeit") auf die einzelnen Gerichte einer *Gerichtsbarkeit* (s. d.) bzw. eines *Rechtswegs* (s. d.) verteilt werden.

Lösungen zu den Übungsaufgaben im Text

Lösungen zum 1. Kapitel

Aufgabe 1

Auch Gruppen, zu deren ausdrücklichen Zielen es gehört, dem Druck der Normen zu entgehen, können auf deren grundsätzliche Leistungen nicht verzichten. Denn auch dort stellt sich schnell heraus, daß es den Alltag sehr erleichtert, wenn ein großer Teil der sozialen Handlungen routinisiert und festen Regeln unterworfen wird (Entlastung von Entscheidungsdruck), und daß Zusammenleben die Kalkulierbarkeit des Verhaltens der jeweils anderen voraussetzt, das heißt die Gewißheit, daß sie sich an bestimmte Regeln halten. Oft wird die Einhaltung der neu entstehenden Lebensformen besonders streng gefordert, weil sie zur Abgrenzung gegenüber der Normalgesellschaft dienen (Integrationsfunktion der Normen).

Aufgabe 2

(1) A entspricht nicht den Anforderungen, die die Gemeinde glaubt an die Lebensführung des Trägers eines solchen Amtes stellen zu müssen; er verletzt also ungeschriebene, informelle Regeln. Das Wahlergebnis ist eine informelle Sanktion. Es handelt sich also um einen Fall der informellen sozialen Kontrolle.

(2) B verstößt gegen eine Rechtsnorm, nämlich gegen § 24a des Straßenverkehrsgesetzes, und wird mit der dort vorgesehenen Sanktion von einem nach dem Gesetz hierfür zuständigen Organ belegt. Hier liegt also ein Fall der formellen sozialen Kontrolle vor.

(3) Hier haben wir es in gewisser Weise mit einer Mischform zu tun: Einerseits verstößt Hans gegen eine Norm des Rechts, nämlich gegen § 265a des Strafgesetzbuches. Dies spräche für den Bereich der formellen sozialen Kontrolle. Entscheidend für die Einordnung ist jedoch, daß die Sanktion auf informellem Wege erfolgt, so daß auch hier letztlich ein Fall der informellen sozialen Kontrolle vorliegt.

Lösungen zu den Übungsaufgaben im Text

Aufgabe 3

Die Mitglieder eines Gemeinwesens werden auf Dauer zur Aufgabe der gewaltsamen Selbsthilfe und des Faustrechts nur bereit sein, wenn sie ihre Angelegenheiten bei dem das Gewaltmonopol beanspruchenden Staat in guten Händen zu wissen glauben. Das setzt zum Beispiel eine effektive Strafverfolgung voraus, soll es nicht zu „Bürgerwehren" und ähnlichem kommen. Entsprechendes gilt für die anderen Zweige der Gerichtsbarkeit. Nur wenn diese die anstehenden Streitigkeiten so entscheiden, daß die Urteile überwiegend von den am Streit Beteiligten als gerecht empfunden und diese Urteile auch tatsächlich durchgesetzt werden, verzichten die Streitparteien längerfristig auf eigenmächtige Rechtsverwirklichung. Eine ganz oder in wesentlichen Teilen als ungerecht empfundene Rechts- und Sozialordnung führt nur dann nicht zu Bürgerkrieg oder sonstigen gewaltsamen Umsturzversuchen, wenn es institutionell verankerte Wege zur gewaltlosen Änderung der Rechtsordnung gibt. Als in dieser Richtung bisher erfolgreichstes System hat sich die parlamentarische Demokratie westlicher Prägung erwiesen.

Lösungen zum 2. Kapitel

Aufgabe 1

Positives Recht wird von einer staatlichen Instanz bewußt gesetzt, während das traditionale Recht oder Gewohnheitsrecht durch langdauernde Übung in der Bevölkerung entstanden ist und in der Überzeugung rechtlicher Gebotenheit befolgt wird.

Die Positivierung des Rechts, das heißt die Entwicklung, die dazu führte, daß Recht heute überwiegend staatlich gesetztes Recht ist, begann in verstärktem Maße im 16. Jahrhundert. Durch verschiedene Ereignisse, unter anderem durch die Glaubensspaltung, entstand eine Fülle neuartiger Probleme, die vom Gewohnheitsrecht nicht mehr gelöst werden konnten.

Aufgabe 2

Das Gesetzgebungsrecht, das im Frankreich des 17. und 18. Jahrhunderts beim absoluten Fürsten lag, wurde nach der Französischen Revolution von einer (wenn auch nur von Bevorrechtigten) gewählten Volksvertretung übernommen. Dies hatte unter anderem zur Folge, daß das Gesetzgebungsrecht nicht mehr ausdruck der unbegrenzten Machtbefugnisse des Fürsten, sondern der gewählten Volksvertretung war, die Gesetze in öffentlicher Diskussion und Abstimmung verabschiedete.

Aufgabe 3

Die wichtigste Folge beim Übergang der Gesetzgebungskompetenz auf gewählte Parlamente ist darin zu sehen, daß die Gesetzgebung von parteipolitischen Mehrheitsverhältnissen im Parlament abhängig und deshalb auch in ihrem Inhalt parteipolitisch geprägt ist. Da das Programm der Partei, die mit Mehrheit gewählt wird, keinen Anspruch auf absolute Richtigkeit haben kann, bestehen (verfassungsrechtliche) Vorschriften, die die uneingeschränkte Durchsetzung des Mehrheitswillens verhindern.

Aufgabe 4

Im Normalfall, bei den „Einspruchsgesetzen", kann der Bundestag die Ablehnung des Bundesrates mit einer entsprechenden Mehrheit überwinden. Nur bei den „Zustimmungsgesetzen", die in der Regel den Funktionsbereich der Länder besonders stark berühren, kann das Gesetz nicht ohne Billigung des Bundesrats verabschiedet werden.

Aufgabe 5

Die meisten Gesetzesanstöße und Gesetzesvorlagen stammen von der Bundesregierung, die in den Ministerien die entsprechenden Experten und den notwendigen Verwaltungsapparat zur Ausarbeitung der Gesetzesvorlagen zur Verfügung hat. Der einzelne Abgeordnete kann diesen Informationsvorsprung nur in seltenen Fällen aufarbeiten und in die parlamentarischen Beratungen einbringen.

Trotzdem behält das parlamentarische Gesetzgebungsverfahren seinen Sinn, weil nur das Parlament durch die in den Beratungen stattfindende öffentliche Diskussion die Transparenz und Kontrolle der Gesetzesvorhaben herstellen und damit Regierung und Mehrheitsfraktion zwingen kann, schon im Vorbereitungsstadium auf gesellschaftliche Überzeugungen und Interessen Rücksicht zu nehmen.

Aufgabe 6

Verfahrensregeln können nur die Voraussetzungen dafür schaffen, daß gerechte Gesetze, die Ergebnis einer Diskussion sind, zustande kommen. Sie sind aber keine Garantie dafür. Die Mehrheit kann vielmehr nur zum Schein diskutieren und die Argumente und Kritik der Minderheit unterdrücken. Deswegen werden inhaltliche Mindestgarantien zum Schutz der Minderheit und zum gerechten Ausgleich der verschiedenen Interessen und Überzeugungen nötig.

Aufgabe 7

Die Bundesregierung kann eine Rechtsverordnung nur erlassen, wenn ein parlamentarisch erlassenes Gesetz sie dazu ermächtigt. Dieses Gesetz muß außerdem Inhalt, Zweck und Ausmaß der erteilten Ermächtigung bestimmen.

In der Weimarer Republik gab es darüber hinaus das „Notverordnungsrecht" des Art. 48 WRV, nach dem der Reichspräsident ohne ausdrückliche Ermächtigung des Parlaments Verordnungen erlassen konnte, sowie das unbeschränkte Recht des Parlaments, seine Gesetzgebungsbefugnis auf die Regierung zu übertragen (Ermächtigungsgesetze).

Aufgabe 8

Das parlamentarische Rechtsetzungsverfahren sorgt dafür, daß die gesetzgeberischen Tätigkeiten offengelegt und diskutiert werden. Für die oben angesprochenen wichtigen politischen Bereiche kann es nicht allein der Regierung oder der Verwaltung überlassen werden, ohne vorherige öffentliche Aussprache Entscheidungen zu treffen. Das parlamentarische Verfahren muß allerdings auf wesentliche Bereiche der Staatstätigkeit beschränkt sein, weil sonst nur ein Teil der notwendigen Gesetze verantwortungsvoll erledigt werden könnten.

Lösungen zum 3. Kapitel

Aufgabe 1

Die Formel „Jedem das Seine" bringt das Problem des Gerechtigkeitsbegriffs am besten zum Ausdruck, nämlich das Problem der Verteilung und des Ausgleichs von Gütern und Lasten. Die anderen Gerechtigkeitsformeln enthalten Interpretationen und Konkretisierungen dieser Grundformel.

Aufgabe 2

Die *austeilende Gerechtigkeit* bezieht sich auf die Verteiler/Empfänger-Relation (z. B. Eltern/Kinder, Reiche/Arme, Staat/Bürger). Die Kriterien der Verteilung sind vielfältig und streitig. Die *ausgleichende Gerechtigkeit* bezieht sich auf die Gleichordnungsrelation (z. B. Käufer/Verkäufer, allgemein: Bürger/Bürger); nach traditionellem Verständnis fordert sie die Gleichwertigkeit von Leistung und Gegenleistung, Schaden und Schadensersatz, Unrecht und Strafe.

Aufgabe 3

(a) „Natur" im Sinne der Naturrechtstheorien meint die Natur als sinnvoll-werthaft-vernünftige Seinsordnung bzw. (christlich interpretiert) als göttliche Schöpfungsordnung, nicht die Natur im wertneutralen Sinne der modernen Naturwissenschaften.
(b) Naturrecht und Vernunftrecht sind überpositives, das heißt nicht auf menschlicher Setzung beruhendes Recht. Positives Recht beruht auf menschlichen Setzungsakten (im weitesten Sinne; vor allem: Gesetzgebung, Gewohnheit, Richterspruch).

Lösungen zu den Übungsaufgaben im Text

Aufgabe 4

Materiale Gerechtigkeitstheorien sind darauf gerichtet, konkrete Urteile darüber, was gerecht und ungerecht ist, zu erarbeiten.
Prozedurale Gerechtigkeitstheorien sind darauf gerichtet, Verfahren zu entwickeln, deren Bedingungen und Regeln erfüllt sein müssen, wenn man gerechtes Recht erzeugen oder Gerechtigkeitsurteile rational begründen will.

Aufgabe 5

Nach *Radbruch* (1946) ist der Konflikt zwischen positivem Recht und Gerechtigkeit dahin zu lösen, daß in der Regel dem positiven Recht der Vorzug gebührt, es sei denn, daß der Konflik ein so unerträgliches Maß erreicht, daß das staatliche Gesetz als „unrichtiges Recht" der Gerechtigkeit zu weichen hat.
Nach *Hart* ist streng zwischen Rechtspflicht und Moralpflicht zu unterscheiden. Danach kann jede beliebige Norm, auch die moralisch verwerflichste, positives Recht und damit rechtlich verbindlich sein; doch gibt es eine moralische Pflicht, grob ungerechten Gesetzen den Gehorsam zu verweigern.

Aufgabe 6

(a) Durch Ausübung des Wahlrechts: Mitarbeit in politischen Parteien; Beteiligung an Demonstrationen; Meinungsäußerungen, Petitionen usw. – allgemein: durch Wahrnehmung seiner grundrechtlich verbürgten Freiheiten und Mitwirkungsbefugnisse.
(b) Durch die Inanspruchnahme gerichtlichen Rechtsschutzes: vor Gericht muß er dartun, daß die erlittene Ungerechtigkeit eine Rechtsverletzung (z. B. eine Verletzung seiner Grundrechte) ist.

Lösungen zum 4. Kapitel

Aufgabe 1

(a) „Legitimität" heißt: Das positive Recht hat im gesellschaftlichen Bewußtsein Anerkennung als Recht gefunden, da es im großen und ganzen Recht und nicht Unrecht ist.

(b) Auf Legitimität kann nicht verzichtet werden, da nur in einem Staat, der dem Rechtsprinzip gleicher Freiheit und Würde für alle verpflichtet ist, die Voraussetzungen gegeben sind, den Machthaber und seine Gesetze angstfrei kritisieren und auf eine Änderung als ungerecht empfundener Rechtsregelungen hinwirken zu können.

Aufgabe 2

(a) Demokratie als politisches Selbstbestimmungsrecht des Volkes hängt ab von der Selbstbestimmung der Mitglieder des Volkes. Voraussetzung ist deshalb, daß die freie Meinungs- und Willensbildung offengehalten wird, und daß jedem einzelnen die gleiche und freie Chance auf Mitwirkung an der Gestaltung der öffentlichen Verhältnisse eingeräumt ist.

(b) Ohne Gewaltenteilung ist der Machthaber nicht an Recht gebunden; steht er aber über und nicht unter dem Recht, ist er auch an Menschenrechte nicht gebunden, und es kann keine gesicherte Freiheit geben.

Aufgabe 3

Die Allgemeinheit des Gesetzes ist eine *notwendige* Bedingung der Freiheit, da das jeweils größtmögliche Maß an gleicher Freiheit sich nur finden läßt, wenn Freiheitsbeschränkungen – um der Freiheit aller willen – nicht willkürlich, sondern allen gleichmäßig auferlegt werden. Sie ist aber keine *hinreichende* Bedingung, da, wer in Armut und Elend lebt, unfrei ist; es müssen daher auch soziale Bedingungen hergestellt sein, die dem einzelnen die Entfaltung seiner Persönlichkeit ermöglichen.

Lösungen zu den Übungsaufgaben im Text

Lösungen zum 5. Kapitel

Aufgabe 1

Für eine zu treffende rechtliche Entscheidung erheblich sind diejenigen Umstände des Sachverhalts, aus denen sich ergibt, ob die Tatbestandsmerkmale der einschlägigen Rechtsnormen erfüllt sind oder nicht.

Aufgabe 2

Gemeinsam ist den Gegenständen, die unter den Tatbestand des § 308 StGB fallen, daß ein einmal gelegter Brand leicht um sich greifen kann. Die Vorschrift bezweckt also durch ihre hohe Strafandrohung, besonders gefährliche Taten zu verhindern, In einer „Waldung" wird das Umsichgreifen des Feuers typischerweise durch Unterholz, trockenes Laub und ähnliches begünstigt. Daran fehlt es typischerweise in einer Allee, so daß sich dort die bei einem Waldbrand möglichen hohen Temperaturen nicht entwickeln können. Feuer an einem einzelnen Alleebaum ist also nicht besonders gefährlich. Das spricht dafür, die Allee nicht als „Waldung" im Sinne von § 308 StGB anzusehen.

Aufgabe 3

Grammatische Auslegungsargumente stützen sich auf die Wortbedeutung, *systematische* auf den Zusammenhang des Gesetzes, *historische* auf die Entstehungsgeschichte und *teleologische* Argumente auf den Zweck des Gesetzes.

Aufgabe 4

Montesquieu ist offenbar davon ausgegangen, daß die Gesetzgebung die im Urteil für den konkreten Sachverhalt auszusprechende Entscheidung schon vollkommen vorprogrammiert habe. Er übersah dabei, daß wegen der nie vollständig vermeidbaren Unklarheiten und Lücken des Gesetzes, aber auch wegen des Gebrauchs von Generalklauseln und unbestimmten Rechtsbegriffen die Rechtsprechung zunächst einmal gezwungen ist, die „unvollkommenen" Gedanken des Gesetzes weiter und zu Ende zu denken, ehe sie Urteile aussprechen kann.

Aufgabe 5

Faktoren, die die Rechtsprechung bei der Ausfüllung der ihr von den Gesetzen gelassenen Freiräume leiten, sind: *Kollegialgerichte,* der *Instanzenzug* (zweite und dritte Instanz), *Veröffentlichung* und *Besprechung von Entscheidungen* in Fachzeitschriften und in der Presse.

Lösung zum 6. Kapitel

Aufgabe 1

Voraussetzung unserer Rechtsordnung ist die größtmögliche Freiheit jedermanns. Das Recht nimmt daher grundsätzlich keine moralischen Wertungen vor, sondern ordnet Ansprüche und Befugnisse zu. Eine staatlich autorisierte, mit Vollzugszwang versehene Moral- und Sittenordnung würde die Möglichkeit zur individuellen Lebensgestaltung unerträglich einschränken und zur Gleichschaltung aller moralischen Wertentscheidungen führen. Es bestünde die Gefahr, daß der Richter seine subjektive Moralvorstellung für die allgemeinverbindliche Moral ausgibt.

Aufgabe 2

Ein formal gleicher Zugang zum Recht kann die individuellen, sozialen und ökonomischen Unterschiede unter den Rechtsuchenden nicht berücksichtigen. Ein materielles Gerechtigkeitsgebot müßte verlangen, daß intellektuelle, emotionale, herkunfts- und sozialisationsbedingte Unterschiede ebenso ausgeglichen werden, wie dies bei rein ökonomischen Faktoren möglich und erstrebenswert scheint.

Aufgabe 3

Der Rechtsanwalt ist gem. § 1 BRAO unabhängiges Organ der Rechtspflege. Gem. §2 BRAO übt er einen freien Beruf aus, und gem. §3 BRAO ist er der Vertreter fremder Interessen. Die staatliche Rechtsordnung, die der Rechtsanwalt als Organ der Rechtspflege zu beachten hat, verfolgt nicht immer die gleichen Wert- und Zielvorstellungen wie der Mandant, der den Anwalt mit seiner Interessenvertretung beauftragt hat und ihn dafür auch bezahlt. Als öffentlicher Funktionsträger ist der Anwalt Repräsentant der etablierten Bürgerschicht und damit tendenziell ungeeignet, die Belange der Mitglieder der Unterschicht angemessen zu vertreten.

Aufgabe 4

Argumente gegen eine allgemeine Rechtsschutzpflichtversicherung:
- Nicht alle Bevölkerungskreise können erfaßt werden (z. B. Nichtberufstätige oder Hausfrauen).
- Die Sozialversicherungsbeiträge würden spürbar erhöht werden.
- Die Prozeßfreudigkeit würde zunehmen.
- Die Justiz müßte infolge dessen umorganisiert werden, um den Anstieg der Prozesse bewältigen zu können.

Aufgabe 5

Grenzen des rechtsstaatlichen Gesetzgebers bei einer Beschleunigung der Zivilverfahren:
- Der Gesetzgeber müßte darauf achten, daß die Schnelligkeit der Verfahren nicht auf Kosten rechtsstaatlicher Verfahrensgarantien ginge.
- Insbesondere wäre zu beachten, daß die Grundsätze des rechtlichen Gehörs, der Mündlichkeit des Verfahrens, des Instanzenzugs, der Ladungs- und Einlassungsfristen, der Wiedereinsetzungsmöglichkeiten nicht dem Beschleunigungsziel zum Opfer fielen, da es einem auf Rechtsstaatlichkeit bedachten Gemeinwesens nicht nur um schnelle Streitbefriedigung, sondern auch um materiell „richtige" Entscheidungen gehen muß.

Aufgabe 6

Gründe für und gegen freie richterliche Beweiswürdigung:
- *Dafür* spricht der Flexibilitätsgewinn sowie die Möglichkeit, dem konkreten Einzelfall gerechter zu werden. Außerdem können Gesichtspunkte, die der Gesetzgeber nicht berücksichtigt hat, aufgegriffen werden.
- *Dagegen* spricht die Gefahr, daß sich der Richter zu stark von seinem subjektiven Empfinden leiten läßt. Ferner, daß einer willkürlichen Beweisbewertung keine Schranken gesetzt sind und daß der Verzicht auf normale Regeln auch eine Einbuße an Denkdisziplin bewirkt.

Lösungen zum 7. Kapitel

Aufgabe 1

„Prozeß" im juristischen Sinn meint ein im wesentlichen geregeltes Verfahren vor einem staatlichen Gericht, wobei sehr unterschiedliche Arten von zivil-, straf- und verwaltungsprozessualen Gerichtsverfahren zu unterscheiden snd. Sie haben insgesamt das Ziel, Konflikte mit den Mitteln des Rechts beizulegen und zu bereinigen und zwar grundsätzlich durch eine richterliche Entscheidung der Rechtsangelegenheit. In der gerichtlichen Praxis ist es allerdings so, daß ein großer Prozentsatz aller Angelegenheiten auf andere Weise erledigt wird (beispielsweise durch Säumnis der Parteien und Vergleich).

Aufgabe 2

„Justizgewährungsanspruch" nennt man den als Menschenrecht anerkannten und im Grundgesetz gewährleisteten Anspruch des Einzelnen gegen den Staat, in Streitfällen ein Gericht anrufen zu können. Der J. umfaßt die Bereitstellung gerichtlicher Verfahren und die Gewährleistung einer fairen Behandlung und Entscheidung der eingebrachten Angelegenheiten durch unabhängige und neutrale Gerichte. Dagegen garantiert der J. nicht, daß mehrere Instanzen zur Verfügung stehen.

Lösungen zu den Übungsaufgaben im Text

Aufgabe 3

(1) Man unterscheidet 3 Zuständigkeiten: Die *funktionelle Z.* bestimmt, welche Art von Gericht auf Grund der ihm zugewiesenen Aufgaben tätig wird. die *sachliche Z.* bestimmt, welches das „Eingangsgericht" im Instanzenzug ist. Die *örtliche Z.* bestimmt, welches der möglichen Eingangsgerichte tatsächlich über die Rechtsangelegenheit zu befinden hat.

(2) Das Grundgesetz schreibt in Art. 101 Abs. 1 GG vor, daß niemand seinem gesetzlichen Richter entzogen werden darf. Das heißt: Die Zuständigkeit eines Richters muß von vornherein feststehen. Die Zuständigkeitsregelungen und Geschäftsverteilungspläne sollen Manipulationen daran verhindern.

Aufgabe 4

Die Bezeichnung „Rechtsprechungsstaat" meint die starke Position der Justiz sowohl in der Verfassung als auch in der gesellschaftlichen Wirklichkeit. Nach dem Grundgesetz ist die Justiz als eigene „Dritte Gewalt" neben Gesetzgebung und Verwaltung gestellt. Man kann sogar von einer Vorzugsstellung ausgehen: wichtigstes Beispiel dafür sind die weitreichenden Befugnisse des Bundesverfassungsgerichts, die es zum Kontrolleur von Gesetzgebung und Verwaltung machen. Der in der Verfassung verankerte Machtzuwachs der Gerichte hat außerdem dazu geführt, daß Richter heute vielfach, über ihre herkömmlichen Aufgaben der schlichten Rechts- und Gesetzesanwendung hinaus, traditionelle Aufgaben der Gesetzgebung und Verwaltung wahrnehmen (beispielsweise durch politische Entscheidungen).

Aufgabe 5

Zu den bedeutenden Verfahrensleitideen gehören folgende Maximen bzw. Grundsätze: Dispositions-, Offizial-, Verhandlungsmaxime, Untersuchungs-, Kooperations-, Öffentlichkeits-, Mündlichkeits-, Ökonomiegrundsatz. Sie betreffen im wesentlichen das Verhältnis von Parteiherrschaft und Richter- bzw. sonstiger Staatsmacht im Prozeß.

Aufgabe 6

Der richterliche *Macht*spruch äußert sich in der materiellen Rechtskraft seiner Entscheidung und deren Vollstreckbarkeit. Das heißt:
Die in der richterlichen Entscheidung ausgesprochene Rechtsfolge ist
für die Prozeßbeteiligten nach Eintritt der materiellen Rechtskraft
verbindlich und kann dann mit Hilfe staatlicher Zwangsmaßnahmen
durchgesetzt werden.
Darauf kann nicht verzichtet werden, weil nicht jeder die richterliche
Entscheidung grundsätzlich für vernünftig und gerecht hält und sich
deshalb freiwillig nach ihr richtet. Der Prozeß würde in diesem Fall
seine Funktion als Mittel zur rechtlichen Konfliktlösung verlieren.

Prüfungsaufgaben

Aufgabe 1   (mindestens 1, höchstens 3 Antworten ankreuzen!)

Welche der folgenden Aussagen über „Soziale Kontrolle" ist/sind zutreffend?

(a) Soziale Kontrolle wird definiert als die Gesamtheit der Mittel und Mechanismen, mit denen eine Gesellschaft Außenseiter an die Normen anpaßt.

(b) Das Gewissen ist ein Mittel der sozialen Kontrolle.

(c) Soziale Kontrolle darf in einem demokratischen Rechtsstaat nur durch eigens dazu ermächtigte Organe durchgeführt werden.

(d) Soziale Kontrolle setzt erst ein, wenn auf eine Normabweichung reagiert werden muß.

(e) Soziale Kontrolle dient der Wahrung von Konformität und der Überwindung von Gegensätzlichkeiten, Spannungen und Konflikten in einer Gesellschaft.

Aufgabe 2   (mindestens 1, höchstens 3 Antworten ankreuzen!)

Welche der nachfolgenden Aussagen trifft/treffen auf *alle* Formen sozialer Normen zu?

(a) Die Verletzung einer sozialen Norm kann eine Sanktion zur Folge haben.

(b) Soziale Normen sind nur dann verhaltenswirksam, wenn sie in einem ordnungsgemäßen Verfahren erlassen werden.

(c) Eine Funktion sozialer Normen besteht darin, Erwartungssicherheit zu schaffen.

(d) Die Einhaltung von sozialen Normen wird mit rechtlichen Zwangsmitteln durchgesetzt.

(e) Die Verhängung einer Sanktion setzt die Anhörung des Betroffenen voraus.

Aufgabe 3 (mindestens 1, höchstens 3 Antworten ankreuzen!)

Welche der folgenden Aussagen zu den einzelnen Funktionen des Rechts ist/sind zutreffend?

(a) Eine Aufgabe des Rechts ist es, der Entstehung von Konflikten vorzubeugen, indem es unter Vorwegnahme möglicher Konfliktsituationen Interessengegensätze regelt.

(b) Voraussetzung für die Sicherung des innerstaatlichen Friedens ist das Verbot der Selbstjustiz und gewaltsamen Selbsthilfe.

(c) Rechtliche Reiheitsbeschränkungen sind keine notwendige Bedingung für beständige und gesicherte Freiheit.

(d) Der Schutz der Freiheitssphäre jedermanns ist Aufgabe des Strafrechts und des Zivilrechts, nicht aber des Verwaltungsrechts.

(e) Die Anerkennung der Privatautonomie durch unsere Rechtsordnung soll dem Einzelnen nach Handlungsmöglichkeiten zur eigenverantwortlichen Gestaltung seiner persönlichen und wirtschaftlichen Verhältnisse eröffnen.

Aufgabe 4 (mindestens 1, höchstens 3 Antworten ankreuzen!)

Die Gewährleistung rechtlicher Gleichheit und Freiheit ist eine der wichtigsten Aufgaben der Rechtsordnung. Welche der folgenden Aussagen hierzu ist/sind zutreffend?

(a) Formale Rechtsgleichheit für alle besteht schon dann, wenn das Recht die Form allgemeiner Regeln annimmt.

(b) Die Anerkennung der formalen Gleichheit ist eine Voraussetzung für die Möglichkeit tatsächlicher Gleichheit und Freiheit für alle.

(c) Formale Gleichheit bedeutet zwar noch keine tatsächliche Gleichheit, aber „Chancengleichheit".

(d) Die formale Gleichheit hat aus sich die Tendenz, soziale Ungleichheiten noch zu verschärfen.

(e) Formale Gleichheit kann tatsächliche Freiheit nur zur Folge haben, wenn die staatlichen Organe in Konkretisierung des Rechtsstaatsprinzips die Voraussetzungen dafür schaffen, daß ein gewisses Maß an sozialer Unabhängigkeit und sozialer Sicherheit gegeben ist.

Prüfungsaufgaben mit Lösungen

Aufgabe 5 (mindestens 1, höchstens 3 Antworten ankreuzen!)

Die Regierung hat in der Bundesrepublik Deutschland einen entscheidenden Einfluß auf die Gesetzgebung, weil . . .
(a) die Regierung in den Ministerien über die notwendigen Fachleute zur Ausarbeitung von Gesetzentwürfen verfügt;
(b) Gesetzentwürfe im parlamentarischen Verfahren meistens aufgrund von Regierungsvorschlägen abgeändert werden;
(c) die Verfassung der Regierung im Vermittlungsausschuß eine dominierende Rolle zuweist;
(d) die Abgeordneten in der Regel keine ausgebildeten Juristen sind;
(e) die Regierung sich zumeist der Unterstützung der sie tragenden Mehrheitsfraktionen sicher sein kann.

Aufgabe 6 (mindestens 1, höchstens 3 Antworten ankreuzen!)

Welcher/Welche der folgenden Verfahrensschritte im Gesetzgebungsverfahren ist/sind bei allen Bundesgesetzen einzuhalten?
(a) Die Bundesregierung muß einen Gesetzentwurf eingebracht haben.
(b) Der Bundestag muß das Gesetz beschlossen haben.
(c) Der Bundesrat muß dem beschlossenen Gesetz zugestimmt haben.
(d) Der Vermittlungsausschuß muß eingeschaltet werden.
(e) Das verabschiedete Gesetz muß im Bundesgesetzblatt verkündet werden.

Aufgabe 7 (mindestens 1, höchstens 3 Antworten ankreuzen!)

Welche der folgenden Aussagen über Rechtsverordnungen des Bundes ist/sind zutreffend?
(a) Sie werden vom Bundestag beschlossen.
(b) Sie beinhalten Regelungen für den internen Dienstbetrieb der Verwaltung.
(c) Sie werden von der Regierung aufgrund parlamentarischer Ermächtigung erlassen.
(d) Sie werden vom Bundesrat in Kraft gesetzt.
(e) Die parlamentarische Ermächtigung muß Inhalt, Zweck und Ausmaß der Rechtsverordnung festlegen.

Aufgabe 8   (mindestens 1, höchstens 3 Antworten ankreuzen!)

Im Zusammenhang mit der Gesetzgebungslehre wurden verschiedene Gesetzesformen dargestellt und diskutiert. Welche der folgenden Aussagen hierzu ist/sind nach dieser Darstellung zutreffend?

(a) Die Bezeichnung eines Gesetzes als „generell" meint, daß das Gesetz von den Besonderheiten eines bestimmten Vorkommnisses absieht und typisierend an gemeinsame wesentliche Merkmale der Fallgruppe anknüpft.

(b) Rechtsnormen, die als Konditionalprogramme (nach dem „Wenn-dann-Schema") gestaltet sind, eignen sich besonders zur Regelung von Gestaltungsaufgaben.

(c) Kasuistische Regeln haben den Vorteil großer Genauigkeit – die aber Unübersichtlichkeit, Lückenhaftigkeit und geringe Anpassungsfähigkeit des gesamten Gesetzeswerkes zur Folge hat.

(d) Die klassischen Gegenstände der Gesetzgebung (Strafrecht, Bürgerliches Recht, Polizeirecht) sind in der Form von Finalprogrammen gefaßt.

(e) In der Geschichte der Gesetzgebung läßt sich eine fortschreitende Entwicklung von kasuistischen zu abstrakten Gesetzen feststellen.

Aufgabe 9   (mindestens 1, höchstens 3 Antworten ankreuzen!)

Welche der folgenden Aussagen über die verschiedenen Arten der Gerechtigkeit ist/sind zutreffend?

(a) In den Tugendlehren des *Aristoteles* und des *Thomas von Aquin* hat die Strafgerechtigkeit ihren Ort in der Beziehung zwischen Staat und Bürger.

(b) Es ist ein Erfordernis der „austeilenden Gerechtigkeit", daß der Bürger dem Staat zu geben hat, was des Staates ist.

(c) Austeilende Gerechtigkeit ist erst dann verwirklicht, wenn die Ungleichbehandlung von Bürgern durch den Staat ausgeschlossen ist.

(d) An der Frage, inwieweit der Staat in die Tauschbeziehungen zwischen Bürgern eingreifen darf oder soll, läßt sich der enge Zusammenhang zwischen Problemen der Tausch- und solchen der Verteilungsgerechtigkeit aufzeigen.

(e) Die Tauschgerechtigkeit im engeren Sinn fordert die Gleichwertigkeit vertraglich ausgetauschter Güter und Leistungen.

Prüfungsaufgaben mit Lösungen

Aufgabe 10 (mindestens 1, höchstens 3 Antworten ankreuzen!)

Welche der folgenden Aussagen über analytische Gerechtigkeitstheorien ist/sind zutreffend? Analytische Gerechtigkeitstheorien . . .
- (a) sind darauf gerichtet, tatsächlich vorkommende Gerechtigkeitsvorstellungen zu beschreiben und zu erklären;
- (b) untersuchen Gerechtigkeitsurteile auf ihre ethische Rechtfertigung bzw. Rechtfertigungsfähigkeit;
- (c) zielen darauf ab, Verfahren der Erzeugung gerechten Rechts zu entwerfen;
- (d) untersuchen die logischen Strukturen und sprachlichen Gehalte des Gerechtigkeitsbegriffs;
- (e) sind in der Regel Teiltheorien empirischer oder normativer Gerechtigkeitstheorien.

Aufgabe 11 (mindestens 1, höchstens 3 Antworten ankreuzen!)

Welche der folgenden Aussagen über prozedurale Gerechtigkeitstheorien ist/sind zutreffend?
- (a) Der Unterschied zwischen prozeduralen und materialen Gerechtigkeitstheorien besteht darin, daß erstere auf der staatlichen, letztere auf der privatautonomen Rechtserzeugung aufbauen.
- (b) Die Theorie des demokratischen Verfassungsstaates basiert auf einer gemischt prozedural-materialen Gerechtigkeitstheorie.
- (c) Weder das Vertragsmodell noch das Gerichtsmodell haben Eingang in die Gerechtigkeitsbegründungstheorien gefunden.
- (d) Die Bedeutung prozeduraler Gerechtigkeitstheorien nahm in der neuzeitlichen Ethikdiskussion in dem Maße zu, in dem die religiös begründeten einheitlichen materiellen Gerechtigkeits- und Moralvorstellungen verlorengingen.
- (e) Das Vertragsmodell der prozeduralen Gerechtigkeitstheorien beruht auf der Vorstellung, daß das einem jeden Zustehende im Streitfall durch eine neutrale, besonders qualifizierte Instanz zu bestimmen sei.

Aufgabe 12   (mindestens 1, höchstens 3 Antworten ankreuzen!)

Grundmodell/Grundmodelle prozeduraler Gerechtigkeitstheorien ist/sind:
- (a) das Gesetzgebungsmodell
- (b) das Gerichtsmodell
- (c) das Modell wissenschaftlicher Wahrheitsfindung
- (d) das Vertragsmodell
- (e) das Modell des Verwaltungsverfahrens

Aufgabe 13   (mindestens 1, höchstens 3 Antworten ankreuzen!)

Welche der folgenden Aussagen über den strengen juristischen Positivismus ist/sind zutreffend? Nach dieser Position . . .
- (a) kann jeder beliebige Inhalt positives Recht sein.
- (b) beseht zwischen Recht und Moral kein notwendiger Zusammenhang.
- (c) hat das positive Recht Vorrang vor der Gerechtigkeit, mit der Ausnahme, daß der Widerspruch zwischen staatlichem Gesetz und Gerechtigkeit ein unerträgliches Ausmaß annimmt.
- (d) sind ungerechte Gesetze abzulehnen, da sie keine Rechtssicherheit vermitteln.
- (e) schuldet man einem positiven Gesetz in jedem Falle moralischen Gehorsam.

Aufgabe 14   (mindestens 1, höchstens 3 Antworten ankreuzen!)

Welche der folgenden Aussagen zum Gerechtigkeitsbegriff ist/sind zutreffend?
- (a) Der oberste Wertmaßstab, der einem Gerechtigkeitsurteil zugrunde liegt, wird als „Gerechtigkeitsformel" bezeichnet.
- (b) Von einer wertrelativistischen Position aus sind Gerechtigkeitsfragen rational unentscheidbar.
- (c) Die Rückführung des Begriffs der Gerechtigkeit auf die Formel „Jedem das Seine" führt notwendigerweise zu einem logischen Zirkel.
- (d) Gerechtigkeitsurteile können sich nur auf Normen und Normenordnungen beziehen, nicht jedoch auf Handlungen und Handlungssubjekte.

(e) Gerechtigkeit, verstanden als „gute Verteilung von Gütern und Lasten", kommt am angemessensten in der Formel „Jedem das Gleiche" zum Ausdruck.

Aufgabe 15   (mindestens 1, höchstens 3 Antworten ankreuzen!)

Welche der folgenden Aussagen zum Verhältnis von Recht und Macht ist/sind zutreffend?

(a) Legitimität meint den Sachverhalt, daß die Staatsmacht das Recht garantiert.

(b) Souveränität bezeichnet den Umstand, daß die vom Staat ausge-übte Macht und das von ihr garantierte Recht als berechtigt anerkannt werden.

(c) Recht, das nicht von Hoheitsträgern gesetzt ist, ist nicht legitim.

(d) Zwischen Recht und Macht besteht ein zweiseitiges Verhältnis: einerseits garantiert die Macht das Recht, andererseits bedarf die Macht der Rechtfertigung.

(e) Die Frage, ob Recht legitim ist, kann nur vom Machthaber entschieden werden.

Aufgabe 16   (mindestens 1, höchstens 3 Antworten ankreuzen!)

Welche der folgenden Aussagen trifft/treffen auf den Satz zu: „Jeder Mensch hat gleichen Anspruch auf Freiheit und Würde"?

(a) Er ist das von allen demokratischen Verfassungsstaaten voraus-gesetzte Grundprinzip.

(b) Er ist unvereinbar mit dem Machtprinzip der Parteilichkeit.

(c) Er bezieht sich auch auf den organisatorischen Teil des Grund-gesetzes der Bundesrepublik Deutschland.

(d) Der Konsens über seine Geltung kann nur vom Recht bewahrt werden.

(e) Er steht in Widerspruch zum Gewaltmonopol des Staates.

Aufgabe 17   (mindestens 1, höchstens 3 Antworten ankreuzen!)

Welche der folgenden Aussagen über Gewaltenteilung ist/sind zutreffend?

(a) Die politische Aufklärung des 18. Jahrhunderts stellte durch die
     Forderung nach Gewaltenteilung das Gewaltmonopol des Staa-
     tes in Frage.

(b) Im gewaltenteilenden Verfassungsstaat erschöpft sich die
     Souveränität des Volkes im Akt der Verfassungsgebung.

(c) Einer der wenigen Philosophen der Aufklärung, die dem Prinzip
     der Gewaltenteilung ablehnend gegenüberstanden, war Imma-
     nuel *Kant*.

(d) Das Modell der Zweiteilung der Staatsgewalt in Gesetzgebung
     und Gesetzesausführung hat sich historisch am besten bewährt.

(e) Gewaltenteilung ist eine notwendige, jedoch nicht hinreichende
     Bedingung zur Verwirklichung der Menschenrechte, insofern sie
     dazu führt, daß die Staatsgewalt nicht mehr über dem Recht
     steht.

Aufgabe 18   (mindestens 1, höchstens 3 Antworten ankreuzen!)

Welche der folgenden Aussagen über historische Aspekte des Gewaltmonopols des Staates ist/sind zutreffend?

(a) Historisches Vorbild für das heutige Gewaltmonopol des Staates
     ist das mittelalterliche Fehdewesen.

(b) Die Verwirklichung des absolutistischen Gewaltmonopols nach
     den Religionskriegen des 16. Jahrhunderts in Frankreich folgte
     dem Prinzp „cuius regio eius religio".

(c) Das staatliche Gewaltmonopol wurde in Deutschland nach den
     Religionskriegen im 16. Jahrhundert vom Kaiser gegen den Wi-
     derstand der Fürsten durchgesetzt.

(d) Die von der politischen Philosophie der Aufklärung vorgetrage-
     ne Idee der Menschenrechte ist eine Reaktion auf den Mißbrauch
     des Gewaltmonopols durch den absolutistischen Staat.

(e) Sowohl für die deutsche als auch für die französische Variante des
     absolutistischen Staates galt der Grundsatz, der Machthaber
     müsse über dem Recht stehen.

Aufgabe 19   (mindestens 1, höchstens 3 Antworten ankreuzen!)

Welche der folgenden Aussagen über Demokratie, die bürgerlichen und politischen Menschenrechte und deren Einschränkung ist/sind zutreffend?

(a) Demokratie als Selbstbestimmung des Volkes schließt das politische und bürgerliche Selbstbestimmungsrecht jedes Einzelnen notwendigerweise ein.

(b) So wie man zwischen einer konstitutionellen und einer absolutischen Monarchie unterscheiden kann, kann man auch eine konstitutionelle von einer absolutistischen Demokratie unterscheiden.

(c) Die Idee der bürgerlichen und politischen Menschenrechte birgt den Gedanken in sich, daß nicht Freiheitsgewährung, sondern Freiheitsbeschränkung rechtfertigungsbedürftig ist.

(d) Der Akt der Verfassungsschöpfung *(pouvoir constituant)* ist das wesentliche Merkmal einer Demokratie, die politische Organisationsform *(pouvoir constitué)* ist dagegen von untergeordneter Bedeutung.

(e) Dem Prinzip der Verhältnismäßigkeit ist Genüge getan, wenn Freiheitsbeschränkungen durch einen legitimen zweck begründet und zur Erreichung dieses Zwecks geeignet sind.

Aufgabe 20   (mindestens 1, höchstens 3 Antworten ankreuzen!)

In diesem Buch wurde die Beziehung zwischen Freiheit und Gleichheit, zwischen formaler Rechtsgeltung und sozialer Gerechtigkeit diskutiert. Welche der folgenden Aussagen hierzu ist/sind nach dieser Darstellung zutreffend?

(a) Die Allgemeinheit eines Gesetzes garantiert faktisch gleiche Freiheit.

(b) Zwischen sozialem Fortschritt und der Allgemeinheit eines Gesetzes besteht notwendigerweise ein Widerspruch.

(c) Im demokratischen Verfassungsstaat sind die wirtschaftlichen, sozialen und kulturellen Menschenrechte Pflichten des Staates, denen immer auch gerichtlich einklagbare Rechte gegenüberstehen.

(d) In den sozialistischen Diktaturen gelten die wirtschaftlichen, sozialen und kulturellen Menschenrechte als individualistischer Luxus, der der Verwirklichung der bürgerlichen und politischen Menschenrechte eher hinderlich erscheint.

(e) Die Suche nach der optimalen Balance zwischen Freiheit und Gleichheit ist ein ständiger Prozeß, der niemals abgeschlossen sein kann.

Aufgabe 21   (mindestens 1, höchstens 3 Antworten ankreuzen!)

Warum gibt es auch für den Juristen eine Fülle von Zweifelsfragen bei der Rechtsanwendung?

(a) Weil die Gesetze oft nicht in der Umgangssprache, sondern in der juristischen Fachsprache formuliert sind, so daß es schwierig ist, das Einschlägige vom Nicht-Einschlägigen zu trennen.

(b) Weil es bei der Fülle von Gesetzen kaum möglich ist, die für den konkreten Sachverhalt geltenden Haupt- und Hilfsnormen herauszufinden.

(c) Weil die Sprache unbestimmt ist und deshalb oft zweifelhaft ist, ob ein Begriff einen bestimmten Sachverhalt abdeckt.

(d) Weil jedes Gesetz dem Rechtsanwender als ein aus dem Kontext seines Entstehungszusammenhangs losgelöster Text entgegentritt und der Rechtsanwender keine Rückfragen an den Gesetzgeber richten kann.

(e) Weil es verschiedene Methoden der Gesetzesauslegung gibt, die alle notwendigerweise zu verschiedenen Ergebnissen führen müssen.

Aufgabe 22   (mindestens 1, höchstens 3 Antworten ankreuzen!)

Welche der folgenden Aussagen über Gesetzesauslegungskriterien ist/sind zutreffend?

(a) Die grammatische Auslegung betrachtet den Zusammenhang des auszulegenden Gesetzes mit den übrigen Normen.

(b) Die Anordnung der Vorschrift in einem bestimmten Abschnitt des Gesetzes kann Hinweis für die Auslegung sein.

(c) Die historische Auslegung bedeutet ein uneingeschränktes Bekenntnis zur subjektiven Auslegungstheorie.

(d) Unter teleologischen Gesichtspunkten verdient diejenige Gesetzesauslegung den Vorzug, die den Gesetzeszweck am besten verwirklicht.

(e) Im allgemeinen geht die Frage nach dem Gesetzeszweck den anderen Auslegungskriterien vor.

Aufgabe 23 (mindestens 1, höchstens 3 Antworten ankreuzen!)

Welches/Welche der folgenden Auslegungsargumente gehört/gehören zur teleologischen Auslegung?

(a) Die Auslegung eines Gesetzes in einem ganz bestimmten Sinne habe vom Gesetzgeber nicht beabsichtigte Nebenwirkungen.

(b) Das auszulegende Wort sei vom Gesetzgeber an anderer Stelle in einem ganz bestimmten Sinne gebraucht worden.

(c) Die Auslegung des Gesetzes in einem ganz bestimmten Sinne werde dem Zweck des Gesetzes gerecht.

(d) Nur die Auslegung des Gesetzes in einem ganz bestimmten Sinne sei verfassungskonform.

(e) Die Auslegung des Gesetzes in einem ganz bestimmten Sinne entspreche einer alten Tradition.

Aufgabe 24 (mindestens 1, höchstens 3 Antworten ankreuzen!)

Welche der nachfolgenden Aussagen über Gesetzeslücken ist/sind zutreffend?

(a) Die Ausfüllung von Gesetzeslücken durch die Rechtsprechung verstößt gegen den Verfassungsgrundsatz der Gewaltenteilung.

(b) Durch sehr allgemeine Regelungen können sämtliche Gesetzeslücken vermieden werden.

(c) Gesetzeslücken werden durch Kasuistik, das heißt durch die gesetzliche Regelung möglichst vieler Einzelheiten, vermieden.

(d) Gesetzeslücken werden im Privatrecht von der Rechtsprechung durch Analogie oder Umkehrschluß ausgefüllt.

(e) Die zunächst lückenlose gesetzliche Regelung eines bestimmten Bereichs kann ohne Änderung des Gesetzes durch Änderung der tatsächlichen Verhältnisse lückenhaft werden.

Aufgabe 25   (mindestens 1, höchstens 3 Antworten ankreuzen!)

Was trägt zur Vereinheitlichung der Rechtsprechung in der Bundesrepublik Deutschland bei?

(a) Der Instanzenzug
(b) Kritische Besprechung von Entscheidungen in Fachzeitschriften und Presse
(c) Das Kollegialgericht
(d) Die Auswahl der Richter für die verschiedenen Gerichte durch die Richterwahlausschüsse
(e) Die zwingende Bindung der Gerichte an die Rechtsprechung aller höheren Gerichte

Aufgabe 26   (mindestens 1, höchstens 3 Antworten ankreuzen!)

Welche der folgenden Aussagen zur kompensatorischen Prozeßleitung ist/sind zutreffend?

(a) Bei der kompensatorischen Prozeßleitung gleicht der Richter die Verstehens- und Wissensmängel der Parteien durch seine Verhandlungsführung aus.
(b) Kompensatorische Prozeßleitung führt zwangsläufig zu einer materiellen Bevorzugung der unterstützten Partei.
(c) Kompensatorische Prozeßleitung soll unter anderem dazu dienen, daß das richterliche Urteil in einem gewissen Umfang auch in einem materiellen Sinne Gerechtigkeit verbürgt.
(d) Kompensatorische Prozeßleitung soll die intellektuell unterlegene Partei dazu befähigen, den Urteilsspruch des Gerichts verstehen und akzeptieren zu können.
(e) Kompensatorische Prozeßleitung ist darauf gerichtet, unter den Parteien Konsens herzustellen und in einem herrschaftsfreien Dialog ein gemeinsames Ergebnis zu erarbeiten.

Prüfungsaufgaben mit Lösungen

Aufgabe 27   (mindestens 1, höchstens 3 Antworten ankreuzen!)

Welche der folgenden Aussagen zur Rolle des Richters im Zivilprozeß ist/sind zutreffend?

(a) Aufgabe des Richters sind die Beibringung des Tatsachenstoffs und die Rechtsfindung.

(b) Der Richter darf in seinem Urteil einer Partei nicht mehr zusprechen, als diese beantragt hat.

(c) Das Gebot der Neutralität verbietet es dem Richter, darauf hinzuwirken, daß die Parteien sachgemäße Anträge stellen.

(d) Wenn der Kläger die Klage zurücknimmt, kann der Richter die Streitsache im Interesse der Wahrheitsfindung von sich aus weiterbetreiben.

(e) Der Richter kann erst dann wegen Befangenheit abgelehnt werden, wenn Befangenheit auch objektiv vorliegt.

Aufgabe 28   (mindestens 1, höchstens 3 Antworten ankreuzen!)

Welche der folgenden Aussagen zur Frage der Verfahrenskosten in zivilrechtlichen Streitsachen ist/sind zutreffend?

(a) Die Höhe der gesetzlich festgelegten Verfahrenskosten bestimmt sich im konkreten Einzelfall auch nach dem tatsächlichen Zeitaufwand des Rechtsanwalts.

(b) Mit zunehmender Streitwerthöhe nimmt der Gebührensatz der Gebührenordnungen einen degressiven Verlauf.

(c) Der Kläger muß in jedem Fall einen Anteil der Verfahrenskosten tragen.

(d) Die gesetzlich festgelegten Anwaltsgebühren können nicht durch eine frei vereinbarte Honorarabrede erhöht werden.

(e) Wer durch Beratungs- und Verfahrenskosten unzumutbar hart getroffen würde, kann „Prozeßkostenhilfe", nicht aber „Beratungshilfe" beanspruchen.

Aufgabe 29   (mindestens 1, höchstens 3 Antworten ankreuzen!)

Welche der folgenden Aussagen zum zivilprozessualen Beweisrecht und zur Wiederaufnahme eines Zivilverfahrens ist/sind zutreffend?
- (a) Das geltende Beweisrecht stellt eine unbestimmte Anzahl von Beweismitteln zur Verfügung.
- (b) Das geltende Beweisrecht verteilt die Beweislast nach festen Regeln.
- (c) Nach dem geltenden Beweisrecht entscheidet das Gericht über das Ergebnis einer Beweisaufnahme nach freier Überzeugung.
- (d) Das geltende Beweisrecht vermag nur eine relative, eine „Prozeßwahrheit" zu garantieren.
- (e) Eine Partei, die nachträglich in der Lage ist, neue Tatsachen vorzubringen, kann unabhängig von dem Beweiswert dieser Tatsache durch Restitutionsklage die Wiederaufnahme des durch rechtskräftiges Endurteil abgeschlossenen Verfahrens erreichen.

Aufgabe 30   (mindestens 1, höchstens 3 Antworten ankreuzen!)

In welchem/welchen der folgenden Fälle handelt es sich um einen eigenständigen Rechtsweg im Sinne des Grundgesetzes?
- (a) Ordentliche Gerichtsbarkeit
- (b) Strafgerichtsbarkeit
- (c) Verwaltungsgerichtsbarkeit
- (d) Sozialgerichtsbarkeit
- (e) Familiengerichtsbarkeit

Aufgabe 31   (mindestens 1, höchstens 3 Antworten ankreuzen!)

Welche der folgenden Verfahrensmaximen kennzeichnet/kennzeichnen den Zivilprozeß?
- (a) Dispositionsmaxime
- (b) Untersuchungsgrundsatz
- (c) Schriftlichkeitsprinzip
- (d) Öffentlichkeitsgrundsatz
- (e) Ökonomieprinzip

Aufgabe 32   (mindestens 1, höchstens 3 Antworten ankreuzen!)

Welche der folgenden Aussagen über den Verfahrensablauf eines erstinstanzlichen Klageverfahrens im Zivilprozeß ist/sind zutreffend?

(a) Mit Einreichen der Klageschrift bei Gericht ist die Klage erhoben, das heißt „rechtshängig".

(b) Das Gericht bereitet den Haupttermin vor, indem es einen frühen ersten Termin oder ein schriftliches Vorverfahren anordnet.

(c) Erforderliche Beweisaufnahmen müssen in einem eigenen Beweisaufnahmetermin erfolgen.

(d) Eine Klage kann nur durch streitiges Urteil entschieden werden.

(e) Ein streitiges Urteil wird schriftlich abgefaßt und den Parteien von Amts wegen zugestellt.

Lösungen zu den Prüfungsaufgaben

Die Lösungen sind auf der Grundlage der Darstellung dieses Buches getroffen. Die Aufgaben sind aus dem Zusammenhang der angegebenen Textbeiträge in der folgenden Form lösbar:

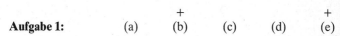

		+			+
Aufgabe 1:	(a)	(b)	(c)	(d)	(e)

Bezug: Kap. 1.1.4.

Kommentar zu (a): (a) ist falsch. Als *Definition* des Begriffs „Soziale Kontrolle" ist (a) zu eng: Soziale Kontrolle betrifft nicht nur Außenseiter, sondern alle Mitglieder einer Gesellschaft.

		+		+	
Aufgabe 2:	(a)	(b)	(c)	(d)	(e)

Bezug: Kap. 1.1.2., 1.1.4., 1.2.1.–1.2.4.

		+	+		
Aufgabe 3:	(a)	(b)	(c)	(d)	(e)

Bezug: Kap. 1.3.1., 1.3.2.

		+		+	
Aufgabe 4:	(a)	(b)	(c)	(d)	(e)

Bezug: Kap. 1.3.3., 1.3.4

Kommentar zu (a): (a) ist falsch. Auch dann, wenn das Gesetz die Form allgemeiner Regeln annimmt, ist die formale Rechtsgleichheit („Alle Menschen sind vor dem Gesetz gleich") noch nicht gewährleistet. Denn: auch eine allgemeine Regel kann noch eine allgemeine Ungleichheit zum Inhalt haben (Beispiel: Steuerfreiheit für den Adel).
zu (e): (e) ist falsch. Die Konkretisierung des Rechtsstaatsprinzips führt zur formalen, rechtlichen Freiheit, erst die Konkretisierung des Sozialstaatsprinzips führt auch zur tatsächlichen Freiheit.

Prüfungsaufgaben mit Lösungen

		+			+
Aufgabe 5:	(a)	(b)	(c)	(d)	(e)

Bezug: Kap. 2.3.1. und Kap. 2.3.2.

		+			+
Aufgabe 6:	(a)	(b)	(c)	(d)	(e)

Bezug: Kap. 2.3.1.

			+		+
Aufgabe 7:	(a)	(b)	(c)	(d)	(e)

Bezug: Kap. 2.4.1.

			+		+
Aufgabe 8:	(a)	(b)	(c)	(d)	(e)

Bezug: Kap. 2.5.2.

				+	+
Aufgabe 9:	(a)	(b)	(c)	(d)	(e)

Bezug: Kap. 3.1.2.

Kommentar zu (c): (c) ist falsch. Die faktische Ungleichbehandlung von Bürgern ist mit dem Prinzip der austeilenden Gerechtigkeit vereinbar. Entscheidend ist vielmehr, daß dabei nicht willkürlich verfahren werden darf. Der Staat „. . . muß für Ungleichbehandlungen vernünftige, das heißt prüfbare und diskussionsfähige Gründe angeben".

				+	+
Aufgabe 10:	(a)	(b)	(c)	(d)	(e)

Bezug: Kap. 3.2.

		+		+	
Aufgabe 11:	(a)	(b)	(c)	(d)	(e)

Bezug: Kap. 3.2.2.

		+		+	
Aufgabe 12:	(a)	(b)	(c)	(d)	(e)

Bezug: Kap. 3.2.2.

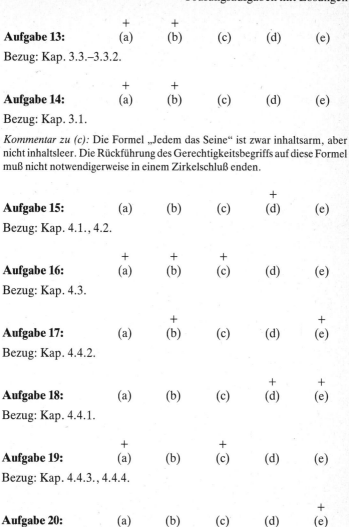

Aufgabe 13: (a)⁺ (b)⁺ (c) (d) (e)

Bezug: Kap. 3.3.–3.3.2.

Aufgabe 14: (a)⁺ (b)⁺ (c) (d) (e)

Bezug: Kap. 3.1.

Kommentar zu (c): Die Formel „Jedem das Seine" ist zwar inhaltsarm, aber nicht inhaltsleer. Die Rückführung des Gerechtigkeitsbegriffs auf diese Formel muß nicht notwendigerweise in einem Zirkelschluß enden.

Aufgabe 15: (a) (b) (c) (d)⁺ (e)

Bezug: Kap. 4.1., 4.2.

Aufgabe 16: (a)⁺ (b)⁺ (c)⁺ (d) (e)

Bezug: Kap. 4.3.

Aufgabe 17: (a) (b)⁺ (c) (d) (e)⁺

Bezug: Kap. 4.4.2.

Aufgabe 18: (a) (b) (c) (d)⁺ (e)⁺

Bezug: Kap. 4.4.1.

Aufgabe 19: (a)⁺ (b) (c)⁺ (d) (e)

Bezug: Kap. 4.4.3., 4.4.4.

Aufgabe 20: (a) (b) (c) (d) (e)⁺

Bezug: Kap. 4.5.1.–4.5.4.

Prüfungsaufgaben mit Lösungen

			+	+	
Aufgabe 21:	(a)	(b)	(c)	(d)	(e)

Bezug: Kap. 5.4., 5.5.

		+		+	+
Aufgabe 22:	(a)	(b)	(c)	(d)	(e)

Bezug: Kap. 5.5.

	+		+		
Aufgabe 23:	(a)	(b)	(c)	(d)	(e)

Bezug: Kap. 5.5.

				+	+
Aufgabe 24:	(a)	(b)	(c)	(d)	(e)

Bezug: Kap. 5.6.

	+	+	+		
Aufgabe 25:	(a)	(b)	(c)	(d)	(e)

Bezug: Kap. 5.9.

	+		+		
Aufgabe 26:	(a)	(b)	(c)	(d)	(e)

Bezug: Kap. 6.2.

Kommentar zu (d): (d) ist falsch. Kompensatorische Prozeßleitung soll zu gleichen Darstellungschancen der Parteien vor Gericht führen. Sie zielt nicht darauf ab, daß die unterlegene Partei das Urteil akzeptiert.

		+			
Aufgabe 27:	(a)	(b)	(c)	(d)	(e)

Bezug: Kap. 6.2.

		+			
Aufgabe 28:	(a)	(b)	(c)	(d)	(e)

Bezug: Kap. 6.4.

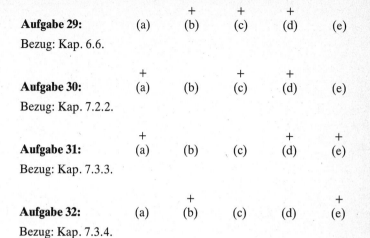

Aufgabe 29: (a) (b)$^+$ (c)$^+$ (d)$^+$ (e)
Bezug: Kap. 6.6.

Aufgabe 30: (a)$^+$ (b) (c)$^+$ (d)$^+$ (e)
Bezug: Kap. 7.2.2.

Aufgabe 31: (a)$^+$ (b) (c) (d)$^+$ (e)$^+$
Bezug: Kap. 7.3.3.

Aufgabe 32: (a) (b)$^+$ (c) (d) (e)$^+$
Bezug: Kap. 7.3.4.

Kommentar zu (a): Mit Einreichen der Klageschrift bei Gericht ist die Klage „anhängig"; erst mit Zustellung der Klageschrift an den/die Beklagten ist die Klage erhoben, das heißt „rechtshängig".

Sachregister

Absolutismus 47 ff., 51, 53,
  142 f., 145, 149
Alltagssprache 218
Analogie 195
Anklagemonopol 22
Anthropologie 3
Anwalt 225 f., 264
Anwaltsgebühren 229
Anwaltszwang 283
Argumentationstheorie 115 f.
Armenrecht 232
Armut 157
Aufwertungs-Rechtsprechung
  des Reichsgerichts 201
Augsburger Religionsfrieden 141
Ausgleich, sozialer 32, 34
Auslegung 185
– grammatische 188
– historische 189
– systematische 189
– teleologische 190
– verfassungskonforme 189
Ausschuß siehe: Parlamentsaus-
  schuß

Bagatellfälle 229
Befangenheit 223
– Besorgnis der 276, 278
Begriffshof 183
Begriffskern 183
Beibringungsgrundsatz 280
Berufsrichter 207, 264 f.
Beweisaufnahme 237, 286, 292
Beweismittel 239
Beweistheorie, legale 238
Beweiswürdigung 238
Bundesgerichte, oberste 256

Bundespräsident 61
Bundesrat 53, 55, 57 ff., 61
Bundesregierung 53, 55
Bundestag 53, 56 f., 59, 61
Bundesverfassungsgericht 253

Daseinsvorsorge 34
Demokratie 46, 50 f., 65, 69, 72,
  74 f., 83, 135 f., 139, 145, 148,
  153 ff., 169
Despotismus 167
Diktatur 139
– sozialistische 158
Dispositionsmaxime 220, 222,
  280

Einspruchsgesetz 57 f.
Endurteil 240
Entscheidung
– richterliche 243, 245, 249, 287,
  296
Entscheidungsgrund 294
Entscheidungstheorie 116 f.
Erkenntnisverfahren 247
Ermächtigungsgesetz 53, 73 f.
Erwartungssicherheit 5, 16, 20,
  29

Fachsprache 182, 217
Fehde 141
Fehlentscheidung 297
Finalprogramme 92
Fraktion 56, 63, 65
Französische Revolution 48,
  147 f.
Freiheit 26 ff., 32 f., 146 ff.
– und Gleichheit 139 f., 157,

Sachregister

Herausgeber und Autoren

Ralf Dreier, Dr. jur., Studium der Rechtswissenschaft in Hamburg, Freiburg/Brsg. und Münster; Promotion 1963 und Habilitation 1970 in Münster; Lehrbefugnis für Staats- und Verwaltungsrecht, Rechtsphilosophie und Kirchenrecht; seit 1973 ordentlicher Professor für Allgemeine Rechtstheorie in Göttingen.

Dieter Grimm, Studium der Rechtswissenschaft und der Politikwissenschaft in Frankfurt, Freiburg, Berlin, Paris und Harvard; Juristische Staatsexamina 1962 und 1967; LL.M. 1965 (Harvard), Dr. jur. 1970 (Frankfurt), Habilitation 1979 für die Fächer deutsches und ausländisches öffentliches Recht, Politikwissenschaft, Rechts- und Verfassungsgeschichte der Neuzeit, Rechtstheorie an der Universität Frankfurt; bis 1979 Referent für vergleichende Verfassungsgeschichte und Geschichte der politischen Theorien am Max-Planck-Institut für europäische Rechtsgeschichte in Frankfurt, daneben Lehrtätigkeit an den Universitäten Trier und Frankfurt; seit 1979 Professor für Öffentliches Recht an der Universität Bielefeld. Direktor des Zentrums für interdisziplinäre Forschung.
Veröffentlichungen zu Fragen des Verfassungsrechts, der Verfassungstheorie und Verfassungsgeschichte, des Parlamentarismus, des Verhältnisses von Rechtswissenschaft und Sozialwissenschaften sowie der Rechtstheorie.

Peter Gilles, Studium der Rechts- und Wirtschaftswissenschaften; juristische Staatsexamina 1962 und 1966; Promotion 1965, Habilitation 1971; 1972 bis 1975 Professor für Bürgerliches Recht, Zivilprozeßrecht, Allgemeines Verfahrensrecht und Verfahrenstheorie in Frankfurt; 1975 bis 1979 Professor für Zivilrecht und Verfahrensrecht in Hannover; seit 1979 Professor für Privatrecht, Verfahrensrecht und Rechtsvergleichung sowie Mitdirektor des Instituts für Rechtsvergleichung an der Universität Frankfurt.
Veröffentlichungen insbesondere zu Fragen des Zivilrechts und Zivilverfahrensrechts.

Erhard Kausch, Studium der Rechtswissenschaft und der Philosophie an den Universitäten Würzburg und Berlin, seit 1980 Professor für Strafrecht, Jugendstrafrecht und Strafprozeßrecht an der Fachhochschule Münster, Fachbereich Sozialwesen.

Martin Kriele, Studium der Rechtswissenschaft in Freiburg, Münster, Bonn und an der Yale University Law School, Rechtsanwalt, Promotion 1963, Habilitation 1966 an der Universität Münster, seit 1967 ordentlicher Professor für Allgemeine Staatslehre und Öffentliches Recht an der Universität Köln, Direktor des Seminars für Staatsphilosophie und Rechtspolitik, Mitherausgeber der „Zeitschrift für Rechtspolitik"; seit 1976 zugleich Richter am Verfassungsgerichtshof des Landes Nordrhein-Westfalen.

Manfred Löwisch, Professor für Bürgerliches Recht, Wirtschaftsrecht, Arbeits- und Sozialversicherungsrecht an der Universität Freiburg i. Brsg.; Richter am Oberlandesgericht Karlsruhe. Studierte in Tübingen, Würzburg und München. Nach juristischem Vorbereitungsdienst zunächst Richter in Stuttgart, danach wissenschaftlicher Assistent am Seminar für Arbeitsrecht der Universität Hamburg. Seit 1969 in Freiburg.
Veröffentlichungen zum Bürgerlichen Recht (u. a. Mitarbeit an Staudinger: Kommentar zum BGB, Studienbücher zum Allgemeinen Teil des Bürgerlichen Gesetzbuches und zum Schuldrecht) und zum Arbeitsrecht (u. a. Kommentare zum Betriebsverfassungsgesetz und zum Kündigungsschutzgesetz, Abhandlungen zum Arbeitskampfrecht, Studienbücher).

Regina Ogorek, Studium der Rechtswissenschaft in Münster und München 1965–1969. Promotion mit einer Arbeit auf dem Gebiet der neueren Privatrechtsgeschichte (1973). Seit 1973 Rechtsanwältin in Frankfurt und Dozentin am Europäischen Institut für Unternehmensführung. Habilitation 1985 an der Universität Frankfurt für die Fächer Zivilrecht, Römisches Recht, neuere Verfassungs- und Privatrechtsgeschichte. Der Schwerpunkt der Veröffentlichungen liegt im Bereich der Rechtsgeschichte.

Gerhard Otte, Studium der Rechtswissenschaft in Freiburg i. Brsg., Wien und Münster, nach dem Assessorexamen wissenschaftlicher Assistent am Institut für Kirchenrecht an der Rechts- und staatswissenschaftlichen Fakultät der Universität Münster, 1969 Habilitation für mittelalterliche und neuere Rechtsgeschichte mit Einschluß der kirchlichen Rechtsgeschichte, Bürgerliches Recht und juristische Methodenlehre, seit 1970 ordentlicher Professor für Deutsche Rechtsgeschichte und Bürgerliches Recht an der Universität Bielefeld, seit 1973 zugleich Richter am Oberlandesgericht Hamm.
Forschungsschwerpunkte: Geschichte der Rechtswissenschaft, juristische Logik, Erbrecht, Familienrecht.

Peter Schmoock, Studium der Germanistik, Anglistik, Erziehungswissenschaft an den Universitäten Kiel und Hamburg, Promotion 1965. Lektor an der Universität Delhi (Indien) (1966–1968). Referent für Erziehungswesen der Deutschen UNESCO-Kommission, Köln (1968–1971).
Stellvertretender Hauptbereichsleiter „Funkkollegs/Zeitungskollegs" und Koordinator der Funkkollegs am Deutschen Institut für Fernstudien an der Universität Tübingen. –
Veröffentlichungen zu internationalen Bildungsfragen und mediendidaktischen Vermittlungsproblemen.

Dieter Simon, Studium 1955–1960 an den Universitäten Heidelberg und München. Nach Referendariat, Promotion und Assessorexamen 1967 Habilitation in München für römisches Recht und Zivilrecht. Seit 1968 als Professor im Fachbereich Rechtswissenschaft der Universität Frankfurt am Main. 1980 Direktor am dortigen Max-Planck-Institut für Europäische Rechtsgeschichte. Wissenschaftlicher Schwerpunkt in (mittelalterlicher) Rechtsgeschichte und Rechtstheorie.